三聯學術

古典学的历史

[修订译本]

〔德〕维拉莫威兹 著
陈 恒 译

Classics & Civilization

生活·讀書·新知 三联书店

Simplified Chinese Copyright © 2023 by SDX Joint Publishing Company.
All Rights Reserved.
本作品简体中文版权归生活·读书·新知三联书店所有。
未经许可，不得翻印。

图书在版编目（CIP）数据

古典学的历史：修订译本／（德）维拉莫威兹著；陈恒译．—北京：生活·读书·新知三联书店，2023.3
（古典与文明）
ISBN 978-7-108-07071-5

Ⅰ.①古… Ⅱ.①维… ②陈… Ⅲ.①学术思想－思想史－西方国家－古代 Ⅳ.① B5

中国版本图书馆 CIP 数据核字（2021）第 025751 号

文字编辑	张　桐	
责任编辑	王晨晨	
装帧设计	薛　宇	
责任印制	卢　岳	
出版发行	生活·讀書·新知 三联书店	
	（北京市东城区美术馆东街 22 号 100010）	
网　　址	www.sdxjpc.com	
经　　销	新华书店	
印　　刷	三河市天润建兴印务有限公司	
版　　次	2023 年 3 月北京第 1 版	
	2023 年 3 月北京第 1 次印刷	
开　　本	880 毫米 × 1092 毫米　1/32　印张 13	
字　　数	258 千字	
印　　数	0,001-5,000 册	
定　　价	78.00 元	

（印装查询：01064002715；邮购查询：01084010542）

"古典与文明"丛书
总 序

甘阳 吴飞

古典学不是古董学。古典学的生命力植根于历史文明的生长中。进入21世纪以来,中国学界对古典教育与古典研究的兴趣日增并非偶然,而是中国学人走向文明自觉的表现。

西方古典学的学科建设,是在19世纪的德国才得到实现的。但任何一本写西方古典学历史的书,都不会从那个时候才开始写,而是至少从文艺复兴时候开始,甚至一直追溯到希腊化时代乃至古典希腊本身。正如维拉莫威兹所说,西方古典学的本质和意义,在于面对希腊罗马文明,为西方文明注入新的活力。中世纪后期和文艺复兴对西方古典文明的重新发现,是西方文明复兴的前奏。维吉尔之于但丁,罗马共和之于马基雅维利,亚里士多德之于博丹,修昔底德之于霍布斯,希腊科学之于近代科学,都提供了最根本的思考之源。对古代哲学、文学、历史、艺术、科学大规模而深入的研究,为现代西方文明的思想先驱提供了丰富的资源,使他们获得了思考的动力。可以说,那个时期的古典学术,就是现代西方文明的土壤。数百年古典学术的积累,是现代西方文明的命脉所系。19世纪的古典学科建制，只不过是这一过程的结果。随着现代研究性大学和学科规范的确立，一门规则严谨的古典学学科应运而生。但我们必须看到，西方大学古典学学科的真正基础，乃在于古典教育在中学的普及，特别是拉丁语和古希腊语曾长期为欧洲中学必修，才可能为大学古典学的高深研究源源不断地提供人才。

19世纪古典学的发展不仅在德国而且在整个欧洲都带动了新的一轮文明思考。例如，梅因的《古代法》、巴霍芬的《母权论》、古朗士的《古代城邦》等，都是从古典文明研究出发，在哲学、文献、法学、政治学、历史学、社会学、人类学等领域带来了革命性的影响。尼采的思考也正是这一潮流的产物。20世纪以来弗洛伊德、海德格尔、施特劳斯、福柯等人的思想，无不与他们对古典文明的再思考有关。而20世纪末西方的道德思考重新返回亚里士多德与古典美德伦理学，更显示古典文明始终是现代西方人思考其自身处境的源头。可以说，现代西方文明的每一次自我修正，都离不开对古典文明的深入发掘。正是在这个意义上，古典学绝不仅仅只是象牙塔中的诸多学科之一而已。

由此，中国学界发展古典学的目的，也绝非仅仅只是为学科而学科，更不是以顶礼膜拜的幼稚心态去简单复制一个英美式的古典学科。晚近十余年来"古典学热"的深刻意义在于，中国学者正在克服以往仅从单线发展的现代性来理解西方文明的偏颇，而能日益走向考察西方文明的源头来重新思考古今中西的复杂问题，更重要的是，中国学界现在已经超越了"五四"以来全面反传统的心态惯习,正在以最大的敬意重新认识中国文明的古典源头。对中外古典的重视意味着现代中国思想界的逐渐成熟和从容,意味着中国学者已经能够从更纵深的视野思考世界文明。正因为如此,我们在高度重视西方古典学丰厚成果的同时,也要看到西方古典学的局限性和多元性。所谓局限性是指,英美大学的古典学系传统上大多只研究古希腊罗马,而其他古典文明研究如亚述学、埃及学、波斯学、印度学、汉学以及犹太学等,则都被排除在古典学系以外而被看作所谓东方学等等。这样的学科划分绝非天经地义,因为法国和意大利等的现代古典学就与英美有所不同。例如,著名的西方古典学重镇,韦尔南创立的法国"古代社会比较研究中心",不仅是古希腊研究的重镇,而且广泛包括埃及学、亚述学、汉学乃至非洲学等各方面专家,在空间上大大突破了古希腊罗马的范围。而意大利的古典学研究,则由于意大利历史的特殊性,往往在时间上不完全限于古希腊罗马的时段,而与中世纪及文艺复兴研究多有关联〔即使在英美,由于晚近以来所谓"接受研究"成为古典学的显学,也使得古典学的研究边界越来越超出传统的古希腊罗马时期〕。

从长远看,中国古典学的未来发展在空间意识上更应参考法国古典学,不仅要研究古希腊罗马,同样也应包括其他的古典文明传统,如此方能参详比较,对全人类的古典文明有更深刻的认识。而在时间意识上,由于中国自身古典学传统的源远流长,更不宜局限于某个历史时期,而应从中国古典学的固有传统出发确定其内在核心。我们应该看到，古典中国的命运与古典西方的命运截然不同。与古希腊文字和典籍在欧洲被遗忘上千年的文明中断相比较，秦火对古代典籍的摧残并未造成中国古典文明的长期中断。汉代对古代典籍的挖掘与整理，对古代文字与制度的考证和辨识，为新兴的政治社会制度灌注了古典的文明精神，堪称"中国古典学的奠基时代"。以今古文经书以及贾逵、马融、卢植、郑玄、服虔、何休、王肃等人的经注为主干，包括司马迁对古史的整理、刘向父子编辑整理的大量子学和其他文献，奠定了一个有着丰富内涵的中国古典学体系。而今古文之间的争论，不同诠释传统之间的较量，乃至学术与政治之间错综复杂的关系，都是古典学术传统的丰富性和内在张力的体现。没有这样一个古典学传统，我们就无法理解自秦汉至隋唐的辉煌文明。

从晚唐到两宋，无论政治图景、社会结构，还是文化格局，都发生了重大变化，旧有的文化和社会模式已然式微，中国社会面临新的文明危机，于是开启了新的一轮古典学重建。首先以古文运动开端，然后是大量新的经解，随后又有士大夫群体仿照古典的模式建立义田、乡约、祠堂，出现了以《周礼》为蓝本的轰轰烈烈的变法；更有众多大师努力诠释新的义理体系和修身模式，理学一脉逐渐展现出其强大的生命力，最终胜出，成为其后数百年新的文明模式。称之为"中国的第二次古典学时代"，或不为过。这次古典重建与汉代那次虽有诸多不同，但同样离不开对三代经典的重新诠释和整理，其结果是一方面确定了十三经体系，另一方面将"四书"立为新的经典。朱子除了为"四书"做章句之外，还对《周易》《诗经》《仪礼》《楚辞》等先秦文献都做出了新的诠释，开创了一个新的解释传统，并按照这种诠释编辑《家礼》，使这种新的文明理解落实到了社会生活当中。可以看到，宋明之间的文明架构，仍然是建立在对古典思想的重新诠释上。

在明末清初的大变局之后，清代开始了新的古典学重建，或可称为"中国的第三次古典学时代"：无论清初诸遗老，还是乾嘉盛时的各位大师，虽然学问做法未必相同，但都以重新理解三代为目标，以汉宋两大古典学传统的异同为入手点。在辨别真伪、考索音训、追溯典章等各方面，清代都取得了巨大的成就，不仅成为几千年传统学术的一大总结，而且可以说确立了中国古典学研究的基本规范。前代习以为常的望文生义之说，经过清人的梳理之后，已经很难再成为严肃的学术话题；对于清人判为伪书的典籍，诚然有争论的空间，但若提不出强有力的理由，就很难再被随意使用。在这些方面，清代古典学与西方19世纪德国古典学的工作性质有惊人的相似之处。清人对《尚书》《周易》《诗经》《三礼》《春秋》等经籍的研究，对《庄子》《墨子》《荀子》《韩非子》《春秋繁露》等书的整理，在文字学、音韵学、版本目录学等方面的成就，都是后人无法绕开的必读著作，更何况《四库全书总目提要》成为古代学术的总纲。而民国以后的古典研究，基本是清人工作的延续和发展。

我们不妨说，汉、宋两大古典学传统为中国的古典学研究提供了范例，清人的古典学成就则确立了中国古典学的基本规范。中国今日及今后的古典学研究,自当首先以自觉继承中国"三次古典学时代"的传统和成就为己任,同时汲取现代学术的成果,并与西方古典学等参照比较,以期推陈出新。这里有必要强调,任何把古典学封闭化甚至神秘化的倾向都无助于古典学的发展。古典学固然以"语文学"[philology]的训练为基础,但古典学研究的问题意识、研究路径以及研究方法等,往往并非来自古典学内部而是来自外部,晚近数十年来西方古典学早已被女性主义等各种外部来的学术思想和方法所渗透占领,仅仅是最新的例证而已。历史地看,无论中国还是西方,所谓考据与义理的张力其实是古典学的常态甚至是其内在动力。古典学研究一方面必须以扎实的语文学训练为基础,但另一方面,古典学的发展和新问题的提出总是与时代的大问题相关,总是指向更大的义理问题,指向对古典文明提出新的解释和开展。

中国今日正在走向重建古典学的第四个历史新阶段,中国的文明复兴需要对中国和世界的古典文明做出新的理解和解释。客观地说,这一轮古典学的兴起首先是由引进西方古典学带动的,刘小枫和甘阳教授主编的"经典与解释"丛书在短短十五年间[2000—2015年]出版了三百五十余种重要译著,为中国学界了解西方古典学奠定了基础,同时也为发掘中国自身的古典学传统提供了参照。但我们必须看到,自清末民初以来虽然古典学的研究仍有延续,但古典教育则因为全盘反传统的笼罩而几乎全面中断,以致今日中国的古典学基础以及整体人文学术基础都仍然相当薄弱。在西方古典学和其他古典文明研究方面,国内的积累更是薄弱,一切都只是刚刚起步而已。因此,今日推动古典学发展的当务之急,首在大力推动古典教育的发展,只有当整个社会特别是中国大学都自觉地把古典教育作为人格培养和文明复兴的基础,中国的古典学高深研究方能植根于中国文明的土壤之中生生不息茁壮成长。这套"古典与文明"丛书愿与中国的古典教育和古典研究同步成长!

2017年6月1日于北京

目 录

导 言 _ 1

古典学的历史 _ 46

书目与省略语 _ 352

索 引 _ 355

译后记　维拉莫威兹与古典学术研究 _ 370

导　言

休·劳埃德-琼斯❶

现在还没有一本用英语写成的、非常简明实用的古典学术著作。约翰·善迪斯❷爵士[1]于1908年出版的三卷本古典学术史仍然非常有用，只是该书篇幅太长，作为事实信息资料库非常有用，但并不是对该主题的批判性研究。幸运的是，我们有了鲁道夫·普法伊佛❸用英语撰写的古典学术史，该书第一卷涵盖了从早期到希腊化时代结束，第二卷则覆盖了从1300年到1850年这一时段。[2]该著作具有极高的价值，但缺点也是篇幅太长，而且对这一主题的处理从17世纪中叶开始全然无法与该书前面的部分相提并论。特别是，该书对19世纪处理得特别不充分，而这一时期对于现代读者来说是极其重要的。

---

❶ 休·劳埃德-琼斯（Hugh Lloyd-Jones，1922—2009），英国牛津大学古典学教授，著有 *The Justice of Zeus*（1971）、*The Academic Papers*（2 vols., 1990）等。——本书所有的脚注均为中译者注

❷ 约翰·善迪斯（John Sandys，1844—1922），英国古典学家。善迪斯是英国一个古老的家族，产生了很多杰出的学者、艺术家。

❸ 鲁道夫·普法伊佛（Rudolf Pfeiffer，1889—1979），德国古典学家。可参阅 Hugh Lloyd-Jones 写的纪念文章 'Rudolf Carl Franz Ottp Pfeiffer, 1889-1979'，刊 *Proceedings of the British Academy* 65, pp.771-781。

几乎任何有鉴赏力的人都认为,有关这一主题最好的简明历史著作是伟大的希腊研究专家乌尔里希·冯·维拉莫威兹–莫仑道夫[Ulrich von Wilamowitz-Moellendorff, 1848—1931]所写的《语文学史》[*Geschichte der Philologie*][3],该书初版于1921年,并于1927年再版。让人惊奇的是,这本出版于60年前的书仍然是该领域的最佳作品。作者那种惊人的能力使得他熟悉该领域的几乎每一个分支;他对这一领域的学者以及他们的成就如数家珍,并且他的点评极具权威性,行文也清晰、生动。[4]

当然,维拉莫威兹也像所有人一样存在不足之处。首先,他时常太相信他那惊人的记忆力,因而使得他在细节方面犯了一些微不足道的错误。这些错误并不妨碍我们的阅读,在注释里我已使用别人提供的材料尽力修改这些错误。其次,他的判断有时过于武断,这一点在普法伊佛所说的"一部个人化的、非常杰出的概述"[5]中是不可避免的。"这是一部极具主观色彩的对古典学者进行评述的著作",普法伊佛写道,"出自一位大师之手,他从另一个世界召唤死去的昔日英雄,并对他们进行褒贬"。普法伊佛本人不赞成维拉莫威兹的一些观点;在确实属此情形的地方,我也如实标注。

在一些附加于文本的简短注释里,我首先会尽力补充一些事实,以便读者明了文中的观点。为了提供一种编年式的框架,在大多数情况下,我会提供书中所提到人物的生卒年代;我还参考了善迪斯、普法伊佛和我的牛津大学同事雷诺兹、威尔逊[6]的非常有价值的《抄工与学者》[*Scribes* and Scholars]❶以及其他一些著作对这些人物所做的重要评论。维拉莫威兹喜欢用典,而且他使用的一些典故甚至使一些知识渊博的读者感到困惑。并非所有这些典故都同等重要,不过任何一个典故都可能会引起好奇心,我会尽力满足这种好奇心。在我看到事实上有错误的地方,我会加以改正;如果一种判断在我看来特别具有争议性,我会加以说明。在许多地方我会提到现代著作,因为这些著作介绍了文中所述话题的新近研究状况。有时我所提到的著作是为一般读者准备的调查报告,但是我也会毫不犹豫地引用一些包括外语著作在内的专业出版物。我希望普通读者不要惧怕后者,专家也不要为前一种类型的书目心烦。对于任何抱怨我前后矛盾的人,我的回答是,我的目标是各取其用。读者将会在第179页[原著页码,即本书边码,全书同。——译者]找到一份我在著作中经常使用的著作书目,还有我用来指称它们的省略语。

但是维拉莫威兹著作中有一点必须引起读者注意。他写作的立场不是当代人的立场,这种差异须加以解释和讨论。

本译著❷被称为"古典学的历史"[*History of Classical Scholarship*],但是这本书的原名是"语文学史"[Geschichte

---

❶ L. D. 雷诺兹、N. G. 威尔逊:《抄工与学者:希腊、拉丁文献传播史》,苏杰译,北京大学出版社2015年版。休·劳埃德–琼斯将 L. D. 雷诺兹写为"L. B. Reynolds",有误。

❷ 休·劳埃德–琼斯将维拉莫威兹的《语文学史》从德文本译为英文本,改名为《古典学的历史》。

der Philologie］。译本之所以没有被称为"语文学史",是因为对大多数英语读者而言,"philology"意味着"comparative philology",而"comparative philology"的意思是"语言的比较研究"［comparative study of language］。假如精确地使用术语,"linguistics"一词只是"philology"［语文学］的一部分。后者早在耶稣诞生之前的公元前3世纪就在亚历山大里亚被人们使用了,该词恰当地表达了对文学、思想以及其他一切可以用各种文字表达出来的事物的心仪。这就是该词在盛行于牛津、剑桥的各个语文学会的名称中的含义,这也是该词在欧洲大陆的词义。令人感叹的是,我们英国已不再正确地使用这个宝贵的词语了。严格说来,"philology"一词不应包括古迹的研究,虽然应该包括历史研究、哲学研究。但是在维拉莫威兹的书中包括了考古学和艺术史,因为对他而言,语文学与这些学科是不可分离的。对维拉莫威兹而言,一位研究语文学的学者必须是古典学［*Altertumswissenschaft*］的学者,"*Altertumswissenschaft*"一词由19世纪的德国学者发明,用于指称对一切与古代世界有关事物的整体研究。就像维拉莫威兹的书所表明的一样,这个观念的形成花费了好几百年的时间。14世纪意大利人文主义学者热衷于重新发现古代文学、艺术、科学和医学,因为他们想改善自己的状况;他们的目标不是理论上的,而是严格意义上的实践。同样,他们认为对早期教会的了解对他们的基督教有益处;文艺复兴晚期最伟大的人物伊拉斯谟的学术兴趣主要集中于《圣经》和基督教教父研究。

到了 16 世纪后半期法国伟大的学者斯卡利杰❶和卡松本[Casaubon]那里，我们就越来越接近科学的"语文学"概念了。斯卡利杰不仅仅局限于希腊语、拉丁语的大量研究为我们的古代世界编年史知识奠定了完整的基础；极其博学的卡松本描述了与古代相关的各种事实和物品。然而，即使是现在，作为一门独立学科的语文学学科并不存在；人们基于对神学、法律、医学或科学的兴趣研究古典著作，但并不是为了古典学问本身的缘故。

随着宗教战争的到来，清泉几乎走向干涸。有关古代作家的研究以厚厚的集注本形式出版，复述着往昔学者的成果，或是以卷帙浩繁的"古事"研究的面貌出现，但对读者来说这些"古事"乏味枯燥。古人曾经发表的珍贵信息现在已经被抛弃了，被吸收进现代世界的血液中；就是没有古代作家，科学和医学在当今仍能发展。书籍之战——争执[La Querelle]——标志着一个时代的来临，这个时代就是近代欧洲有意识地摆脱古代欧洲羁绊的时代。从16世纪开始，法国人就在文明的进步中起到了带头作用，在这个世纪里，法国人对古典学的研究做出了巨大贡献；而如今在抛弃古典学的道路上，冲在前面的同样是法国。

但是，对古典时代的兴趣有第二次复兴。或许在17世纪结束以前，我们已可辨别这一复兴的开端。在荷兰、英国，

---

❶ 约瑟夫·尤斯图斯·斯卡利杰（Joseph Justus Scaliger，1540—1609），法国古典学家，是对古风文本做现代研究的先驱。

批判方法获得进步，这种进步使得与古人有关的知识、对古人的理解有了增益之可能。在这里，本特里❶是一位开拓型的领袖人物。人们通常只把他看作一位非常精明的修正家，而完全没有注意他真正重要的本质所在，在沃尔弗❷之前是没有人注意到这一点的，维拉莫威兹在这本书的几页内容中［第79页以下］在这方面所做的解释比本特里的任何同胞都要高明。

19世纪的德国学者广泛地接受和利用了这些新方法。如果这一过程不是因应新一波对古代的兴趣，它就不会发生，这一点与意大利的文艺复兴有些共同之处。维拉莫威兹正确地强调了一些并未位列古典学家的人所扮演角色的重要性，比如莱辛、歌德和赫尔德。直到那时为止，在很大程度上，欧洲仍是通过罗马的视角来看待古代文明的；当时，人们对颓废的巴洛克风格❸和理性时代的形式主义持反对态度，这些反对者把希腊艺术、文学当作他们的榜样。温克尔曼❹在这一进程中起着决定性的作用，他直接回到希腊人那里，他的行为激励了其他人效仿。

---

❶ 本特里（Richard Bentley, 1662—1742），英国牧师和古典学者，以其《致约翰·穆勒书》（*Letter to Dr. John Mill*, 1691）和《论法拉里斯书信》（*A Dissertation upon the Epistles of Phalaris*, 1699）著称。
❷ 沃尔弗（F. A. Wolf, 1759—1824），德国古典学家，歌德、洪堡的朋友。
❸ 巴洛克风格（baroque），17世纪初流行于欧洲的一种过分强调雕琢和装饰奇异的艺术和建筑风格，倾向于豪华、浮夸，并将建筑、绘画、雕塑结合成一个整体，追求动势的起伏，以求营造一种幻象感。
❹ 温克尔曼（Winckelmann, 1717—1768），德国考古学家和古文物收藏家，被认为是考古学之父，他是第一个把古代艺术当作历史来研究的人。

希腊艺术和文学的巨大影响最终必然会渗透到大学和它们所提供的教育之中。对汉诺威选帝侯［Elector of Hanover］及其同胞进行冷嘲热讽的牛津大学詹姆斯二世党人［Jacobites］❶惊讶地发现，选帝侯的领地里有一所在古典学问上远超牛津的大学，即哥廷根大学。在吉斯内尔［Gesner，参阅本书第93—94页］之后是海涅，海涅之后是沃尔弗。当沃尔弗被问到，他是否希望被录取为神学、法律或医学方面的学生时，他坚持要被当作语文学的学生[7]，最终古典学在各学校和大学成为一门独立的学科。到19世纪末期，当英国的各所大学为古典学术设立了学位考试之后，古典学在所有课程中的地位得以凸显。

对于歌德，甚至对于威廉·冯·洪堡❷以及那些帮助洪堡建立柏林大学［它很快成为世界各所大学效法的榜样］的人来说，古典研究的主要价值与其说是历史学的，不如说是美学的。这些人并非因知识而渴望知识，和文艺复兴早期的人文主义者一样，他们是为了自己的工作而渴望知识。到19世纪中叶，这些人所发起的运动呈现出与众不同的特点。

出于对古代希腊文学、艺术的崇拜而掀起的新狂热，大大加强了既有的文本考证传统。这在戈特弗里德·赫尔曼［Gottfried Hermann，1772—1848］的工作中达到了新的顶峰，

---

❶ 英王詹姆斯二世（1633—1701）的拥护者，1688年后斯图亚特王朝的拥护者。
❷ 威廉·冯·洪堡（Wilhelm von Humboldt，1767—1835），德国哲学家和外交家，以对语言与文化关系的探索及对巴斯克语言的研究而著名。

赫尔曼在修订希腊主要诗人的文本方面所做出的贡献迄今无人超越。但是学术的新发展也催生了一个新的古典学术派别，和赫尔曼学派不同的是，这个新派别具体地说是德国的而不是欧洲的。不久这两个派别就卷入一场炽热的争论。争论的原因是卡尔·奥特弗里德·缪勒［Karl Otfried Müller］❶在1833年出版的埃斯库罗斯的《欧墨尼德斯》［Eumenides］版本，尽管该版本易于受到像赫尔曼那样伟大的语言学家、文本批评家的攻击，这本著作却有着开拓性的意义，包含了维克尔［Welcker］已经提出的概念，即艺术和考古学甚至有助于理解文学。伯伊克［Boeckh］在诗人研究方面做出了巨大贡献，但是他的出名主要是因为他首先为古代希腊政府和公共经济运作勾勒了清晰的画面，赋予了详尽的解释，他的解释主要源自对铭文学的最新研究，当时风行一时的官方历史学家没有能与他匹敌的。不久，尼布尔［Niebuhr］以其逻辑严密的对罗马传统的批评革新了罗马史研究的方法。像尼布尔和伯伊克这样的学者和同时代兰克［Ranke］之类的近代历史学家

---

❶ 卡尔·奥特弗里德·缪勒（Karl Otfried Müller，1797—1840），德国古典学家、考古学家，哥廷根大学古典学教授（1819—1839），讲授艺术史、文学、神话和考古学。他的目的是要把希腊生活作为一个整体来研究，他的著作有助于发展出一种新的希腊主义观念。他所探讨的是希腊古典文明和现代文明之间的关系。他对希腊神话的原始材料做了开拓性的研究。其主要著作有《希腊起源和城市史》（Geschichte hellenischer Stämme und Städte，完成了两卷，1820，1824）、《考古艺术手册》（Handbuch der Archäologie der Kunst，1830）、《古希腊文学史》（Geschichte der Griechischen Literatur bis auf das Zeitalter Alexanders，在他去世后于1841年出版）等。

属于同一运动。和尼布尔一样，这些历史学家的史学观念深受当时浪漫派的影响；他们不满足于战争、国王和议会的叙述，而是旨在描绘一个完整的文明，不略掉这种文明的社会和经济方面。

伯伊克学派和维克尔·卡尔·奥特弗里德·缪勒学派走向融合，由此产生了我前面所提到的"古典学"观念。古典学术这类研究必须结合各个不同的学科。历史研究不仅依靠历史文献和其他书面文献来进行，而且依靠铭文和纸草文献〔当这些材料可以大量获得时〕；它还要结合文学研究和语言学研究。语言学研究不仅应该应用到文学材料上，也应该应用到每一种其他类型的文献上；新兴的比较语言学将使人们对希腊语、拉丁语甚至历史有新的认识。对艺术和文学的研究要更加彻底，这类研究不仅自有其意义，也有它们的社会和历史意义。这种庞大的计划需要大规模的专业化。假如必要的话，谦卑的学者乐于奉献毕生精力来完成艰巨而又必要的工作，比如解读珍贵的但很少能为人读懂的重写本❶，编辑必要的但很少能为人读懂的作家的作品。像系统出版规模宏大的铭文全集或艺术品全集这样的庞大项目已经开始启动了。许多学者——其中很多人是默默无闻的——就像尼

---

❶ 由于各种条件的限制，古代世界的人们时常会把羊皮纸重新处理再重写，称为重写本（palimpsest）。如《新约》最重要的六本羊皮纸抄本中的codex Ephraemi，就是重写本。它是5世纪写的书，12世纪又再次重写。借着化学试剂及紫外线，学者可以辨出原来的字迹，不过很吃力。692年基督教教会禁止重写抄本。不过仍有人偷偷地做，因为羊皮纸很贵。

伯龙根❶这类人物一样在伯伊克和蒙森这类巨人的指导下勤劳地工作。

　　这种项目自然会导致人们对古代社会采取很严肃的现实主义观点。历史学家想表现古代生活真实的、物质的背景之动力来自浪漫派；浪漫派必定会引发现实主义，就如小说中的浪漫主义理论必定会导向巴尔扎克的现实主义，最终表现为左拉的现实主义一样。那种认为古代为人们提供了理想的效法榜样的看法不再站得住脚，就像前辈古典学家所描绘的古代世界已经远逝了一样。那种催生了巨大发展的灵感也变得脆弱了。由于枯燥的、僵硬的实证主义悄无声息地侵蚀了学者们的著作，学者们把他们的视野局限在狭窄的专业之内，他们在古代史方面越来越只见树木，不见森林了。到19世纪60年代，当尼采［Nietzsche，1844—1900］成为巴塞尔大学的语文学教授时，德国古典学赖以前行的巨大引擎似乎正在失去动力。

　　在维拉莫威兹的历史著作中，人们找不到尼采的名字，因为这个名字是维拉莫威兹不乐意听到的。尼采在德国最著名的一所古典学校舒尔普弗塔［Schulpforta］接受教育，随后在波恩大学学习；比尼采小四岁的维拉莫威兹紧随其后，也在这两所学校接受教育。在波恩，尼采赢得了研究普劳图

---

❶　尼伯龙根（Nibelungen）是王子齐格弗里德（Siegfried）的追随者、拥护者。齐格弗里德是德国民间史诗《尼伯龙根之歌》中的英雄人物。《尼伯龙根之歌》是写于13世纪早期的德国著名史诗，记叙齐格弗里德和勃艮第国王们的传奇故事。

斯的大学者弗里德里希·里奇尔❶的极大赏识,在后者的支持下,尼采在24岁即令人吃惊地在巴塞尔大学获得了全职教授职位。三年后,尼采出版了《悲剧的诞生》,年仅22岁的维拉莫威兹在一本小册子里对尼采的著作进行了极其猛烈的攻击。两人之间的嫌隙在一定程度上是尼采的恩人里奇尔和维拉莫威兹在波恩的主要朋友奥托·雅恩❷早期争论的延续。此外,尼采著作中大量的错误、夸张之处以及过分激动的腔调也激怒了维拉莫威兹;维拉莫威兹特别不喜欢该书的结尾部分,这部分内容讨论的是瓦格纳❸的音乐,尼采后来也后悔发表了这部分内容。基于性格上的因素,维拉莫威兹不可能欣赏这部作品中具有永久价值的部分,即关于悲剧本质的哲学理论。但是,这不是全部的原因,两人对语文学的特征和职责的看法存在差异。

早在《悲剧的诞生》出版的前一年[1871],尼采于当年夏季开设了演讲课程。在为该课程所写的笔记中,尼采对上述主题的看法已然成形。尼采对歌德时代古典学家的信念持批评态度,此信念认为古代经典能够推出人们可以效仿的理想典型,但是尼采对于盛行于他那个时代的历史主义持有更具批判性的态度。他攻击那些把古代人普遍想象为跟自己一

---

❶ 弗里德里希·里奇尔(Friedrich Ritschl,1806—1876),德国古典学家。尼采在波恩大学曾追随其学习古典学。
❷ 奥托·雅恩(Otto Jahn,1813—1869),德国考古学家、语言学家。
❸ 瓦格纳(Richard Wagner,1813—1883),德国作曲家,尤以其浪漫歌剧著名,常以德国的传说为其创作的基础。作品包括《汤豪塞》(*Tannhäuser*,1845)和四幕歌剧《尼伯龙根的指环》(*Der Ring des Nibelungen*,1853—1874)。

样的学者；尼采认为，对于学者来说，最重要同时也最困难的是要有能进入古人生活的想象力，并且感觉到古人和自身的不同。他警告过分的专业化所带来的危害，坚持认为获得知识只是一种手段，而不是目的。

后来，也就是《悲剧的诞生》出版引发的那场激烈的争论之后，尼采的态度变得更加激烈了。在为《我们语文学家》['We Philologists'，这篇文章是出版于1873—1876年的《不合时宜的沉思》(*Untimely Meditations*)的四个组成部分之一]所作的笔记中，尼采对那些不够尊敬古代、过于自大、多愁善感而又言辞松散的语文学家进行了攻击。尼采说，假如语文学家真正理解古代本质的话，他应在畏惧状态下退却。这一言论显然是和尼采先驱工作有关，这项工作旨在唤起人们对古代宗教、古代生活中非理性、暴力、恐怖因素的注意。尼采对古代的描述和老一辈古典学家所描绘的古代画面完全不同。对老一辈古典学家来说，希腊人作为理性启蒙的楷模而存在。但是尼采坚持认为研究古代世界的价值必须在于它对现代世界的贡献，他在这一点上与老一辈古典学家一致，反对新历史主义者。[8]

并不令人奇怪的是，尼采最后采纳了他的对手维拉莫威兹给他提出的放弃语文学教席而献身于哲学、预言使命的建议。从结果来看，尼采有关德国语文学即将面临崩溃的黑色预言过于夸张了。在老年蒙森这个榜样人物的鼓舞下，维拉莫威兹和他同辈人的惊人能量在语文学最初出现衰落苗头时就阻断了这一趋势，并取得了比过去半个世纪里的成就更加辉煌的业绩。维拉莫威兹这辈人之后是他们那成绩不俗的学生辈。尽管早在1900年,古典中学[classical gymnasium]就在德国教育中失去了其主导地位,但或许可以这么说,德国语文学的伟大时代一直持续到1933年国家社会主义取得政权。但是在1914年后,由尼采最早提出的一些问题被越来越频繁地提及,有时提这类问题的是语文学家本人。

维拉莫威兹是个独特的现象,因此,他并非典型。但是他的语文学观念有着巨大的影响,或许可以认为是那个时代的典型。[9]维拉莫威兹有意把以赫尔曼及其杰出的学生里奇尔、拉赫曼[Lachmann]为代表的文学研究传统与维克尔的宗教、艺术和考古的文学研究,以及与伯伊克的文学研究相结合的历史研究综合起来。所有这些学科都可以在已经发展起来的一个概念——"古典学"——中找到自己的位置。因为除非将语文学视为这个大整体的一部分,即研究古代的科学,否则它不可能是真正的科学。

不过,脱离对维拉莫威兹其人的描述,只对上述计划进行描述几乎是没有意义的。维拉莫威兹出生在最后一个似乎能出产伟大学者的社会背景下,也就是移居西普鲁士的容克贵族的背景。维拉莫威兹的名字并不能证明他有波兰血统,然而用吉尔伯特·默雷❶的话说,维拉莫威

---

❶ 吉尔伯特·默雷(Gilbert Murray,1866—1957),澳大利亚裔英国古典学者、和平主义者,以其对古希腊戏剧的诗体翻译以及倡导成立国际联盟和联合国而著名。其代表作 *History of Ancient Greek Literature*(1897)由孙席珍等人翻译为中文(上海译文出版社1988年版《古希腊文学史》)。

兹"以一种奇特的、令人印象深刻的方法把波兰进行曲中普鲁士贵族傲慢的性格、斯拉夫人热情的想象力、像蜜蜂一样勤劳的日耳曼学者的因素混合在一起了"[10]。维拉莫威兹从不畏惧最艰辛的研究,他花了大量时间从事铭文研究。但是他身上并没有学究气,他的言谈与著述并不枯燥。他出版了古典作家作品的重要版本,比如提奥克里图斯❶、卡利马库斯❷、埃斯库罗斯这些作家。此外,他还印行了许多新的纸草文献。但是,他也写了一种全新的评注集,在这些评论中,学术界构建起来的古代知识宝库不仅被用于研究文本的构成,也被用于对作者的理解。维拉莫威兹并不把一大堆烦琐的细节塞给读者;他高度精选材料来说明事情,越到晚期,越是如此。他一系列评注集中的第一部,也是最著名的一部,是关于欧里庇得斯的《赫拉克勒斯》[*Heracles*]的,这部评注集的早期版本早在1879年就私下流传开来,但直到十年后才正式出版。在该著作的第一版中,包含原始文献与评注的那一卷前面还有一卷,其内容是希腊悲剧导论,这篇导论的许多细节虽已改写,但直到80年后,它仍是对这一问题感兴趣的人要阅读的。后来出版的评注集涉及欧里庇得斯的《希波吕托斯》[*Hippolytus*]、《伊昂》[*Ion*],埃斯库罗斯的《祭酒人》[*The Libation Bearers*],米南德的《仲裁》[*The*

---

❶ 提奥克里图斯(Theocritus, 300—260 B.C.),希腊化时代牧歌诗人。
❷ 卡利马库斯(Callimachus, 305—240 B.C.),古希腊诗人和学者,其现存作品包括64首讽刺短诗和亚历山大里亚图书馆的藏书目录。

Arbitration]，阿里斯托芬的《吕西斯特拉特》[*Lysistrata*]和赫西俄德的《工作与时日》。他也出版了一系列非常杰出的解释性著作，这些著作包含了非常丰富的学术细节，但维拉莫威兹的写作风格非常清晰、有力，以至于哪怕是没有学术雄心的普通读者也觉得它们让人着迷。他写了三本有关荷马的著作，关于品达、埃斯库罗斯、早期抒情诗、希腊格律诗和希腊化时代诗歌各写了一本著作。他以自己惯有的生动风格撰写了有关欧里庇得斯著作、抒情诗人、田园诗人的著作的历史，其中所包含的内容已远远超越了文本流传这类问题。当新近从纸草文献中发现的亚里士多德的《雅典政制》出版时，维拉莫威兹不仅和他的朋友格奥尔格·凯伯尔 [Georg Kaibel][11] 把这些文献编辑在一起，而且在短短的几年内就利用新的材料出版了两卷重新解释雅典历史与文化的令人惊异的著作。除了几本小书外，他还写了两卷有关柏拉图的著作；在其晚年还出版了两卷有关希腊宗教的著作，这是他最杰出的成就之一。他还出版了一部希腊文学史，一部关于希腊国家和社会的记述，以及一部独特而有趣的希腊文学选集，里面有简明的基本说明。从他的其他篇幅较小的著作中选取出版的著作就达六卷之多，仅这些内容就可以奠立作者的顶尖学者地位。

写作了大量学术著作的维拉莫威兹首先是位教师，其次才是作家。凡是熟悉他的人都一致证实，只要有人哪怕对古代世界有一点点兴趣，维拉莫威兹似乎就有时间留给他，人们都说凡是听过维拉莫威兹说话的人，都对他留下极其深刻的印象。无论如何，这位奇才研究学术的方法已经对他的同事和学生中的才俊之士产生了影响。有一种观点认为19世纪晚期德国绝大多数学者是干巴巴的学究，只对文本校勘感兴趣，任何真正熟悉他们著作的人是不会支持这种看法的。

我们在这里只能提到一小部分维拉莫威兹的同代人和他们的后辈。赫尔曼·狄尔斯［Hermann Diels，1848—1922］为希腊哲学研究做出了大量贡献，主要编辑了前苏格拉底哲学家的残著，整理了古希腊哲学家著作编集者［doxographic］留下来❶

---

❶ 在英语世界，表示编辑者和注释者最常用的词是 compiler、commentator，而提到古代希腊哲学著作的编辑时，则专用 doxographer 一词。Doxographer 是近代哲学史家赫尔曼·狄尔斯为他的著作 *Doxographi Graeci*（1879）杜撰的一个词语，后转为英语的 doxographer，意为古希腊哲学家论述的编辑者。狄尔斯以学术的方式根据希腊哲学家的观点编排了自古风时代到希腊化时代的希腊哲学家文献。在该书的长篇导言中，狄尔斯重建了这些哲学家观点写作的历史；这种重建的方法是当今古代哲学史研究的标准之一。这种编撰方法之所以重要，不仅是因为它本身可以作为早期希腊哲学的资料来源，而且是因为包括古代、中世纪和近代的作家时常也依赖这种方法，而不是依赖第一手的资料。狄尔斯重建这些文献所依靠的主要文献是 *Physical Opinions of the Philosophers*（*Placita Philosophorum*），传统上认为该书是普鲁塔克所著，但狄尔斯却不这样认为。该书在不同的主题下，如"本质是什么？""论彩虹"等，列举了各个哲学家和哲学学派的各种观点，狄尔斯根据该书以及其他资料重建了一部哲学论述集（Collection of Opinions），狄尔斯把它归功于 100 年左右的 Aetius，5 世纪时的 Theodoret 认为此人是这类著作的作者。狄尔斯认为 Aetius 著作的基本材料来自 Theophrastus，后者曾写过一本非常散漫的 *Physical Opinions*。因为 Aetius 提到了 Theophrastus 之后的一些哲学家的观点，狄尔斯假定有一个中间资料来源，他把它称为 Vetusta Placita（约 100 B.C.）。最容易得到的编辑材料是 200 年左右 Diogenes Laertius 的 *Lives and Opinions of Eminent Philosophers*，然而 Diogenes Laertius 最感兴趣的是人物传记。他按学派来安排哲学家，依年代处理各个哲学学派。由以上可见希腊化时代编撰、注释之发达。

的残著。[12]弗里德里希·利奥［Friedrich Leo，1851—1914］不仅在有关普劳图斯以及其他作家的文本研究解释方面做出了巨大贡献，而且还撰写了罗马文学史的第一卷和第二卷的一部分，这些文字不仅具有高度的学术性，而且具有高度的智慧与可读性。[13]爱德华·迈耶［Eduard Meyer，1855—1930］既拥有与古代东方语言、历史有关的丰富知识，同样还对希腊和罗马历史了如指掌，他或许是有史以来最博学的古代历史学家。[14]爱德华·史华兹［Eduard Schwartz，1858—1940］不仅对语文学和古代历史研究做出了巨大贡献，而且对基督教会研究做出了巨大贡献。[15]理查德·莱岑斯坦因［Richard Reitzenstein，1861—1931］不仅是研究希腊罗马文学史、古代学术方面的佼佼者，而且也是一位研究古代宗教，特别是宗教融合和东方宗教影响的历史学家。爱德华·诺顿［Eduard Norden，1868—1941］对古代人精心创作的规范散文的整个历史进行了阐释，他对维吉尔的全部著作进行了最好的评论，在古代宗教方面也做了重要的研究。[16]巴塞尔的雅各布·瓦克纳格尔［Jacob Wackernagel,1853—1938］[17]和威尔海姆·舒尔策［Wilhelm Schulze，1863—1935］[18]利用他们所掌握的比较语文学知识生动地阐释了希腊、拉丁文学与语言。上述学者都在范围广阔的领域内进行研究，他们后辈当中的一些人也是如此，随后我将提到其中的一些研究者［参第 xxv 页］。

只要是知道事实的、智力正常的人都不会否认维拉莫威兹的伟大，也不可能看不到，维拉莫威兹从不会忘记他那庞大的学术体系只有与现实生活密切相关时才有价值。但是如果他的学术观念能使下一代人完全满意,那将是一件奇怪的事情。人们发现维拉莫威兹的学术观念存在好几个方面的疏误。通过维拉莫威兹的古典学观念联系在一起的不同学科在理论上是处于平等地位的,但是,实际上,其他学科合在一起,牢牢地处在一个研究领域即史学的掌控之下。如果只是从历史的角度来研究文化的每一个侧面或许会导致一些危险。比如,现代人类学已经使我们习惯了这样一种观念[这个观念在本质上是足够说明问题的],即文化现象在一些情况下或许可以应用共时与历时两种视角,这是有好处的。如果我们能自由地从一个不受时间限制的立场来看待宗教,甚至哲学中的某些元素,我们就能更好地理解它们。以满是先入之见的发展观念来研究古代文学和思想,就会带来极大的危害,这是我们现在能够看到的。在一定意义上,每一部文学作品都是历史文献,但是如果只以历史研究方法来研究文学作品或许会导致一种错误,这种错误就是极力地从文学中搜罗那里并不真正存在的历史证据。比如,维拉莫威兹假设品达就像浪漫主义诗人或许做过的那样,在他的诗歌中表述了个人的一些沉思。但是学者现在开始认为维拉莫威兹把品达的许多陈述当作品达本人抒情的地方,根据语境的不同,其实是赞美诗的一些惯常用语。[19]以非常严格的历史方法研究诗歌和宗教将导致忽略其美学意义的危险,欧文·罗德[Erwin Rohde,1845—1898][20]在这方面是远远胜过维拉莫威兹的。罗德曾是尼采早期的一位朋友,因此也加入了与维拉莫威兹的争执。后来罗德与尼采也闹翻了,不过罗德仍旧忠诚于尼采的许多观点，他的伟大著作《灵魂》[*Psyche*]对希腊人关于灵魂的信仰进行了一系列研究，尼采在这方面曾做过的大量睿智的研究使之成为可能。

尼采描述了1871年击败法兰西之后，伴随德意志帝国建立而来的是德国文化生活的日益机械化和野蛮化，他的这些论调可以在1911年豪斯曼❶的剑桥就职演讲[Housman's Cambridge Inaugural Lecture]〔21〕中找到不寻常的回应。人文科学在越来越极力模仿自然科学所获得的具体成就；这些成就越来越被视为对德意志民族在物质和精神上的进步做出了贡献。唯心主义哲学直接导致了对国家的崇拜，历史科学的新的胜利也像自然科学的胜利一样似乎对国家的进步做出了贡献。人种学和语言学的新发展不仅有助于德国人种族意识的形成，而且也启发了德国人与希腊人想象中的种族联系。莱奥帕尔迪❷写了一首讽刺库桑[J. W. Kuithan]的十四行诗。库桑后来以一本尝试说明品达的颂歌实际上是一种喜剧的书而获得博士学位。在一本让他声名大噪的书中，库桑认为古代希腊人和现代德国人是同一个民族，说的是同一种语言。〔22〕这种无稽之谈自然不会引起学者的兴趣，但不管是谁，只要读到29岁的维拉莫威兹在1877年皇帝诞辰纪念日所发

---

❶ 豪斯曼（A. E. Housman, 1859—1936），英国诗人及学者，其作品收录于《什罗普郡少年》(*A Shropshire Lad*, 1896)及《最后的诗》(*Last Poems*, 1922)。

❷ 莱奥帕尔迪（Leopardi, 1798—1837），意大利作家，主要的散文作品是《论文、对话及思想》(*Essays, Dialogues, and Thoughts*, 1824—1832)。

表的《论雅典帝国的辉煌》['On the Splendour of the Athenian Empire']一文,就不能不注意到德意志帝国也呈现在演讲者的心灵之中。[23]德国人在学术与科学方面所做的巨大努力一定程度上是和德国获得欧洲霸权的欲望联系在一起的,尽管这很难成为谴责德国学术的理由,但有助于解释德国学术成果中不断增加的粗糙和机械的因素。

德国语文学的伟大时代注定要对欧洲其他地方产生一些影响。受其影响最深的当属意大利,19世纪意大利的历史状况和德国的历史状况极其相似,其学术研究的发展从正面和反面对德国的影响做出回应。哪怕已经到了莱奥帕尔迪、波盖兹[Borghesi]、皮容[Peyron][24]所生活的时代,这种影响还在起作用,意大利古物学本土传统也受新历史学的影响。文献研究也获得了长足进展。多美尼克·克姆帕雷提[Domenico Comparetti,1835—1927][25]是一位开拓性人物,他主要以对维吉尔的著作在中世纪传播的博学研究而著称。后来,伟大的古文书学家吉罗拉摩·维特里[Girolamo Vitelli,1849—1935][26]成为新出现的学科——纸草学的大师,他和他的学生反对意大利民族主义的保守派以捍卫他们对德国学术的钦佩。其中有品位和能力的一些人极力反对德国的实证主义,为文献研究中的审美因素辩护。但是他们狭隘的地方主义思想违背了国际学术的最佳利益。在克罗齐❶

---

❶ 克罗齐(Benedetto Croce,1866—1952),意大利哲学家、历史学家和评论家,以其现代唯心主义的主要作品《精神哲学》(*Philosophy of the Spirit*,1902—1917)和坚决反对法西斯主义而闻名。

美学观的保护下，也是在意大利人自身本性的保护下，他们避免了枯燥与实证主义，他们非常需要德国语文学能提供的那种训练。不管是这些民族主义者，还是他们在当今的继承人，都没有取得超过地方层面的重要地位。维特里的继承者吉奥尔乔·帕斯夸里［Giorgio Pasquali，1885—1952］[27]是另一个学派的领袖，他在哥廷根师从利奥、史华兹、瓦克纳格尔。他在贺拉斯和文本校勘方面做出了重要贡献，此外，他还极富个人影响。德国杰出的学者贝洛赫［K. J. Beloch，1854—1929］[28]住在罗马，这也刺激了意大利古代史的研究。贝洛赫是现代统计学的先锋人物，他最重要的学生是一位性格与众不同的伟大学者，即奉行自由主义的天主教教徒盖塔诺·德·善克提斯［Gaetano de Sanctis，1856—1939］。[29]

受德国语文学影响最小的国家当然是法国。在那场书籍之战后，法国人对古代文学所给予的关注是有限的；由于世纪之交的政局混乱，这种情况并未得到改善。19世纪的法国在古典考古学方面取得了杰出的成就，并且这种传统一直延续下来。在德尔斐和提洛岛的挖掘，除了所获成果的重要性，还培养了一代又一代懂得考古技术、希腊艺术、建筑和铭文的学者。与瑞士学者菲迪南·德·索绪尔（Ferdinand de Saussure，1857—1913）❶有关联的伟大语言学派在希腊语、

---

❶ 菲迪南·德·索绪尔，瑞士语言学家，结构主义语言学派的创始人，他声称在语言符号和其所指含义之间仅有一种模糊的关系。他死后，其讲演集《普通语言学教程》（*Course in General Linguistics*，1916）出版，是现代语言学的开山之作。

拉丁语以及其他语言方面做出了突出的贡献；安托万·梅耶［Antoine Meillet，1866—1936］培养了一大批杰出的学生。但是，法国的文学研究并没有达到这个水平。非常重要的是，19世纪法国的古典文献研究领袖是亨利·维尔［Henri Weil］，就像维拉莫威兹所指出的［见第138页］，他来自德国。法国在这个领域的研究时常遭受狭隘的满足感的干扰[29a]，不过其多数成果还是表现了法兰西式的清晰和合理的推理，糟糕的是这遭到了外国人不应有的忽视。和英国一样，法国运用古典研究也有自己的目的，其成就的质量不能简单地用学术出产来衡量。

在英国，其本土传统所发生的奇怪断裂恰好和德国语文学伟大时代的开端同时。设立在老牌大学中的荣誉学位制度都把古典研究放在非常突出的位置，但人们是基于非常实际的目的运用古典研究。古典著作可以为学校和大学提供被认为具有道德启蒙和智力启迪作用的内容；这些或许可以吸引受过教育的读者，启发现代作家。但人们认为古典著作并没有重要到这样一个地步，即使得大量天才人物需要用自己的大部分时光尝试对它们进行新的阐述。❶

从本特里以来，文本研究的传统一直保持着自身的发

---

❶ 关于对19世纪下半叶和20世纪早期英国古典学术的评价，可参阅C. O. Brink, *English Classical Scholarship: Historical Reflections on Bentley, Porson and Housman*, Cambridge/New York, 1985, pp. 114–149; C. Stray, *Classics Transformed: Schools, Universities, and Society in England, 1830–1960*, Oxford, 1988, pp. 117–166; R. B. Todd, "'Humanism and Technique': Aspects of Classics in British Higher Education, 1850–1940", *Eikasmos* 9 (1998), pp. 371–382.

展；珀尔森［Porson］以及他的追随者开展了高质量的文本研究，其中绝大多数是关于阿提卡戏剧的研究。但到目前为止新的荣誉学位制度非但没有刺激这个传统，而且实际上废弃了这个传统。1825年这一年，豪斯曼呼应了维拉莫威兹的一句话，说"一系列的打击接踵而至，多布利［Dobree］和艾姆斯莱［Elmsley］去世，布隆菲尔德❶就任切斯特❷主教"，此后，无人继承他们的事业。或许有人期待学者会受到德国正在展开的伟大运动的影响，但是很长时间以来，这并没有发生。即使发生了，也很少发生在大学里。实际上，约翰·克宁顿［John Conington, 1825—1869］在研究埃斯库罗斯以及珀尔修斯❸、维吉尔方面做出了有价值的贡献，但是他的灵感来自赫尔曼，而不是这股新潮。在剑桥大学，珀尔森的传统继续保持某种生命力，不过这是像断了头的蛇那样的生命力；在牛津大学，课程表赋予古代史和古代哲学很大的重要性，但有关这些科目的重要研究并没有由此出现。当然，英国的一些睿智之人意识到正在德国发生的事情，但是他们太关注教学工作了，比如托马

---

❶ 布隆菲尔德（Blomfield, 1786—1857），英国主教、古典学家。1824—1828年任切斯特主教。作为古典学家，布隆菲尔德曾编辑过埃斯库罗斯、卡利马库斯、欧里庇得斯等人的作品。

❷ 切斯特（Chester），英国中西部市镇，位于利物浦东南偏南处迪河（Dee）上。罗马人曾在此筑堡守卫流入威尔士的一条河流，并将此地称为"迪瓦"（Deva）。切斯特以其独具特色的市内街道、临街商店和房屋而著名。

❸ 珀尔修斯（Aulus Persius Flaccus, 34—62），拉丁诗人，信奉斯多葛道德哲学，谴责当时罗马人的堕落与愚蠢。对贺拉斯和卢西琉斯产生了很大的影响。其著作语言晦涩，难以翻译，现存著作由六部讽刺作品组成。

斯·阿诺德[Thomas Arnold, 1795—1842]❶，或者他们在为教会服务，比如克诺普·西尔沃[Connop Thirlwall, 1797—1875]，或者忙于参与政治活动，比如乔治·康沃尔·刘易斯爵士[Sir George Cornwall Lewis, 1806—1863]。[30]假如这些人出生在德国的话，就会像那些有他们这样能力的人一样取得杰出成就。19世纪英国古典学研究最重要的成果并不是学者做出的，而是沃尔特·帕特[Walter Pater, 1839—1894]、❷马修·阿诺德[Matthew Arnold, 1822—1888]❸这类人士取得的。大学至少会尽力提供他们和其他人所需要的古典学知识。最好的学术著作通常来自那些与老牌大学没有什么联系的人，最突出的代表是银行家乔治·格罗特[George Grote, 1794—1871]❹[31]，他所写的希腊史因具有独特的观点而享有国际声誉。查尔斯·牛顿爵士[Sir Charles Newton][32]之类的学者在已成为一门国际性学科的考古学方面做出了贡献。此外，1825年以后在语言学上获得真正杰出成就的第一位英国人是默罗[H. A. J. Munro, 1819—1885]。[33]克宁顿或许也可以做出这么大的

---

❶ 托马斯·阿诺德，英国教育家和历史学家，在他担任卢格比公学校长（1827—1842）期间，在文科课程中引进了数学、现代语言和现代历史课程。

❷ 沃尔特·帕特，英国作家，因他的评论著作而为后世怀念，包括《文艺复兴史研究》(*Studies in the History of the Renaissance*, 1873)、《论鉴赏》(*Appreciations*, 1889)。

❸ 马修·阿诺德，英国诗人和评论家，其诗歌《多佛海滩》(1867)表达了对道德和宗教的怀疑。他的古典文学作品《文化与无政府状态》(1869)一书是反对维多利亚物质主义的激烈争辩。

❹ 乔治·格罗特，英国历史学家，以其《希腊史》(1846—1856)闻名。

贡献，但由于宗教的灾难和他的早逝而未能实现。再后来是英格拉姆·巴沃特［Ingram Bywater，1840—1914］[34]和理查德·吉伯爵士［Sir Richard Jebb，1841—1905］[35]，维拉莫威兹对两人的评价都很高。巴沃特由于认识雅各布·伯奈斯［Jacob Bernays］而获益良多，在柏林科学院［Berlin Academy］赞助的一套丛书中，他编辑了普里西阿诺斯·李杜斯❶的著作。吉伯对德国研究方法并不是很赞同，然而，如果他没有研究德国学术，尤其是如果没有读过赫尔曼的大多数著作的话，他编辑的有关索福克勒斯的著名著作是不可能出版的。另一位研究索福克勒斯的著名学者是刘易斯·坎贝尔［Lewis Campbell，1830—1908］[36]，在运用风格研究确定柏拉图对话写作时间顺序上，他也做了有价值的工作。另一位对古代哲学做出有意义贡献的是吉伯的同辈和继承者亨利·杰克逊［Henry Jackson，1839—1921］。[37]在19世纪晚期以及后来的时期，和其他国家的情况一样，人们在英国学术中也可以发现岛国与欧洲大陆的元素。豪斯曼（A. E. Housman，1859—1936）[38]相当熟悉与他的兴趣有关的德国学术状况，但是他选择了坚守珀尔森文本研究的传统。在他的1892年伦敦介绍性演讲［London Introductory Lecture］中[39]，他以"为知识而知识"的说法论证了他的观点；后来，他把这种说法描述为"修辞上的并非完全真实的"。他在1911年的剑桥就职演说［Cambridge Inaugural of

---

❶ 普里希阿诺斯·李杜斯（Priscianus Lydus），5世纪的希腊作家。

1911][40]中批判英国学者把他们自己的浪漫主义文学口味归于古人的做法，也批判德国学者，因为他们有模仿精密科学而展开文本校勘的嫌疑。早在40年前，尼采就批判他的同胞所犯的这两个错误。尽管豪斯曼知道古人的口味并不是浪漫主义的，但他和大多数同时代人一样深信浪漫主义的口味必定是好的，喜欢建立在机智优雅基础上的修辞、巴洛克风格和诗歌必定是坏的。由此，豪斯曼因为对那该受谴责的文学类型表示欣赏而深感愧疚，他曾编辑过尤维纳利斯❶、奥维德、卢坎［Lucan］和曼尼琉斯［Manilius］等诗人的作品，他对这些人显而易见的同情表明了他的这种态度。否则，他可能会尝试以一种能够虑及古代诗人的诗学目的和方法的批评来代替盛行的针对他们的浪漫主义看法，而不是谴责关于古代诗人的所有文学研究。然后，这个伟大学者的名字就不会像惯常发生的情况那样，被人们用来为伤害了古典研究的那种枯燥风格做辩护。那些怀疑这些严肃且渊博的研究而自己又没有能力进行这方面研究的人或许就不会轻易地中伤他了。

与豪斯曼同辈的最杰出的学者在充分利用德国学术方

---

❶ 尤维纳利斯（Juvenal，约55—140），古罗马讽刺作家，现存16篇讽刺作品，谴责古罗马特权阶级的腐化和奢侈。像贺拉斯一样，尤维纳利斯对1590—1800年的英国诗歌产生了很大的影响。Thomas Nashe（1567—1601）和John Oldham（1653—1683）被称为"英国的尤维纳利斯"。诗人Samuel Johnson（1709—1784）的作品 *London*、*The Vanity of Human Wishes*，Alexander Pope（1688—1744）的 *Imitations of Horace* 都模仿了尤维纳利斯的作品。John Dryden（1631—1700）于1692年翻译了尤维纳利斯的著作。

面比同时代的其他人做得还要好。维拉莫威兹于1908年对英国做了一次著名的访问,他对沃尔特·海德拉姆［Walter Headlam, 1866—1908］[41]留下了深刻印象,海德拉姆有关埃斯库罗斯以及新近出版的赫洛达斯［Herodas］诗歌的著作不仅极富文学品位,而且表现出了广泛而全面的学识。吉尔伯特·默雷[42]非常崇拜维拉莫威兹,自1894年起,一直与维拉莫威兹保持通信❶,也深受维拉莫威兹著作的影响。[43]当然这种影响并不总是好的。维拉莫威兹笔下易卜生式的欧里庇得斯激发了默雷创作萧伯纳式的欧里庇得斯的灵感。但是在文本研究方面,维拉莫威兹帮助默雷消除了有独创性但无诚意、学识欠缺的维莱尔❷所带来的恶劣影响,海德拉姆已经对维莱尔进行了正确的批评。默雷把古代戏剧翻译成斯温伯恩❸体诗歌,表明他犯了被豪斯曼严厉批评的错误。不过这种错误并没有损害默雷所有著作的价值。像维拉莫威兹一样,默雷也对他那个时代的生活、文学非常感兴趣。尽管这有时会使他出错,但却使他的研究充满活力。和维拉莫威兹不同的是,默雷对当代人类学非常感兴趣,从他那个时代以来,这个学科已发生了许多变化。不过,这并未妨碍人们把他以及他的朋友当作学科之间进行交流的先锋人物,这种交

---

❶ 自这次访问之后,维拉莫威兹一直与大约40位英国学者保持通信联系,如Sir James George Frazer、J. B. Bury、J. P. Mahaffy、L. C. Purser、J. G. Smily等。

❷ 维莱尔（A. W. Verrall, 1851—1912）,英国古典学家,曾编辑埃斯库罗斯、欧里庇得斯的著作。

❸ 斯温伯恩（A. G. Swinburne, 1837—1909）,英国诗人、文学评论家。他主张无神论,同情意大利独立运动和法国革命。

流导致了一些有趣的结果,其中一些结果表现在默雷学生的著作中。在这方面默雷的一个伙伴是康福德[F. M. Cornford,1874—1943][44],康福德后来在柏拉图、前苏格拉底以及这种哲学赖以发展起来的背景的研究上做出了杰出贡献。

英国的私立学校和公立学校继续——或者说直到不久前还继续——在希腊语、拉丁语教育方面让学生打下坚实的基础,这种基础在一个人记忆处于最佳状态时是非常有效的。直到最近,英国学校还在教学生将材料译成希腊语、拉丁语,这一训练方法为维拉莫威兹所推崇,默雷在这方面做得非常好,丹尼斯顿[J. D. Denniston,1887—1949][45]也是如此。丹尼斯顿所著《希腊小品词》[*The Greek Particles*,1933]一书是理解希腊语有力且便捷的工具。从吉伯的《索福克勒斯》以来,英国人一直在不断地出版优秀的编订本和评注。利德尔[Liddell]和斯科特[Scott]所编纂的著名辞书[1925—1940]第九版仍保持高水准;格林菲尔❶和亨特❷于1899—1902年在奥克希林库斯❸发现的无数纸草文献的编辑出版一直是一个榜样。至于英国在考古学和艺术史[46]方面的其他一些贡献,可参阅第

---

❶ 格林菲尔(Bernard Pyne Grenfell,1869—1926),英国纸草学家,与亨特一起发现、编辑、出版了大量希腊语纸草文献,如 *Oxyrhynchus papyri*(1898—1927)、*Amherst papyri*(1900—1901)、*Tebtunis papyri*(1902—1907)以及藏于开罗博物馆的希腊语纸草文献。

❷ 亨特(Arthur Surridge Hunt,1871—1934),英国古文书学家。曾于1896—1907年在埃及进行考古挖掘,与格林菲尔合作出版了大量著作。

❸ 奥克希林库斯(Oxyrhynchus),埃及一村庄,位于开罗南部的尼罗河谷。考古学家在这个地方发现了托勒密时代、罗马时代、拜占庭时代的大量纸草文献。

160页注释600和第137页注释503。特别重要的是约翰·贝兹里爵士[Sir John Beazley, 1885—1970]的工作,他那高深的学问和对风格的敏锐感觉为希腊瓶画研究打开了全新局面。

20世纪30年代,有一小部分杰出的德国学者以逃避国家社会主义迫害的难民身份来到英国。[47]费利克斯·雅各比[Felix Jacoby, 1876—1959][48]在牛津大学继续从事规模宏大的希腊历史学家残篇的编辑工作。爱德华·弗兰克尔[Eduard Fraenkel, 1888—1970][49]在教学方面有着决定性的影响。弗兰克尔是维拉莫威兹、利奥和瓦尔纳格尔的学生,他的早期名声来自他对普劳图斯的研究,在英国期间,他出版了对埃斯库罗斯《阿伽门农》的渊博评注,并对贺拉斯进行了同情性的研究。不过对他的英国学生来说,弗兰克尔把德国"Seminar" ❶

---

❶ Seminar通常被称为"研究班",我们称之为"讨论班"。Seminar最初创立于1810年建校的德国柏林大学,被认为是德国大学最有特色的发明。柏林大学奉行"尊重自由的学术研究"和"科研为主、教学为辅"的办学原则,该校认为"科研方面有卓著成就的优秀学者,也总是最好和最有能力的教师"。在这种理解下,"学术研究的最终目标乃是取得新颖的知识。于是大学不再以博览群书和熟读百家为能事,却要求学生掌握科学原理、提高思考能力和从事创见性的科学研究"。在上述办学原则指导下,柏林大学在教学上大力提倡自由讲学,允许教师宣讲自己的学术思想,允许学生展开自由研究;为程度较高的学生组织专门的研究班,在教授指导下,研究高深的科学课题。美国大学中讨论班制度的建立与约翰斯·霍普金斯大学的创建紧密相关。约翰斯·霍普金斯大学成立于1876年,是按照德国大学形式创办的一所高等学府,其第一任校长吉尔曼(Daniel Gilman)曾于1854—1855年在柏林大学学习。该校引入了德国大学中流行的研究班。Seminar被认为是西方教育的精华。它的价值在于讨论班的听众有机会接触到自己研究领域里的最新信息和其他领域的发展动态。而且,主讲人和听众之间的直接交流能使人开拓思路,激发人的想象力。

的方法引入英国并以他的方式身体力行，这具有更重要的意义。弗兰克尔和其他一些流亡者所做的大量工作使英国学者与他们的欧洲大陆同行之间的联系越来越密切。

维拉莫威兹正确地指出，古典学的最新发展表明它越来越国际化了。他在这里提到了俄国人米哈伊尔·罗斯托夫采夫［Michael Rostovtzev，1870—1952］的早期工作，还有艾纳·吕弗斯特德［Einar Löfstedt］及其学派的这类拉丁学家，如马丁·尼尔森［Martin Nilsson，1874—1967］和萨姆·艾垂姆［Sam Eitrem，1872—1966］这样的古代宗教学者在斯堪的纳维亚所取得的重要成果。在别的地方，维拉莫威兹所欣赏的似乎是比利时人居蒙❶和比德兹❷对帝国时期宗教知识所做的巨大贡献。维拉莫威兹在后来的几页中把西班牙描述为新的考古发现的出产地。在当时的西班牙，针对古典作家的文本研究在复兴。现代希腊的主要贡献在考古学领域，土耳其、罗马尼亚和保加利亚的情况也是如此。尽管波兰的古典研究不是那么一帆风顺，但一直保持着活力。古典研究在苏联本土是很活跃的，特别是在古代史方面，这种活力在不断地增加。

维拉莫威兹在1921年的写作中，几乎没有提到美国，他认为"甚至美国"都要建立博物馆是很令人惊奇的事

---

❶ 居蒙（Franz Cumont，1868—1947）第一次提出了罗马密特拉教起源于琐罗亚斯德教。

❷ 比德兹（Joseph Bidez，1867—1945）曾与居蒙合作出版 *Les Mages Hellénisés*。

情；他也没有提到当时美国的学术元老吉尔德斯利戊［B. L. Gildersleeve，1831—1924］，他是品达著作《奥林匹亚人》［*Olympians*］、《皮提亚》［*Pythians*］的编辑者。美国现在对古典研究所做出的巨大贡献提醒我们，过去的50年并不是古典学术纯粹衰落的时期。美国如果仅仅依靠自身雄厚的经济资源也不一定能够取得这种成就。如果说耶鲁大学在杜拉–欧罗普斯［Dura-Europos］的考古挖掘是由俄国人罗斯托夫采夫指导的，那么辛辛那提大学在特洛伊、派罗斯［Pylos］的考古挖掘则是由美国本土的卡尔·布莱根［Carl Blegen，1887—1971］❶指导的。这些事业并非孤例。和欧洲人相比，美国古代史方面的历史学家在希腊语、拉丁语方面的能力比较差，但是他们也较少面对成为语文学家而不是历史学家的危险，他们敏于从其他学科那里采用新的技巧。在文学研究方面，美国出现了密尔曼·帕里［Milman Parry，1902—1935］❷[50]这样的人物，帕里的成就已经改变了我们研究荷马问题的方法，除了阐明了多种语言的口头诗歌之

---

❶ 卡尔·布莱根，美国考古学家。在困难的1948—1949年成为The Americam School of Classical Studies 的指导者。其主要挖掘工作是在特洛伊、科林斯卫城进行的，最为著名的是他于1939年在伯罗奔尼撒半岛的派罗斯发现了内斯特宫以及许多线形文字B。其代表作《特洛伊与特洛伊人》(*Troy and the Trojans*, 1963) 尽管已经过时，但仍旧是这方面的最好导论。死后葬于雅典。

❷ 密尔曼·帕里，美国语言学家。在荷马史诗研究方面做了开拓性的工作，他认为荷马史诗是前文字时代口头诗歌传统的产物。1971年，其子Adam Parry 出版了 *The Making of Homeric Verse: The Collected Papers of Milman Parry*。

外，他的成就现在甚至也为欧洲大陆所认可。美国的学生通常只是在大学才开始学习希腊语、拉丁语，但是他们当中的许多人是靠勤奋工作，靠比他们的欧洲同行采纳更多新的、更加富有想象力的方法来弥补这种劣势。欧洲学者很快将不得不面对那些进入大学时没有古代语言知识储备的学生，他们应该以特别的兴趣来研究美国的情况。况且，最近美国人在古代诗歌方面的最佳研究有一个突出的特点，也就是文学的敏感性，这是欧洲人应极力仿效的［会带来好处的］。

现在让我们回到现代围绕尼采提出的问题所展开的争论吧，这场争论从尼采那时起就一直在学者中间持续展开，但自第一次世界大战以来争论变得更加激烈了。一些学者，包括一些优秀的学者满足于继续从事细致的研究而不必操心他们的资格问题；另外一些人则以各种各样的方法来努力解决这个问题。维拉莫威兹在柏林大学的讲席由沃纳·耶格尔［Werner Jaeger, 1888—1961］继承，耶格尔是一位知识渊博的学者，他因其关于亚里士多德哲学发展问题的著述而获得名声，在一段时间内似乎基本正确。他努力遵循正统路线去克服危机。他鼓吹需要"第三种人文主义"［Third Humanism］，即在文艺复兴时代的人文主义和歌德时代的人文主义之后的人文主义。语文学要庄严地与它的伙伴历史学分道扬镳，并且要时常提醒自己去反思自身的真正本质。但这并没有起很大作用，困难在更深的层次之中。古典学联合各门学科的崇高理念很难被废弃，如果没有这个理念的话，语文学会沦为纯文学［belles-lettres］；同时，如果语文学不能从现代社会的情势中获得新的动力，那么原来意义上的语文学也难以维持。国家社会主义的德国没有为第三种人文主义提供理想的条件。由于耶格尔的妻子是非雅利安人，这场运动的主要旗手离开德国来到美国，在这里他从学术的视角写了三卷枯燥的希腊文明史，之后就把兴趣点转移到基督教教父研究上去了。

耶格尔同辈的其他一些学者循着不同的路径来对待这个问题。卡尔·赖因哈特［Karl Reinhardt，1886—1958］[51]是维拉莫威兹的学生，赖因哈特崇拜维拉莫威兹，但是自从他早年接触了尼采的观念以及以诗人斯提芬·乔治❶为中心的那个圈子里的观念之后，就不这样了。赖因哈特的主要兴趣在文学、艺术与哲学上，他没有一点学究气，甚至没有那种单纯地为了学习而积累知识的兴趣。赖因哈特对巴门尼德的精彩研究、他的三本关于波塞东尼戊斯［Poseidonius］的著作堪称艺术品，其中精湛的学术研究是这位艺术家的工具之一。后来他为著名的保利-威索瓦［Pauly-Wissowa］❷百科全书撰写的有关波塞东尼戊斯的

---

❶ 斯提芬·乔治（Stefan George，1868—1933），德国诗人，尼采的信徒，其诗歌深受希腊古典形式的影响。乔治颇受纳粹党徒的欢迎，但他不与其合作，于1933年自愿流放。

❷ "保利-威索瓦"是德国出版的闻名世界的古典学术百科全书 *Realencyclopädie der classischen Altertumswissenschaft* 的简称，该百科全书包括补遗在内共100多卷。第一卷由August Pauly（1796—1845）在1837年出版，但Pauly在去世时还没有最终完成这项工作。Christian Waltz和（转下页）

文章表明他完全掌握了这项工作所需的技艺。他关于索福克勒斯［1933年第一版；1947年第三版］和埃斯库罗斯［1944年］的两本书在现代有关希腊诗歌的文学研究中至今无出其右者。作者的文笔非常优美，但遗憾的是，如果没有深厚的德语功底是难以读懂的。当耶格尔组织大会讨论"古典问题"时，赖因哈特写了一篇文章，在这篇文章中，他以异常清晰的笔法和辛辣的语言机智地描述了语文学危机，以索福克勒斯和歌德为例结束分析，出色地分析了当"古典的"［classical］这一术语被应用到文学领域时的意义。[52]就像不相信任何种类的一般概念一样，赖因哈特也不相信为各种新人文主义提出的计划。在处理古代研究的问题时，赖因哈特的方法时常是把各种可能性并列在一起，因此在处理语文学危机时，他陈述了困难，并以自己的操作为例，给出自己的答案。赖因哈特没有强调古代世

（接上页）Wilhelm Teuffel 接手之后，于1852年完成了这项工作。第一个版本共六卷。第二个版本的修订工作在1861—1866年展开，但没有最终完成。1893年，Georg Wissowa（1859—1931）开始了新的也更加宏伟的修订工作。他希望能在十年之内完成这项工作，但是长达84卷的百科全书直到1978年才完成最后一卷，1980年出版了索引卷。该百科全书每一篇文章都是由这个领域公认的专家执笔撰写的，因此随着时代的变化，文章潜在的主旨也会发生变化，如此，这部百科全书的完成花费了三代人的时间也就不足为奇了。百科全书中大部分人物传记由古典学家Friedrich Münzer（1868—1942）撰写，但百科全书高昂的定价吓退了购买者，因此Metzler出版社于1964—1975年出版了六卷本的 *Der Kleine Pauly*。最新的缩写本叫 *Der Neue Pauly*，由15卷正文和一本索引组成，出版于1996年，到2003年已完成15卷正文的出版任务，只是索引还没有出版。

界通过中世纪将我们与其连接起来的那种传统的价值，而是追随歌德和尼采，极力表明古代文学、艺术和哲学是怎样丰富现代生活的。但是对另一位伟大学者来说，这种没有中断的传统的延续有着至关重要的意义，他对耶格尔推动一种制度性的新人文主义的努力持冷眼旁观的态度。他就是鲁道夫·普法伊佛［1889—1979］，他的这种态度深受其天主教信仰以及在奥格斯堡附近著名的圣斯提芬本笃会学校［Benedictine School of St. Stephan］所受教育的影响。普法伊佛的天主教信仰是基督的哲学（*philosophia Christi*）❶的现代翻版，基督的哲学和伊拉斯谟的名字联系在一起，伊拉斯谟是普法伊佛研究的中心主题之一。和赖因哈特一样，普法伊佛是敬仰维拉莫威兹的学生。但是普法伊佛通过他在慕尼黑的老师奥托·克鲁修斯［Otto Crusius］也继承了罗德的传统，这个传统连同他所信服的伊拉斯谟哲学，令他无意将19世纪的实证主义与历史主义混合起来。即使在他13年［1938—1951］的英格兰流亡生涯之前，他关于学术的观念也不是德国的，而是欧洲的。普法伊佛第一部伟大的著作是

---

❶ 基督的哲学，据译者所知，最早提出这一概念的是文艺复兴时期荷兰人文主义学者、哲学家阿格里科拉（Rudolf Agricola，1442—1495），他也是一位杰出的希伯来学者，曾把《诗篇》译为拉丁语。和其他意大利学者不同的是，阿格里科拉是一位虔诚的基督徒，认为研究古人是非常重要的，但这并不能代替对《圣经》的研究，因而提出了 *philosophia Christi* 这一概念，目的在于调和古人智慧和基督信仰，这一思想对伊拉斯谟产生了极大影响。现今有一份国际性学术刊物就是以 philosophia Christi 命名的。

对卡利马库斯的作品进行编辑，卡利马库斯是希腊化时代诗人当中最具有代表性的人物，那时的诗人为保存昔日的成就而创造了语文学；普法伊佛的第二部伟大著作是辉煌的古典学术史，他在这部著作中描述了希腊化时代学者的创新所产生的结果，以及怎样把这种创新应用到宗教文献和世俗文献的研究上。他的天主教观点与维拉莫威兹的立场形成了有益的对比。[53]

德国是第一个对这场古典研究的危机进行争论的国家，现在这场争论已遍及西方的每一个国家。在美国，一些教授主张博士学位应当被废弃，他们当中一些关注古典研究的人感觉古典研究已过分地强调技术而忽略了文学趣味。即使是在古典研究仍保留人文主义特色的英国，人们有时也批评学者过分关注文本和语言研究。批评者的言论并非完全没有理由，但是他们应当记住的是，没有一定数量熟悉希腊语、拉丁语的人，真正优秀的古典研究就会消失；用翻译本研究古典文学聊胜于无，这只是原本的可怜替代品。此外，批评者还应学会不把19世纪德国的语文学传统与18世纪由豪斯曼维持活力、专门进行文本解释的排除其他一切的传统相混淆，至今仍有一小部分英勇的豪斯曼分子忠诚于后一种传统。

xxx 这场危机的主要原因根植于社会环境中。西方世界快速向某种工业文明发展［美国是这方面最好的例子］势必会影响整个教育模式。私立学校所面临的威胁，以及各类学校支持职业培训所带来的压力意味着在记忆力最好的年龄阶段学

习希腊语、拉丁语的人每年都在减少。实际上，那些所谓的教育专家所做的事表明，这些年里学任何东西的人都变得越来越少。这就是有的西方国家在古代研究方面所面临的重要问题。

这个一般问题必须要与古典研究和马克思主义之间的一般关系问题相区别，尽管在某些情况下，这两个问题有重叠之处。有一系列极端左派分子相信19世纪之前的全部历史与这样一个时代是"无关的"：这个时代处理的是现代技术的问题，这个时代了解他们那个版本的马克思主义以及与之相伴的那种心理学。有教养的马克思主义者，包括一些非常杰出的古代史学者，他们的观点与这种态度大相径庭。他们赞同马克思本人所认为的古代世界研究的价值一点也不比其他历史研究小，并且他们的特殊方法在不少情况下会产生非常有价值的新的研究路线。[54]当然西方世界的黑格尔马克思主义和苏联粗糙的马克思主义相比远没有那么庸俗。然而即使是在苏联以及铁幕后面的其他国家，我们也可以辨别出古代研究微弱复兴的迹象。

马克思主义在本质上是一种教条，人们会怀疑一种教条的信徒是否能够保持批判的态度，在过去，这种态度是保持独立学术研究的活力所必需的。或许有人会反驳说，基督教也是一种教条，早期基督教教父与古代研究建立了一种暂时妥协 [modus vivendi] 的关系，这种关系大体上延续了几个世纪。普法伊佛从启蒙的、伊拉斯谟的天主教立场所写就的伟大历史著作或许可以被引作这方面的证据。维拉莫威兹会回答说,直到天主教会对欧洲文化的掌握松弛之后,古典学研究才适用于最严格的批判性标准。维拉莫威兹会提醒我们,除伊拉斯谟和伟大的法国本笃会修士外,自反宗教改革以来,几乎没有杰出的古典学者是罗马天主教徒。我认为,人们可以期待在马克思主义影响之下的古典研究会出现一些希望。但是想象古典研究在可预见的将来会像威廉时代的德国❶,甚至像在维多利亚的英国那样,在任何马克思主义社会中取得辉煌成就还是过于乐观了。

尤戊·霍尔歇〔Uvo Hölscher〕对这次危机的处理[55]可入感知最敏锐者的行列,他主张古代文学和哲学是以"人的个性"〔human personality〕的概念为先决条件的,而今日正盛行的对生活的态度是怀疑这种观念的。这种态度绝不是接受了马克思主义或者说接受了弗洛伊德学说所带来的必然结果,尽管这两种学说的因素对这种态度的形成起了作用。许多睿智的马克思主义者和弗洛伊德主义者是憎恶这种态度的。这种态度的一个更加重要的组成部分是卢梭的影响,卢梭倾向于削弱那种认为人类应为其所作所为负责的观念。没有基督教的存在,整个大杂烩就不会产生,从最终的意义而言,这个大杂烩是基督教的粗糙、残留版本。能理解其所信

---

❶ 威廉时代的德国(Wilhelmine Germany),指威廉二世(William II,1888—1918 年在位)统治时代的德国。

仰宗教的基督徒一刻都不会赞成这一观点，尽管现在大量愚蠢的、无知的或不虔诚的神职人员已广泛秉持这种观念，英奇主任牧师［Dean Inge］习惯于把这些人叫作"民众王的宫廷牧师"［the court chaplains of King Demos］。这种观念的流行为"很难有比当今更需要古典研究的时代"这一思想提供了一个最好的理由。[56]

　　古代文学、艺术的丰碑对每一代人都具有强烈的吸引力，不管每个时代在流行什么。因此，只要任何种类的历史研究继续存在，古典时代［我们直接的祖先］的历史就不会遭到完全的忽略。学者不能放弃对古代世界进行整体研究的崇高观念。学者必须永远警惕枯燥的危险，无论这种枯燥来自对技巧的过分关注，还是来自对非常狭隘的历史研究出发点的采纳。他们并不认为古典学为模仿提供了一个理想的模式。实际上，我们也不能以这一点来谴责文艺复兴时代的古典学家或歌德时代的古典学家。模仿理想类型的观念几乎不能有效地说明米开朗基罗或歌德与古代艺术家之间的关系，他们从这些古代艺术家身上获得了灵感。研究古代文明给我们呈现的不是要去模仿的类型，而是可能起作用的各种信仰和方法的模式。假如以智慧的、理智的方法去呈现，我们就可以从坐井观天者的狭隘中走出来。古代人认为没有什么理由可以假设人性会发生很大的变化，不管什么样的社会条件和历史条件会占据主导地位。因此古代人所处理的艺术和文学是恒久而非短暂的主题。这使得古代人的文学、艺术和历史极有可能为我们自己的实践提供有用的经验［和其他经验一道］。只要任何历史和文学研究被认为是正当的，这种经验的价值，除了可以用来维持将我们与古代联系在一起的传统，必须被认为是继续进行这些研究的理由。

注 释

〔1〕 参阅后文书目。

〔2〕 参阅后文书目。该书第一卷意大利语译本 *Storia della filologia classica* 由 Marcello Gigante 和 Salvatore Cerasuolo 于 1973 年译出，Gigante 为该译本写了一篇非常杰出的导论；也可参阅他的文章 'Dal Wilamowitz al Pfeiffer: Storici della Filologia Classica'，刊 *PP* 156，1974，3f.，也可参阅 L. E. Rossi 的讨论，*RIFC* 104，1976，98f.。又可参阅 A. Momigliano 所做的评论，刊 *RSI* 80，1968，377f.，该文也刊于 *QC*，893f.。参阅 N. G. Wilson 的评论，见 *Cl. Rev.* 19，1969，366f.，以及我关于 Pfeiffer 去世的讣告，刊 *BG*，ch. 22。关于第二卷的说明，见 G. Chiarini 的文章，刊 *ANSP*，1977，1629。

〔3〕 《语文学史》最早出现在 *Einleitung in die Altertumswissenschaft*（A. Gercke 和 E. Norden 编，3rd edn.，1927）中，不过，该书现已可单独获得。其他简短的德语学术史著作包括 W. Kroll, *Geschichte der klassischen Philologie*，1908；A. Gudeman, *Grundriss der Geschichte der klassischen Philologie*，1909 以及 E. Drerup, *Der Humanismus*，1934。意大利语著作有 C. Giarratano, *Indroduzione alla filologia classica*，1951；A. Bernardini and G. Righi, *Il concetto di filologia e di cultura classica nel pensiero moderno*，1947 以及 G. Righi, *Breve storia della filologia classica*，1962。

〔4〕 Fausto Codino 在他给该书出色的意大利文版（*Storia della filologia classica*，no. 91 [见 Piccola Biblioteca Einaudi 丛书]，1967，p. 1）

所作的序言中，用维拉莫威兹本人形容策勒《希腊哲学史》的话来描述《古典学的历史》："这样高质量的著作应任其保留当初的样子。我们想知道作者说了什么，哪怕是在他活在今日有可能发表不同看法的地方。"Codino 的译本引起了以下文章有趣的评论：B. Hemmerdinger,'Supplément à la "Geschichte der Philologie" de Wilamowitz', Belfagor 27, 1972, 653f.。

〔5〕 *HSC* i, ix.

〔6〕 参阅后文书目。

〔7〕 我知道沃尔弗并不是第一个这样做的（参 E. J. Kenney, *The Classical Text*, 1974, 98, i），但他的行为的意义是非常重要的。

〔8〕 参阅我的文章 'Nietzsche and the Study of the Ancient World', 刊 *Nietzsche and the Classical Tradition*, ed. James C. O'Flaherty, Timothy F. Sellner and Robert M. Helm, University of North Carolina Studies in the Germanic Languages and Literature, 1976, 1f＝*BG*, ch. 14。

〔9〕 参 A. Momigliano, 'Premesse per una discussione di Wilamowitz', *RSI* 84, 1972, 746f.；在莫米利亚诺陈列的有关维拉莫威兹的叙述之外，还可加上 K. Reinhardt, *Vermächtnis der Antike*, 2nd edn., 1966, 361f.；U. Hölscher, *Die Chance des Unbehagens*, 1965, 7f.。

〔10〕 *Cl. Rev.* 45, 1931, 161.

〔11〕 关于格奥尔格·凯伯尔（1850—1901）的情况，参 Wilamowitz, *Erinnerungen*, 2nd edn., 1929, 240f.，以及 K. J. Dover 的相关文章，刊 *Fifty Years (and Twelve) of Classical Scholarship*, ed. M. Platnauer, 1962, 151, n. 3。

〔12〕 参 W. Burkert 有关 H. Diels 的导论, *Kleine Schriften zur Geschichte der antiken Philosophie*, 1969。

〔13〕 参 E. Fraenkel 对 F. Leo 的介绍，见 *Ausgewählte Kleine Schriften*, 2 vols., 1960（也可参阅 *KB* ii 545f.）。

〔14〕 参 V. Ehrenberg, *Aspects of the Ancient World*, 1946, 221f.。

〔15〕 参 Pfeiffer 在 *Geist und Gestalt: Biographische Beiträge zur Geschichte der Bayerischen Akademie, vornehmlich im zweiten Jahrhundert ihres Bestehens* 一书中的叙述, 1959, 135f.。

［16］ 参 H. Haffter, *Neue Zürcher Zeitung*, no. 3897, 29 September 1963。莱岑斯坦因和诺顿利用他们的古典学研究对犹太教和基督教进行了新的解释。

［17］ 参 G. Pasquali, *Pagine Stravaganti ii*, 1968, 216f.。

［18］ 参 E. Fraenkel, *Cl. Rev.* 49, 1935, 217f.＝*KB* ii 579f.。

［19］ 关于维拉莫威兹对品达的态度，参 L. E. Rossi, *ASNP*, ser. 3, vol. 3, 1973, 119f. 以及 H. Lloyd-Jones, *JHS* 93, 1973, 110-111, 115f.。

［20］ 参 O. Crusius, *Erwin Rohde: ein biographischer Versuch*, 1902。

［21］ 这篇就职演讲是以 *The Confines of Criticism* 的标题（该标题不是来自作者）出版的，Cambridge, 1969。

［22］ 参 S. Timpanaro, *La Filologia di Giacomo Leopardi*, 1978², 230f.。

［23］ 'Von des Attischen Reiches Herrlichkeit', in *Aus Kydathen*, 1880, 1f.

［24］ 关于 Leopardi 和 Borghesi, 参下文第 119 和 156 页；关于 Amedeo Peyron（1785—1870），参 Treves, *SAO*, 1963, 871f.。

［25］ 参 Treves, op.cit., 1051f.; Pasquali, op.cit.（in n. 17）, i 119f.; Timpanaro, *Aspetti e figure della cultura ottocentesca*, 1980, 349f.。

［26］ 参 Treves, op.cit., 1113f.; Pasquali, op.cit., i 205f.; Fraenkel, *Gnomon* 35, 1963, 822f.。

［27］ 参 Fraenkel, *KB* ii 601f.; 亦参 *Atene e Roma* 的一期特刊（fasc. 6, anno 2, 1952, 201f., 里面有许多作者贡献的回忆文章；F. Klingner, *Studien zur griechischen und römischen Literatur*, 1964, 719f.。

［28］ 参 Momigliano, *TC* 239f.。

［29］ 参 Momigliano, *SC* 299f.。

［29a］ 路易·盖内特（Louis Gernet, 1882—1962）利用新社会学和人类学研究早期的法律和宗教，并取得了辉煌的成就，但这点为法国权威学者所忽略，参 S. C. Humphreys, *Anthropology and the Classics*, 1978, 76f.。

〔30〕 参 Momigliano，*C* 249f.。

〔31〕 参 Momigliano, ibid. 213f.; also M. L. Clarke, *George Grote: A Biography*, 1962; 参下文第153页。

〔32〕 参第137—138页。

〔33〕 参 A. E. Housman, op. cit.（上文注释21）20f. and A. S. F. Gow, *A. E. Housman: A Sketch*, 1936, 4-5。

〔34〕 参第144页。

〔35〕 Caroline Jebb 写过一本传记，1907；参 Wilamowitz, *Kl. Schr.* i 461f.。维拉莫威兹认为吉伯爵士解释索福克勒斯的著作仍具有生命力，只要人们想理解这位令人难解的作者（指索福克勒斯。——译者）的语言。参 *Cl. Rev.* 19, 1969, 26-27。

〔36〕 参 *Memorials in Verse and Prose of Lewis Campbell*, 1914。

〔37〕 R. St. J. Parry 写过一本传记，1926；其内容令人兴奋的程度不及 Jebb、Campbell 的遗孀为他们所写的充满诚挚情况的传记。

〔38〕 参阅 Gow 在上文注释33中所引用的杰出回忆录，以及 D. R. Shackleton Bailey 在 *The Listener*（March 26, 1959）的精彩评论；另见 Kenney, *CT* 133f.。

〔39〕 这篇演讲重刊于 John Carter 所编 A. E. Housman 的 *Selected Essays* 中，1961, 1f.。

〔40〕 参上文注释21；也可参阅 Housman 的 *Collected Papers* 中我未署名的评论文章，这篇文章重刊于 *TLS 12: Essays and Reviews from the Times Literary Supplement*, 1974, 137＝*BG*, ch. 15。

〔41〕 参 Cecil Headlam, *Walter Headlam: His Letters and Poems with a Memoir*, 1910。这本充满兄弟情谊的著作几乎与 Parry 所著 Henry Jackson 的传记一样令人兴奋。

〔42〕 参 Gilbert Murray, *An Unfinished Autobiography*, 1960, 以及 M. I. Henderson 发表的 Gilbert Murray 的杰出传记, *JHS* 77, 1957, xv, 以及他在 *DNB* 上发表的文章；亦参 *BG*, ch. 17。

〔43〕 参 Gilbert Murray, 'Memories of Wilamowitz', in *Antike und*

Abendland 4, 1954, 9f.。

[44] 参阅 W. K. C. Guthrie 为 Cornford 的遗著 *The Unwritten Philosophy*（1950）所写导言中的回忆。

[45] 参 C. M. Bowra 所写的 Denniston 的回忆录，*PBA* 35, 1949, 219f.（Bowra 最好的作品之一）。

[46] 参阅 B. Ashmole 的回忆录，*PBA* 56, 1970, 443f. 和 C.M. Robertson, *Gnomon* 43, 1971, 429f.。

[47] 参阅我的就职演讲，*Greek Studies in Modern Oxford*, 1961, 14f. = *BG*, ch. 1。

[48] 参 W. Theiler, *Gnomon* 32, 1960, 387f.。

[49] 参我发表的讣告，*Gnomon* 43, 1971, 634f. = *BG*, ch. 21。

[50] 参 Milman Parry, *The Making of Homeric Verse*, Oxford, 1971。Milman Parry 的儿子 Adam Milman Parry（1928—1971）为该书写了一篇非常杰出的导言，如果他没有像他的父亲那样在一场事故中英年早逝，他可能会证明自己的天赋几乎毫不逊色。

[51] 参 Pfeiffer, *Jahrbuch der Bayerischen Akademie*, 1959, 147f.; U. Hölscher, op.cit.（上文注释 9），31f.; L. E. Rossi, *ASNP* serie 3, 5, 373f.。我给 Reinhardt 翻译的索福克勒斯的书写了一篇导言（1979）= *BG*, ch. 20。

[52] 'Die klassische Philologie und das Klassische', in *Vermächtnis der Antike*, 2nd edn., 1966, 334f.

[53] 这在他的大作 *History of Classical Scholarship*（参上文注释 2）和载于（或列于）其 *Ausgewählte Schriften*（1960）一书中的许多文章里得到了阐发；亦参 *Philologia Perennis*（讲课记录）（SB Munich, 1961）。

[54] 参阅 *Arethusa* 的特刊号，名 *Marxism and Classics*（n. 8, 1, spring, 1975）; V. di Benedetto and A. Lami, *Filologia e Marxismo: contro le mistificazioni*, 1981。

[55] 参阅上文注释 9。

[56] 有人对它们在一个重要研究领域中的重要性做了精彩的说明，参阅 Kurt von Fritz, *The Relevance of Ancient Social and Political Philosophy for our own Times*, Berlin, 1974。

古典学的历史

1 　　古典学的性质[1]——虽然"古典学"这一头衔不再暗示那种崇高地位,但人们仍旧这样称呼古典学研究——可以根据古典学的主题来定义:从本质上看,从它存在的每一个方面来看,都是对希腊—罗马文明的研究。该文明是一个统一体,尽管我们并不能精确地描述这种文明的起始与终结;该学科的任务就是利用科学的力量来复活那已逝的世界——再现诗人的吟唱、哲学家和立法者的思想、圣殿的神圣性、信仰者和非信仰者的情感、市场与港口的热闹生活、海洋与陆地的面貌,以及劳作与休闲中的人们。在每一个知识门类中[或者按照希腊人的说法,在所有的**哲学**中],面对我们不理解的东西感到惊奇是研究的出发点,目标是对那些我们已经全面理解的真理和美丽事物的纯洁的、幸福的沉思。由于我们要努力探寻的生活是浑然一体的,所以我们的科学也是浑然一体的。把古典学划分为语言学和文学、考古学、古代史、铭文学、钱币学以及稍后出现的纸草学等各自独立的学科,只是人类对自身能力局限性的一种折中办法,但无论如何要注意不要让这种分门别类窒息了专家心中的整体意识。

古典学术史的使命就是表明这门科学是怎样从希腊人的语法学 [*grammatikē*]^[2] 那里发展而来的,人们现在已经明白了古典学的真正本质与功能。尽管它还不是一门历史科学,但"科学"之名还是当之无愧的。它至今仍存活在罗马、拜占庭,无论是以一种怎样萎缩的形式。这种学科的发展与智力在现代的进步保持一致,就后者而言,吸收古代文化遗产对其有着强大的影响——一般是有促进意义的,但有时也有约束意义。反过来说,现代思想对这种学术也有反作用,但是追述现代思想的这种反作用已超越了本书的范围 [虽然这非常有趣],尽管读者也总是愿意知道这些反作用。

欧洲人从古代人那里接受"语法" [grammar],其目的首先是服务于语言教学,因为作为普世教会所使用的语言,拉丁语一直在实际生活中保持其地位。言辞的文学形式——诗歌和散文——也伴随语言而为人们所继承,因此发展出一种新的拉丁文学,这种拉丁文学所取得的辉煌成就是人们至今仍能感受到的。模仿——包括视觉艺术在内的古代诸门艺术的复兴——是很多时代、很多情况下的宏伟目标,伴随着古老的文学形式和风格融入现代语言。长久以来,人们习惯于把这种模仿活动当作古典学术的一个组成部分,但是这与我们已着手研究的古典学成长过程无关,我们不要期待在书中提到拜布 [Bembo]^[3] 和约翰尼斯·瑟昆杜斯 [Johannes Secundus]^[4] 的拉丁诗歌,也不要期待看到对帕拉狄奥 [Palladio]、克伦策 [Klenze]^[5]、瑟沃尔森 [Thorwaldsen] 或弗拉克斯曼 [Flaxman]^[6] 的讨论。我们也不太在意姆莱图斯

[Muretus]或伦肯[Ruhnken][7]的某些作品是不是古典拉丁语的典范。显而易见的事实是，没有人把希腊诗歌的创作当作古典学术的一个分支来看待。[直到19世纪，这类诗歌缺乏风格，但是今天出现了很好的诗歌，在英国更是如此。][8]然而，这样的练习对学者的有用性怎么评价都不为过，而伴随成功而来的快乐就更大了，因为只有少数人可以做这件事。

同样，学校和大学教育有其独特的历史。但这里不是详细叙述这个问题的地方[9]，尽管教育对学术事业发展所起的间接作用很大，尽管我们忽略将自己局限在青年导师角色上的那些人似乎是不公平的事情，相比为学术宝库贡献一砖一瓦的许多学者，他们通常做出了大得多的成就。维特里诺·达·菲尔特[Vittorino da Feltre]和维罗纳的瓜里诺[Guarino da Verona][10]在15世纪这类令人尊敬的人当中堪称典范，自那时以来直到今天，这种人物层出不穷。翻译者一般也必须排除在外，尽管这些翻译者的译著在传播古代观念方面做出了极大贡献。我们只要想到阿密奥特[Amyot]翻译的普鲁塔克的著作这个例子就够了。[11]翻译著作在把希腊的精神沁入现代文化之中所起的作用要远远大于大多数学者的著作在这方面所起的作用，但翻译著作不属于学术研究之列。

以这种方法限制我们研究的领域，我们就可以粗略地勾勒出学术发展的演进，而不必提到这一发展过程中的许多代表人物，因为每一个时代的先锋人物都属凤毛麟角。篇幅也是一个限制因素，但习惯要求我们将许多人物摆在突出位置，包括一些取得短暂成就、不久就从记忆中消失的人物——这种恭敬的态度有其自身的价值。所以，善迪斯的《古典学的历史》[History of Classical Scholarship][12]是有关这一主题唯一值得一提的著作，这是一部功底扎实的学术著作，一部必不可少的著作。我满怀感激地承认我从这部著作中获得了大量的知识。另一本值得信赖的书是我以奥托·雅恩[13]就同一主题发表于1868年的演讲为材料所录的抄本，该书使我终身受益。在雅恩去世之后，如果能有机会立即从他的笔记和速记中把该抄本整理出版，这本书必将成为传世之作。雅恩的博学是无限的，他不仅仅是一位博学的人[polyhistor]，而且他从不迟疑地表达各种观点。

从文艺复兴开始叙述古典学术史可能是不太恰当的，因为在这个时期之前很久，古代学术就开始复活了。学校里的传统从来就没有被完全打断，事实是，早先几个世纪对于古代文献的保存有着决定性的意义。作为罗马帝国分裂为东、西两部分和西罗马崩溃的结果，西部建立了日耳曼诸王国，只有那里的教会保存了某种文化，因此，我们必须分别追溯两个渊源，这种情况一直持续到君士坦丁堡陷落、东西两部分重新合流为止。这两个渊源的共同源头是希腊化时代的语法学科，在语源学的领域、在语篇学的问题上，这门学科可以追溯到智者[14]时代甚至更早[就对诗人所做的阐释而言]，它在哲学家和"批评家"或"语法学家"[这是今人对他们的称呼]那里达到了完美的境界：埃拉托色尼［Eratosthenes］[15]［他谦虚地把自己称为语文学家（*philologos*），因为他的兴趣非常广泛］、拜占庭的阿里斯托芬[16]和阿里斯塔库斯［Aristarchus］。[17]我们可以把狄奥尼修斯·斯莱克斯［Dionysius Thrax］[18]的那本小书❶以及迈尔里的阿斯克里庇德斯［Asclepiades of Myrlea］[19]的学说真实地还原，这至少可以窥见当时为人们所期望的那种"语法"的状况。菲洛克斯诺斯［Philoxenus］[20]在语言科学方面取得了很大的进步——或许因为他认识到拉丁语的重要性——这时他认识到单音节词根的概念。布特曼［Buttmann］[21]是以他为师的。在随后的时代，古典主义［classicism］的胜利让"语法学家"的作用变小了，因为现在要求的是对书面语言和文学语言的实际指导。目标是将时钟拨回到300年前——在安东尼时代❷最终实现了这一目标，那时一些人又回归到以爱奥尼亚语［Ionic］进行写作的状态。高等教育几乎完全关注修辞学的研究，但这需要在"语法学家"那里就语言的使用接受初步的训练。早在奥古斯都统治时期，特里芬［Tryphon］[22]就编纂了第一部书面语词汇书《名号辞典》［*onomastikon*］，他也是第一位论述句法的作家。200年以后，赫洛迪安［Herodian］[23]最终在严格的古典法则基础上确定了正字法［orthography］和"韵律学"［prosody］。大量的手

---

❶ 作者指的是斯莱克斯的《语法艺术》（*Technē grammatikē*），该书是后来欧洲语法著作的基础。

❷ 安东尼时代（Antonines），罗马帝国的第三个王朝（96—192）。

册提供了古典词汇，最后像阿里斯提德❶这样的模仿者以其自身的才能也成为文体的楷模。另外，学术上的见解被保存下来，供影响范围不断缩小的诗歌文学使用，并且学术本身也越来越沦落到文本编辑的境地。我们或许会期待从下层社会崛起的教会对于生活的实际状况投以更多的关注，但是教会屈服于正在流行的修辞学。甚至在教会产生了几位这方面的大师后，试图以克里门特［Clement］、格雷戈里［Gregory］和西里尔［Cyril］[24]的著作取代学校原有的教科书，当然这没有成功。荷马和欧里庇得斯的著作从没有被丢弃，因此，古老的体系继续存在，不过变得越来越平淡无奇罢了，这点可以在6世纪最有影响的教师"牧猪人"乔治［Georgius Choeroboscus］[25]的著作中得到充分的证明。文学语言与现实生活语言之间的裂缝变得越来越大，社会上层阶级中仍旧精通那种语言的人越来越稀少了。但是这种分裂从来都不是彻底的，大部分古书仍旧可以在一些图书馆中找到，即使几乎没有人读它们了。直到伊斯兰教毁灭了西班牙、巴勒斯坦和埃及的古代文化场所，古老的体系才走向崩溃，伴随偶像破坏之争[26]，末日似乎更迫近了。

然而，几代人之后，在伟大的宗主教福提戊斯［Patriarch

---

❶ 阿里斯提德（Aelius Aristides，鼎盛于2世纪），来自Mysia的希腊作家、公共演说家，在Marcus Aurelius的老师Alexander of Cotiaeon的指导下学习希腊文学。现存著作有 *Sacred Teachings*。*The Art of Rhetoric* 也被认为是他的著作。178年Smyrna发生地震之后，他上书皇帝Marcus Aurelius，要求重建该城市。

Photius]^[27]的影响下,古代文学的研究又开始了。福提戊斯本人只关注散文,在这方面,他表现出对风格之惊人的、准确的感觉。这一论断同样适用于帕特里的阿拉特斯[Arethas of Patrae]^[28],他结束了在卡帕多西亚[Cappadocia]的恺撒里亚[Caesarea]大主教的生涯,通过他的悉心关注确保了许多主要散文作家的孤本或重要手稿的保存,包括柏拉图、埃里乌斯·阿里斯提德、琉善❶、卡西乌斯·迪奥❷、菲洛斯特拉图斯❸、欧几里得、波吕克斯❹、波桑尼阿斯❺、克里门特和护教士❻的手稿。我们应对福提戊斯进行全面的研究,苏格拉底·库格阿斯[Socrates Kugeas]在这方面以一篇富有价值的专论做了开拓性的工作。阿拉特斯和其他一些神职

---

❶ 琉善(Lucian,117—180),希腊作家,其对话题材著作富有特色,内容涉及古代神话和当代哲学家,对后世作家拉伯雷、斯威夫特产生了很大的影响。

❷ 卡西乌斯·迪奥(Cassius Dio,约155—235?),罗马历史学家,以希腊语写了一部比较全面的罗马史,时间范围是自罗马城建立到作者生活的时代(229)。残存大部分篇章是研究罗马史特别是早期罗马史的重要资料。

❸ 菲洛斯特拉图斯(Philostratus,170—245),希腊诡辩者、修辞学家。先在雅典授课,后来到罗马,得到罗马皇后 Julia Domna 恩宠,著有 *Life of Apollonius of Tyana*、*Lives of the Sophists* 以及描述绘画的第一本文集 *Imagines*。

❹ 波吕克斯(Pollux),2世纪智者、辞典编纂者,被皇帝 Commodus 任命为雅典修辞教授,唯一传世的作品是一部希腊语辞典 *Onomasticon*。

❺ 波桑尼阿斯(Pausanias),2世纪希腊游记作家。足迹广泛,其著作记载了大量希腊地形学、历史、宗教方面的知识。现存著作有《希腊纪行》(*Periegesis tes Hellados*)。

❻ 护教士(Apologists),2—3世纪初为基督教辩护的神学家和著述家,有时也称"护教教父"。

人员在他们所使用的抄本边缘写满了解释性的注释、引语和推测性的解读，毫无疑问这改变了文本的原貌，现在我们则抱怨这些窜改。有关柏拉图、克里门特和琉善的批注就是这样起源的，这些古代作家的大多数著作仅仅通过间接的途径流传到我们手中。这时，这些手稿以精美的新小体字编排；分字符和"重音"符号也被引入，这一切预示着抄写人员学术活动水平很高。作为获得必要语法知识的辅助手段，也是获得矫揉造作的文学语言的辅助手段，人们编辑了大大小小的、许多匿名的或使用假名的著作：语源学著作，赫洛迪安选集，福提戊斯的辞典和贝克尔[Bekker]编纂的辞典。[29]其中许多至今仍能在当时的手稿中读到。卷帙浩繁的《苏达辞书》[Suidas[30]，对于编这本书的人，我们一无所知]也属于这个时代，假如没有"出身高贵者"康斯坦丁[Constantine Porphyrogenitus][31]委托的历史学家所摘录的内容广泛的抄本的话，《苏达辞书》就不可能产生。这类作品的搜集是普遍的现象：福提戊斯的《书目提要》[*Bibliotheca*]就是一个例子，其地位好比诗歌领域康斯坦丁·塞法拉斯[Constantine Cephalas][32]的选集，该选集的材料甚至包括一系列韵律方面的铭文——这是当代人对到处可见的石头铭文感兴趣的唯一线索。那时关于诗人的学术著作，我们没有肯定的证据。但就是在那时，文本和批注已经形成了我们今天所看到的格式，这意味着语言学研究的高度发展。毫无疑问的是，这些著作的读者仅局限于一个小小的范围之内。但这或多或少适用于一切作品，包括以矫揉造作的阿提卡语进行创作的作品。

学者们继续以极大的鉴赏力来赏玩这种语言——特别是在为迎合后来的修辞学风尚而写的那些金玉其外、败絮其中的书信中——这种情况一直持续到君士坦丁堡陷落。

由富有影响的迈克尔·普塞路斯［Michael Psellus］〔33〕所复兴的柏拉图哲学［曾为教会所禁止］具有无可比拟的重大意义。当然这种柏拉图主义有不纯洁的混合物的成分，因为普塞路斯的材料包括《波曼德斯》［*Poimandres*］，这本著作对于研究古代晚期的神秘主义宗教的学者而言，具有无可估量的价值。就像普塞路斯被保存下来的抄本的数量所表明的那样，从14到16世纪，《波曼德斯》拥有很多读者，菲奇诺［Ficino］〔34〕在翻译柏拉图著作之余，也翻译了该书，只是到了最近该书才几乎完全失去了其影响力。对学术感兴趣则需要有著作的新版本，就像占星术一样，这是逐渐毁灭真正希腊主义［Hellenism］❶ 之树的典型例子。〔35〕亚

---

❶ 希腊主义，格罗特在其《希腊史》中以"Hellenism"一词来代表希腊的古典文化（古风时代 archaic 和古典时代 classic），一般来说，时间范围是公元前776—前323年；德洛伊森（1808—1884）在《希腊化史》中使用 Hellenismus（相当于英文 Hellenism）时，与格罗特所用"Hellenism"一词的含义完全不同，他所指的是亚历山大大帝东征之后的一段时间，一般来说，时间范围是公元前323—前30年。然而，在另外一些史学著作中，"Hellenism"一词在这两种意义上则被作者不加区别地交替使用。如比万的《塞琉古王朝史》（E. R. Bevan, *The House of Seleucus*, London, 1902）、利文斯顿的《希腊天才及其对我们的意义》（R. W. Livingstone, *The Greek Genius and its Meaning to Us*, Oxford, 1915）就是如此。而在阿·汤因比的著作中，他把此词的含义大大扩展了，认为"Hellenism"一词所包括的时间范围应该从公元前2千纪末到7世纪。可见希腊主义是一个意义相当模糊的词语。

里士多德研究从没有停止过，我们必须在我们的学术园地中为拜占庭评注[36]保留一个席位。约翰·采策[John Tzetzes][37]是一个最让人讨厌的人，他假装博览群书，实际远非如此。作为一位批评家，他是彻底的失败者。但他还是有一些我们不具备的优点。萨洛尼卡的攸斯塔修斯[Eustathius of Thessalonica]、雅典的"科洛塞人"迈克尔[Michael Choniates of Athens]和科林斯的格雷戈里[Gregory of Corinth，约1200年][38]被称为"教会三王子"，他们的水平要高得多。我们从阿克敏纳图斯❶那里知道，除了雅典卫城之外，雅典的古迹在他那个时代已经毁灭了，当人们于17世纪开始对雅典进行探险时，雅典的古代传统已经被遗忘。攸斯塔修斯所搜集的有关荷马的材料数量是惊人的，他的评注是最早的印刷书籍之一，多年来一直主导荷马研究，该评注本也是最早的印刷书之一。我们拥有作者的手写本。不过，在希腊国内并没有一群爱好古典的人，即使带来浩劫的第四次十字军东征[39]并未给这一地区带来普遍的衰落，情况也会如此，仍旧丰富的古代文献遗产遭到大量破坏。

损失是不可挽回的。自此以后，只有一小群人——这群人大多在修道院内——竭尽全力来挽救最后的残卷。我们应特别感激马克西姆斯·普兰努德斯[Maximus Planudes][40]所做的一切，我们今天所拥有的普鲁塔克

---

❶ 阿克敏纳图斯（Acominatus，约1138—约1222），拜占庭作家，他的演说、诗歌、书信提供了大量有关中世纪雅典的信息。

古典学的历史　55

全部著作就是由他搜集的，还要感谢他所做的摘录和对教学的推动。特别奇怪的是他翻译了大量通俗拉丁文著作。默修普鲁斯［Moschopulus］、"大师"托马士［Thomas Magister］和崔克利纽斯［Triclinius］[41]把古典诗人又带回人们的视野之内，这是一个引人注目的现象。崔克利纽斯堪与人文主义者相比，我们将人文主义者的修订和补充归在一起称为意大利人［Itali］的著作，但实际上他是超越意大利人的，因为他很仔细地区分了他自己的批注和古代的批注，而且在他诉诸猜想的时候，他会坦然承认。事实是，君士坦丁堡仍旧拥有一种能够挑战意大利人的文化与艺术，任何读过西奥多·麦陶西特［Theodorus Metochites］[42]作品的人，任何参观过由他赞助修建的如今被叫作"凯里耶清真寺"［Mosque of Kariyeh］的教堂的人，都必定会承认这种观点。这把我们带回到14世纪，在那个时代，意大利人对希腊书籍的需求导致了对希腊书籍的大量复制，以那个时代不美观的草体来复制，这包括一些优秀的书籍，也包括一些不上档次的书籍。"书籍"这个名称并不确切，因为通过书籍贸易来流通相同版本的书这类事情并不存在。这时，希腊语老师也开始流向西方，并且一些人获得了名声。但是，作为学者，甚至包括克利苏劳拉［Chrysoloras］和凯尔孔代莱［Chalcondyles］[43]这类人物，在当时的地位并不重要。只是在君士坦丁堡陷落之后[44]，这里的学术才衰落了。这里的全部高等教育停滞了几个世纪之久才开始恢复。

这让一位开俄斯［Chios］本地人阿达曼提俄斯·寇莱斯［Adamantios Koraës, 1748—1833］的功绩变得非常伟大。作为当地民族语言重建者的寇莱斯不仅应该受到本民族的爱戴，而且应该受到那些抱有高贵的爱国主义情感的人的赞扬。他的事业说明，精神是不朽的，前辈的祝福能为数百年后的后代带来重建家乡的力量。通过他对古希腊的热爱和他的学术工作，寇莱斯为其民族政治、精神的再生做了铺垫，结果是罗马人［Romaioi］再次变为希腊人［*Hellēnes*］。考虑到他不可能获得他的众多版本所证明的语言知识，他的学术方法是令人惊奇的，不管是在蒙彼利埃［Montpellier］研究医学也好，还是随后在巴黎度过了一段平静的学者生涯也罢，都是如此。然而他对斯特拉波著作的修订却有一种很少有人能与之媲美的别具匠心之处。在对从古代希腊语［包括方言在内］到现代语言的转变所进行的历史研究中，学者不能像忽略意大利语一样忽略现代希腊语。寇莱斯开辟了崭新的天地，这个世界要等很久才能看到他的继承者。当今，本土学者是我们在这一领域的权威。瑟莱阿诺斯［Thereianos］在寇莱斯的传记中以广阔的多彩背景描述了后者的生平，这本书是杰出的艺术品，值得被更多的人阅读。[45]

当处理拜占庭帝国这一主题时，我们要牢记的是大多数希腊遗产仍旧保留在落入伊斯兰教之手的各个行省，因此这些东西也不为希腊语世界所知。自2世纪起，一种方言文学一直在叙利亚存在，以译本的形式保存了希腊著作，并在一些知识领域传承了希腊传统。[46]阿拉伯人成为这些叙利亚人的好学生，他们充分地吸收了这些学问或者根据自身的需要对这些知识加以改进，并把这些知识带到西班牙。另外，各种各样的文献——几乎完全是基督教方面的文献——从叙利亚甚至直接从希腊世界传到亚美尼亚和格鲁吉亚，如果不是这样，它们可能已经完全佚失了。一个例子是攸西比戊斯［Eusebius］编年史[47]，哲罗姆［Jerome］只翻译了他的著作的一小部分，这是因为对于拉丁民族来说，书中的知识太渊博了；"犹太人"斐洛［Philo Judaeus］[48]的重要著作是另外一个例子，后来教会也把他算作子民。相当数量的教会文献是以科普特语［Coptic］❶形式保存下来的。由于语言上的原因，只有到后来充分利用这些材料才成为可能。但是大量的希腊思想是由西班牙，且常常是经犹太人的中介传入中世纪的科学、医学和哲学中。全部东方文化都渗透了希腊主义，达到相当深入的程度，超出了一般人的想象。另外，我们也日复一日地、越来越清楚地认识到，西班牙那些信仰基督教的邻居从高度发达的摩尔西班牙人文明那里学来了不少东西。

---

❶ 科普特人是埃及早期的基督教徒，4世纪时开始使用科普特语，他们在修建教堂时使用了科普特语。科普特语使用希腊字母，另外有七个来自象形文字世俗体（Demotic）的字母（象形文字的发展经历了圣书体、僧侣体和世俗体三个阶段）。靠着科普特语的帮助，瑞典外交家Johann Akerblad辨认出了"爱"、"教堂"和"希腊"。至此证明Demotic不仅是注音符号，而且能够翻译。

在罗马，格拉古时代❶的业余爱好者［dilettanti］中间逐渐发展起了以希腊模式为基础的那种基本语法研究。瓦罗［Varro］尝试使之系统化，然而没有成功。但是这位伟大的学问家和高贵的爱国者一人单独为古罗马完成的东西，与应卡利马库斯命令由众多编辑者彻底搜索了亚历山大里亚图书馆之后所完成的工作相比，更胜一筹。瓦罗[49]掌握了已被内战毁灭的那种生活的第一手知识，在虚伪的奥古斯都归政❷之下，瓦罗进一步感觉自己与这个时代格格不入。没有瓦罗的话，我们就不会掌握有关古代罗马人的真正知识，也不会知道罗马人的生活方式。后来研究这一问题的权威，在研究这方面的任何问题时都会追溯到瓦罗那里。瓦罗也保存了罗马人语言方面的珍贵信息。[50]瓦罗建立在正规框架基础上的语法工作当然是没有价值的，这个框架充其量可以当作了解希腊理论家这方面知识的间接来源。语法作为一门与众不同的学科还没有建立，到了帝国早期才有了这门学科，那时希腊语法学家和修辞学家蜂拥来到罗马。莱缪斯·帕拉蒙［Remmius Palaemon］[51]出版了狄奥尼修斯·斯莱克斯

---

❶ 指公元前2世纪晚期格拉古兄弟领导农民进行争取土地的社会革新运动的时期。格拉古兄弟指Gaius Sempronius Gracchus（约159—121 B.C.）、Tiberius Sempronius Gracchus（168—133 B.C.）。

❷ 奥古斯都归政（Augustan restoration），屋大维于公元前27年获得"奥古斯都"（Augustus）的称号，在元老院发表演说，表示要卸去总揽一切的大权，交出军队、行省，作为一个普通公民终老林下。这不过是一种戏剧性的表演，尽管共和国的各种机构仍然存在，实际一切军事、行政、司法、财政、宗教大权仍旧掌握在屋大维手中，故作者谓"虚伪的奥古斯都归政"。

初级读本的拉丁文改编本；来自贝鲁特的瓦勒琉斯·普鲁布斯［Valerius Probus］[52]或许可以比作可与亚历山大里亚人相抗衡的编辑者，他有关维吉尔的评注可与他效法的对象提昂［Theon］[53]有关希腊化时代诗人的著作相提并论。昆体良［Quintilian］[54]在一本部头很大的书中搜集了修辞课程必须提供的内容。希腊体系的建立者或许会公正地批评昆体良的著作缺乏一种逻辑结构，但是昆体良著作中所包含的丰富内容和优雅形式是非常杰出的。苏维托尼戊斯［Suetonius］[55]是他那个时代既精通希腊学术，也精通拉丁学术的典型代表。诚然，他仅仅是一位编辑家。但是，他在这方面的能力超越了他那个时代说希腊语和拉丁语的同辈。自此拉丁世界在这方面的努力减少了，因为此处所存在的拟古主义［archaism］问题也分散了人们对古典的注意力，这种通过模仿而进行的拟古主义并没有产生任何有恒久价值的东西，甚至也没能保存卢西琉斯❶、恩尼戊斯［Ennius］的著作。事态很快就恶化了，不久以后，衰退的文化标准迫使教育关注文学语言的保存。后来编辑的卷帙浩繁的语法、韵律和修辞方面的教科书有一些在今天仍有存留，但内容相当枯燥无味，经分析，这些著作在任何地方都没有表现出像赫洛迪安那样的杰出思想。埃琉斯·多纳图斯［Aelius Donatus］[56]肯定不具备这样的能力，塞维戊斯［Servius］[57]也只是老学

---

❶ 卢西琉斯（Lucilius，约180—102 B.C.），拉丁讽刺诗人，被认为是拉丁讽刺文学的奠基者，著述甚丰，达30本，约有1300段的残篇存留于世。对Horace、Persius、Juvenal等人产生了影响。

究，水土不服。普里西安［Priscian］[58]在危机时刻的贡献是最重要的，不过也仅仅是因为他无意中在阿纳斯塔修斯❶统治时期的君士坦丁堡发现了阿波罗尼戊斯·狄斯克卢斯［Apollonius Dyscolus］的著作。在那个时代新罗马辛勤地推动古罗马人所使用的语言的发展，就像查士丁尼治下进行的法典编纂所表明的那样。

早在4世纪，最优秀的罗马人已看到希腊语的衰落给西方世界的拉丁文化带来的威胁，他们想通过翻译来避免这种情况。奥古斯丁[59]本人几乎不能真正地研读一本希腊语著作，假如在波尔多［Bordeaux，4世纪高卢主要的学术阵地之一］仍有教师爷在传授米南德［Menander］[60]著作的话，其效果也不明显。然而唯有从此处，一些希腊语知识渗透到自由的爱尔兰。在那里，希腊语存在的时间比在欧洲大陆要长，到加洛林时代希腊语才重新回到大陆。❷虽然如此，希腊语书籍似乎并没有流传到爱尔兰，整个事件只是一个奇闻。为了能使那些说希腊语的人与说拉丁语的人之间相互理解，就有了一些我们今天这样的各种字典和词汇手册，它们中的一些一直保存到今天，造成这一情况的一个简单原因是人们仍在广泛地使用这些东西——它们对口语的价值尚未得到充分利用。反映在最后这个时期的语法著作中的学校与当地俗语的斗争是重要的，主要是因

---

❶ 阿纳斯塔修斯（Anastasius，约430—518），罗马皇帝（491—518年在位）。
❷ 加洛林时代（Carolingian Age），指的是加洛林王朝时期。751年矮子丕平创立法兰克王朝，该王朝在法国一直延续到987年，在德国延续到911年。

为这对罗曼语❶产生了深远的影响,罗曼语是起源于通俗拉丁语[Vulgar Latin]的一种语言。这一情况同样适用于用通俗拉丁语写成的作品,比如图尔的格雷戈里[Gregory of Tours]^[61]的著作,马克斯·博内[Max Bonnet]以格雷戈里的著作作为典型来说明这一进程。译自希腊语的著作,比如皮莱格尼戊斯[Pelagonius]^[62]的《医骡术》[*Mulomedicina*],苏拉诺斯[Soranus]^[63]的医学著作和以"蛮族人"斯卡利杰里[Barbarus Scaligeri,尽管该书实际上是希波吕托斯的著作]^[64]之名撰写而为人所知的年代纪都属于同一类型。许多翻译粗糙的书相当难以理解,比如《拉丁语译本阿拉图斯》[*Aratus Latinus*]^[65]。在古英语学术发展的最后阶段,诸如《西方的演说》[*Hisperica Famina*]^[66]之类的著作被误认为是优美的拉丁语作品,这些著作之不可理解当归咎于其他一些原因。

很显然,假如教会没有做出有利于文学语言的决定[教会在东方就是这样做的],古老的语言和古老的文化就会完全消失,由此教会的支持确保了语法和修辞在教会学校的幸存,与此相伴,以"七艺"❷形式表现出来的"百科全书般

---

❶ 罗曼语(Romance Languages),源于拉丁语的各种欧洲语言。罗曼语主要有法语、西班牙语、葡萄牙语、意大利语和罗马尼亚语。其中法语是最有代表性的国际罗曼语言。罗曼语发端于通俗拉丁语的方言,在罗马人统治时代传播到伊比利亚半岛、高卢、巴尔干半岛。在5—6世纪分裂为各种独立的语言。后来欧洲殖民者又把这些语言带到美洲、非洲、亚洲等地。

❷ "七艺"(Seven Liberal Arts),博雅"七艺"包括语法、修辞和逻辑"三艺"及算术、几何、音乐和天文"四艺"。

的"古老学问也得以保存。在这最后的时期仍被研究的作者们——在各自修辞学著作中的维吉尔、卢坎❶、西塞罗——在课程中还保持着他们的地位。这虽然算不得什么了不起的事情,但是,罗马的元老院家庭,甚至在皈依了新宗教之后,仍旧关心古老文献的保存,就像许多手稿被"订阅"所表明的那样,他们在尽力获得最佳的古物家的文本用来复制和传播。不必说,我们必须警惕的是,不要把这些文本当作学术校订的产物,因为那个时代的语法学家[grammatici]对此所知不多,至于贵族,所知的就更少了。波伊修斯[Boethius]〔67〕的翻译虽说姗姗来迟,却对中世纪学术产生了巨大的影响,因为这些译著及时地保存了几门博雅艺术中的某些权威著作。但是,有一个人使其他人都黯然失色了,这个人就是卡西奥多洛斯[Cassiodorus]。〔68〕卡西奥多洛斯从东哥特公共服务退休以后,就在斯奎拉斯[Squillace]附近他自己的植物园地产里建立了一座修道院,斯奎拉斯不久也成为一个学术中心。他为修道院配备了一座图书馆,在《神圣与世俗作品指南》[*Institutiones divinarum et humanarum litterarum*]中为图书馆制定了规则,并且通过这座图书馆为后代规定了图书馆的职责和工作,其中包括古籍的复制。卡西奥多洛斯

---

❶ 卢坎(Lucan, 39—65),拉丁诗人,塞涅卡的侄子,皇帝尼禄(37—68)的宠臣,后因反对尼禄不成自杀。所著史诗 *Pharsalia* 反映的是公元前49—前48年恺撒和庞培之间的内战,该史诗在中世纪有着极大的影响。Christopher Marlowe 于1600年翻译了该书的第一卷,Nicholas Rowe 的译本(1718)则得到 Samuel Johnson(1709—1784)的赞扬。

与东方的一些文化中心也保持联系。因为在意大利南部,希腊语还没有彻底灭绝,在图书馆也可以找到一些希腊语方面的书籍,尽管不是古典方面的著作。可以肯定的是,卡西奥多洛斯的维瓦利乌姆修道院和图书馆并没有保存到伦巴底人的时代,许多书籍似乎流传到了波比奥[Bobbio]〔69〕,或许也流传到了维罗纳的小图书馆——也许是以重写本的形式流传到那里的。由于圣本笃修道院的修士们坚持《神圣与世俗作品指南》的教导,卡西奥多洛斯的精神及其基本原则仍旧得以流传。卡西诺山[Monte Cassino]〔70〕修道院的建立者本人[指圣本笃。——译者]从不促进学术的发展,学术只是在适度的规模上成为母会修道院中某些人的追求,而这个修道院在14世纪就像圣盖伦修道院❶和富尔达修道院[Fulda]一样缺乏文化。另外,在法兰克王国,本笃会的修道院不久就成为主要的学术中心。少数从阿拉伯对西班牙的征服中逃出来的人在那里找到了避难所;在西班牙,只要西哥特王国继续存在,就会继续保持罗马的传统。塞维利亚的伊西多尔[Isidore of Seville]〔71〕在他的百科全书中已经搜集了所有存留的古代知识。现在,这些文献跨越边界流传到法兰西,并在那里产生了深刻而持久的影响,同时也使源于非洲的许多作品免于损毁,例如拉丁文选[Latin Anthology]。无论怎样形容其意义都不过分的是,爱尔兰人和盎格鲁-撒克逊人

---

❶ 圣盖伦修道院(St. Gallen),位于瑞士,据说建于7世纪。该修道院有一座有1000多年历史的图书馆,保存了许多有助于研究凯尔特语言、历史的手稿文献。

带来了他们的学问和书籍，并建立新的修道院，其中一些位于他们首先必须为基督教打下来的土地上，例如位于孚日［Vosges］的卢克索韦尔修道院［Luxueil］，位于特来比亚河畔［Trebbia］的波比奥修道院以及圣盖伦修道院、莱奇诺修道院［Reichenau］、富尔达修道院等。[72]克卢姆巴［Columba］、盖卢斯［Gallus］和卜尼法斯［Boniface］[73]是其中最杰出的人物。但真正做了最有价值的工作的，却是那些跟随他们的信徒中勤奋的抄写员，以及那些留在修道院外的学者。重新陷入野蛮状态是墨洛维王朝❶统治之下发生的可怕事情，但这种状态让位给了以"查理曼"［Charlemagne］命名的古代文化复兴。事实上，恢复了罗马皇帝称号的查理［Charles］[74]在复兴的每一个领域都起着领导作用——一位真正的君主，他身边那些由阿尔昆［Alcuin］[75]领导的顾问不过是君主意志的工具罢了。诗歌和散文再次尊奉起古典的榜样，新的语法、修辞教科书也表现出了这种品位。演说、著述也呈现出新的优雅品位。人们到处搜寻残存的古老文献，并以小心制作的复制文本形式保存下来。幸运的是，加洛林手稿有相当一部分流传至今，我们拥有的时间上较迟的复本通常可以追溯到它们的加洛林原型和某一个法兰克王朝的修道院［Frankish monastery］。在这一复制古代文献的事业中，一种技术发展起来，这种技术值得以学术的名义称呼它。当查理大帝本人以

---

❶ 墨洛维王朝（Merovingians），由墨洛维（约5世纪）创建的法兰克王朝（450—751），在克洛维一世时期达到鼎盛阶段。

下述问题解决了有关真正的轮流吟唱［antiphonar］的难题时，他阐述了一个我们所有人都应遵守的原则："我们在哪儿得到更加纯净的水，在喷泉里，还是在小溪中？"在对圣本笃修道院院规［The Rule of St Benedict］所做的讨论中，路德维希·特洛伯［Ludwig Traube］^[76]已让我们看到一种经典的演示：一方面，人们是怎样与固守标准文本［*textus receptus*］❶的死脑筋做斗争；另一方面，人们是怎样反击那种自夸自许的优雅风尚。结果是，回到真实文本的有意识的努力最终失败了。我们可以很容易地从许多拉丁诗人文本流传史上的其他时期找到类似的例子。苏维托戊斯也为我们提供了与费里埃人塞维图斯·卢普斯［Servatus Lupus of Ferrières］^[77]的方法相关的极好例子。这场学术运动的中心人物是塞维图斯，他搜集古代手稿，进行校对，并做摘要——在绝大多数情况下他为相关文献做出了贡献，但他有时也会犯粗心大意的错误，即我们在他编订的阿拉图斯手稿^[78]中发现的错误。实际上，整个加洛林文艺复兴与福提戊斯^[79]时代具有惊人的相似性。加洛林书法几乎是古代希腊草写小字的复制品，以书法类型作为手稿谱系中的一环通常可以追溯到一本古书仅存的版本，加洛林原型的谱系也可以做到这一点，我们最主要的任务就是恢复原型。以特洛伯的历史意识来处理的古文书学❷，在

---

❶ 指的是自16世纪到19世纪晚期《新约圣经》之希腊文本的标准印刷版本。

❷ 古文书学（palaeography），关于古代书法的研究，源于希腊、拉丁手稿的文本校勘，但现在适用于各种手稿的研究。与此相关的另一个学科是手稿学（codicology）。古文书学家通过书法与风格的发展来判断其中所包含的文化价值和历史背景。

那个对拉丁文学的文本史起决定性作用的时代，已成为通向整个学术世界的一把钥匙。至于希腊语，基本的工作仍有待进一步完成。

仅仅从文学作品的角度来考虑加洛林文艺复兴只是一种相当片面的方法。位于亚琛的大教堂、王宫、微型艺术品、象牙雕塑很明显效法了罗马的建筑物和来自东方的艺术品。这时的西方世界是有能力把它们从外部世界借用来的东西做进一步发展的，但是这个充满生命力的新生世界并不打算把自己完全交到旧世界手中。恰恰相反，条顿民族、拉丁民族现在已经意识到自己的独特个性，不久就开始用自己的民族语言写作，而拉丁语帮助他们完善了这些语言。罗马式❶的建筑、雕塑、绘画散发着新的气息，同样的变革精神也刺激了那时的拉丁诗歌创作，诗歌创作呈不断上升的趋势，直到以民族语言创作的诗歌达到巅峰。西方世界在这方面是有别于东方世界的。在东方世界，古典主义吸引不了平民大众，因此就不能兴起一种新的、有活力的文化。这种差异也决定了东西方世界对待古代世界遗产的不同态度。加洛林时代对古典文献的研究被认为是真正的学术研究，但这种研究没有被下一代继承。毫无疑问，人们继续教授拉丁语，瓦克纳格尔[80]甚至宣称在语法知识方面还取得了一些进展。另一个事实是，在罗马模式的

---

❶ 罗马式（Romanesque），包含了古罗马和拜占庭特色的一种欧洲建筑风格，该风格尤其盛行于11和12世纪，特点为拥有厚实的墙、筒拱穹顶及相对不精细的装饰品。

基础上还出现了一个历史编撰学校。在这个领域做得最优秀的是艾因哈德［Einhard］、伦巴底人保鲁斯［Lombard Paulus，保鲁斯的学问非常好，可以直接阅读菲斯图斯❶的辞典，并以摘要的形式保存了这部辞典］[81]，不过他们的继承者就要逊色多了。人们勤奋地研究各位诗人，并以精湛的技巧模仿这些诗人，尤其是在奥维德被当作最杰出的模仿典范的时候。但诗歌的高峰只是在诗歌获得一些全新的韵律形式后［达致罗马人从未达到的那种丰富程度］方才达到。以拉丁语创作的这些诗歌要比模仿的诗歌优秀，鉴于他们使用的新词语已有很多存留在我们的科学术语之中，所以只有学究这类人物才会轻视这些词语。与古代学问相关的任何东西都有人感兴趣，甚至在十字军东征使西方世界能直接与希腊世界接触之前，相关的材料就已非常丰富了。南意大利从没有完全丧失其希腊特性，即使在伦巴底公爵［Lombard dukes］统治之下时也是如此。南部意大利和西西里由于地理位置的关系以及统治者不断更换的原因，导致拉丁文化、希腊文化、阿拉伯文化在这里混合，人们对诺曼王子和他们的霍亨斯陶芬［Hohenstaufen］❷

---

❶ 菲斯图斯（Sextus Pompeius Festus），活跃于2世纪后期的罗马人，辞典编纂家，其现存作品《论词语的意义》（*De Verborum Significatu*）是在公元前1世纪罗马语法学家 Marcus Verrius Flaccus 已丢失著作的基础上编著的，是了解古代罗马学术、掌故的重要书籍。意大利历史学家 Paul the Deacon（约725—799）曾编辑过他的著作。

❷ 统治神圣罗马帝国（1138—1208 和 1212—1254）的德国家族，也曾统治西西里岛（1194—1268）。

继承者——弗雷德里克二世［Frederick Ⅱ］、曼弗雷德［Manfred］[82]——有很像现代人的观感，就是因为他们认同由这种情况产生的文化。人们从希腊原文或阿拉伯文翻译了大量希腊哲学、自然科学、医学著作，萨勒诺❶医学校的名气要归功于由此获得的知识。像许多来自摩尔西班牙的著作一样，这些著作也传播到北方。从作为逻辑学家的亚里士多德那里，产生出一个不同的亚里士多德，到那时为止，人们只熟悉作为逻辑学家的亚里士多德。不过在不同的地区，人们对亚里士多德的态度也不同，有的热情接受，有的带有忧虑。这种影响是十分巨大的，特别是在英格兰。索尔兹伯里的约翰［John of Salisbury］、罗伯特·格罗塞泰斯特［Robert Grosseteste］，特别是罗杰·培根［Roger Bacon］[83]，他们的知识面之广令人惊讶；特别是培根受亚里士多德启发孕育了大胆的原创想法。不过，教会并不愿意容忍这种发展，它仍有能力使一切事物处于整个教会体系的控制之下，这个体系就是由托马斯·阿奎那[84]为正统的天主教所做出的权威解释。我们在这里主要关心的是从这个体系中没有产生希腊语言研究，甚至没有产生能为人们对历史或学术产生兴趣做铺垫的任何事物。困难之处在于人们缺乏与原作的接触。另外，在专业文献中，人们看不到一丝特别的希腊品质，换句话说，看不到美和艺术的高贵。

---

❶ 萨勒诺（Salerno），意大利南部城市，位于萨勒诺湾边，该湾是第勒尼安海的一个水湾，最初是希腊人居住地，后来成为罗马殖民地（公元前197年建立）。中世纪时期，萨勒诺是一所著名医学校的所在地。

另一方面,中世纪盛期❶的自发作品拥有这种特质,这时的经院学者也不缺乏思想的原创性。在这个时代,从哥特式演化出的一种风格完美体现了其各个方面的天才,然而,对于一种不同的风格、一种不同的精神,这个时代的人很难意识到它们的可能性。当然,修道院处于衰弱的状态;人们被城镇和华贵的庭院所吸引,放弃了修道院的生活。毫不奇怪的是,在被人遗忘的修道院橱柜里躺着陈旧的羊皮纸卷。如果没有一种新的精神从外面来发现这些羊皮纸,它们最终会全部消失——一种已积累了能量的精神注定要扫荡哥特式艺术、扫荡经院哲学,并以新的理想、新的生活方式开创一个新的时代。

从那些模糊渴望中产生的这种新精神激发了意大利人的民族情感,这种民族情感以怀念罗马共和国时代的伟大来躲避苦难的现实。哥特式艺术至高无上的地位并没有扩展到意大利,意大利到处存在的古迹使人们回想起已逝年代的辉煌。实际上,意大利拥有一位其他民族所没有的诗人但丁[85],也就是从但丁开始,民族语言被打上了古典的印记。但丁选择维吉尔作为他的导游,虽然但丁或许也曾为中世纪的学问、天主教的形而上学感到骄傲,但这并没有阻碍但丁谴责教会所犯下的错误。托钵修

---

❶ 中世纪盛期(the high middle ages),一般把中世纪分为前期、盛期、晚期,盛期当为1050—1300年。

会❶的新虔诚精神似乎不久之后就不再是灵丹妙药了,吉拜尔派❷的梦想也破碎了,教皇被囚禁在阿维侬❸,失去了自由与尊严。[86]这个世界不可忍受的重担让他们忧虑重重,随着民族情感的高涨,人们正在四处寻找一个新的开端。克拉·狄·里恩兹[Cola di Rienzi][87]通过引用《皇帝韦巴芗的法律》[*Lex de imperio Vespasiani*]来教导罗马人民获得独立自主的权利,彼特拉克在卡皮托利山被授予"桂冠诗人"的称号,而罗马昔日辉煌的形象就像一座遥远的灯塔透过荒芜的长夜照射过来。第一位人文主义者[88]彼特拉克的主要目标是复兴罗马诗歌、演说的壮美,开始搜索已被人们遗忘的古罗马的著作,而这些是哺育新罗马精神的基础。

我们一定不要忘记的是我们称为"文艺复兴"的那场伟大运动的历史背景。我们都知道从这场运动诞生的东西——它们怎样逐渐地改变了那些曾统治着欧洲全部生活的思想、感情、行为、习俗和意志。我们没有必要在这里深究这些事情;对我们来说,重要的是以下消极的一点:无论是在对旧

---

❶ 托钵修会(Mendicant Orders),亦称"乞食修会",出现于13世纪,该修会初期规定不置恒产,会士以托钵乞食为生,因而得名。
❷ 吉拜尔派(Ghibelline)是中世纪拥护德国皇帝控制意大利的贵族政党成员,反对归尔甫派(Guelphs,12—15世纪意大利的一个强而有势的政治派别,此派支持教皇势力及城邦共和国,反对德国皇帝及拥护皇帝的意大利贵族政党)和教皇派。
❸ 阿维侬(Avignon),法国东南部城市,在隆河岸边,1309—1378年是教廷所在地,1378—1417年是几任伪教皇的居住地。

文学的搜寻中，还是在它们的传播中，人们对历史或学术的关注都未发挥什么作用。那时的人文主义者在很长时间里局限在文学家、宣传家、教师的圈子，他们绝没有成为学者。彼特拉克的形象因其魅力使我们着迷；佛罗伦萨的手稿收集者——柯鲁西奥·萨鲁塔提［Coluccio Salutati］、尼克罗·尼克里［Niccolò Niccoli］[89]和其他这类人——就其本身而言便令人心生好感。至于或多或少的流浪文人［*literati*］，我们可以以波焦［Poggio］[90]为例，他们是如此奇特的人性标本，他们有好的一面和坏的一面，以至于我们在关注他们的职业生涯、他们在奉承和责骂中交替时所给予的同情，也许超出了他们应得的同情。谁能抵挡15世纪［*Quattrocento*］❶那极富活力、令人眼花缭乱的各种新生事物呢？如果我们不依次关注各个单独存在的文化中心——罗马和佛罗伦萨、米兰❷和那不勒斯❸、费拉拉❹和里

---

❶ *Quattrocento* 为意大利语，指意大利艺术和文学史上的15世纪。
❷ 米兰，意大利北部城市，位于热那亚东北。可能由凯尔特人建立，公元前222年被罗马人占领，因其处于战略要地位置，自中世纪以来一直是一个重要的商业、金融、文化和工业中心。
❸ 那不勒斯，意大利中南部城市，位于第勒尼安海的那不勒斯湾。公元前600年由希腊人建立，公元前4世纪罗马人征服那不勒斯，后成为独立的公国（8世纪），并成为那不勒斯王国的首都（1282—1860），是重要海港及商业、文化和旅游中心。
❹ 费拉拉（Ferrara），意大利北部城市，位于威尼斯西南。13世纪早期埃斯特（Este）家族在此地建立了一个非常强大的公国，并且使它成为文艺复兴时期一个繁荣昌盛的文化和艺术中心。

米尼❶，那么，所得到的一般印象还是模糊的。每一个城市都有自己的文人圈子，但这个圈子的成员一直在不断地变动，从这种变动中又产生了许多非常杰出的文人圈子。不过我们不在这本书里对这些文人圈子进行叙述。学术史所关心的只是那些发现、传播古代作家著作的人。让我们受到触动的是，西塞罗写给阿提库斯的信使彼特拉克看到了一个痛苦的事实，他再也不能像欣赏演说家西塞罗那样无条件地欣赏西塞罗这个人了。[91]我们可分享维罗纳城❷的人在发现他们的同乡卡图卢斯❸的著作时的喜悦[92]；我们钦佩薄伽丘[93]从卡西诺山摘录了塔西佗的《历史》，无论他用的是什么办法；我们可以用想象的办法跟随波焦的线路到达圣盖伦修道院，到达法兰克王朝的修道院，甚至到达英格兰［虽然那里没有什么可以发现的东西］；我们可以与阿斯克利的伊诺克［Enoch of Ascoli］做伴[94]，他在教皇的要求下研究完整的李维著作，当他返回家乡时，所携带的著作如果不是李维的著作的话，至少也有塔西佗的一些篇幅较小的著作。我们可以理解人们对

---

❶ 里米尼（Rimini），意大利北部城市，位于亚得里亚海沿岸、拉文纳东南偏南，由翁布里亚人建立，公元前3世纪以后，成为罗马的一个战略性军事基地。从1509年到1860年，里米尼一直被当作教皇辖地的一部分。

❷ 维罗纳（Verona），意大利北部城市，位于威尼斯以西阿迪杰河畔。该地址原先的定居地在公元前89年被罗马征服，后来又沦落到野蛮的入侵者手中。维罗纳在1107年成为一个独立的共和国，并于1164年形成强大的维罗纳联盟（Veronese League）。它在1866年成为意大利的一部分。

❸ 卡图卢斯（Catullus，84？—54？B.C.），古罗马抒情诗人，以其写给莱斯比亚（Lesbia）的爱情诗而闻名。莱斯比亚是古罗马的贵妇，真名为"克洛狄亚"（Clodia）。

古典学的历史

待卢迪抄本［Lodi codex］[95]的普遍兴奋，这份抄本包含了西塞罗的全部修辞著作，而这些著作直到那时还全部是遗失的。人们不断努力企图从克沃伊［Corvey］那里获得塔西佗的《编年史》，直到1508年获得了成功。但是我们不可能在这里详细论述这些发现的细节，必须让读者去参考雷米吉奥·萨巴狄尼［Remigio Sabbadini］的《希腊和拉丁抄本的发现》[*Scoperte dei codici greci e latini*]。[96]假如一份古代手稿已经毁坏，最好的办法就是让这份手稿的发现者立即做一份誊写稿，因为那时他除了抄写之外没有时间去想任何事情。因此，当波焦[97]关于曼尼琉斯的作品、斯塔提乌斯❶的《诗草》[*Silvae*]和阿斯库尼戊斯［Asconius］的作品的忠实抄本被发现时，学者们松了一口气，因为后来的抄写者自己进行了修改——而且是令人困惑的随意修改——这使得校订工作极其困难。换句话说，我们绝对不能对人文主义者的**学术研究**寄予厚望。比如可以肯定的是普罗佩提乌斯［Propertius］❷的文本只能追溯到一份唯一的手稿，但是我们再也不能精确地复原普罗佩提乌斯的文本了。在卢迪发现的西塞罗文本［Lodi Cicero］也属于同样的情况，迄今为止我们都不能复原这个文本。

彼特拉克一直追求伟大的希腊典范，罗马人本身也一直指导着彼特拉克对这种典范的追求，他还把他得到的

---

❶ 斯塔提乌斯（Statius, 45？—96？），拉丁诗人，以史诗《底比斯战纪》（*Thebaid*）和《阿喀琉斯纪》（*Achilleid*）闻名。

❷ 普罗佩提乌斯（50？—15？ B.C.），罗马哀歌诗人，其现存的作品包括为他的昔日情人写的挽歌《辛西娅》（*Cynthia*）。

荷马史诗抄本视为珍宝。但是希腊语对他来说仍旧是不能进入的一块乐土，因为事实证明来自南部意大利的希腊修道士不能使彼特拉克解除这种困境。实际上，巴西勒修士［Basilians］拥有希腊手稿。不过这些手稿几乎都带有宗教特征，并且这里的修道士与熟知古典学问的拜占庭文化圈已完全失去了联系。实际情况是，在14世纪有大量的希腊人从东方来到意大利，但语言研究并没有取得进展。克利苏劳拉[98]很有名望，他主要在佛罗伦萨授课，作为外交官在各地旅行，他在康斯坦茨湖找到了他最后的安息之地❶——他还为外国人写了第一本希腊语法书《问答》［*Erotēmata*］。不过跟随克利苏劳拉学习的人中只有少数人——比如列奥纳多·布鲁尼［Leonardo Bruni］[99]——能够胜任学术著作的翻译，列奥纳多·布鲁尼在1444年去世时是佛罗伦萨共和国的首席法官。任何想学习古代希腊语的人都必须首先到君士坦丁堡，因为真正优良的手稿唯有从东方获取。因此，维罗纳的瓜里诺[100]在君士坦丁堡学习希腊语，后来他又非常成功地把希腊语传授给了他的学生们。

两位年轻的人文主义者弗朗西斯科·菲莱佛［Francesco Fileflo］、约翰尼斯·奥里斯帕［Johannes Aurispa］[101]，曾远走他乡搜寻手稿，并把非常丰富的手稿带到意大利。特别是奥里斯帕曾发现了一批极为古老的手稿——不幸的是，我们不知道具体地点——由此为后世保存了雅典尼戊斯［Athenaeus］

---

❶ 康斯坦茨湖（Constance），位于瑞士、德国和奥地利交界处。

之类作家的著作，早在几个世纪之前，雅典尼戊斯这类作者便在君士坦丁堡人的视野中消失了。作为一名学者，奥里斯帕无足轻重；菲莱佛也是如此，虽然此人在几十年间进行激烈的争吵而引起人们的注意，但并没有留存下来什么经得起时间考验的著作。翻译仍旧是一种唯一的手段，通过这种手段人们可以感受到希腊天才的伟大。这就排除了诗歌。即使如此，翻译所带来的影响还是巨大的。托勒密[102]的地理学告诉人们地球是圆的，这一概念指引了热那亚的哥伦布前往印度的道路。希腊数学、技术著作激发人们做进一步的研究，比如列奥纳多（指布鲁尼。——译者）能够从希罗［Hero］[103]的《论自动机》［Automata］中得到灵感。布鲁尼让亚里士多德的《伦理学》《政治学》成为可能；拉斐尔《雅典学派》❶中的亚里士多德携带的是《伦理学》而非《工具论》［Organon］

---

❶ 《雅典学派》（School of Athens），有一点要说明的是，人们经常把拉斐尔的Athenian School（意大利文为 Scuola di Atene）译为"雅典学院"，这是不准确的，译为"雅典学派"更为恰当，因为古代希腊并不存在这样一个"雅典学院"。从画面上我们可以看出，里面的人物涵盖很广泛，几乎所有的希腊哲人都在这里，环绕在苏格拉底、柏拉图和亚里士多德周围，各人姿势都明显地象征各人的思想和性格［傅雷语，见《世界美术名作二十讲》（插图珍藏本），生活·读书·新知三联书店1998年版，第122页］。这些人并不生活在同一个时代，怎么能称"学院"呢？况且古代希腊历史上确实存在过许多学派，它们延续的时间很长，涵盖的人物众多，如果译为"雅典学派"就能恰当地表达出拉斐尔的本意：只是一种泛指，表示对希腊诸前贤的景仰。但这一"雅典学派"的概念不应与后来新柏拉图派的一个分支"雅典学派"相混淆。这一学派是4世纪末5世纪初普鲁塔克（不是写《希腊罗马名人传》的那位普鲁塔克）与西里亚诺（Syrianus）在雅典先后主持柏拉图学园时创立，故亦称"雅典学园派"。学派的最重要代表是继西里亚诺主持学园的普罗克诺，其特点是神学在其学说体系中占据主导地位。

的抄本。教皇尼古拉五世[104]本人就是科西莫·德·美第奇圈子里杰出的人文主义者，是他促进了对希腊历史学家著作的重要翻译事业，这项事业在马基雅维利这类人物的心中唤醒了历史思想的力量，这些人也只能从希腊人那里得到这种力量。洛伦佐·瓦拉[105]承担的是希罗多德、修昔底德著作的翻译工作，值得庆贺的是，瓦拉是一个与他的死敌波焦及大多数同辈人性格完全不同的人——事实上，瓦拉是一位真正的批判家。他翻译的修昔底德著作是天才的学术作品；同时，这项任务也是对历史学家的良好训练，他对那不勒斯国王阿方索［Alfonso of Naples］的叙述表明了这一点。由于瓦拉卷入历史的真实性与教会的权威性这场争论中，所以阿方索不得不不止一次地保护他免受宗教裁判所的迫害。只要瓦拉能得到尼古拉五世的保护，他就能在罗马保持自己的地位。瓦拉对君士坦丁赠礼的揭露遭到压制，直到乌尔里希·冯·胡滕❶敢于把瓦拉的著作出版，这才广为人知，胡滕出版时带有一份献给教皇利奥十世❷的献词，对赠礼的揭露是胡滕反对教皇权威斗争的一个组成部分。区区一名学者［如瓦拉］竟对《拉丁文圣经》（Vugate）的文本和风格大加批判，这对人们构成的冒犯绝不算小。但

---

❶ 乌尔里希·冯·胡滕（Ulrich von Hutten，1488—1523），德国人文主义者和斗士，他的作品表现出了对教皇权威的强烈反对。

❷ 利奥十世（Leo X，1475—1521；1513—1521年在位），Lorenzo de'Medici （1449—1492）的儿子，原名Giovanni de'Medici。他继续执行前任教皇Julius Ⅱ的艺术计划。1521年，他把路德赶出教会标志着宗教改革的开始。

古典学的历史

是当瓦拉指出"高傲者"塔奎尼乌斯[Tarquinius Superbus]可能不是塔奎尼乌斯·普里斯库斯[Tarquinius Priscus]❶的儿子时，李维的盲目崇拜者同样是十分愤怒的[顺便提一下，在李维著作的现代文本中保留了一些瓦拉的修正]。瓦拉在其著作《拉丁语的优雅》[*Elegantiae linguae Latinae*]中表现出了同样的历史意识，他展示了如何区分拉丁语历史上的不同时期和不同风格，另外，他不仅强烈反对不规范的语言[barbarism]，而且强烈反对从拉丁文学各个全然不同的分支中将词语、词组拉出来混用的习惯。当然，坚持追随最佳的样板必须以走向西塞罗作为终点，至于珀里提安❷所提倡的更大的自由度，也自有其意义。最后，瓦拉的哲学著作——在这些哲学著作中瓦拉甚至尽量公平地对待伊壁鸠鲁❸——不仅是大胆的，而且也表现出非常精确的特征以及思想独立的个性。假如我们深入观察，就不可避免地会得出结论，正是瓦拉与希腊天才的接触为他的灵魂插上了翅膀，从人文主义到学术的进步完全是由于希腊文献的影响，仅这些文献就能赋予哲学、自然科学新的生命。

就此而言，那些来自拜占庭的、真正有学问的人蜂拥

---

❶ 塔奎尼乌斯·普里斯库斯是罗马王政时代第五代国王（616—578 B.C.），"高傲者"塔奎尼乌斯是罗马王政时代第七代（末代）国王（534—510 B.C.）。

❷ 珀里提安（Politian，1454—1494），又名"波利齐亚诺"（Poliziano），意大利学者和诗人，他把荷马的《伊利亚特》翻译成拉丁文并创作了《奥尔甫》（*Orfeo*，1475），为意大利的第一部剧作。

❸ 伊壁鸠鲁（Epicurus，342？—270 B.C.），古希腊哲学家，于公元前306年在雅典创立了颇具影响力的伊壁鸠鲁学派。

而至，带来巨大影响，这股潮流在某种程度上早就开始了。西奥多·盖扎［Theodore Gaza］和不那么引人注意的特拉佩楚斯的乔治［George of Trapezus］[106]把拜占庭的亚里士多德哲学概念带来了。为满足重新联合东正教和天主教的那种不现实的愿望，佛罗伦萨大公会议❶把年迈的乔治·吉密斯图斯·普莱桑［George Gemistus Pletho］[107]请到佛罗伦萨，作为信奉东正教的不情愿的代表［他对双方都没有什么用处］。普莱桑是一位公开承认自己新柏拉图主义者身份的人，他毫不犹豫地在精神圣殿里为宙斯留了一席之地。考虑到普莱桑生活的那个世纪，他的家乡伯罗奔尼撒处于愚昧的状态，毫无疑问他是一位给人留下深刻印象的人物，他那大胆的猜测以潜移默化的方式继续保持着对观念的影响，尽管这些猜测不得不时常保持隐晦不明的形式。可以肯定的是，新柏拉图主义的火种继续在灰烬中郁积，普莱桑逝世100年后，新柏拉图主义的大火再度在乔达诺·布鲁诺❷身上燃烧起来。在陪同普莱桑的学生中，有一位是来自特拉佩楚斯的贝塞里昂［Bessarion］[108]，新柏拉图主义为他铺平了进入罗马教会的道路。一到那里，贝塞里昂就将包括柏拉图派在内的知识界置于他的羽翼之下，他成为了

---

❶ 佛罗伦萨大公会议（Council of Florence），为调和东、西教会之间的矛盾而于1431—1449年在意大利佛罗伦萨举行的公会议。

❷ 乔达诺·布鲁诺（Giordano Bruno，1548？—1600），意大利哲学家，用哥白尼学说阐释他关于宇宙无限的宇宙理论，被宗教裁判所判为异端、邪恶和亵渎神灵，被处以火刑。

红衣主教，后来他没有把自己的藏书捐给梵蒂冈，而是捐给了威尼斯共和国——这是自由思想的避难所，一如后来的荷兰。就像希腊人自己所称呼的那样——"亚里士多德主义者"[Aristotelians]和"柏拉图主义者"[Platonists]——最好把他们之间爆发的争论忘记；而永远令人难忘的是美第奇时代在佛罗伦萨建立的柏拉图学园，以及它在哲学上所产出的杰出人物皮科·德拉·米兰多拉[Pico della Mirandola]〔109〕。米兰多拉是柏拉图、普莱桑的信徒，有着完美的人格、崇高的思想和梦想，对于他的同辈人来说，他几乎是某个受祝福的灵魂，基于某种原因，这个灵魂乐意住在他们中间。在同样信仰的激励下，马西里奥·菲奇诺[Marsilio Ficino]〔110〕毅然从事柏拉图、普罗提诺❶著作的艰辛翻译。自那时以来的很多人就是由于菲奇诺的译本而爱上了柏拉图和普罗提诺。

对罗马昔日辉煌所抱有的纯粹浪漫之情[不抱哲学野心的欲望]使得珀普纽斯·莱图斯[Pomponius Laetus]误入歧途〔111〕，作为自创的罗马学园的领袖，他坚持过帕尔斯节[Feast of Pales]❷，在地下墓穴[Catacombs]召开秘密会议，沉溺于其他一些基本无害的古怪行为——毫无疑问，他的同行那狂热的共和主义与这些行为如出一辙。这些荒唐的行为招致好几次严厉的打击，包括长期身陷囹圄，但是珀普纽斯

---

❶ 普罗提诺（Plotinus，205—270），生于埃及的古罗马哲学家，开创了新柏拉图主义学派，著作由门徒汇辑成《九章集》(The Enneads)。

❷ 又叫作 Paralia，罗马城建立的节日，在每年的 4 月 21 日。

最终在去世时获得了伟大罗马人的荣誉。珀普纽斯对古迹也很感兴趣，收集了许多古董，但并没有取得什么成就，他对文本校勘领域的疯狂研究也没有什么成果。作为学者，唯一值得一提的成就在于其为保存菲斯图斯四份合一的手稿所做的工作，这些材料的保存要归功于珀普纽斯对这些手稿的复制，随后，这些手稿就消失了。本书不应该忽略一位具有如此鲜明时代特色的人物。

对于佛罗伦萨的黄金时代——换句话说就是洛伦佐·德·美第奇时代——这里只能叙述洛伦佐的亲密朋友安吉洛·波利齐亚诺 [Angelo Poliziano] [112] 在这方面的学术成就，波利齐亚诺那优美的意大利诗歌可媲美洛伦佐本人的诗歌 [附带一提，波利齐亚诺的拉丁诗歌几乎同样出色]。波利齐亚诺随凯尔孔代莱学习希腊语，凯尔孔代莱对学术的贡献在于培养了这名杰出的学生，波利齐亚诺非常熟练地掌握了希腊语，甚至可以翻译这方面的诗歌。波利齐亚诺是一位真正的学者。他的许多校勘证明他认识到真正的手稿传统的价值，尽管他40岁就去世了，以至于没能成功地编辑出任何作家的作品。他的《札记》[Miscellanies] 却是极其重要的，因为它宣告了一种文体的诞生——许多学者发现这种文体是如此地方便，以至他们从未在超然观察之外取得进展，这是一种斯卡利杰大加批判的习惯。波利齐亚诺钟情于个人风格，他不愿满足于固定的词语，这一切促使他成为西塞罗风格 [Ciceronianism] 的反对者。

洛伦佐也任命一位名叫杰纳斯·拉斯卡里斯 [Janus

Lascaris]^[113]的希腊人为他的图书馆收集手稿。人们很容易将杰纳斯·拉斯卡里斯与他的同族前辈康斯坦丁·拉斯卡里斯[Constantine Lascaris]^[114]相混淆,后者一生极其贫穷,重要的一点是他把收集的许多重要的书捐献给了墨西拿[Messina]❶,后来,这些书大部分流传到了马德里。除此之外,他唯一可以数得上的功绩便是他是第一个出版希腊语法书的人。杰纳斯·拉斯卡里斯的学术生涯将他从佛罗伦萨带到了巴黎,在巴黎他成为弗朗西斯一世[Francis I]宫廷中最能代表其民族的杰出人物,但是他最终回到了意大利。他的名声奠基于他首先出版了令人深感棘手的某些希腊诗人的作品,比如罗德岛的阿波罗尼戊斯[Apollonius Rhodius]、卡利马库斯的诗歌以及普兰努德斯的诗歌选集。他胜任这项工作,他取得的一个不小的成就是他回归到大写字母——换句话说,他认识到以当代草书是粗野的、不适合印刷的。不过,可悲的是,阿杜斯·曼纽提斯[Aldus Manutius]^[115]那印刷能力极强的出版社决定采用这种当代草书作为出版社的铅字字体,以满足书籍的生产需求。到了下个世纪,法国那些学者兼出版商采用了皇家字体[*typi regii*]进行印刷,这导致书籍生产数量的减少,这一局面一

---

❶ 墨西拿,意大利西西里岛东北部城市,位于墨西拿海峡沿岸,该海峡将西西里岛和意大利大陆分隔开来。该城于公元前8世纪由希腊殖民者创建。在1743年的瘟疫流行中该城人口大批死亡,1783年及1908年该城又遭受严重的地震灾害。斯库拉(Scylla)和卡律布狄斯(Charybdis)的传说可能就是从墨西拿海峡的礁石、激流与漩涡得到了灵感。

直长期持续。但是我们还没有摆脱拜占庭传统，甚至在今天，一些学者似乎仍然固守着这一传统。尽管在我们之前就有阿里斯塔库斯时代的书籍，在优美、易读性方面，没有任何印刷书籍能超越它们。对于拉丁语来说，至少值得庆幸的是，人文主义者决定使用优美的、易辨认的字体，我们绝不应偏离这种字体。

一些德国人早在15世纪60年代就把印刷术传播到罗马，从而开启了一个新的时代。印刷术满足了人们对各种文学题材作品的兴趣，不过最重要、最引人注目的成就，是出版了伟大的阿尔丁经典系列❶，这套丛书使希腊文献成为一个整体而且易为人们所得。也有一些对开本［folios］，不过只能在学者的桌子上看见。但是古典拉丁文献也可以通过更便捷的形式得到——这种形式也就是英国人称为"斜体字"的优美印刷字体。印刷时代来临了。许多印刷书籍只是手稿的简单复制，但其他一些印刷书籍则是在出版商负责下进行严肃校勘的成果。这里必须提及的是，阿尔丁征召一位名叫马库斯·马苏鲁斯［Marcus Musurus］[116]的希腊人为出版社做事，此人在处理比较棘手的文本时表现出了惊人的技巧，比如雅典尼戎斯的文本、海斯奇戎斯❷的文本以及阿里斯托芬的批注文本。但是也不可避免地存在一些粗暴行为，以致一些学者抱怨他进行

---

❶ 阿尔丁（Aldine），指阿杜斯·曼纽提斯及其家人、合伙人于1494—1597年运营的出版社。
❷ 海斯奇戎斯（Hesychius），5世纪亚历山大里亚语法学家。

了篡改。其他一些出版商与阿尔丁出版社一道，也兴旺发达了——比如佛罗伦萨的吉翁塔出版社［Giunta］❶，罗马的撒迦利亚·卡里杰斯出版社［Zacharias Callierges］[117]，后者所出版的品达著作版本，由于其批注的重要性直到相当晚近的时候仍是不可缺少的。卡里杰斯所编辑的荷马批注本直到现在也不可或缺。但是没有出版社能和阿尔丁出版社相匹敌。严格地说，我们应该用家族的名字称它为曼纽提斯家族出版社［Manutians］。这家出版社在它的创始人伟大的阿尔丁去世之后仍然延续下去，尽管他的儿子帕鲁斯·曼纽提斯［Paulus Manutius］[118]并不负责出版社技术方面的业务。帕鲁斯是16世纪意大利最重要的拉丁学者，他的名字总是和西塞罗联系在一起。他编辑了许多西塞罗的演讲辞，特别是西塞罗的书信，这为后来的注释家的研究奠定了基础。在当代考古研究方面，他也做出了杰出的贡献。借助他的研究成果，我们已经深入16世纪，这个时候的意大利在古典学方面再无任何重要的批评家和注释家值得一提。至于尼佐理戊斯［Nizolius］[119]的《西塞罗辞典》［*Thesaurus Ciceronianus*，该书堪称遵循正统的典范］，也是以"拉丁语演说集"［*Apparatus Latinae Locutionis*］的标题出版的——必须承认这有实用方面的考量。

---

❶ 印刷和书商家族。这个家族活动的时间范围是15世纪晚期到17世纪［在佛罗伦萨、威尼斯、罗马、里昂和西班牙的布尔戈斯（Burgos）、萨拉曼卡、马德里等地］。该家族特别注重宗教祈祷书的出版。

然而，在罗马，这时由于反宗教改革而使环境发生了巨大变化，但仍旧有一个名叫"弗尔维乌斯·戍西诺斯"[Fulvius Ursinus][120]的人致力于非常有价值的研究。作为图书馆馆长，他为法尔内塞家族❶搜集了不少手稿，这些手稿形成了今天梵蒂冈图书馆的一个特殊馆藏，其中一些手稿的质量非常高。由于戍西诺斯与教会名人联系紧密，以及他自身雄厚的财力，他与整个学术世界保持着联系；他总是乐意把他的图书馆、他的古董收藏品以及他的时间和知识向其他人开放——比如阿格西提诺[Agostino][121]，此人的著作《论法律和元老院决议》[*De legibus et senatus consultis*]就充分利用了戍西诺斯所提供的一切便利。作为回报，戍西诺斯在埃斯科里亚尔[Escorial]得到了"出身高贵者"康斯坦丁[122]的《摘要》[*Excerpts*]的手稿复本，特别重要的是，他以此为基础出版了该书的第一个印刷版本以及其他作品。戍西诺斯意识到了搜集残篇的重要性，他所编辑的《著名妇女和抒情诗人的诗歌》[*Carmina illustrium feminarum et lyricorum*][123]就包含迄今不为人们所知的手稿新材料。他为编撰传记文集使用罗马家族徽章表明了类似的思想转向。人们今天仍旧记着他主要是因为他的著作

---

❶ 法尔内塞家族（Farnese family），意大利中部的一个家族，1545—1731年统治着 Parma、Piacenza。该家族自 12 世纪起就为教皇提供军事服务，因而获得了很大的政治权力，后来 Alessandro Farnese 就成为教皇保罗三世（Paul Ⅲ，1468—1549；1534—1549 年在位）。老 Alessandro Farnese 的孙子、枢机主教小 Alessandro Farnese（1520—1589）赞助艺术与学术。

《肖像》[*Imagines*],这是第一本肖像志❶著作,该书保存了大量的肖像,否则的话我们就不会知道这些肖像[当然其中还包括很多利哥里奥(Ligorio)伪造的肖像],他专注于该书的创作,直到1600年去世时为止。最近人们从原来的素描中摘选出亚里士多德的肖像,供该书的续集使用。[124]

在希腊研究领域,意大利仅仅产生了一位伟大人物匹特鲁斯·维克陶利戊斯[Petrus Victorius][125],他的名望主要在于他认真编辑了洛伦佐图书馆❷交给他的手稿。他所编辑的亚历山大里亚的克里门特的《杂录》[*Strōmateis*],波菲利[Porphyry]的《论节制》[*De abstinentia*],哈利卡那苏斯的狄奥尼修斯[Dionysius of Halicarnassus]的两部修辞著作都是第一个印刷版本;他也是第一位出版欧里庇得斯的《厄勒克特拉》[*Electra*]以及埃斯库罗斯全集的人。他评注的亚里士多德《修辞学》《政治学》具有同样重要的地位,西塞罗的书信也受惠于他持之以恒的明智批评。不过这里所列举的内容几乎不能代表其广博的兴趣;他的文学遗稿[现保存在慕尼黑]

---

❶ 肖像志(iconography),艺术史研究分支,主要研究肖像的含义。19世纪后期的艺术批评中强调与内容相对抗的形式,作为对该倾向的一种反应,肖像志兴起于1900年。倡导者为法国人Emile Male(1862—1954)、德国人Aby Warburg(1866—1929)。一些学者如德国艺术史家Erwin Panofsky(1892—1968)则把肖像志与肖像学(iconology)区别开来,把后者定义为通过艺术研究"一个民族、一个时期、一个阶段、一种宗教或哲学信仰的基本观念",例如从形象化的原始材料探索心智史。

❷ 洛伦佐图书馆(Laurentian Library),由Cosimo de'Medici(1519—1574)在1571年建立的一座图书馆,设计者为米开朗基罗(1475—1564)。以Laurentius/Lorenzo de'Medici命名的这座图书馆以其所收藏的希腊、拉丁手稿而著称。

以及《文汇》[Variae lectiones]就是这方面的证据，比如他关于荷马批注的抄本[来自陶恩莱诺斯（Towneleianus），那时此地属于佛罗伦萨]，关于赫西俄德的抄本直到19世纪人们发现原本之前还一直为人们所使用。维克陶利戊斯生前就享有他完全应该享有的崇高威望。在论述这一主题时，我们也应提到弗朗西斯科·罗伯特里[Francesco Robortelli][126]，他编辑出版了埃斯库罗斯的著作和亚里士多德的《诗学》。作为具有敏锐感觉的美学理论学者，他有理由感到自豪，因为他出版了专题论文《论崇高》[On the Sublime]的第一个印刷版本。不幸的是，他在执政官年表[Fasti consulares]这件事上与西格尼戊斯[Sigonius]产生了争执，后者是罗伯特里不能匹敌的对手。

古代遗迹从一开始就是艺术家所钟爱的主题，特别是从维西诺市政广场[Campo Vaccino]、帕拉廷[七节楼（Septizonium）][127]仍矗立在这里]❶的荒凉中一直雄伟地耸立的古代遗迹。罗马圆形大剧场❷已经在14世纪❸的绘画中

---

❶ 帕拉廷（Palatine），古罗马七座山丘中最重要的一座，传统上认为是最早的罗马人居住的地方，是许多帝王宫殿的所在地，包括由提比略、尼禄、图密善建造的一些宫殿。

❷ 罗马圆形大剧场（Colosseum），建于公元80年，耗时五年，至今尚存大部分遗迹。

❸ Trecento，14世纪，尤指当时的意大利艺术和文学中所表现的14世纪。这一时期是随后两个世纪文艺复兴的序曲，见证了哥特艺术逐渐转变的过程。但被1348年的黑死病爆发打断，这时的文化中心是佛罗伦萨、锡耶纳、威尼斯，主要代表人物是Dante、Duccio、Simone Martini、Lorenzetti兄弟、Giotto及其弟子。这些人大多已脱离了拜占庭传统的影响。

出现了。尼古拉·皮萨诺［Nicola Pisano］〔128〕模仿了石棺上的浮雕；伟大的佛罗伦萨建筑家不仅采纳古代的装饰主题，而且创造了新的风格。与哥特式形成鲜明对比，该建筑风格是基于现存废墟的，在那时维特鲁威❶的建筑原则还没有获得效力。蒙特格纳❷〔129〕的艺术证明了这位伟大的大师身上存在积极的考古倾向。小型手工艺品吸引了许多收集者；塑像同样也吸引了许多收集者，许多表现美惠三女神❸的绘画出现在锡耶纳❹的教堂博物馆中。〔130〕波焦在罗马废墟和坎帕尼亚行走时所收集的各式各样的古董生动地表达了目睹古代伟大的事物衰败的情景所引起的感情，珀普纽斯·莱图斯和他的朋友们也有同样的体会。只要有适当的时机，这些事物全部都成为严肃研究的主题，弗拉维戊斯·布隆杜斯❺〔131〕除了出版《复兴的罗马》［*Roma instaurata*］、《光辉的意大利》［*Italia illustrata*］外，他在《胜利的罗马》［*Roma triumphans*］

---

❶ 维特鲁威（Vitruvius），罗马建筑师和作家，他的《建筑十书》（*De Architectura*）是关于古代建筑理论的唯一流传下来的作品。

❷ 蒙特格纳（Andrea Mantegna，1431—1506），意大利画家和雕刻家，是文艺复兴风格的先驱，主要作品有为维罗纳的圣吉诺教堂（Church of San Zeno in Verona）所作的圣坛作品（1456—1459）和曼图亚都卡莱宫（Palazzo Ducale in Mantua）的婚礼厅（1474）。

❸ 美惠三女神（Graces），三位姐妹女神，在希腊神话中为阿格拉伊亚（Aglaia）、欧佛洛绪涅（Euphrosyne）和塔利亚（Thalia），赐人魅力与美丽。

❹ 锡耶纳（Siena），意大利中西部城市，位于佛罗伦萨南部，由伊特鲁里亚人建立，12世纪时获得自治权，并逐步发展成为一座富饶的城市，特别因其在锡耶纳派艺术（13—14世纪）中的领导地位而闻名。

❺ 弗拉维戊斯·布隆杜斯（Flavius Blondus，为拉丁文写法），即大名鼎鼎的比昂多（Flavio Biondo）。

中还着手描述处于权力顶峰时罗马人的全部生活状况。在文艺复兴盛期的黄金时代，勃勃雄心达到这样一种程度，以致有人提出了要对古代城市进行系统研究的想法，毫无疑问这些研究包括发掘，以及对塑像充满热情的搜集。阿波罗观景楼［Apollo Belvedere］被人们从安提戊姆［Antium］运来，拉奥孔［Laocoon］〔132〕从提图斯❶浴场运来。人们对拉奥孔的到来表达的欢喜是众所周知的。这一类的发掘物被用于装饰花园和宫殿。皇帝和伟大作家的半身像长期以来一直备受推崇；有的人对这些伟人爱之甚深，由此产生的行动方案是：他们大胆地把伟人的名字贴在任何现存的古代头像身上。在这里我们或许要问的是，假如没有岩洞艺术［grottesche］，没有绘画，没有某些废弃拱顶上的石膏作品，会有拉斐尔〔133〕的《凉廊》［Loggie］吗？拉斐尔本人和安德里亚·弗尔维戊斯［Andereas Fulvius］〔134〕都是考古计划的主要支持者，弗尔维戊斯的著作《罗马古迹》［Antiquitates urbis Romae］为罗马地形学奠定了基础。在这之前不久，弗朗西斯科·阿尔伯提尼［Francesco Albertini］〔135〕的《罗马奇迹》［Mirabilia urbis Romae］出版了。但是对罗马的洗劫终止了这些很有前途的活动。

人们很早就不可避免地产生了复制铭文的冲动，因为

---

❶ 提图斯（Titus），罗马皇帝（79—81年在位），在他统治期间著名的事件有攻陷耶路撒冷（公元70年）和建造罗马圆形剧场。

铭文中的语言很容易理解。但是除了自8世纪以来到罗马的朝圣者所记录下的铭文外［比如《匿名的爱因斯德棱西斯》（*Anonymus Einsiedlensis*）[136]］，其余以手稿形式一直存留至今的铭文藏品只能追溯到15世纪初期。图书馆里最艰辛的研究是要尽可能地追溯到原来的手稿，并验证证人的可信度。对于《拉丁铭文集成》来说，这是基本的工作，是蒙森、亨臣［Henzen］和德·罗西［De Rossi］[137]做了这项工作，这需要非同寻常的文本校勘技巧。复制者和收集者在勤勉程度和可靠性方面存有很大的差异：显然，工程师维罗纳的弗拉·奇奥康杜［Fra Giocondo of Verona］[138]做得最好；波焦做得也不错。后来，又有许多大规模的出版计划，但这一切要等到杰纳斯·格鲁特［Janus Gruter］[139]时才得以实现，他在斯卡利杰的激励下将这些计划付诸实施。

这里要提醒大家注意一个特别人物有关希腊探索之旅的描述，此人就是安康纳的塞里亚克❶［Cyriac of Ancona］[140]，除了几次其他的旅行，他的足迹几乎遍及这个国家，或者说至少游遍了希腊的沿海地区。他发现15世纪中期他的希腊同胞仍旧作为封建领主生活在城堡之中。塞里亚克在雅典绘制了第一批帕提农神庙上塑像的粗略素描，但令人惊奇的是，除此之外，他很少进行记录。尽管如此，他还是把大

---

❶ 塞里亚克，意大利商人，对古典希腊有着极大兴趣。他在意大利、埃及、希腊和中东等地旅行，绘制了纪念碑，复制了铭文，收集了手稿、小雕像、硬币等。他的笔记、评论和收藏品尽管直到18世纪才得以出版，但对考古学家、古典学家有着极大的贡献。

量的东西带回国内,尤其是铭文。即使这些东西大多已经遗失,但我们领受于他的是实质性的恩惠,很难相信图书馆里没有藏着更多他的东西。我们不必把塞里亚克那漫无边际的空谈、偶尔的不诚实看得过于严肃,以当时的标准,他的过错是可原谅的。更加值得注意的是,他是一位非常勤奋的复制者,总的来说也非常仔细。很久之后才有可能再看到像他这样的人物。

在宗教改革的冲击之后,等到教会从内到外恢复力量时,它对古代的态度已经完全改变了。人文主义精神被耶稣会士扼制,耶稣会士仅仅赞同拉丁语法、拉丁修辞的正规训练,并在耶稣会士的学校里以冷酷无情的效率训练拉丁语法、拉丁修辞,以进一步推动他们的事业。任何种类的浪漫感情都和巴洛克时代格格不入,为了雄心勃勃的新建筑计划,这时古代的遗迹遭到了无情的破坏。[141] 著名的双关语"蛮族没有做的,巴贝里尼家族做了"[*Quod non fecere barbari fecere Barberini*] [142] 是正确的;塞克斯图斯五世❶更愿意重建罗马圆形大剧场,将其作为新建筑的基础。古代的塑像仍旧是人们装饰房屋、花园的钟爱之选,但为了迎合主人的口味,也做了一些不适当的修改。在这种氛围

---

❶ 塞克斯图斯五世(Sixtus V,1521—1590),自1585年起成为教皇,支持西班牙舰队反对不列颠,支持天主教联盟(the Catholic League,1609—1635)反对法王亨利四世。花费大量金钱重建罗马,重建大量的教堂、美丽的街道、新的建筑物和纪念碑。

中，我们要感谢像两位桑迦洛❶［Sangallo］[143]那样的建筑师，除了对建筑物进行记录，他们还对建筑物的许多特征做了精心的描绘。另外，他们还对塑像做了准确的绘制，比如我们在保存于柏林的皮格亚努斯抄本［*Codex Pighianus*］[144]中所发现的，以及在保存于科伯❷的素描集中所发现的。布洛瑞［Belleri］和皮特鲁·桑托·巴陶里［Pietro Santo Bartoli］[145]的伟大作品的价值也有赖于作品里面的插图，这些作品可以追溯到17世纪。要不是他们，我们可能仅仅有一些不完美的知识，特别是在壁画知识方面更是如此。基督教考古学可以追溯到安东尼奥·波西奥［Antonio Bosio］[146]发表《地下的罗马》［*Roma Sotteranea*］的时代❸，这是乔凡尼·德·罗西［Giovanni de Rossi］将取得重大成就的一个领域。风景画［*Vedute*］——这给罗马的到访者留下了栩栩如生的印象——也有间接的作用，直到皮拉内西❹非常著名的

---

❶ Antonio Picconi da Sangallo（1483—1546），意大利建筑师，通称"小桑迦洛"，曾任圣彼得大教堂总建筑师，为教皇保罗三世扩建的法尔内塞宫被奉为学院派风格的代表作。Giuliano da Sangallo（1445—1516），意大利建筑师、雕刻家、军事工程师，小桑迦洛的叔父，曾从事佛罗伦萨的军事工程建设，代表作为建于普拉托的圣马利亚教堂（1485—1491）。
❷ 科伯（Coburg），德国中部城市，在纽伦堡以北。11世纪时被首次提到。
❸ 意大利考古学家安东尼奥·波西奥（1575—1629）自1593年起就开始勘探罗马地下文物，特别在挖掘地下陵墓方面取得了一定成就，这形成了《地下的罗马》的基础，该书在作者去世之后由遗嘱执行人于1634年出版，在19世纪出现关于这一主题更为全面、标准的著作之前，该书一直被不断地再版。
❹ 皮拉内西（Giambattista Piranesi，1720—1778），意大利建筑师、艺术家，为罗马及其废墟所绘的版画为新古典主义的复兴做出了贡献。

雕刻作品都是如此,这时我们就到了温克尔曼的时代。针对意大利的其他地方特别是伊特鲁里亚,人们依循同样的线路做了许多研究。我们会看到大量的收集者,偶尔也会看到像弗莱明尼戊斯·瓦卡［Flaminius Vacca］[147]这样独具慧眼的观察者,但是这里不允许把这些东西全部叙述清楚,毕竟这时只是为后来的科学考古学提供了一些原始材料。因为就当时人们对这些材料的使用而言,可以说是很不科学的。

我们必须提到一个人,这个人非常勤奋,他充满激情地考察了每一个时期的古迹,但也进行了大规模的伪造。这个人就是皮鲁·利哥里奥［Pirro Ligorio］。[148]他的文学作品以对开本的形式散布在许多图书馆中;他还向同时代的人传达了大量信息,他所提供的真实材料里混杂着大量的伪造材料,这些影响深远的错误材料经过人们的努力才逐渐被消除。令人不安的事实仍然是,我们不敢立即拒绝利哥里奥的全部作品。在任何一个时代都存在以书面形式伪造的铭文,其中一些伪造是极端无知的,比如圣母马利亚写给墨西拿城的拉丁文信件［*CIL* x 1042］,不过其中的一些伪造也极有天赋。我们的《拉丁铭文集成》中伪造的数以千计,甚至还有一些在石头上伪造的铭文。当人们把塑像推定为某人,而把这个人的名字以"纪念碑的"手迹刻写在半身像上,不管其目的何在,这或许都不是一种欺骗行为。类似的行为也发生在希腊头像上,我们偶尔也会遇到刻在石头上的其他希腊赝品,这些赝品是如此粗糙,以致不会产生什么危害。在纸上,人们对需要耐心活动的实践从未中断。这方面的最后一位代表或许是弗朗索瓦·勒诺曼[François Lenormant]〔149〕,即使在其伪造行为被曝光后,他仍旧是法兰西学术院的成员。勒诺曼在欺骗了他的同胞之后,为自娱自乐又拿德国人开涮,并一度取得成功。

利哥里奥所带来的真正危害在于他的伪造物仍为古文物研究者所依赖,特别是为奥古斯丁会❶教士欧诺弗里乌斯·潘维尼戊斯[Onuphrius Panvinius]〔150〕所依赖。潘维尼戊斯的英年早逝打断了其宏伟的研究计划,不过他身后留下的包括丰富的古文物和一系列铭文等在内的大量材料后来也为其他学者所利用。这一领域的另外一位研究者是西班牙人安东尼奥·阿格西提诺[Antonio Agostino]〔151〕,他在1586年去世时任塔拉戈纳❷大主教。他的著作《关于纪念章、铭文及其他古物的对话》[*Dialogos de las medallas y inscriziones y otras Antiguedadas*]不久就被译为拉丁文和意大利文,像他的一些法律著作一样,这本著作给人留下了深刻的印象。有好几位西班牙人,当他们到了国外时也进行人文主义研究,其中一些人物会在以后的篇幅中得到我们的关注。这里我们或许应该提到的是努奈西斯[Nunnesius]〔152〕,他出版了弗

---

❶ 奥古斯丁会(Augustinian Orders),天主教托钵僧修会之一,原为根据奥古斯丁所倡导的隐修会会规而成立的各个隐修会的总称,后于1256年由教皇亚历山大四世(1256—1261)联合组成一个奥古斯丁会。1680年传入中国。

❷ 塔拉戈纳(Tarragona),西班牙东北部城市,位于地中海沿岸、巴塞罗那西南偏西的位置。在公元前3世纪以后成为罗马统治下西班牙的一个重要城镇。714年,该城落入摩尔人之手。

利尼库斯辞典［Phrynichus' Lexicon］的第一个印刷版本，我们关于这部著作的知识在很大程度上仍旧基于他的研究。另外，弗朗西斯科斯·善克提戊斯［Franciscus Sanctius］[153]的《密涅瓦，或论拉丁语问题》［*Minerva, seu de causis linguae Latinae*，1587］长久以来保持着影响，该书延续了中世纪的语法传统。意大利的影响可以追溯到反宗教改革［它阻滞了人文主义的发展］，这种影响同样显现在西班牙的古典诗歌中。尽管马德里和埃斯科里亚尔拥有大量的宝藏，但希腊研究在西班牙从没有繁荣昌盛过[154]，1671年的那场大火把这里的许多宝物付之一炬。

只有一个人——无论怎样推崇都不过分！——成功地跨越了古文物收集者与历史学家之间的界限，这个人就是摩德纳❶的卡洛斯·西格尼戊斯❷［Carolus Sigonius of Modena］。[155]尽管西格尼戊斯著述中的许多作品涉及的是宪政史和公众法律的特定问题，但他具备见微知著的能力，因此远远超过了大多数"古物"著述中充斥的琐碎内容。与罗马有关的主题自然是其研究的中心内容，但是

---

❶ 摩德纳，意大利北部博洛尼亚西北偏西的一座城市。曾为古伊特鲁里亚定居地（公元前183年之后）和罗马殖民地。摩德纳在12世纪成为自由市，并于1280年经历了强有力的埃斯特家族的统治。

❷ 卡洛斯·西格尼戊斯在Bologna、Pavia接受教育，后来成为Pavia、Venice、Padua、Bologna、Modena等地的教授。他的主要著作是关于意大利史的《二十卷本意大利王国志》（*De regno ltaliae libri XX*，1574），该书"在学术上毫无瑕疵，拉丁语风格优雅，讲述了对自由的热爱"（Breisach语）。

西格尼戊斯也是第一个研究雅典宪法的人,尽管那时对这一问题几乎还没有人研究,但是他把德谟[demes]❶与部落[tribes]分开的方法是可以效仿的正确途径。西格尼戊斯是《执政官年表》的第一位编辑者,也是最伟大的编辑者,这份文献于1546—1547年在卡斯托尔❷神庙附近被人们发现,他把这份文献与李维的编年史叙述相比较,从而奠定了罗马年代学的基础。显而易见,研究罗马史的下一步是要以尽可能完整的地方行政长官担任者的名单这一固定的框架来充实罗马史,不过这要等到荷兰人斯提芬诺斯·皮格戊斯[Stephanus Pighius][156]的著作《编年史》[*Annales*]来完成了,该书至今仍旧是不可缺少的研究读物。西格尼戊斯也从事自己祖国历史的研究,不过他的研究只是从古代世界结束的时候开始。因为在这里存在许多闪光之处,所以我们也宁愿忍受那并不启人深思的论辩所带来的不快,不过这里的问题非常复杂。毋庸置疑的是,西格尼戊斯虚构了一份所谓的《安慰的言辞》[*Consolatio*][157],并欺骗人们说这是西塞罗的著作。这就是利克波尼[Riccoboni][158]所坚持的看法,他似乎是正确的。过去曾有大量的伪造品,更不用说近代人所伪造的古人著作了。学者有时以自己的著述来愚弄他们博学的同行,以此自乐。这里提及一个例子足矣,聊博一笑。沃尔特拉

---

❶ 德谟,古阿提卡的镇。

❷ 卡斯托尔(Castor),与Pollux同为宙斯的双生子。

[Volterra]显赫家族中的一位成员库奇奥·因格哈拉米[Curzio Inghirami][159]曾征引过伊特鲁里亚的《亚麻布书》[libri lintei],书中包含有关宗教改革的神谕,就像西彼拉占语集[the Sibylline Oracles][160]包含与敌基督者[Antichrist]有关的材料一样。其他的一些伪造品,比如迈萨拉[Messala]的《论奥古斯都世系》[De progenie Augusti][161]、阿普列乌斯❶的《论正字法》[De orthographia][162],都欺骗了这个世界很长时间。《论正字法》一直流传到马德维[Madvig]时代。尽管伪造古人的笔迹像伪造古代石刻一样困难,但一直到19世纪,参照虚构手稿的做法仍然是普遍的。并且在19世纪中期,一位名叫"西蒙尼德斯"[Simonides][163]的希腊人几乎成功地以伪造的希腊手稿欺骗了柏林科学院的学究们,这只是类似行径中的一件;不久之前,据称是来自重写本的一页手稿以摹本的形式出版了——尽管这份名为《匿名的克特斯阿诺斯》[Anonymus Cortesianus][164]的手稿注定不会有很强的生命力。同时西格尼戊斯遭到了更严重的指责——人们发现了他的欺骗伎俩之后,公开地怀疑他的著作。不过即使西格尼戊斯有错,但作为学者的他还是具有一定的重要性。实际上,由于他在意大利后继无人,他的形象更加熠熠生辉了。

当海德堡图书馆[Heidelberg library][165]的藏品被运到

---

❶ 阿普列乌斯(Apuleius),2世纪的罗马哲学家及讽刺作家,其最著名的作品是《金驴记》(*The Golden Ass*)。

罗马时，梵蒂冈发现除了开俄斯人利奥·阿拉修斯❶，没人能管理图书馆的运作。阿拉修斯后来是巴贝里尼宫殿［Barberini Palace］的图书馆馆员，出版了大量以前没有刊行过的著作，包括苏格拉底信徒的一些书信和新柏拉图主义的材料。除阿拉修斯外，不管是在巴贝里尼宫殿还是在梵蒂冈都没有重要的图书馆馆员，但这并不包括德国人卢卡斯·霍尔斯特纽斯［Lucas Holstenius］。[166] 此人在莱顿接受教育，他几乎没有把他所收集的丰富藏品发布出来，不过是为几个主题做了一些准备工作——比如那些影响不大的希腊地理学家的著作，这些地理学家直到那时仍默默无闻。波菲利的残篇也是如此，霍尔斯特纽斯曾计划收集这些残篇。他事实上完成了波菲利的一本传记，这是关于波菲利时代一部非常重要的著作，至今仍没能被完全替代。[167] 他的文章分藏在梵蒂冈以及他的家乡汉堡，事实证明，这些文章仍是语法学家的宝库。霍尔斯特纽斯对地理学的研究兴趣是由但泽的菲力普·克鲁沃琉［Philip Cluverius of Danzig］[168] 激发的，相比其声名所告诉我们的，克鲁沃琉实际上享有重要得多的地位，他是这一领域最伟大的权威，以致我们把他当作历史地理学的奠基者。克鲁沃琉是一位不知疲倦

---

❶ 利奥·阿拉修斯（Leo Allatius）是17世纪最伟大的学者之一，出生于开俄斯岛（1586/1587）。尽管他的信仰背景是东正教，但他一生的大部分时光是作为虔诚的天主教徒生活在罗马，在其现存的大多数文献中都是用拉丁语或意大利语署名的。在去世的1669年，他被任命为梵蒂冈图书馆的监护人。他对希腊世界、罗马世界深有了解的文化背景使他对教会联合这一古老问题有着独到的看法。他是当时最了解土耳其人统治之下东正教世界极力保存宗教、历史、艺术这一事实的人。

的旅行者，他徒步探察整个意大利、西西里岛，并做了记录，记录中充满精确观察和对文献材料的睿智使用。克里斯托夫鲁斯·萨拉利戊斯［Christophorus Cellarius］[168a]在克鲁沃琉的基础上完成了一部全面的著作，萨拉利斯从开始研究时就以全面的观点看待古代地理学的全部发展。他以博学者的风格进行写作，不仅他的著作是博学的，还以清晰的顺序和逻辑方式处理他研究的主题。

我们对人文主义进程的调查已经到了它对意大利的科学不再有任何影响的阶段。在此过程中，我们的叙述中已包含一些德国人的名字。我们现在必须返回到14世纪。任何遵循年代顺序的企图注定是要失败的，一个简单的原因就是不同国家的不同发展进程无法套入一个单一的框架。

这里没有笔墨去研究将位于波希米亚❶的卢森堡的皇宫和意大利文艺复兴开端联系起来的线索，或者说也没有笔墨叙述100年后埃涅阿斯·西尔维戊斯［Aeneas Syvius］[169]所访问的德意志。大学的建立，艺术家、诗人对名望的追求，杰出人物约翰尼斯·罗伊希林❷［Johannes Reuchlin］[170]

---

❶ 历史上的波希米亚在今捷克共和国中西部。在1世纪和5世纪之间，斯拉夫人中的一支捷克人在此定居。15世纪，其中的主要部分独立出来，成立匈牙利，后来又变成哈布斯堡王朝领地的一部分。1918年，波希米亚地区成为新成立的捷克斯洛伐克共和国的核心区域，1993年，成为捷克共和国的重要组成部分。

❷ 约翰尼斯·罗伊希林（1455—1522），德国人文主义者和学者，撰写了《希伯来语语法纲要》（*On the Fundamentals of Hebrew*, 1506），它是一本关于希伯来语语法和语言的经典教科书。

和科隆的奥特维诺斯·格拉提戊斯［Ortvinus Gratius of Cologne］[171]大师以及他的犹太朋友普菲菲尔康❶、爱尔福特❷的诗人圈子和文人圈子，胡滕、茨温利❸、路德对教皇绝罚训谕的焚烧——整个这场运动为科学、宗教方面的新精神准备了充足的空间，或许在将来的某一天也为学术的发展准备了一个适当的空间。不过，我们认为在那时学术研究还没有开始。只因莱奇奥蒙塔诺斯［Regiomontanus］[172]设计了历法改革，他就应获得荣耀的地位，尽管作为一位大主教，他与罗马教皇法庭❹发生了冲突。然而，作为一位纯粹的天文学家，他出版了曼尼琉斯[173]的第一个印刷版本。事实上，在古典学方面，直到伊拉斯谟❺，没有人能再

---

❶ 普菲菲尔康（Johann Pfefferkorn，1469—1522），德国辩论家。1504年自犹太教皈依基督教，他因对犹太人的攻击（没收犹太人的文献、提出强有力的让犹太人皈依的计划）而恶名远扬。他在小册子 *Handspiegel wider und gegen die Juden*（1511）中对学者 Reuchlin 的攻击使人记忆犹新。这场争执促使一群人文主义者出版了 *Epistolae Obscurorum Virorum*、*Letters of Obscure Men*，以捍卫自由和学术的公正性。

❷ 爱尔福特（Erfurt），德国中部城市，位于莱比锡西南部。作为主教教廷的所在地，该城于8世纪由圣卜尼法斯建立，后来成为自由的国王属城并为中世纪自由日耳曼城市商人联盟的成员。

❸ 茨温利（Zwingli，1484—1531），瑞士宗教改革家，他关于《圣经》绝对权威的讲道（1519）标志着瑞士宗教改革的开始。

❹ 罗马教皇法庭（Curia），即Curia Romana，罗马天主教官方行政管理机构。

❺ 伊拉斯谟（1466？—1536），文艺复兴时期荷兰学者，罗马天主教神学家，他试图使古代的古典经文复兴，恢复基于《圣经》的朴素的基督教信仰，消除中世纪教会的一些不当行为，他的作品包括《基督教骑士手册》（*The Manual of the Christian Knight*，1503）、《愚人颂》（*The Praise of Folly*，1509）。

吸引我们的注意力。

当阿尔丁把伊拉斯谟的第二版《格言集》[Adagia][174]出版的时候，伊拉斯谟一举在整个欧洲赢得了自己的地位。这是一部学识极其渊博的著作，尽管不是严格意义上的学术著作。然而伊拉斯谟的全部特性——对人类的生活方式进行冷静、幽默的观察——在该书中得到了表现。不过，伊拉斯谟是在极端贫穷的状态下从事他的事业的，他主要是在巴黎获得了知识，特别是希腊语方面的知识，这点让人惊奇不已。在英格兰，伊拉斯谟获得了欣赏与鼓励，他是希腊语最早的倡导者之一。不过，莫尔❶的《乌托邦》的一些细微特征同样表明了伊拉斯谟的影响——他们俩的关系一直很好。伊拉斯谟积极参与了鲁汶❷三语言学院[Collegium Trilingue]的创建工作，后来三语言学院演化为一座大学，当伊拉斯谟访问意大利时，它已名满天下了。我们喜欢想起在巴塞尔的伊拉斯谟，巴塞尔是他晚年的归属地。霍尔拜因❸的画笔生动地再现了伊拉斯谟那微妙的特征，这一形象让全世界

---

❶ 莫尔（1478—1535），英国政治家、人文主义学者和作家，拒绝承认《至尊法案》，这一法案强迫英国臣民承认亨利八世的权威在教皇之上。后来他被囚禁在伦敦塔内，直到以叛国罪的罪名被斩首。他的政治论文《乌托邦》（1516）构想了一种理想政府之下的生活。莫尔在1935年被封为圣徒。

❷ 鲁汶（Louvain），比利时中部城市，位于布鲁塞尔东部，9世纪第一次被提及。它是中世纪的皮毛商业中心，到14世纪由于国内纷争而没落。位于该城的天主教鲁汶大学创立于15世纪。

❸ 霍尔拜因（Holbein, 1465？—1524），德国画家，他的宗教画作品有《奥格斯堡大教堂壁画》（1493）、《圣阿夫拉教堂壁画》（1495）及《奥格斯堡的圣塞巴斯廷教堂壁画》（1516）等。

熟知，这一肖像与伊拉斯谟的著作也极其匹配，其中许多著作——《对话集》《愚人颂》和书信集——仍为读者所欣赏，翻开伊拉斯谟著作的任何一页，我们都会发现它使人着迷。虽然伊拉斯谟出生于荷兰，但他与法国、布拉班特❶、英格兰保持密切的关系，伊拉斯谟视自己为人文主义这个伟大世界中的一位公民，这个世界的语言是拉丁语，就因为这个原因，他拒绝被西塞罗风格❷所约束。他一生的著作都反对盛行于教会中的那种经院哲学精神，事实上也是对当时的教会本身的抗议。实际上也肯定是伊拉斯谟影响了西班牙人胡安·路易·维戎斯［Juan Luis Vives］〔175〕如此有效地摈弃和攻击经院哲学。同样，没有伊拉斯谟，就没有我们所知道的梅兰西顿❸。伊拉斯谟揭露了教会中的弊端，并用他的希

---

❶ 布拉班特（Brabant），荷兰一个地区。于1190年成为独立的公爵领地，现在分为荷兰南部和比利时中北部两个区域。

❷ 西塞罗风格（Ciceronianism），到了文艺复兴末期，众多的学生醉心于古典研究，但掌握拉丁语、希腊语，并在此基础上掌握古典的内容本身，绝非轻而易举的事，不是人人都能掌握的。学生数量愈是增长，缺乏古典学素养者的人数也必然增长。在教师中不适于教授古典内容的教师也逐渐增加。有的教师认为，古典学的教学内容过分高深，学生不易理解，只要好好地教授希腊语、拉丁语就可以了。然而，语言的充分理解总是要以对文法的充分研究为条件。因此，教师们认为，只要好好地教授希腊语、拉丁语文法，就尽了职责。后来又进一步认为，为了理解文法，只要学习伟大的雄辩家西塞罗的文章，把它作为典范加以模仿就行了。人文主义课程于是变得愈益狭窄，困于西塞罗风格，以致陷入了形式化、退化、毫无成果的状态。这一情况遭到了珀里提安、伊拉斯谟等人的反对，他们提倡清新文体，以彰显个人风格。

❸ 梅兰西顿（Melanchthon，1497—1560），德国神学家及德国宗教改革的领导人，马丁·路德的朋友。著有《奥格斯堡信纲》（*Confessio Augustana*，1521），这是有关新教教义的第一部详细著述。

腊语圣经为回归福音做好了准备，最终他却脱离了宗教改革的事业，这对宗教改革是一个巨大的打击。伊拉斯谟对胡滕的攻击让我们感到震惊，但可以理解的是，伊拉斯谟感到他别无选择，胡滕在世时并没有获得现在环绕在他身上的光环。此外，路德宗只能让这位伟大的人文主义者感到厌恶，因为就像歌德所说的，路德宗的信仰意味着静默文化的一次倒退。伊拉斯谟以对开本形式推出了几位最多产的教父——安布罗斯❶、奥古斯丁❷、哲罗姆❸——的作品，也编辑了各式各样的罗马散文作家的著作，但仅编辑了少数希腊作家的作品。几个世纪以来，这些书籍一直静静地躺在书架上无人问津，但是编辑者本身继续存在并将继续存在下去。伊拉斯谟对他生活时代的影响是巨大的。

伊拉斯谟的名字是和希腊语的伊拉斯谟式发音连在一起的[176]，其结果是现代希腊人无一例外地——除了为数不多的受过训练的语言学家——长时间地刻毒诅咒他。假如一个人是从书本上而不是从希腊人那里学习希腊语，他自然会坚持认为他所学习的这种发音是文字形成时的发

---

❶ 安布罗斯（Ambrose），米兰主教（374—397），曾在早期基督教教会中推行正统观念。

❷ 奥古斯丁，早期基督教教父及哲学家，曾任希波勒吉斯地区（位于今阿尔及利亚）主教（396—430）。著有自传体作品《忏悔录》（397）及长篇作品《上帝之城》（413—426）。

❸ 哲罗姆，拉丁文学者，他的《通俗拉丁语圣经》（*Vulgate*）是第一本将《圣经》由希伯来文译成拉丁文的权威性著作。

音。伊拉斯谟也不是第一位这样做的人［正如英格拉姆·巴沃特（Ingram Bywater）以罕见的学识所证明的］。[177]西班牙人文主义者安东尼戊斯·内伯里森西斯［Antonius Nebrissensis］是伊拉斯谟的同道，他是一位不亚于阿尔丁·曼纽提斯的人。既然学者已经认识到每一种语言在不同时代由于被不同的人说而导致不同的发音，很自然，伴随这一过程，大家所接受的书面语发音也发生了变化。这样的话，这场争论就失去了意义。我们怎样发或者说怎样设法发古代希腊语的音，纯粹是个实践问题，不可能有一个为大家所普遍接受的有效方案。有人谴责现代希腊所使用的希腊语难听，因为它像我们的语言一样，失去了语言的"响亮"品质，但至少对学者来说，他们不应该持有这种观念。

在北方也出现了印刷厂，它们的同行为意大利所做的事情，它们也为北方的世界做了。这些印刷厂位于巴塞尔[178]，是一个足以向伊拉斯谟推荐作为居所的地方。作为印刷商，阿莫巴赫家族［Amorbachs］、弗洛本家族［Frobens］、克拉坦德家族［Cratanders］和海尔瓦根斯家族［Heerwagens］没有必要害怕去与阿尔丁家族一比高低。值得注意的是，为了复制插图，这时开始使用木版雕刻了。此外，按照那时出现的更加科学的方法，负责文本工作的学者变得比意大利人更加仔细，作为批评者也不那么专横了。学者也利用那些僧侣仍旧拥有的丰富手稿。除包含李维第五书残篇的爱尔兰抄本［Irish codex］外［由格里纳戊斯（Grynaeus）编辑，现保存于维也纳]^[179]，这些手稿都已丢失了。这些手稿的丢失凸显了由比图斯·瑞纳努斯［Beatus Rhenanus］^[180]编辑的维勒戊斯❶著作的价值，凸显了瑞纳努斯、盖伦纽斯［Gelenius］编辑的李维第四书的价值，凸显了盖伦纽斯编辑的阿米阿诺斯·马塞利努斯［Ammianus Marcellinus］著作、叙马库斯［Symmachus］书信、普林尼《自然史》的价值，凸显了克拉坦德［Cratander］编辑的西塞罗书信的价值。^[181]这些学者绝不局限于文本校勘，比图斯·瑞纳努斯^[182]特别精通文本校勘，并且增加了有用的解释性注释。塔西佗❷的著作激发了德意志民族的爱国热情，他们急于让他广为人知，这与他们的历史感息息相关。格拉伦诺斯❸出版了大量带有注释的文献，其中大多是拉丁文献，他也研究年代学。在巴塞尔也出版了大量希腊书籍，这包括大量重要的第一个印刷版本，特别是新柏拉图主义者的文献；重印许多意大利人的著作是对文献的改进，比如普兰努德斯的诗选^[183]。

人文主义现在在莱茵河谷上游地区直到斯赖斯塔特

---

❶ 维勒戊斯（Velleius Paterculus，19 B.C.—35 A.D.），罗马历史学家，所著《罗马史》（*Historiae Romanae*，31 A.D.）记述了希腊和罗马的历史，对奥古斯都、提比略多奉承之辞，不是一位具有批判精神的历史学家。其著作内容大多保存至今。

❷ 塔西佗（Tacitus），古罗马官员和历史学家，他的两部最伟大的著作《历史》《编年史》记述了从奥古斯都之死（公元14年）到图密善之死（公元96年）期间的罗马史实。

❸ 格拉伦诺斯（Glareanus，1488—1563），瑞士音乐理论家、人文主义者。

[Schlettstadt]、斯特拉斯堡，甚至远至海德堡❶都深深扎根了，这和科隆❷形成了鲜明的对比。但是信仰新教的北方却乏善可陈，新教教会充其量只是在学校里暂时使用人文主义而已。然而，事实证明，正是这种创办学校的政策为子孙后代带来了福音，因为和其他因素一起，它导致耶稣会士建立了自己的学校与其竞争，这些学校中通过拉丁语进行的正规和修辞教育取得了显著的成功。这些学校对希腊精神持有敌意，不过路德教派的学校同样对希腊精神抱有反对态度。在维滕堡❸拥有要职的梅兰西顿[184]——他是一位真正的德国人导师[*Praeceptor Germaniae*]——从一开始就给德国教育体系留下了深深的痕迹，他写文法方面的书籍[他的一本希腊语法修订本直到布特曼[185]时代还在使用]，也为修辞教育创造了条件——令我们奇怪的是，修辞学能得到梅兰西顿的青睐，而且也得到卡莫拉琉斯[Camerarius][186]的青睐。路德终其一生一直在忙于《圣经》的解释——应该说，这是一种可以追溯到教父时代的传统。路德也不畏惧批判《圣经》的内容。神学家追随了

---

❶ 海德堡，德国西南部城市，位于斯图加特西北偏北的内卡河上。12世纪被首次提到，18世纪前一直是巴拉丁伯爵领地的首府。该地的海德堡大学建于1386年。

❷ 科隆，德国城市，位于莱茵河畔波恩北部。公元50年后成为一个罗马人定居地，称为阿格丽皮娜（Agrippina）殖民地，5世纪时受到法兰克人的统治。15世纪时兴盛一时，成为汉萨同盟的一员。

❸ 维滕堡（Wittenberg），德国中东部城市，位于德绍（Dessau）东部的易北河畔。1517年，当马丁·路德把他的"95条论纲"钉在诸圣堂（Schlosskirche）门上时，他把该城作为宗教改革的中心。

路德这一榜样。很久以来，人们对于经典便应做这样的尝试了，但是那时神学家的这种实践似乎从没有影响过古典学术。毫无疑问，这一情况也符合在弗拉修斯·伊利克斯［Flacius Illyricus］指导下由马格德堡世纪编年史家［Centuriators of Magdeburg］[187]编纂的有关古代教会史的伟大批判性著作。这一传统几乎没有继承者，虽然如此，它在各个地方都使正统观点受到震动，而且激发了天主教方面的博学辩解，这一切从长远来看也有助于学术的发展。纽伦堡❶的约阿希姆·卡莫拉琉斯［Joachim Camerarius of Nuremberg］[188]是梅兰西顿忠诚的学生和同事，卡莫拉琉斯尽其所能地编辑出版注释版本，主要是为了教育上的用途，但这绝不是唯一的目的。卡莫拉琉斯的名字将永远与普劳图斯❷的名字联系在一起，是卡莫拉琉斯使普劳图斯最好的手稿重见天日。

苏黎世的医生康拉德·吉斯内尔［Conrad Gesner］[189]是一位极其与众不同的人物，因为他将对学术研究的兴趣与对医学的兴趣融合在一起，并在这两个领域都获得了名气。然而，要是吉斯内尔在他的研究领域能选择一些希腊自然史

---

❶ 纽伦堡，德国东南部城市，位于慕尼黑西北偏北。1050年第一次被提及，13世纪成为自由的帝国城市，并在15和16世纪成为德国文化复兴的中心。
❷ 普劳图斯（Plautus, 254？—184 B.C.），罗马喜剧作家，其作品影响了莎士比亚和莫里哀。

方面的其他著作，而不是选择埃利安❶的奇怪的《动物史》[Historia animalium] 就好了，他出版了该书的第一个印刷版本。斯托比亚斯 [Stobaeus] 的《作品集锦》[Florilegium] 的第一个印刷版本也出自吉斯内尔之手。他在这两个领域一直以一种我行我素的方式工作，但是长久以来他的这些著作一直是标准的版本。另外，他编辑出来的杰作现在已被人们忘记了。在那时，古典学术和医学实践经常相伴而行，因为科学的医学完全源于希腊的学说，因此对于医生来说，编辑和翻译希腊语方面的书籍是很自然的事情。这类学者—医生式的人物当中值得尊敬的一位是杰纳斯·考纳琉斯 [Janus Cornarius] [190]，作为柏拉图文献的校对者，他表现出了令人惊异的敏锐性。在考纳琉斯之后是茨温格 [Zwinger]，在这个世纪末期是麦茨❷的阿诺提斯·弗奥修斯 [Anutius Foesius of Metz] [191]，他编辑了希波克拉底的作品，但令人震惊的是，长久以来这部作品为学者所忽略了，而对于我们理解希波克拉底的著作而言，这本书甚至在今日都是不可或缺的［展望未来，我们要提醒读者当心查提尔（R. Chartier）[192]的版本，这一版本也包括

---

❶ 埃利安（Aelian），希腊修辞学家，原名 Claudius Aelianus（170—235），约 220 年到罗马讲授修辞学。以希腊语进行写作，著有《历史万花筒》(Historical Miscellanies)、《论动物的特性》(On the Characteristics of Animals) 以及 20 封虚构的《农夫信札》(Peasant Letters)。前两部著作的内容大多存留于世。
❷ 麦茨，法国东北部城市，位于摩泽尔河畔、南锡北部，罗马时代前就已建立，12 世纪后作为自由城市繁荣一时，1552 年被法国合并，从 1871 年到 1918 年被德国统治。

盖伦的著作（最近版本是1779年，地点在巴黎）。这个版本长久以来享有崇高的威望，匪夷所思！事实日渐清晰，这个版本的一部分非常值得怀疑，而且，这个版本也包括一些伪造的事实］。

伴随16世纪的时光演进，大量令人尊敬的德意志学者也编辑出版了希腊作家的作品，这些作品具有恒久的价值——比如赫洛尼姆斯·沃尔弗［Hieronymus Wolf］〔193〕编辑出版的德摩斯梯尼［Demosthenes］、伊索克拉底［Isocrates］的作品，利奥克拉维戊斯［Leonclavius］编辑出版的色诺芬的作品，泽兰德［Xylander］编辑出版的普鲁塔克的作品［他的标记页数的方法仍旧为大家参考使用］、马可·奥勒留的作品［第一个印刷版本］，西尔伯格［Sylburg］编辑出版的克里门特的作品、哈利卡那苏斯的狄奥尼修斯的作品，以及西尔伯格编辑出版的《辞源大典》［*Etymologicum magnum*］和阿波罗尼戊斯论句法的作品。西尔伯格在处理语法文献方面值得称道，这些文献只对非常严格的学术研究才有意义，对人文主义者则毫无意义；他还有幸合作编纂了斯提芬诺斯的《宝库》［*Thesaurus*］〔194〕。换句话说，西尔伯格已经属于另外一个时代，由于法国的文艺复兴，学术研究在这个时代已经意识到其本身作为一种科学所享有的地位。

自加洛林时代以来，法国北部〔195〕一直是欧洲文化的领导者。英格兰统治者非但没有结束这种文化霸权，反而加强了与撒克逊元素相对立的拉丁语在英格兰本身中的地位。法

古典学的历史　　**109**

国一直是经院哲学的重镇，因此对意大利的人文主义一直持有强烈的抵抗态度。但是法国对意大利的入侵❶为新精神打开了一扇大门，一旦无所不能的君主制现在决定支持人文主义，整个国家都屈服于人文主义了。弗朗西斯一世❷邀请伟大的意大利艺术家到他的宫廷，建立希腊研究中心，搜集藏书，建立法兰西学院。只要提到拉伯雷❸、蒙田❹、龙萨❺[196]这些人的名字，人们就可以认识到人文主义在法国的影响是怎样广泛和深入人心，人文主义现在在法国已经完全成熟了，深深地影响着法国的民族文学，赋予法国文学世界、人类、艺术的新概念。加尔文接受了改革后的宗教，他以拉丁形式重新塑造这种宗教，结果是加尔文主义者比路德宗教徒带有更强烈的人文主义气息。可怕的宗教战争、贵族内部以及贵族与国王的冲突只会帮助这个国家充分发展其力量，就像意大利曾经发生过的互相残杀一样。有几位伟

---

❶ 这里指的是意大利战争（Italian wars），它爆发于16世纪，是法国瓦卢瓦王朝和西班牙哈布斯堡王朝为争夺意大利而展开的一场战争。战争开始于法王查理八世（Charles Ⅷ）1494年对意大利的入侵。1559年签订的条约确认了哈布斯堡王朝对意大利的统治。

❷ 弗朗西斯一世（Francis Ⅰ，1494—1547），法国国王（1515—1547年在位）。以赞助艺术与文学而著称。

❸ 拉伯雷（François Rabelais，1494？—1553），法国人文主义者，其作品对中世纪经院哲学和迷信进行讽刺，最著名的作品为《巨人传》（1532—1564）。

❹ 蒙田（Michel de Montaigne，1533—1592），法国散文作家，其散漫而生动的有关个人的散文被认为是16世纪法国散文的最高表现形式。

❺ 龙萨（Pierre de Ronsard，1524—1585），法国诗人，他的抒情爱情诗《给爱兰娜的十四行诗》（*Sonnets pour Hélène*，1578）等被看作是其最好的作品。

的学者被我们尊奉为我们所钻研的这门科学的创始者,他们就属于这个狂暴的年代。但是在叙述这些伟大学者之前,我们要留点篇幅来介绍一位值得骄傲的人物,他几乎独自一人为人文主义奠定了基础,这个人就是巴黎人布代乌斯[Budaeus,又称Guillaume Budé]。[197] 布代乌斯是一位执业律师,是他开创了对罗马法律的历史研究,这一学科至今仍旧是法兰西学术特别辉煌的领域之一。库伽西斯❶[Cujacius,又称Jacques Cujas][198]的地位可以名列创始者行列,他深谙学术研究的各种技巧,并将其带入他的研究领域——他所研究的是著名的《法典》[Pandects]手稿,该手稿是佛罗伦萨从比萨人那里偷来的,也为珀里提安这类学者所使用——不管从哪个方面来说,库伽西斯都是那个时代的一流学者。包括霍图曼努斯[Hotomanus]以及后来的格索弗里杜斯[Gothofredus]在内的库伽西斯的继承者对《提奥多西法典》❷所做的注释仍旧是研究那一时期的历史学家不可缺少的参考书籍。以研究罗马法律作为起点,布代乌斯还心

---

❶ 库伽西斯(1522—1590),法国法理学家,罗马法方面的专家。和先前其他学者不同的是,他研究罗马法较少关注它的实际运用,主要是希望通过研究这些古代文本来了解历史与文学。人们通常把他当作法学历史学派的奠基者。由于他的批判成就,Corpus Juris Civilis 中所引用的著名罗马法学家的摘要得到了重建。他也出版了 Ulpian、Paulus 著作的批评版本。

❷ 《提奥多西法典》(Theodosian Code),东罗马帝国皇帝 Theodosius II (401—450)于438年颁布的罗马法典,这部法典也曾一度为西罗马皇帝 Valentinian III 所采纳。该法典共16卷,简化并系统化了自 Constantine the Great(312)以来所颁布的法律。

系罗马铸币的研究。[199] 不仅如此,他还顶着教会、索邦神学院❶那根深蒂固的怀疑,为希腊研究事业做辩护。他也在法兰西学院的建立过程中发挥了重要作用。[200] 在其生命的最后几年,他所享有的个人威望可与伊拉斯谟相提并论。

在那些被邀请到法兰西宫廷的希腊人当中,最好的学者如杰纳斯·拉斯卡里斯[201],只是短暂地待过一段时间。但是也有一些值得怀疑的人物,他们按照自己的方式竭尽全力满足人们对手稿的需求。由达玛琉斯[Darmarius][202]这类抄写员所复制的潦草抄本是非常多的,假托名人炮制的赝品也广为人知。比如,狄阿索利努斯[Diassorinus][203] 伪造了菲勒蒙的辞典[Lexicon of Philemon]、德拉孔的韵律学[Metrics of Dracon];波吕克斯[Pollux]的《自然史》[*Historia physica*]也来自这类工作坊。这些伪造的手稿欺骗人们的时间或长或短,有时甚至欺骗了一些博学的读者,康斯坦丁·帕莱奥卡帕[Constantine Palaeokappa]所伪造的《攸多西亚辞典》[Lexicon of Eudocia]是其中最拙劣的,这本辞典所采用的材料主要来自印刷品。

从实践的观点来看,像别的地方一样,在法国所发生的最重要的事情是印刷机的引进,因此国王让人铸造了希腊语字符。当时艾蒂安纳家族❷出版社的地位举足轻重,出版

---

❶ 索邦神学院(Sorbonne),巴黎大学的前身。
❷ 艾蒂安纳家族(Estienne family),法国出版商家族,创始人亨利(Henri, 1460?—1520)约于1505年开始在巴黎创办家族产业。他的儿子罗贝尔(Robert,即 Robert Stephanus, 1503—1559)曾于1523年出版(转下页)

社的老板身兼董事和学术编辑两个职务。罗贝尔·斯提芬诺斯［Robert Stephanus］[204]是第一位印刷希腊语版《旧约圣经》的人，我们现在所使用的《圣经》章节编号可以追溯到他那里。罗贝尔·斯提芬诺斯的《拉丁语辞典》［*Thesaurus linguae Latinae*］为他那有出息的儿子亨利［作为出版商的亨利也是了不起的］的希腊语版《宝库》［*Thesaurus*］树立了榜样，后者以"伟大的亨利"著称，从而将他与大家族中的其他成员区别开来。但是在叙述亨利之前，我们必须熟悉另一位有出息的儿子的父亲，也就是尤里乌斯·恺撒·斯卡利杰［Julius Caesar Scaliger］[205]，他离开了位于加尔达湖❶边上的家乡里瓦［Riva］，来到了法国南部，开始了不平凡的生涯。斯卡利杰在他的作品中激烈地表达了他的信念和感情，在当时就有广大的读者，人们不得不尊敬这位富有激情的人物的诚实，即使是当斯卡利杰做出非常激烈且不太公正的攻击伊拉斯谟这类事情时，也是如此。作为批评家的斯卡利杰才能也很突出，这表现在他处理提奥弗拉斯图斯❷的植物学作品、伪亚里士多德的作品方面。但是，他最大的成就

（接上页）《拉丁语辞典》，于1550年出版希腊文《新约全书》，于1550年出版拉丁文版《圣经》；老亨利的孙子亨利（1528—1598）曾出版古希腊作家著作和希腊语《辞典》（1572）。

❶ 加尔达湖（Garda），意大利最大的湖泊，位于米兰东部。它的岸边分布有许多旅游胜地和葡萄园。

❷ 提奥弗拉斯图斯（Theophrastus, 371？—287？ B.C.），亚里士多德之后成为逍遥学派领袖的希腊哲学家，继承和发展了亚里士多德在植物学和自然史方面的论述。

是在另一个领域获得的。他的《诗学》[*Poeticē*]长久以来享有权威的地位。它补足了当时意大利人围绕亚里士多德和贺拉斯❶而创作的诗学作品，但它的范围更大，并具有完全独立的判断。在他的著作中，拉丁人对"希腊诗歌女神（缪斯）轻微的气息"的根深蒂固的憎恶一览无余。不必说，斯卡利杰诗歌理论的理论框架以及修辞理论源自希腊人，他所掌握的这方面的知识也是惊人的——实际上，他试图展开一种历史的考察——但只是在他最后的几本书如《批判之书》[*Liber criticus*]和《过度批判之书》[*Liber hypercriticus*]中，最合乎他心意的宗旨才表明出来。也就是说，对希腊诗人和罗马诗人进行对比研究，在后者当中，不仅有维吉尔，而且有瓦勒琉斯·弗拉库斯[Valerius Flaccus]，甚至是克劳狄安，作者无一例外都做出了最好的成果。对斯卡利杰而言，拉丁诗歌所牵涉到的人文主义者与古人享有同等的地位❷，斯卡利杰的美学意识体现在他不分轩轾地评判这些诗歌上。这就是巴洛克时代的口味，伏尔泰和弗雷德里克大帝[Frederick the Great]所共有的口味。

尤利乌斯·恺撒·斯卡利杰的儿子约瑟夫·尤斯图斯·斯卡利杰[Joseph Justus Scaliger][206]深信自己是德拉·斯卡拉斯[Della Scalas]这一维罗纳高贵家族的后裔。不管这种说法是否真实，约瑟夫·尤斯图斯·斯卡

---

❶ 贺拉斯（Horace），古罗马抒情诗人，他的《颂歌》（*Odes*）和《讽刺歌》（*Satires*）对英国诗歌产生了重要影响。

❷ 新拉丁文学（Neo-Latin literature），文艺复兴时期模仿古代拉丁语创作的作品。

利杰仍旧是位王子,即使他父亲的可鄙对手把他父亲的出身说得很卑贱,约瑟夫·尤斯图斯·斯卡利杰仍旧是不折不扣的王子。这些敌人当中有一位叫"卡斯帕·肖普"[Caspar Schoppe,又称Scioppius][207]的德意志人叛教者❶,他起了不体面的作用。肖普因在叙马库斯书信上所做的工作而享有一定的声誉,尽管我们再也不需要参考他的作品了。他是一位在一定程度上被无原则所毁坏的人。约瑟夫·尤斯图斯·斯卡利杰的塑像[208]给我们的印象是他是一个性格坚强的人,有着漂亮的外表,知晓自己天生就是为统治而生的。实际上,约瑟夫·尤斯图斯·斯卡利杰的地位远远超过了斯提芬诺斯、卡松本这两人,他们两位的功劳在于把潜在的古典学问转变为真正的研究古典时代的科学。由于受可得到的材料的限制,这种科学或许仍旧受限于古代世界所留下的文献遗产,但这并不妨碍这些伟大学者从整体上研究这个古代世界。他们三人也有共同之处,由于宗教的原因他们都被迫离开自己的祖国,这一事实给法国的希腊研究造成了严重的影响。虽然在时间上不是最早的,但在重要性方面,约瑟夫·尤斯图斯·斯卡利杰却首屈一指。学术界在1594年就认可了约瑟夫·尤斯图斯·斯卡利杰的泰斗地位,这年他获得了属于新教的莱顿大学的教授职

---

❶ 卡斯帕·肖普于1599年脱离新教,成为天主教徒,得教皇Clement Ⅷ (1563—1605)恩宠。

位——莱顿大学值得骄傲的是它起源于荷兰解放战争❶，但是当尤斯图斯·利普修斯❷［Justus Lipsius］^[209]又重新皈依天主教，并回到鲁汶时，莱顿大学受到了打击——鲁汶在当时是信仰天主教的布拉班特的知识中心。莱顿大学向加尔文信徒约瑟夫·尤斯图斯·斯卡利杰提供了最优惠的条件：斯卡利杰可以自由地研究学问，而没有任何教学任务。单单是约瑟夫·尤斯图斯·斯卡利杰的名字就可以把年轻人吸引到莱顿大学，这证明莱顿大学对约瑟夫·尤斯图斯·斯卡利杰的期望是正确的。约瑟夫·尤斯图斯·斯卡利杰在经历了使他远离家乡的冒险生涯之后，发现这个位置对他来说是最合适不过的，因为在法国，作为一位加尔文主义者是没有机会得到这种职位的，事实上，他过去曾担任过的唯一职位是在日内瓦获得的，他在那里进行过短暂的授业。约瑟夫·尤斯图斯·斯卡利杰最亲密的朋友是德·拉·罗西-帕采［De la Roche-Pozay］，一个真正有伟大贵族气质的人，

---

❶ 荷兰解放战争（Dutch War of Liberation），即尼德兰资产阶级革命（1566—1609），这是历史上第一次获得成功的资产阶级革命，打击了西班牙政权和天主教会，为资本主义发展扫清了道路。

❷ 尤斯图斯·利普修斯出生于伊斯舍（Issche），并在鲁汶的天主教大学接受教育，然后到意大利成为红衣主教 Granvelle 的秘书。当他通过维也纳返回时又在耶拿的路德大学教书，在该处成为路德宗教徒。他娶了一位天主教徒，并返回鲁汶教书。1579年，他接受邀请来到莱顿的加尔文宗大学教授罗马史长达12年之久。然后他又皈依天主教，在鲁汶度过了最后14年的教学生涯，并在该地去世。他的主要工作是编辑了塔西佗的著作（1574；第2版，1600）、塞涅卡的著作（1605）。他翻译并受到人们赞扬的《论恒常》（*De Constantia*, 1584）一书所倡导的是古代斯多葛哲学的基督教形式。

此人不仅促成约瑟夫·尤斯图斯·斯卡利杰访问意大利、英格兰，而且一直向约瑟夫·尤斯图斯·斯卡利杰提供庇护。约瑟夫·尤斯图斯·斯卡利杰很熟悉这个国家的名门贵族，与最杰出的学者交朋友，如库伽西斯、奥拉图斯［Auratus］、修阿努斯［Thuanus］[210]，这些人也把约瑟夫·尤斯图斯·斯卡利杰当作可与他们匹敌的人物。毫无疑问，他的名气一直保持不可动摇的地位，即使他在生命的最后15年间［他于1609年去世］没有再写任何作品。但只是在莱顿，约瑟夫·尤斯图斯·斯卡利杰才能成为学界的泰斗，因为这里使他免除了大学教学的日常任务，而且他是组织学术活动的第一人。仰慕约瑟夫·尤斯图斯·斯卡利杰的信徒所记录的《斯卡利杰言行录》［*Scaligerana*］是非常值得收藏的，这部著作可比拟于路德的《圆桌谈话》、艾克曼［Eckermann］的《谈话》，尽管不能完全媲美后两者［这和后来出现的毫无价值的"名人言行集"（'ana'）[211]不可同日而语］。约瑟夫·尤斯图斯·斯卡利杰与许多学者的通信也具有极大的学术价值，近年来人们也出版了这些通信。通常来说，这些信件内容丰富，并包含迷人的个人魅力；但是，其中的许多信件是在考虑到将来会出版的情况下写的，因而内容贫瘠，风格也华而不实。这些作者之间的性格差异一览无余，约瑟夫·尤斯图斯·斯卡利杰也表现出了他的优势，不过不是作为一位有创造性的作家而表现出来的优势——假如有人想在一位有创造性的作家身上发现诗意的话，当然，约瑟夫·尤斯图斯·斯卡利杰有能力完成无人模仿的任务。约瑟夫·尤斯图斯·斯卡利杰对于哲学完全是一个外行，进入诗人的内心世界并理解诗人的本质也超越了斯卡利杰的能力范围。因此必须承认，仅仅是因为约瑟夫·尤斯图斯·斯卡利杰编辑的罗马《爱情三部曲》❶，几个世纪以来，人们对这些文本的正确理解受到了妨碍。[212]实际上，一般来说斯卡利杰的校订本并不特别突出；他没有出版任何一位希腊作家的作品，在我们的文献中随处可发现的大量校订是其一生广泛阅读带来的副产品，它们的产生是偶然的。他费了很大心力获得手稿，在很大程度上，我们完全受惠于他的努力，不过他满足于让别人来编辑这些手稿。斯提芬诺斯处理希腊作家，卡松本[213]则进行评注，那么，他还有什么可做呢？

答案是别人不能研究的东西，甚至是不能想到的事情：发现早期拉丁语。斯卡利杰成功地从瓦罗、菲斯图斯著作中提炼出早期拉丁语。对斯卡利杰而言，早期拉丁语是一种生动的现实语言，以致他可以把俄耳甫斯圣歌［Orphic Hymns］、吕克芬❷的著作翻译为这种语言，他使用这种古风时代的语言只是为了满足个人趣味。此外，斯卡利杰认识到没有固定的年代框架就不可能有历史，由于全部年代的基础建立在哲罗姆的著作之上，而哲罗姆又翻译了攸西比戊斯[214]的著作，因此，斯卡利杰的下一个任务就是重建

---

❶　三个爱情诗人：Catullus、Tibullus、Propertius。
❷　吕克芬（Lycophron），公元前4或前3世纪托勒密时代诗人、学者。

攸西比戊斯的著作。这就是他尝试的工作,这完全超出了后几代人的理解能力,他们把他的《奥林匹亚竞技会记事》['Ολυμπιάδων άναγραφή]当作古文文献。收集一部完整的拉丁铭文集的想法也出自斯卡利杰。就像我们所看到的,早期人们也曾在这个方向上做过研究,此时的荷兰人马丁·斯密提戊斯[Martin Smetius]、皮格戊斯[215]已经出版了优良的复本,所以有很多出版的和未出版的材料可供查阅。但把这一计划维持下去,是今天需要动员一个学院的人才能取得的成就。斯卡利杰发现杰纳斯·格鲁特[216]是一位非常勤奋又具有自我牺牲精神的助手,适合这项工作,但是斯卡利杰本人亲自做索引工作。残篇的收集工作也开始展开了。亨利库斯·斯提芬诺斯[Henricus Stephanus][217]以优美的十二开本出版了希腊抒情诗人的残篇。默鲁拉[Merula]的《恩尼戊斯》[*Ennius*][218]并不是这一领域的第一部著作,顺便一提,该书也包含了一些令人震惊的杜撰。弗朗西斯科斯·杜萨[Franciscus Dousa]所编辑的卢西琉斯的杰出著作也属于斯卡利杰学派的成果,普奇修斯[Putschius][219]在其著作《拉丁语法》[*Grammatici Latini*]中收集了大量枯燥但又不可缺少的材料。使斯卡利杰亲自出版的曼尼琉斯[220]著作声名大噪的不是其大胆的想象,而是他严肃对待占星术的事实——这并不是因为斯卡利杰信仰占星术,而是他把它作为古代信仰的一个侧面来观察。从本质上来说,全部这些计划都是最先的尝试,几乎没有哪个计划的发展超出了"最先的尝试"这一阶段。不过和它们锁定的最终目标即建立单独的、巨大的、不可分割的学科相比，这件事情就不那么重要了。在尼布尔❶之前没有人对斯卡利杰的真正价值做出评价。

亨利库斯·斯提芬诺斯[221]也过着一种漂泊的生活，部分原因或许是其性格使然，这种性格使斯提芬诺斯长久以来都没有摆脱忧虑、痛苦，并于1598年在里昂医院孤独地死去，死时一贫如洗。在这种情况下，斯提芬诺斯作为一位编辑者和印刷者是怎样完成如此大量的工作，这一直是一个未解之谜。斯提芬诺斯把大部分希腊古典著作编辑出版了，这些版本一直使用到上个世纪❷，由于上述原因伊曼纽尔·贝克尔［Immanuel Bekker］❸[222]用符号 ς 来指称斯提芬诺斯编辑的柏拉图著作，这个符号时常被当作通行读本的符号，哪怕人们阅读的不是斯提芬诺斯的作品。斯提芬诺斯那数目庞大的出版物包括众多著作的首个印刷版本，这中间包括狄奥多洛斯［Diodorus］的大部分著作，阿庇安［Appian］的部分著作以及《阿那克里翁体》［*Anacreontea*］❹——这给人留

---

❶ 尼布尔（Niebuhr，1776—1831），德国历史学家，其极具影响力的《罗马史》（1811—1832）奠定了现代历史科学研究的基础。

❷ 指19世纪。

❸ 伊曼纽尔·贝克尔（August Immanuel Bekker，1785—1871），德国语言学家、批评家。

❹ Anacreon（约572—约488 B.C.），希腊抒情诗人，主要写作赞美爱情（异性恋、同性恋）、美酒的诗歌。因此阿那克里翁体诗（Anacreontics 或 Anacreontea）就成为这类享乐或爱情诗歌的代名词。《阿那克里翁体》共收录62首据认为是 Anacreon 所写的抒情诗，第一次出版的时间是1554年，直到19世纪早期学者才发现这些诗歌是在 Anacreon 去世以后创作的。1800年 Thomas Moore 在英国出版了《阿那克里翁体》的译本 *Odes of Anacreon*。

下了极其深刻的印象，因为终于有了当时的人能够做出回应的希腊诗歌，只是此种诗歌不再是真正希腊诗歌的明确标志。斯提芬诺斯根据当下所能得到的各种材料来灵活地处理他所出版的文本。斯提芬诺斯还给出了异文，不过只是作为临时的副产品，况且其中还存在一些纯粹的臆测，虽然一些臆测并不是有意而为的。斯提芬诺斯不可能在一个文本上花费非常多的时间，然而他却完成了他的《希腊语辞典》[Thesaurus linguae Graecae]，他由此单枪匹马地为他所处的那个时代做出了贡献，而这是世界上的希腊研究者都无法承担的工作，即使是在学者们仍有共同目标感的时候。就我们所知，他几乎没有得到一点帮助，以致当他阅读的时候，他几乎必须时刻保持警觉的态度，注意那些对于作为辞典编纂者的他或许有用的任何东西。显然，从这种观点来看，他对语言有着特殊的兴趣。实际上，斯提芬诺斯的母语表达非常优美，风格也非常杰出，在本特里之前，没有学者具有他这样的优势。不可避免的是，人们在《希腊语辞典》中可以感受到对于材料的随意选择所带来的后果。比如，历史学家赫洛狄安[223]是一个无足轻重的模仿者，不过斯提芬诺斯经常引用他的著作。稍晚一点的作家辛内修斯[Synesius][224]是斯提芬诺斯钟爱的另一位人物。斯提芬诺斯也没有注意到不同时代、风格之间的明显差别，哈塞[Hase]和丁多弗[Dindorf]兄弟[225]所出版的修订本几乎没有订正这些瑕疵，因此我们不得不弥补。

斯提芬诺斯的女婿艾萨克·卡松本［Issac Casaubon］[226]是对前述两位巨人的补足，卡松本把这两位巨人当作他的前辈。从本质上说，卡松本是位注释家，尤其是主题的注释家，他所研究的这些作者本身就要求研究者要想清晰说明问题就必须具备广博的知识，而卡松本的研究结果也是权威的。狄奥根尼·拉提戊斯［Diogenes Laertius］的著作、斯特拉波的著作、提奥弗拉斯图斯的《人物》［*Characters*］、雅典尼戊斯的著作、《罗马皇帝传》［*Scriptores historiae Augustae*］❶、珀尔修斯的著作——这些名单清楚地表明卡松本的趣味与能力。卡松本的学识令人赞叹，但他不会基于学问自身的原因去卖弄学问，这一点在后来的许多评注版本中得到说明。我们大家仍旧依靠卡松本和斯提芬诺斯孜孜不倦的努力所积累的大量材料而继续研究。而斯卡利杰则是我们伟大的榜样，因为他向我们表明了我们全部辛勤劳作的真正目的所在。卡松本所研究的作家，特别是对雅典尼戊斯的研究使得他展开了文学史研究，他的著作《论希腊讽刺诗与罗马讽刺杂文》［*De satyrica Graecorum poesi et Romanorum satira*］中包括了这方面最早的批判性考察。该书已经发行了好几个版本，公平地说，它是这

---

❶ 《罗马皇帝传》涵盖的时间范围始于公元117年皇帝哈德良登基，终于公元284年。传统上认为由六位不同的作家撰写，因此可以肯定这些作者不是这段历史的亲历者。总的来说，这些传记包括丰富的历史内容，从整体上有助于我们了解这段历史。但这些传记缺乏连贯性，年代也不准确，甚至每一封信和演讲都是不可信的，然而这些传记还是很重要的，这提醒我们不要忘记这段历史。

类题材的标杆。亨利四世❶被刺杀后，也是新教徒的卡松本不得不离开他的祖国。英格兰热忱欢迎他的到来，他死后葬于威斯敏斯特大教堂。

除了这三位学术巨匠外，还有一些影响较小的学者，这些学者本身具备能确保法兰西学术处于杰出地位的能力。这里的简短描述是远远低于他们应该得到的关注的，即使是这样，我们也必须选择一番。两位皮淘［Pithoei 或 Pithou］〔227〕、两位普坦尼［Puteani 或 Du Puits］〔228〕是手稿收集者，李维作品的普坦尼［Puteanus］手稿是对其中一个家族的纪念。皮埃尔·皮淘参考了自那以后消失了的许多手稿，特别是费德鲁斯❷的手稿，他出版了费德鲁斯著作的第一个印刷版本。约西亚·默希尔［Josias Mercier］〔229〕出版的诺尼戊斯［Nonius］❸著作直到最近依然是最好的版本。荷兰人威廉·坎特［Willem Canter］〔230〕——我们在这里提到他是因其在法兰西接受教育——是第一位研究希腊悲剧合唱中韵律应唱的人，他关于阿里斯提德的著作被少数学者捧得很高，这些学者一直困惑于这位难以处理的演说家的文本。但是归根结底，除了拉姆

---

❶ 亨利四世（Henri Ⅳ, 1553—1610），法国君主，1610年遭暗杀。
❷ 费德鲁斯（Phaedrus），1世纪罗马寓言家，他写了一部寓言集。
❸ Nonius Marcellus（鼎盛于4世纪早期），作家，以拉丁语撰写关于拉丁语言、文学的简明百科全书，该书共有20卷，除第16卷外，其余保存完好。前12卷是关于语法和语义学的，后面几卷论述的是包括宗教在内的各种日常生活主题。他通过引语来说明他的观点，所引用的材料主要源于罗马共和时期的作家以及其他一些材料，如 Aulus Gellius（约130—约180）。我们关于 Marcus Terentius Varro（116—27 B.C.）诗歌的知识主要来源于他的记载。

比努斯［Lambinus］、特奈巴斯［Turnebus］外，这类重要的人物就没有了，拉姆比努斯和特奈巴斯的著作今天仍旧是不可缺少的，但仅仅是在学者关心上述两位作者时，他们的著作才会被注意到。

阿德里安诺斯·特奈巴斯［Adrianus Turnebus］[231]于1565年英年早逝，作为一位教师已给巴黎留下深刻的影响。不喜欢学究式人物的蒙田称颂他。人们可能不愿意看到他模仿当时流行的杂录［*Adversaria*］，而是希望他去编辑、注释更多的古典作品。整个历史上又有几人能胜任校勘埃斯库罗斯著作的工作？在当时对于这样一个人又意味着什么呢？特奈巴斯的朋友奥拉图斯[232]在这个领域曾取得过一些成绩，但是赫尔曼把奥拉图斯比作特奈巴斯，这就是赫尔曼的不对了。诚然，由于依靠崔克利纽斯，特奈巴斯毁坏了索福克勒斯的作品——毁坏的部分最终由布隆克［Brunck］修复了。这是因为特奈巴斯拥有崔克利纽斯校订的手稿，这份手稿中包含许多正确的诠释，而在当时是没有人能够辨别出这是以拜占庭校正者的工作为基础的。特奈巴斯对西塞罗的《论法律》的注释仍旧是最好的，因为特奈巴斯在斯多葛哲学家那里找到了注释西塞罗著作的诀窍，他从斯多葛哲学家的著作中引用了大量的材料。他的同辈中人中，有谁能看得这么远呢？

狄奥尼修斯·拉姆比努斯［Dionysius Lambinus］[233]所获得的赞美更多，因为他是一位拉丁学者。他能够在意大利收集手稿材料，这是他的另一个优势，由于这个原因，除了编辑了西塞罗的作品外，他还极大地改进了卢克莱修❶、贺拉斯的文本，为这两位诗人的注释奠定了基础。比如对于卢克莱修的著作，他能够理解其中的哲学观点，从贺拉斯的著作中，他不但可以看到一位依赖模型的模仿者，还可以看到一位具有原创性的伟大艺术家，人们很高兴看到他这样从学究的手中被解救出来。

另外，也是法兰西人的姆莱图斯❷[234]有充分的理由在罗马教会的怀抱里寻求海外避难。姆莱图斯在罗马天主教神父那里找到了安全的避难所，以度过余下的几年，也为自己找到了一个职位。凭借他的智慧与博学，他肯定会以他所拥有的魔力吸引当时最杰出的学者，可他要沾那些大学者的光，来自抬身价时，却是毫无顾忌的。他那不迂腐的西塞罗风格，为他赢得了许多更伟大的学者和更好的人所没有的名声。不过我们要知道的是他给学术史究竟留下了怎样的影响？

对于教会来说，姆莱图斯的逃亡是一种胜利，但是这

---

❶ 卢克莱修（Lucretius），罗马哲学家和诗人。他的《物性论》（*De Rerum Natura*）是一首为了把人们从迷信和对不可知的恐惧中解救出来、试图用科学词汇解释宇宙的长诗。

❷ 姆莱图斯，法国古典学家，吸引了尤利乌斯·恺撒·斯卡利杰的注意，作为一名拉丁语教师，他很快就获得了名声。他与七星诗社的成员保持着良好的关系。他早期的成功是因其在16世纪50年代初在巴黎的一系列演讲，这些听众之中包括法国国王，这也使他树立了不少敌人，并使他被投入监狱。他自1555年起移居意大利，1559年在Cardinal Ippolito d'Este的庇护下定居罗马。这之后，除了返回法国一段时间（1561—1563）外一直住在罗马，在罗马讲学并赢得了拉丁风格大师的荣誉。他的学生蒙田称他为"这个时代最优秀的演说家"（*le meilleur orateur du temps*）。作为古典学家，他注释了西塞罗、萨卢斯特（Sallust）、普劳图斯和哀歌诗人的著作，他的 *Variae lectiones* 于1559年在威尼斯出版。

古典学的历史

种胜利和利普修斯[235]从莱顿大学讲座席位辞职、皈依到他青年时代曾公开放弃的信仰相比就算不上什么,利普修斯甚至在耶拿的短期教授职业生涯中,在他的《漂泊年代》[*Wanderjahre*]中攻击过天主教信仰。利普修斯是布拉班特人,在西班牙和自由的荷兰之间的敌意深深地浸入学院生活时,利普修斯从鲁汶来到了莱顿。利普修斯被认为是天主教阵营中的领袖人物,毫无疑问,他也是那个时代拉丁散文文学领域一流的文本批评者。他是最早使用美第奇家族❶的手稿编辑塔西佗著作的人,尽管他并没有亲自在意大利审查这些手稿。他在历史批判和文本校勘两个领域都取得了杰出的成就——实际上,他的教授职位就是属于历史方面的——除了通常提到的《文汇》[*Variae lectiones*]外,他关于罗马军队的论述也是非常出色的。毫无疑问,更加重要的是他的《斯多葛哲学手册》[*Manuductio ad philosophiam Stoicam*],这本著作非常适合那个时代的口味,因为那时对于许多人来说,塞涅卡❷是智慧的源泉,甚至他在蒙田那里的地位都没这么高。鲁本斯❸为皮提宫殿❹绘制的《四位哲学家》,其背景[据认为]是塞涅

---

❶ 指中世纪以及文艺复兴时期意大利佛罗伦萨的美第奇家族。
❷ 塞涅卡(Seneca,约 4 B.C.—65 A.D.),罗马哲学家、悲剧作家、政治家。
❸ 鲁本斯(Rubens,1577—1640),佛莱芒画家,巴洛克艺术代表。他绘制了许多肖像画和以寓言、历史宗教为主题的作品,包括《基督下十字架》(*Descent from the Cross*,1611—1614)。
❹ 皮提宫殿(Pitti Palace),位于佛罗伦萨,由 Brunelleschi 于 15 世纪设计。原来是 Grand Dukes of Tuscany 和 Victor Emanuel II 的住处,现在则是该城最大的博物馆综合体,包括银器博物馆、现代艺术博物馆、Palatine Gallery(主要收集意大利艺术大师的藏品)等。

卡的头像，这是那个时代的华丽缩影。利普修斯所掌握的希腊语知识足以满足他的研究需要，但是他把其希腊语知识描述为"仅仅是学者帽子上的一根羽毛而已"，比利时人、荷兰人对这句话深信不疑。

法兰西由于宗教的原因把其最杰出的国民驱逐出境，结果为此付出了巨大的代价，因为自那时以来，有关真正的希腊经典，法国没有产生过一位重要的批评家和注释家。良好的传统仍然持续了又一个世纪，但是这时古典研究处于那些大的宗教组织和派别的控制之下，这就决定了古典研究活动的领域。这时这一领域的大多数代表都是耶稣会士及其信徒。其中最著名的人物是狄奥尼修斯·佩塔维戊斯［Dionysius Petavius］[236]，他不仅渴望修正斯卡利杰，而且想要让他失去权威性，此一心愿是显而易见的。事实上，佩塔维戊斯的著作《时间学说》［*Doctrina temporum*］在一些重要方面修正了斯卡利杰，或许可以原谅佩塔维戊斯在这一过程中忘记了那些提出这些问题，也为这些问题的解决铺设了道路的人。佩塔维戊斯在其著作《天象资料库》［*Uranologium*］中拯救了某些被人遗忘但对于天文学研究来说具有重要意义的著作，他也成功地出版了4世纪几位作家的著作，这些著作虽然没有详尽无遗，但都是有用的；他的辛内修斯研究保持了两个多世纪的权威地位。亨利库斯·瓦莱修斯［Henricus Valesius］[237]甚至编辑出版了从攸西比戊斯到伊万格里戊斯［Evagrius］的教会史家著作的上佳版本，并带有解释性的注释，也出版了阿米阿努斯［Ammianus］的著作，他提供了该时期相当大一部分的通史。落到瓦莱修斯头上的、对其勤奋与热忱的首次考验是，他要接续由格劳秀斯❶、萨尔马修斯［Salmasius］^[238]开创的著名研究，对康斯坦丁的《摘录》的一个重要部分进行编辑，这些重要内容包含在勤奋的收集者帕莱斯克［Peiresc］^[239]所收藏的手稿中。

作为国王告解神父的雅克·瑟蒙德［Jacques Sirmond］^[240]掌握很大的权力，作为一位普通人和学者，他也同样令人尊敬。他所熟悉的有关古代世界向中世纪转变的知识是无可匹敌的，直到如今他出版的斯多尼戊斯·阿波里纳里斯［Sidonius Apollinaris］❷的版本还是标准的版本。弗朗索瓦·古亚特［François Guyet］^[241]的研究是完全独立的，也从没有出版过任何东西，但是在他去世之后，人们在耶稣会士学院图书馆发现了他的手稿，并且从中整理出他的许多猜测，这些猜测给人们留下了深刻的印象——这些文章表明作者是大胆的，尤其是他对辨伪的兴趣——当然，此举超前了几个世纪。这些猜测具有深邃的智慧，大多数猜测最终被接受了。杜·坎吉［du Cange］^[242]的《中世纪词汇》［*Glossaris medii aevi*, 1678—1688］仍旧是不可超越的，可比拟于斯提

---

❶ 格劳秀斯（Grotius，1583—1645），荷兰法官、政治家及神学家，代表作《战争与和平法》（*Of the Law of War and Peace*，1625）被认为是有关国际法的第一部综合性论著。

❷ 斯多尼戊斯·阿波里纳里斯（Caius Sollius Sidonius Apollinaris，5世纪），拉丁作家，Clermont大主教，在帝国政治中起着一定作用。尽管他的颂歌影响不大，但是他的书信有助于历史研究。后被罗马教会封圣，称为St. Sidonius。

芬诺斯的《希腊语辞典》。无论是希腊语还是拉丁语，特别是在希腊语言层面，他仍旧是我们唯一的指导——极其可靠的指导——但难以想象的是他是怎样获得这种通俗希腊语知识的。迄今为止，这些著作迫切需要更新——毫无疑问，许多年来人们一直有这个虔诚的愿望。皇家港口❶产生了与杜·坎吉相似的人物，即他的同辈人勒南·德·提勒蒙［L. S. Lenain de Tillemont］[243]，提勒蒙著有《教会回忆录》[*Mémoires ecclésiastiques*]、《君主的历史》[*Histoire des empereurs*]，他的著作叙述了六个世纪的帝国历史和教会历史——极其精确与渊博——作品取材于文献材料［他的眼界没有超出文献的范围］。由此，我们可以量度他在批判性上的局限，可以料到的是，他对教会的权威的接受也是毫不犹豫的。这是个巨大的成就，堪与杜·坎吉相媲美，像杜·坎吉一样，提勒蒙著作的权威性保持了很长的时间，在这个领域它们仍然是深入研究的基础。读过吉本著作的人应该还记得，这位大师在其长篇引论中所表现出来的历史创作艺术和类似伏尔泰的精神，仅仅以不同方式再现了提勒蒙那色彩斑斓的全景场面。❷

就此而言，本笃会修士亦当进入我们的视野，他们取得

---

❶ 皇家港口（Port Royal），法国巴黎的宗教、知识团体，位于先前的女修道院 Port Royal-des-Champs。该组织和詹森运动（Jansenist movement）相联系，由詹森（Cornelius Jansen）的朋友 de Saint-Cyran 神父建立（1637），而詹森本人是奥古斯丁哲学的信徒。这个组织在 1665 年遭到驱散，而修道院则毁于 1710—1711 年。

❷ 不过《天主教百科全书》（*The Catholic Encyclopedia*，Volume XIV，1912）却认为"提勒蒙的文风是枯燥的，不过他是一位值得信赖的、博学的历史学家"。

了不亚于在加洛林时代所取得的伟大成就。伟大教父的许多漂亮的对开本就是由莫尔会修士［Maurists］[244]刊行的——这些修士不仅参考了最好的手稿，而且消除了看似由可靠的批评方法而引起的伪造的东西——这是一项不朽的学术事业，尽管在这方面仍旧有大量的工作需要去做，并且这些修士所遗留下的空白仍旧没有填补。接下来是文本校勘的奠基者马比容［Mabillon］[245]，他同时也是一个以科学的态度研究古文书学的人。马比容是在与耶稣会士帕普布鲁赫［Papebroch］[246]的争论中取得这些成就的，就此而言，这两个修会之间的对抗状态或许起到了一定的作用。但是这两个令人尊敬的人以一种对真理无私热爱的高贵精神进行辩论，这一对待真理的态度至今仍是后代的楷模，要和15世纪那些人文主义者，16、17世纪为数众多的荷兰人之间的龌龊争论相比更是如此。比马比容年轻的同辈人，也是马比容伟大朋友的伯纳德·德·蒙福孔［Bernard de Montfaucon］[247]，除了利用巴黎图书馆的丰富藏品，主要在意大利研究手稿，巴黎图书馆的规模由于杜克·德·库棱［Duc de Coislin］、皮埃尔·塞吉尔［Pierre Séguier，他担任新近建立的学院的院长］[248]的藏品而有所扩大。蒙福孔的《古希腊文书学》［*Palaeographia Graeca*］❶创建了一门崭新的学科，他的《书目提要》［*Bibliotheca Bibliothecarum*］❷一书提供了

---

❶ 该书出版于1708年。
❷ 该书出版于1739年。

全部可知知识的大纲。即使这些书在当今很少被人们参考，但一直没有被代替。此外，蒙福孔的多卷本《古迹中所表示和解释的古代》[*L'Antiquité expliquée et représentée par les monuments*] 有着同样值得赞美的目标，即引导读者熟悉古迹传统，到那时为止，阿尔卑斯山脉北部地区在这方面没有什么值得一提的成就，但维兰特 [Vaillant] 〔249〕关于钱币的著作是一个例外。至于有关这门学问的进一步研究，我们必须等到再次论述意大利时才能提及。

在与大多数基督教的国王保持外交关系的政府中也包括土耳其宫廷。结果，除了到土耳其宫廷的外交使节以外，还有大量的个体旅行者 [顺带一说的是，包括一些英国人] 找到了前往东方的线路。还有一座在雅典的法国嘉布遣会❶修道院，毗邻吕西克拉特 [Lysicrates] 的纪念碑，人们通常把该纪念碑称为"第欧根尼的灯笼"。❷我们对这些地方的许多描述都要归功于这些外交与民间的联系，其中最重要的是有关帕特农神庙雕塑的素描——这是一件非

---

❶ 嘉布遣会（Capuchin），该会修士属于嘉布遣小兄弟会。该修道会是1525—1528年创建于意大利的圣方济各修道会的一个独立组织，致力于布道和传教的工作。

❷ 第欧根尼的灯笼（Lantern of Diogenes），第欧根尼出生在Sinope，住在雅典。他认为善的生活是简单的生活，基于此，他摈弃传统的舒适生活，住在木桶里。当看到农民用手喝水时，他把自己最后的杯子也扔掉了。他在大白天打着灯笼寻找"诚实的人"最能代表他对那个时代的蔑视。以"Lantern of Diogenes"著称的纪念碑在1669年竖在嘉布遣会修道院，僧侣通常把这一地方当作阅览室和图书馆。该修道院毁于1821年希腊革命期间。

常奇妙的幸运之事，因为莫洛西尼（Morosini）[250]毫无结果的战争将要把帕特农神庙雕塑毁灭，即使毁灭了这些雕塑，那时的欧洲对这种不可弥补的损失也会毫无感觉，只是耸耸肩而已。幸运的是，在这之前有另外两个人物曾对雅典进行过探险，一个是名叫"维勒"[Wheler]的英国人，另一个是可敬的法国人雅克·斯庞[Jacques Spon]。[251] 斯庞旅行的范围更加广泛，他研究不同种类的古迹，并勤奋地复制各种手稿，以致他被称为第一位真正科学意义上的旅行家。此外，他还花了极大力气让世界知道他的旅行成果。但是当时的世界并不具备接受这些成果的环境，斯庞在日内瓦死于贫困之中。考古学家似乎已经完全忘记了斯庞所应享有的地位。此外，斯庞努力为"考古志"[archaeography，就像斯庞所称呼的那样]提供一整套概念，根据研究的不同主题再细分为相应的类别。一代人之后[1729—1731]，米契尔·佛蒙特[Michel Fourmont][252]应法国政府的要求访问希腊，我们保存了大量铭文唯独要感谢他。在以往的岁月里，我们对佛蒙特的复本的理解、对佛蒙特细心的欣赏在不断地增加。佛蒙特也沉溺于一些令人感到疑惑奇怪的造假活动，这一点最终为伯伊克所证实，尽管伪造的目的仍旧是一个谜。为什么佛蒙特在他的信中吹嘘自己毁灭了某些古迹，而且他只是在纸上这样吹嘘，个中缘由仍是一个心理学的谜团。

在一个以这样或那样的形式稳定地将天主教变成其唯一

宗教的法国，盖森迪❶能够不受阻挠地阐述伊壁鸠鲁的哲学，这在很大程度上说明了这个国家知识生活的丰富性。当然，这种情况在路易十四时代的后半期是不可容忍的，那时新教遭到残酷的迫害，像皮埃尔·贝尔［Pierre Bayle］[253]这样的怀疑主义者也不得不到荷兰寻求庇护。贝尔那不可思议的博学著作《历史与批评辞典》［*Dictionnaire historique et critique*］使得该书不仅是有关学者传记方面丰富的宝库，而且是有关现代人对古代人物个性看法的有效指南，当然，贝尔所涉及的这些人物出自他自己的随意选择，贝尔流畅的文笔使该书阅读起来非常畅快，尽管书中也包含一些学术的瑕疵。受过洗礼的犹太人让·阿斯楚克［Jean Astruc］[254]是作为常任医生住在路易的宫廷中的，他从区分《创世记》中上帝不同的名称开始分析摩西五经；接下来理查德·西蒙［Richard Simon］、斯宾诺莎、克勒利库［Clericus］以及其他一些人[255]丰富了《圣经》批判的成果。不管是好是坏，关键的东西已然确立。意义是非常明显的，不管正统教会如何踌躇不前，直到德·维特［De Wette］[256]时，新教徒一直是这样做的。不过古典学并不愿意学习其姐妹学科的经验，而宁愿等到古典学也面临同样的问题为止。

思考过这些发展历史的人会把法国作为这几个世纪的学术中心表示敬意——实际上，人们会抵不住诱惑地说，从奥

---

❶ 盖森迪（Gassendi，1592—1655），法国哲学家、数学家，挑战亚里士多德的理论，复兴了原子论。

索尼乌斯❶、苏尔皮西乌斯·塞维鲁❷时代起,法国就是学术中心了;随着时间的推移,到了塞维图斯·卢普斯［Servatus Lupus］〔257〕的时代,他根据自己的眼光进行文本校勘,后来的索邦神学院也是中世纪哲学的重要据点。就相关术语最全面的意义而言,尽管文艺复兴源自意大利,但法国的文艺复兴把人文主义提升到科学的地位。然而我们不能不注意到的是,学术可能会在法国古典主义的蓬勃发展中消亡——这种情况以前就发生过一次,在哥特艺术盛行的时候——假如别的民族不捡起这一火炬,并重新点燃这一火炬的话,就会如此。在法国,希腊诗人和一般意义的真正经典不再是学术研究的对象。卷帙浩繁的戴尔芬古典系列❸［Delphin Classics］〔258〕的价值仅仅是印刷术上的。可以说在该系列中,塔纳奎尔·法贝［Tanaquil Faber］〔259〕、法贝的女儿安娜［Anna］和她的丈夫安德烈·达西尔❹的著作是唯一值得一提的,其他的不必再说;哈杜恩［Hardouin］〔260〕,尽管在普林尼《自然史》的编辑上取得了一些成绩,但他还是因为自己的疯狂理论而恶名远扬,这种理论实际上就是认为整个拉丁文学都

---

❶ 奥索尼乌斯（Ausonius,约310—395）,出生于法国波尔多的拉丁诗人,语法学、修辞学教师。奥索尼乌斯的成功让皇帝Valentinian邀请他到罗马给皇帝的儿子Gratian授课。

❷ 苏尔皮西乌斯·塞维鲁（Sulpicius Severus,约363—425）,法国基督教作家。

❸ 戴尔芬古典系列,一套由法国39名学者编辑的拉丁古典丛书,指导人物是Montausier、Bossuet、Huet,也被称为"Grand Dauphin"。该书的主要价值是依字母顺序为作品全集所编制的索引。

❹ 安德烈·达西尔（André Dacier,1651—1722）,法国古典学者。

是中世纪晚期的伪造品。最终，迈纳吉斯［Menagius］[261]对狄奥根尼·拉提戊斯的著作做了一些有用的注释，此人是莫里哀笔下的人物瓦丢斯［Vadius］的原型。❶另外，有一位重要的法国学者必须提到，这就是萨尔马修斯[262]，我们将在后文中讨论他，因为他的主要著作是在法国境外完成的。

法国人的缪斯女神现在可以自鸣得意了，因为她已超越了她的古代模式，法语在学术著作中的地位已取代拉丁语。不可避免的问题产生了，现代人［Moderns］是否应享有比古代人［Ancients］优越的地位，这场争论从查理·佩罗［Charles Perrault］[263]开始，双方展开了激烈的争论，在法国这一方面拥护现代人的一派占据了上风。伏尔泰时代的法国人完全脱离了各种学术活动，自那时以来也没有产生任何原创性的思想。孟德斯鸠[264]的《罗马盛衰原因论》对古典学只有一些间接的影响，而马布里神父［Abbé de Mably］[265]所写的那类历史是没有科学意义的。在这场争论中有一位作家引起了人们的批判，也就是荷马，从而导致了一些古代文献的偶然发现。这些文献证明了《伊利亚特》的内在统一性值得怀疑，这是一

---

❶ 迈纳吉斯（即 Gilles Ménage），法国学者、作家。他所建的沙龙以"Mercuriales"著称，这为他赢得了欧洲声誉，但也让他树立了许多敌人，如 Nicolas Boileau、莫里哀。著有《法语的起源》（*Les Origines de la langue française*, 1650）、*Menagiana*（1693）。莫里哀的著作《智慧女》（*Les Femmes savantes*, 1672）中曾对迈纳吉斯加以嘲讽。

直困惑我们的早期希腊史问题。奥贝克奈克神父［Abbé d'Aubignac］[266]那些非常混乱的著作对当代的观点几乎没有影响，不过他针对这个主题所提出的一些看法注定会在将来产生果实。实际上，沃尔弗[267]从奥贝克奈克那里得到的启发比沃尔弗本人承认的还要多。发现奥贝克奈克的功劳当属格奥尔格·芬斯勒［Georg Finsler］[268]，因为法国人已经忘记了芬斯勒，也希望那些高度赞扬芬斯勒却对荷马问题没有丝毫概念的人在自己的国家遭到嘲笑。

现在返回荷兰，看看斯卡利杰、利普修斯的继承者们，我们不妨从德国开始叙述。那时的德国文化缺少一个中心，自然也就不能表现出什么来，甚至连文化上的逐渐统一趋势也很微弱。没有一个宫廷或城市采取任何措施鼓励学术和艺术，甚至在那场灾难性战争之前，所有这类活动都被终止了。在大学里，如维滕堡在顽固的路德宗的专制之下沉溺于一些毫无意义的事情。然而许多有名的外国人在那里短暂地教学，伊拉斯谟·施密德［Erasmus Schmid］[268a]所编辑的品达著作为他赢得了声望，作为文本批评家的施密德在该书上所取得的伟大成就可比拟于特奈巴斯。[269]尽管在我们看来他的注释似乎是奇怪的，但他试图将诗歌视为修辞艺术作品来处理，这是一项长期被忽视的挑战。在奥格斯堡❶，富裕

---

❶ 奥格斯堡（Augsburg），德国南部城市，位于慕尼黑西北偏西。公元前14年由奥古斯都建立的罗马军事要塞，15、16世纪是一个重要的商业、金融中心。

的商人提供资金来购买手稿。由于他们的努力，搜集了大量重要手稿，人们把这些手稿叫作"奥格斯坦尼"［Augustani］，现在仍在慕尼黑。大卫·霍歇尔［David Höschel］[270]充分利用了这些藏品，他出版了一些这类重要著作的第一个印刷版本，如福提戊斯的《书目提要》［Bibliotheca］、奥利金❶反对卡尔苏斯❷的著作、康斯坦丁的《摘要》，这些都得到了斯卡利杰和卡松本的高度赞扬。

在海德堡，也是图书馆吸引了学者们，它鼓励学者们把他们的精力直接投入有效的研究领域之中。泽兰德[271]曾做过这个图书馆的管理者。后来杰纳斯·格鲁特[272]在这里发现了适宜展开学术活动的氛围。想到这个诚实的、勤奋的人享受这样一种氛围，我们就很欣慰。为生活所迫的他到处颠沛流离。他的父母由于宗教的原因必须离开在安特卫普的家，这时还是小孩的格鲁特被迫随父母一起来到英国，在剑桥接受教育，后来又成为斯卡利杰的忠实学生，随后，格鲁特在北部德意志的几所大学里任教，努力建立自己的地位。在他定居海德堡之后，厄运却降临在他身上，不仅是帕拉丁图书馆［Palatine library］，还有他自己的书也被帝国当局没收。他隐退到附近的村庄，不久就去世了。格鲁特出版了许多拉

---

❶ 奥利金（Origen，185—254），希腊天主教哲学家，以其对《旧约全书》的解释而著称，其解释包含在《六种经文合璧》一书中。
❷ 卡尔苏斯（Celsus），2世纪罗马哲学家，反对基督教。其著作大多已散失，但能反映其思想实质的《真实的对话》则保存在奥利金的《反对卡尔苏斯》中。

丁文作者的著作，他的著作《神采》[Lampas]的出版标志着搜集更早时期作家的作品开始风行起来，但是真正使他存活在人们心中的是他在斯卡利杰指导下编辑的一系列铭文。

至于在三十年战争❶爆发之前那段时期的其他一些人，值得一提的只有瓦伦斯·阿西达琉斯[Valens Acidalius]〔273〕——因为他校订的普劳图斯著作版本是第一流的，经得起时间的考验——或许值得一提的还有图宾根的马丁·克鲁修斯[Martin Crusius]〔274〕，因为他出版了《土耳其治下的希腊》[Turcograecia]，该书描写了当时的希腊及其人民。再后来是莱比锡的托马斯·莱奈修斯[Thomas Reinesius]〔275〕，他因为自己的广泛通信而在17世纪享有很高的个人威望，并因编辑新发现的《崔马齐奥的宴会》[Cena Trimalchionis]而受到路易十四的奖励❷，这没有什么可叙述的价值，尽管莱奈修斯有一些庞大的计划，但他除了做一些小事外，从没有成功地完成一件大事。来自库斯特林[Küstrin]的卡斯帕尔·冯·巴特[Caspar von Barth]〔276〕正是适合那种流浪冒

---

❶ 三十年战争（Thirty Years' War，1618—1648）发端于神圣罗马帝国的内战，发展为欧洲主要国家卷入的大规模国际性战争。战争对近代欧洲国际社会的形成和发展具有极其重要的意义，它彻底削弱了神圣罗马帝国，确认了欧洲主权国家体系的存在，同时还有力促成了近代国际法体系的诞生。

❷ 罗马讽刺作家Petronius（鼎盛于1世纪）的作品，Petronius被任命为尼禄宫廷的"品位仲裁者"（arbiter elegantiae）。著有Satyricon，它是一部以歹徒为题材的小说，塑造了著名的讽刺性人物崔马齐奥，《崔马齐奥的宴会》就是这部小说的残篇之一，幽默地表现了这个新近获得大量财富的人是如何炫富的。后遭人诬陷要谋害尼禄而自杀。

险时代的人。巴特在游历了意大利、西班牙、英格兰之后，后半生就作为自由撰稿学者居住在莱比锡，从庞大的《杂录》[Adversaria]中，他只选择了并不受人欢迎的一部分内容出版。假如读者没有厘清他那混乱的思维和写作的话，是读不懂他的——这也正是巴特所希望的，因为他在他的著作中展现了光怪陆离的东西，目的在于让人认为那里面藏了许多稀世珍宝。他翻找过的许多手稿至今仍然下落不明，不过他的欺骗行为并不总是由粗心大意造成的。一些是故意的，比如他所提供的威斯特里修·斯普里纳[Vestricius Spurinna][277]的诗歌就属于此类。他所处理的文献，不管是印刷品还是手稿，都应彻底加以检查，但是难以找到一个意志足够坚强的人来完成这项任务。

最优秀的德国学者在此之前已经转向荷兰，甚至那些十分留恋德国的人最终也被吸引到了荷兰。据此，我们可以整理出我们要讲的荷兰故事的线索，我们可以从斯卡利杰的继承者开始。斯卡利杰最后的得意门生是丹尼尔·海因修斯[Daniel Heinsius][278]，海因修斯为斯卡利杰写了一篇感人至深的唁文，但他太年轻，不适合担任如此崇高的职位。他也无法胜任。无论作为一名教师，还是在为总督服务方面，他都是非常成功的，他写的拉丁诗歌获得了人们的热烈赞扬，他也写了悲剧作品。但是作为一名学者，他成就平平。雨果·格劳秀斯[279]显然是一位更加年轻的人物。1600年，格劳秀斯17岁，他向大师斯卡利杰提交了他的论文《阿拉图斯句法》[Syntagma Arateum]，斯卡利杰非常满意。该书把阿拉图斯的著作和阿拉图斯翻译者的译文编辑在一起——这是唯一明智的安排——年轻的编辑格劳秀斯填补了西塞罗著作残篇之间的缺失，证明了他那不可比拟的风格上的天赋。后来，就是在被迫赋闲期间，格劳秀斯翻译了斯托比亚斯❶《作品集锦》[*Florilegium*]中的诗歌选粹，翻译了普兰努德斯诗选，翻译得如此娴熟，多年来学者一直把他的译文与原文对照在一起排印。格劳秀斯是唯一具有斯卡利杰继承人潜质的人，但生活把他卷入了漩涡，他尝到了囚禁和放逐的滋味。另一方面，尽管有人毁谤他，他还是获得了名声，并纯粹通过智慧的力量成为一名具有影响力的人物。他的结局是凄凉的，从瑞典返回途中，因船只失事，死于罗斯托克❷，甚至在下葬后其声名还遭到毁谤。那些使他扬名至今的著作属于其他学科，但是我们应该记着的是他把他的学术应用到《圣经》解释之中。谚语"孩子们以一种方式读泰伦司的作品，而格劳秀斯以另一种方式读［泰伦司的作品］"[*Aliter pueri Terentium legunt, aliter Grotius*]，把格劳秀斯看作至善至美的学者，这一评论在歌德[280]的心中留下了深刻印象。

---

❶ 斯托比亚斯（Stobaeus，鼎盛于5世纪？），希腊文集编选者，为了教育儿子，他根据不同的话题收集希腊作者的残篇，现存两部作品《牧歌》（*Eclogae*）、《作品集锦》（*Florilegium*）价值很大，因为自那时以来，这些作家的作品都已失传。

❷ 罗斯托克（Rostock），德国东北部城市，位于柏林西北以北，濒临波罗的海。该市最初为斯拉夫人的城堡，1218年被授予特权，是14世纪汉萨同盟的重要成员之一。

杰拉尔杜斯·沃西戊斯❶[Gerhard Vossius][281]非常愿意继承斯卡利杰的位置，但别人忽略了他，这使他很失望。不过他在阿姆斯特丹得到了一个重要的位置，他在这个职位上表现出色。他的《论希腊和拉丁学家》[*De historicis Graecis et Latinis*]是他那个时代不多的几部文学史之一，该书一直被人们使用到19世纪中叶。他的《阿里斯塔库斯，或论语法技艺》[*Aristarchus, sive de arte grammatica*]是一篇系统的论文，属于古典学术的百科全书那一类。在这本著作中，往前，我们可以清楚地预见伯伊克的著名演讲，往后，我们可以详细地回顾"七艺"、古代"语法"的包罗万象的教育[ἐγκύκλιος παιδεία]，以及古代修辞。尤为引人注目的是沃西戊斯撰写了古人的异教徒神学[*theologia gentilis*]，他所谓的这一主题通常是为人所回避的。不管是在当时还是后来相当长的一段时间里，都没有任何迹象可以理解这样做的原因。教父、新柏拉

---

❶ 沃西戊斯是荷兰著名的学者家族。该家族中最著名的有三人：Gerardus Joannes（1577—1649），作家、历史学家，出生在德国的海德堡，格劳秀斯的朋友。他是莱顿大学教授（1622）、阿姆斯特丹大学教授（1631），还是享有盛誉的多产作家，他因拒绝剑桥大学的任命而成为坎特伯雷的教士。所著 *Opera*（六卷）出版于1701年。他的儿子 Isaācus 或 Issac（1618—1689）是人文主义学者、学问家，出生于莱顿。曾在法国、意大利等地旅行（1641—1645）。在巴黎任格劳秀斯的秘书（1643），曾任瑞典女王 Christina 的图书馆馆长（1648—1652）。后定居于伦敦，被 Charles Ⅱ 任命为 Canon of Windsor。他编辑了 Justinus、Catullus 的著作，出版了关于年表和地理学方面的著作。他所收集的手稿 *Codices Vossiani* 收藏在莱顿大学图书馆内。Mattheus（约1610—1646），Gerardus 的长子，Vondel 的朋友，是服务于荷兰政府的历史学家（1641），著有 *Annales Hollandiae Zelandiaeque*。

图主义者厌恶那些既不把神话中的神当作诗人们自娱自乐的文字游戏，也不把神话中的神当作象征或寓意人物的人——拉丁诗人自己就是这样对待神话的——也厌恶那些像西塞罗在《论神性》[De natura deorum] 中所描述的采取斯多葛派路线的人。对他们而言，诸神是恶魔或魔鬼，异教代表了对启示一神教的背离——换句话说，诸神仍能创造奇迹，仍然是实在的生命，而凡·代尔 [Van Dale][282] 在其著作《论神谕伦理》[De oraculis ethnicis, 1683] 中对这种观点的否认，是极大的冒犯。凡·代尔的理性主义思想在这方面所能设想的解释不可能比神职人员的谋略更好，后者更加适合后来的理性主义者。总而言之，我们在沃西戊斯那里所发现的学问概念远远超过了文本出版、博学杂录这类狭隘的俗套，而且这也为下一代博学者铺平了道路。

这之后有很长的一段空白期，直到另一位法国人克劳迪亚斯·萨尔马修斯❶[Claudius Salmasius][283] 出现，此人被邀担任斯卡利杰教席职位。他的博学、广泛的兴趣似乎证明选择他是正确的，但是他没能把精力集中在一项主要工作上。他著作中那种最不符合法国风格的混乱表达方式

---

❶ 萨尔马修斯在法国的常见拼法是 Claude de Saumaise。他曾和其父学习拉丁语、希腊语，后学习神学、希伯来语、阿拉伯语和波斯语。1631 年应邀到莱顿大学继承 Joseph Scaliger 的席位，他在这里出版了 80 本书，成为知名的一流学者。他支持斯图亚特王朝，写了 Defensio regia pro Carlo（1649），为回应约翰·密尔，他还写了支持君主神圣权力的论文。重要著作包括对普林尼作品的评注（1629）和 Observationes in jus Atticum et Romanum（1645）。

破坏了作品的效果，他对辩论的喜好经常使他偏离当前正在研究的主题。他在海德堡得到了一个好机会，作为格鲁特学生的他誊写了《塞法拉斯诗选》[*Anthology of Cephalas*]的手稿，现在该诗选以《帕拉丁诗选》著称。❶因萨尔马修斯的原因，这份手稿到弗里德里希·雅各布[Friedrich Jacobs]〔284〕的时代为止一直以"未发表的文学作品"之名为人所知。尽管萨尔马修斯时不时发表一两首讽刺短诗，但斯卡利杰和卡松本对他的所有压力[他们认可他的天赋]都无法促使他对其中的任何部分制作出一个合适的版本，除了那些因其奇特而引起他兴趣的拟形诗〔285〕。同样的兴趣也使得萨尔马修斯写了对萨伊德的马塞卢斯❷

---

❶ 《希腊诗选》(*Greek Anthology*)，19世纪编选的一本希腊讽刺诗集，所依据的是10世纪Cephalas of Constantinople所编辑的*Anthology*，该书后来成为*Palatine Anthology*的基础，僧侣Maximus Planudes于1301年重新编辑整理了Cephalas的*Anthology*，有所增减，并于1494年在佛罗伦萨出版。Cephalas诗选包括Meleager（鼎盛于公元前1世纪）所编辑的Garland（公元前100—前80年间的讽刺短诗）、Philippus（鼎盛于1世纪）所编辑的Garland和Agathias（鼎盛于1世纪）所编辑的Circle。当人们于1606年在海德堡的Count Palatine's Library发现Cephalas的*Anthology*时，这份手稿就取代了Planudes文本。《希腊诗选》是研究希腊文化重要的材料，是欧洲文学史上最伟大的书籍之一，包括公元前7世纪到公元10世纪这段时期的6000多首希腊诗歌，涉及约320位诗人，题材多样，从打油诗到抽象诗都囊括在内。该书的重要英译本有J. W. Mackail译本（第3版，1911）、W. R. Paton译本（希英对照本，5 vols.，1916—1926）、Dudley Fitts译本（再版，1956）和Peter Jay译本（1973）。

❷ 2世纪罗马医生。萨伊德是古代Pamphylia的一个地方。马塞卢斯生活在皇帝Hadrian、Antoninus Pius统治时期，即117—161年。他的希腊诗歌仅有残篇存留。

[Marcellus of Side]^[286]诗歌的详尽评论，马塞卢斯的诗歌是偶然被人们发现的，因为这些诗歌铭刻在罗马赫洛德斯·阿提库斯的特里奥匹昂[Triopion of Herodes Atticus]❶的墙上。安佩琉斯[Ampelius]^[287]的《记忆之书》[*Liber memoralis*]受损非常严重，萨尔马修斯把安佩琉斯的作品和来自一份手稿中的弗洛鲁斯❷的作品一同刊行了，但这份手稿已经失传，这类著作是最适合萨尔马修斯的学术素材，这可以在他的《普林尼训练》[*Exercitationes Plinianae*]中得到最充分的表现。吸引萨尔马修斯的是对这类主题进行解释而不是展开文本校勘，普林尼和索利努斯[Solinus]❸^[288]的关系给他的文学分析带来了一个问题。萨尔马修斯年轻的时候研究过法律，这就是为什么他写过一些有关法律、经济方面的文章。这也导致了他与开业律师德西德里戊斯·赫拉杜斯[Desiderius Heraldus]^[289]展开了他不胜任的争执，赫拉杜斯没有表现出对萨尔马修斯的怜悯之心。重要的是，伯伊克^[290]在其著作《雅典公共经济》[*Public Economy of Athens*]中仍旧认为有必要详细研究这些争执。萨尔马修斯与佩塔维

---

❶ 赫洛德斯·阿提库斯（约101—177），希腊智者、修辞学家，学术事业赞助人。他捐助大量钱财装饰雅典和其他希腊城市。现存有一篇归于他名下的演讲，但存疑。有时也把他的名字拼为Atticus Herodes。

❷ 弗洛鲁斯（Florus），1、2世纪间罗马诗人、修辞学家。

❸ 索利努斯，罗马编辑家。地理学著作 *Collectanea Rerum Memorabilium* 的作者，该书以副标题 *Polyhistor* 而著称。显然索利努斯从普林尼的《自然史》那里借用了很多东西，而他并不承认这一点，人们时常把他称为普林尼的模仿者。

戌斯[291]之间就服饰问题也展开了一场激烈的争论。萨尔马修斯的另一场争论是与海因修斯进行的。这引起了那时被称为"希腊主义"的问题——在本质上说就是《圣经》的希腊语问题。当希腊语《圣经》与准确的阿提卡语相比照的时候，就必定会产生一系列用语不当、语法错误的问题。但这似乎很难与上帝话语的尊严相调和，因此一种"希腊化的"[Hellenistic]方言被发明了。萨尔马修斯否认存在过这类方言的观点是正确的，但是双方的争论也越来越使人明白，在那时没有人理解或能理解语言是怎样发展的。就名气来说，萨尔马修斯不应再有什么抱怨的了，瑞典女王克里斯蒂娜❶想把萨尔马修斯吸引到瑞典宫廷里，她通过外交渠道要求法国议会❷赏光让萨尔马修斯自由一段时间。但是萨尔马修斯在北方并不快乐，返回后不久就去世了。

拥有优秀父亲全部精力的克里斯蒂娜女王成功地把当时一流的学者吸引到她的国家，毫无疑问那些被选择执行外交任务来到这里的人也会符合女王的趣味。笛卡儿、格劳秀斯和萨尔马修斯到达瑞典时已是名人了，但是他们待的时间并不长。著名父亲的二位儿子，艾萨克·沃西戌斯[Issac Vossius]、尼古拉·海因修斯[Nicholas Heinsius][292]，与女

---

❶ 克里斯蒂娜（Christina, 1626—1689），瑞典女王（1644—1654年在位），是她积极促成签署《威斯特伐利亚和约》（1648），从而结束了三十年战争。她还是学术和艺术的资助者。她出人意料地放弃了王位，并皈依了她曾经禁止的罗马天主教，并在罗马度过了余生，这期间她曾尝试获得那不勒斯和波兰的王权，但没有成功。

❷ 法国议会（States-General），1789年前法国的议会。

王关系密切，这种关系一直维持到女王移居罗马，女王在罗马拥有一个小的天主教宫廷。这其中还有一些次要人物，至少迈伯姆［Meibom］[293]是值得一提的，其中的原委不是他所编辑的狄奥根尼·拉提戊斯的著作，而是他的《音乐手稿》[Scriptores musici]，后者至今还保持其重要性。关于瑞典本身，这个学者聚居地并没有产生很大的影响。然而诺曼［Normann］[294]除了出版一些从手稿中整理的拜占庭文献外，还因为他作为批评家编辑了阿里斯提德的《修辞学》[Rhetoric]而赢得赞扬，那些拜占庭手稿是作为战利品被带到乌普萨拉❶的。

艾萨克·沃西戊斯代表女王克里斯蒂娜出面活动，为她购买手稿，这些手稿构成了梵蒂冈所收藏的《女王抄本》[Codices Reginae]的起源，沃西戊斯也知道怎样利用这个机会为自己购买一些所需手稿。因此，后来出现了收藏在莱顿大学的沃西戊斯抄本。不管是从道义还是知识上讲，沃西戊斯都表现出了一种不稳定性，他死时是一个自由思想者，同时也是温莎的一名教士。他的许多有独创性的思想大多已被人遗忘了，现在也几乎没有人会翻阅他编辑的任何作品了。尼古拉·海因修斯是一位完全不同的人物，他的私人收入可以使他保持独立性。他游览的范围非常广泛，当他暂时为克里斯蒂娜女王服务的时候，他已校对并获得了相当数量的手

---

❶ 乌普萨拉（Uppsala），瑞典东部城市，位于斯德哥尔摩的西北偏北方向。中世纪初是王国的首都，在1164年变为主教教区。乌普萨拉大学建于1477年。

稿。后来他代表他的国家荷兰出现在瑞典宫廷中，并拥有一些其他的公共头衔，这之后他就退休把闲暇的时间用于学术研究了。他把精力几乎完全投入于从卡塔路斯到普卢登修斯❶的拉丁诗歌研究。他除了编辑过大量的作品，还留下了大量材料，后来的学者就利用这些材料出版了自己的著作。令人难以置信的是，他竟然对这些诗人尤其是奥维德有如此直观的理解，理解他们试图说什么，以及他们怎样表达自己。同样难加质疑的是，人们非但没有将他归诸诗人之口的内容视为与诗人不相称而加以拒绝；相反，人们有时不得不承认，他对诗人们做了锦上添花的工作。虽然海因修斯勤奋地查阅手稿，他的才能也足以使他非常便利地阅读，但是他一点也不知道文本校勘是什么。根据传统惯例，海因修斯的校勘工作借助于手稿和天赋 [codicum et ingenii ope]，因此也就树立了一个榜样，很多既不像海因修斯那样对风格的敏感，又不具备他那样的天赋的人才追随着这个榜样。无论如何，我们对海因修斯的不当猜测所怀有的憎恶并不会减少我们对其天才的敬仰。

海因修斯在拉丁散文文学领域的对应人物是约翰·弗里德里希·格洛诺维戊 [Johann Friedrich Gronov，又名 Gronovius][295]，确定无疑的是，后者在科学的学术研究方面超越了海因修斯。格洛诺维戊来自汉堡，他的肖像表现出典型的北德意志面孔特色。在意大利、法国、英国的旅行让

---

❶ 普卢登修斯（Prudentius，348—410），基督教拉丁诗人。

他把一些编校的手稿带回国内,这当中包括一份伊特鲁里亚手稿,格洛诺维戊根据这份手稿把塞涅卡悲剧文本复原到可信的形式。在随后的长久教授生涯中,他获得了名声,生命的最后阶段在莱顿度过。除了他编辑的著作外,他的《观察》[*Observationes*]标志着自李维以来的拉丁散文研究的新高度,他最精通李维。实际上可以公平地说,在马德维希[296]之前,格洛诺维戊在这个领域的著作是无人能超越的。该书用的是常见的杂记形式,但他有条不紊的处理方式和专注于介绍那个时期的语言这个单一目标,使整个作品变得浑然一体。直到50年前,人们还鼓励德国学生阅读格洛诺维戊的著作。同时,他绝不忽略对他所研究的作者进行主题研究,此外,他还对罗马铸币做了成功的论述。

这些人在这个世纪剩下的那一段时间里一直充当荷兰学术界在文本校勘事业的中流砥柱,至于拉丁语研究,直到下个世纪还是这种情况。直到伦肯[297]时,研究的方向才有真正的改变。出版界出版了大量古典著作,学者的研究牵涉到相关作者时都必须参考这些出版物。但是总的来说,这些书已过时了。因为没有关于手稿的重要研究问世,文本校勘也很随意,大量令人遗憾的错误中也许有些可圈可点之处。也有一些不同于声名狼藉的布曼[Burman][298]、口碑不错的人在辛勤地研究。比如另一位汉堡人林登布鲁格[Lindenbrog]也曾是斯卡利杰的学生,他因自己对斯塔提乌斯著作的编辑而受到人们的纪念,欧顿道普[Oudendorp]编辑了卢坎、阿普列乌斯的著作,德拉肯保赫[Drakenborch]

编辑了李维的著作,他们也因此受到人们的纪念。也有一些比较睿智的人,比如后来者约翰·施莱德[Johann Schrader]。[299]但是总的来说,这些著作所代表的是一种衰落,即使彼此之间的颂扬和争执或多或少相互抵消了。就像论述意大利人文主义者不必花费很多时间一样,在这里也不必花费很多时间来论述这些个人的成就——顺便提一下,这些学者作为一个个活生生的人会更加有趣。希腊语是非常重要的背景语言。雅各布·格洛诺维戊斯[Jakob Gronovius][299a]所编辑的希罗多德著作的唯一价值在于它提供了佛罗伦萨手稿的信息;他所编辑的所谓曼涅托[Manetho]占星术诗歌是第一个印刷版本,到这里,它就再也没有什么让我们感兴趣的了。德国人库斯特[Küster][300]所编辑的《苏达辞书》所取得的全部成就是使这一重要的作品普遍可得。格莱维戊斯[Graevius][301]编辑的卡利马库斯著作不是没有优点,只是它的价值首先在于对这些残篇的收集,这是由本特里促成的,其次在于伊齐基尔·斯彭海姆[Ezechiel Spanheim][302]的注释,他甚至在这里尽情发挥他对硬币的喜爱。斯彭海姆来自日内瓦,早年为皇室服务,并成为普鲁士弗雷德里克一世的第一任驻英国大使,并在任内去世。斯彭海姆除了在钱币研究方面的成就外,其他方面乏善可陈;他的朱利安[Julian]❶研究可以忽略不计。格莱维戊斯也是德国人,早

---

❶ 罗马皇帝(361—363年在位),后世常称其为"叛教者朱利安"(Julian the Apostate,拉丁名为Flavius Claudius Julianus),他企图在罗马帝国境内恢复异教,同时对基督徒和犹太人保持容忍的态度。

年就移居荷兰，并成为莱顿大学的教授，编辑了几位作者的著作，这其中许多属于集注本的形式，在当时非常流行；他也模仿格鲁特的《神采》编辑了《古代罗马辞典》[Thesaurus antiquitatum Romanarum]，这本著作让早期古典学家的著作展现出新的活力。

《古代罗马辞典》是那种多卷本汇编的前驱。人们编写的《古物考》[Antiquitates]在书名上模仿了瓦罗的《罗马古物考》，前者有着各种用途，因为编辑者费了很大力气搜集了大量古代生活细节方面的文献材料——一些是重要的，其他一些则是相当琐碎的——并有助于让这些材料变得井然有序。在一定程度上，这些学者的辛勤劳作和他们那些被人遗忘的书籍仍旧有一定的用处。但是对他们而言，由于碑文几乎没有流传下来，而且他们几乎完全忽略了资料的分析考辨，而在历史方面的考证也很薄弱，即使这个学派的大多数学者在知识造诣上都非常优秀，也无法取得更多成就。约翰尼斯·缪尔修斯[Johannes Meursius]是其中典型的代表，他负责编辑阿里斯托克诺斯❶一本用处不大的著作和其他一些作家论述音乐的内容，这些内容出自属于斯卡利杰的一份手稿。缪尔修斯也拙劣地编辑了卡尔锡丢斯❷的著作。然后他又投身于希腊——特别是阿

---

❶ 阿里斯托克诺斯（Aristoxenus），公元前4世纪雅典理论家，亚里士多德的学生。著有《韵律因素》《和谐因素》等。

❷ 卡尔锡丢斯（Chalcidius），约公元300年的希腊学者，他通过翻译柏拉图《蒂迈欧篇》之类的著作把希腊的自然史知识传到了西方。

提卡——古物研究。他的引文数不胜数，文献也被他翻烂了，但在任何地方都几乎找不到一点想法。一方面，古典著作各版本的集成使得里面的内容几乎被完全忽略；另一方面，对"古物"［Antiquities］的汇编导致了语言研究与"事物"研究之间的分裂，从而导致了灾难性的后果。前者的解释者自认为高人一等，因为他们认为猜测需要智慧，而编辑者需要的似乎只是应用。直到目前为止，强调事实积累的整个"古物"概念已经模糊了人们对古代生活的正确理解，这一概念存在的地方，就像大多数所谓"私人古物"［Private Antiquities］存在的地方，仍旧充斥着由来已久的混乱，结果就是许多学者几乎缺少任何清晰的"古代生活"概念，因为这种概念在大多数情况下仅能通过碑文研究来获得。能力在不断地衰落，知识的重要性与日俱增，因此事实的积累成为人们的勃勃雄心所要达到的最高目标。与斯卡利杰相比，我们已经在萨尔马修斯身上看到了所发生的一切，但是就像赫拉克利特老早就说过的，"丰富的学问并不能哺育出智慧"，还有浮士德的助手瓦格纳［Wagner］说了这样的话，"诚然，我知道很多，但愿知道一切"[304]。丹尼尔·默豪夫［Daniel Morhof］[305]在其著作《博学者》［*Polyhistor*］中总结了那个时代的理想，而那个时代的德国学术恰恰处于最低潮。

当然，这也是莱布尼茨的时代，他是继路德之后第一位成为欧洲重要人物的德国人。或许也可以把莱布尼茨叫作博学者，但同时这也是一个事实：自斯卡利杰以来的100多年间，古人的声望，特别是古典学术的威望已经衰落得非常厉害。哲学、数学和自然科学已经远远超越了曾经哺育这些学科的希腊科学。现代人已经成熟了，所以各门学科都有一种对古代的反叛，因此一切就可以这样理解，也就是说，魅力被打破了。学术应该使自身适应变化了的环境；实际上，学术直到最后还宁愿在旧有的窠臼中苦苦挣扎。古文物研究者所理解的书就是一连串引文，学者所理解的书就是一连串猜测。华而不实的演说和拉丁散文，以及知识渊博的书信、恶毒的辩论术的兴旺发达，这就是那类学术仍旧在产出的全部。这是一个英雄时代索然寡味的结尾。活力在下降，只有补充一些新鲜的血液，也就是具有新的眼光、具备将学术成果推向社会的能力的人，这棵树才能免于完全枯萎。就像哲学、政治理论所表现的一样，在古典学中所表现出来的新精神也源自英国。

很显然，任何人在牛津大学和剑桥大学那些庄严的修道院建筑四周行走时，都会感觉到当时的宗教改革所带来的变化并不像德国那样与往昔完全割裂，在英国的人文主义领域，情况同样如此。威克里夫❶、罗杰·培根❷是英国人文主义的先驱，即使他们对这场运动没有直接的影

---

❶ 威克里夫（Wycliffe，1328？—1384），英国神学家和宗教改革者，他反对《圣经》作为教皇权力的基础，抨击圣体论，由此引发新教改革运动。

❷ 罗杰·培根（1214？—1294），英国自然科学家、哲学家。

响。这场新运动的信徒,像克利苏劳拉、埃涅阿斯·西尔维戊斯和波焦,都是早期来到英国的访问者。伊拉斯谟〔306〕紧随其后,他受到了大人物和大学的青睐。英国人则去意大利学习,回国后在教会中担任高级职务时传播了新学问的种子。在这方面,情况并没有发生变化,19世纪的克拉姆[Cramer]和盖斯佛德[Gaisford]〔307〕证明了这一点,他们两人都是主教。神圣的语文学和古典语文学仍旧混杂在一起,但彼此之间也是可以区别的。人们应当理解为什么英国人对像林纳克[Linacre]〔308〕这样的人物抱有敬畏之情,是希腊哲学激励简·格雷夫人❶昂首走向了绞刑架。不过英国的人文主义并没有什么成就,就像德国的人文主义一样,这必定会对研究这门学科的历史学家构成障碍,这种情况也适用于伊丽莎白时代,甚至适用于克伦威尔❷时代。查普曼[Chapman]出版的荷马著作〔309〕和布坎南[Buchanan]出版的拉丁散文属于英国文学史的内容。无论是在内在还是外在,莎士比亚都是一个不受任何信条约束的人,他的悲剧对文体的影响超过了塞涅卡,他的悲剧对主题的影响也超过了普鲁塔克。〔310〕弥尔

---

❶ 简·格雷夫人(Lady Jane Grey,1537—1554),英王亨利八世的孙女,虔诚的新教徒,只当了九天女王,后被处死。

❷ 克伦威尔(Cromwell,1599—1658),英国政治家、宗教领袖,内战时期(1642—1649)率领国会军队取得了胜利并要求处死查理一世。作为英格兰的护国公(1653—1658),他实际上实行独裁统治。他的儿子理查德(1626—1712)在他之后继任护国公(1658—1659),但不久以后就因查理二世的王政复辟而下台。

顿[311]是一位清教史诗诗人，但即使是在主题选择这类事情上，就像同时代的大陆诗人，弥尔顿的想象力还是不能摆脱希腊、罗马的影响。弥尔顿与这些诗人一样，与古代保持着同样的关系。不过这时的英国仍旧处于单纯的接受阶段。尽管卡松本、艾萨克·沃西戊斯在这里度过了晚年，但是他们没有信徒能够发扬这种传统，如果我们不把托马斯·盖尔［Thomas Gale］[312]算在内的话。盖尔利用从沃西戊斯那里得到的手稿出版了阿姆布利库斯❶《论神秘》［De mysteriis］的第一个印刷版本。不管怎样，并不太引人注目的希腊名人研究也产生了一些珍贵的成果：假如沙夫茨伯里［Shaftesbury］[313]在剑桥大学没有以发自内心的同情去阅读柏拉图和普罗提诺的著作，他也就从不会以这种哲学来滋养他的心灵。

17世纪的英格兰只是创作了一些孤立的作品，这些作品可以很方便地被归入荷兰学术界的名下，这种情况就像同时期的德国，并没有产生什么东西。这类著作有盖泰克［Gataker］[314]对马可·奥勒留斯多葛哲学的解释，托马斯·斯坦利［Thomas Stanley］[315]编辑的埃斯库罗斯著作，托马斯·盖尔的《古代诗歌史作家》［Historiae poeticae scriptores antiqui］，波特［Potter］[315a]编辑的克里门特著作、吕克芬著作和《希腊古物》［Antiquities of Greece］——所

---

❶ 阿姆布利库斯（Iamblichus），4世纪人，叙利亚哲学家，杰出的新柏拉图主义解释者。

有这些著作在当时都是特别值得赞扬的作品。亨利·杜德维尔[Henry Dodwell][316]关于年代学方面的著作，既有总体上的年代学著作，也有专门论述一些历史学家的著作。他们都得到了比应得的更多的读者，而且早已被遗忘。作为即将发生的事情的先兆，我们欣慰地注意到约翰·塞尔顿[John Selden][317]，他的《叙利亚神祇》[De deis Syriis]为其赢得了东方学家的声誉，早在1629年，塞尔顿就在他的《阿隆德尔大理石》[Marmora Arundelliana]❶中发表了帕罗斯年代表[Parian chronological table]。这本著作对人们所收集的希腊大理石做了描述，在经历了多次历险后它们最终为阿隆德尔伯爵所有。令人遗憾的是，帕罗斯编年史随后的命运被忽略了，它遭到损坏，直到最后落户牛津大学才改变了这种状况。塞尔顿是一位尽职尽责的学者，但甚至是这样一份清楚的、易懂的铭文，他也无法解读，没有人急于去查阅真正的石碑——即使是伯伊克也是如此，

---

❶ 阿隆德尔大理石（包括 Marmor Chronicon，或称 Parian Chronicle），1627年在帕罗斯岛发现的一份重要的希腊年表的主要部分（另一部分发现于1897年，现存于帕罗斯博物馆，时间涵盖范围是公元前356—前299年）。作者的意图是列举雅典自刻克洛普斯（Cecrops，传说中的人物，半龙半人，雅典创建者，Attica第一任国王，时间约在公元前1581年）时代以来雅典的主要事件，直到公元前264—前263年，这可能是作者生活的时代。该铭文可能是私人所作，但开头部分已丢失了，我们不知道其动机为何，现存的铭文结束于公元前354年。阿隆德尔大理石（包括93行句子，其中几处是空白）于1627年归属英国阿隆德尔第14代伯爵 Thomas Howard（1585—1646）所有，并于1628年在伦敦出版。他的孙子 Henry 于1667年把这份文献捐给了牛津大学。

事实上他是第一位解释这些珍贵遗物意义的人。编辑过荷马和欧里庇得斯著作的约书亚·巴恩斯［Joshua Barnes］[318]今天是作为本特里的陪衬而被人们铭记的，但是巴恩斯编辑的荷马著作所包含的材料在当时是有用的。所有这些著作都有一个共同的特点：对希腊的偏爱，这种偏爱已不是第一次为学术注入新的生命力了。不管沙夫茨伯里是否注意到，对希腊的膜拜都是他的哲学思想的主流，基于气质上的类同，沙夫茨伯里对希腊的理解比别人更加深刻。沙夫茨伯里发展并唤醒了对自然和艺术之崭新态度，这种态度以热情来抗衡纯粹理性主义的方法。尽管这种方法在英国和荷兰的职业学者中还未引起注意就完全消失了，但这也预示着真正的希腊主义再临之前的黎明号角。

1691年出版的《致米利戊斯的书信》［*Epistula ad Millium*］是作为马拉拉斯编年史❶一书的附录出版的，牛津大学保存了该编年史的唯一手稿。该书作者理查德·本特里[319]在29岁时还默默无闻，他作为大学生的辅导教师在那里生活。以前没有人见过这样的手稿。该书不仅充满当时别人无法做出的校正，而且包含了开俄斯的伊翁［Ion of Chios］的残篇集，表明了作者对包括令人费解的海斯奇戊斯［Hesychius］在内的古代语法学家的透彻了解，最后，他还让人明白了完全不为人所知的事实，即关联［*synapheia*］

---

❶ 马拉拉斯编年史（*Chronicle of Malalas*）指的是拜占庭历史学家John Malalas（约491—578）为教士和普通民众所写的世界编年史。

在希腊语抑抑扬格［anapaestic］系统中非常流行，而这正好通过音节缺失表现出来。❶事实上，在这种最初的研究中[320]，我们已经感觉到本特里的全部力量——校勘者的愉快诀窍，细心的观察使本特里得出一些固定的规则，而远见向他展示学术的伟大任务是什么。本特里承担了许多学术工作，但没有完成一项，因为当他研究一个特别的题目时，他的注意力不久就会被另外一个题目吸引。实际上，每一个题目都超过了一个人的能力范围——甚至包括年轻的本特里所计划的收集所有诗人的残篇和出版语法学家著作的全新版本；荷马语言和《新约圣经》批判版本的重建后来都被列入计划之中。所有这些题目，学术界仍有许多的地方需要研究。这位年轻人怎样得到这样的造诣并怀有这样的雄心可以用天纵英才来解释。没有老师向他传授什么方法，同样也没有人理解本特里的成就中所暗示的那种挑战的伟大意义，但是至少在荷兰，他给人留下了印象。格莱维戎斯让本特里为他编辑卡利马库斯的残篇，这本杰作就伴随斯彭海姆的注释一同出版了。人们在方法方面不可能再想象出一个比本特里更加惊人的参照了。

同时，关于法拉里斯信件❷也开始了一场有趣的争论，

---

❶ 音节缺失（catalexis），在一行诗中尤指最后一个音步一个或多个音节的缺失。

❷ 法拉里斯（约570—约554 B.C.）是希腊人在西西里的殖民地Acragas（Agrigento）的僭主。据说他曾建造一座中空的青铜牛来活活烘烤他的敌人。后在一场起义中遭杀害。人们一度认为法拉里斯信件是他写的，但英国学者本特里证明这是2世纪的赝品。

这导致了1697年不朽巨著《专题论文》[*Dissertation*，1699年刊行第二版]的出版。❶一个德国人怎样理解这部著作的特点？把它放在与莱辛的论辩性著作等量齐观的位置上就行了。❷这应当归功于本特里大师般的写作风格，只是在母语中才会展现的风格，但这种风格是如此高超，以至于本不应该问世的拉丁语和德语译本都无法表达它的神韵。莱布尼茨在学生时代就已感觉到这些信件是伪造的，本特里所构建的大量学问对我们来说似乎是多余的。我们不再需要别人告诉我们在法拉里斯所在的阿克拉噶斯[Acragas of Phalaris]没有悲剧，也没有阿提卡的德拉克马[Attic drachmae]。在那时，人们只需要知道简单的移除文本中的

---

❶ 指的是 *Dissertation on the Epistles of Phalaris*，该书是本特里的成名作，起因很是偶然。William Wotton（1666—1727）将于1697年出版 *Ancient and Modern Learning* 一书的第二版，就让本特里履行他以前的承诺，写一篇文章来揭露法拉里斯信件是伪造的。这篇文章引起了基督教会编辑法拉里斯著作的 Charles Boyle（1676—1731）的怨恨，从而与本特里发生了争执。

❷ 莱辛（Lessing），出生在萨克森的路德宗牧师的儿子。德国启蒙运动著名的代表人物、文学评论家、剧作家。犹太学者 Moses Mendelssohn 的密友（莱辛的诗歌 *Nathan der Weise* 就是以此人事迹为蓝本），莱辛做了大量工作鼓励犹太知识分子融入德国文化生活中。他对福音书起源的研究表明他认为在《马太福音》中有着阿拉米的起源因素，《路加福音》《马可福音》也表明这一点。莱辛在 *Die Erziehung des Menschengeschlects* 中认为不应把基督教当作一种历史意义的宗教，而应当把它当作只能通过个人经验来发现的宗教。当他发表 *Wolfenbüttel Fragments* 时，他成为争执的焦点，该书是莱辛对 Reimarus（1694—1768）著作的摘录，认为是使徒捏造了耶稣复活的故事，目的在于解释耶稣所说的天国即将到来这一预言的实现。莱辛本人在这一立场上是采取中立态度的，但是争执本身开启了对基督教信仰起源的客观研究。

衍文[athetesis]❶就足够了。法拉里斯信件以及本特里所研究的其他这类伪造著作的作者的心思是什么，相关的策划始于何时，我们并不清楚，直到今天，情况仍是这样。就此而言，虽然本特里仍旧是各种恶毒攻击的目标，但他还是获得了与其能力相匹配的剑桥大学三一学院教席。本特里的教学生涯由于他与同事、下属长久以来的一系列令人厌恶的争执而受到损害。显然，把本特里仅仅当作一位学者是对他更好的纪念。本特里在其余生中，仅仅再出版了三部著作：1712年出版了贺拉斯的著作，1726年出版了泰伦斯[Terence]和费德鲁斯的作品，1739年出版了曼尼琉斯的作品。出版最后一部作品三年后，本特里去世。本特里以笔名出版了米南德、菲勒蒙的残篇，并对克勒利库[Clericus]❷进行了激烈的攻击，这仅仅是一个插曲，本特里所编辑的著作对其他学者的著作做出了许多贡献，这点我们只要提到代维斯[Davies]的《塔斯库鲁姆》[*Tusculans*]〔321〕就足够了。本特里研究最勤、用力最多的是贺拉斯。〔322〕该版本的重要性肯定不在于本特里的推测——贺拉斯著作的版本不需

---

❶ athetesis的动词形式是athetize，在希腊语中是"搁置"（set aside）的意思，引申为鉴别出文本中的伪造、不实之处，逐字剔除。该术语在《荷马史诗》文本批评中经常使用，指对不符合逻辑的、谬误的段落做出删除或标记。

❷ 即Jean Le Clerc（拉丁语拼法是Johannes Clericus，1657—1736），瑞士《圣经》学者，阿米尼乌斯派神学家（Jacobus Arminius的追随者，认为预定论是以上帝对人类自由选择的预知为条件或与之相关的）。著有*Bibliothèque universelle et historique*（1686—1693）、*Bibliothèque choisie*（1703—1713）、*Bibliothèque ancienne et moderne*（1714—1727）等。

要太多的推测，谢天谢地！——而在于本特里把握真正传统的那种气势。同样，本特里编辑的泰伦斯作品是在本比努斯［Bembinus］编校本的基础上形成的，菲努斯［Faernus］[323]在1565年就使这个版本著称于世了。但是在这里我们也发现本特里在韵律观察方面的天赋，这种天赋使他解决了早期拉丁散文本质的问题。本特里的文章和许多手稿复本包含对许多诗人［主要是拉丁诗人］的大量观察，这就使这些拉丁诗人渐渐为人所知。本特里放弃了大量计划，因为他想尽力找到流传下来的可靠手稿，但没有成功。我们前面已经提到，这需要巨量的工作。关于荷马，本特里经过深入研究发现希腊字母digamma在韵律方面仍然是有用的。至于《新约圣经》，本特里不仅抢先了拉赫曼校订本一步，而且在注释方面做出了有用的贡献，他在1713年的布道得到了大量赞扬即证明了这一点。

本特里的名气在德国传播得很慢，甚至莱辛似乎都没有读过他的著作。沃尔弗在其著作《文集》［*Analecta*］中敬称本特里为所有学者中的最伟大者，同时也自信地暗示他本人也属于本特里那一类人物。赫尔曼、拉赫曼的弟子继续传播着对本特里的崇拜。事实是，本特里研究拉丁诗人的方法与尼古拉·海因修斯及其荷兰朋友的方法是相同的，这也不应减少我们对本特里的尊敬。但一个简单的事实是，学术远不止于此。甚至当你想理解一首诗歌、一位诗人时，所需要的不仅仅是智力这类东西，也理所当然地需要智力以外的东西，而智力是本特里唯一的武器——这是从他的贺拉斯修订版本中得到的教训——迷恋规则的人会发现很难赋予个性应有的地位。《专题论文》[Dissertation]建立了历史事实，但到头来只是一种达到目的的手段而已。这类学术可以净化作者的文本，毫无疑问这是一个很大的成就，而且是实质性的第一步。但这不能让他的作品复原到真实，为了按照作者的意图实现这一点，历史研究也必须发挥想象力，演绎在一部著作诞生时的整个环境。希腊字母digamma的发现也是一个伟大的成就，事实是罗伯特·伍德[Robert Wood][324]突然认识到荷马对开俄斯和麦玛斯山[Mount Mimas]之间狭小海域自然环境的描述的真实性，凭此就可以赞扬荷马的原创才能了，伍德或许给我们的古典科学的成长带来了更大的影响。业余艺术爱好者协会❶[the Society of Dilettanti][325]的建立，斯图亚特[Stuart]和勒沃特[Revett][326]在各地的旅行，他们为当时仍存世的古代希腊古迹所绘制的素描，这一切开创了古代研究运动的全新角度，而且这一运动对现代学术起源的贡献相当大。

理查德·道斯[Richard Dawes]的语法研究就是根据本特里所做的观察进行的，而且道斯的经典作品[327]成为希腊语法的支柱。歌德曾读过克拉克[Clarke][328]所编辑的荷马著作，泰勒[Taylor]所编辑的吕西亚斯❷和

---

❶ 成立于1734年，主要目的是资助艺术家到海外旅行。
❷ 吕西亚斯（Lysias，约450—380 B.C.），雅典演说家，三十僭主执政期间遭流放，柏拉图在《理想国》中描述了他和他的家庭。据说他曾发表800多篇演讲辞，现仅存34篇（一说23篇）。

德摩斯梯尼的作品在当时都非常重要。吉本[329]和提勒蒙之间的关系我们已经提及。就像蒙森说的一样，吉本并不是一位"剽窃者"。吉本的著作也不是一部原创性的研究著作，但可以肯定的是，作者的生花妙笔使之不朽，他钟情于伏尔泰式的风格，可使最枯燥的主题活泼起来。接下来的一段时期，批评的焦点集中到雅典戏剧上来了，根本的原因是在雅典发现了最纯正的阿提卡语。大约只有一个人把它作为诗歌来研究，这个人就是托马斯·泰维特［Thomas Tyrwhitt］[330]，泰维特编辑的亚里士多德《诗学》证明了他的敏锐洞察力。耶利米·马克兰［Jeremiah Markland］[331]在编辑斯塔提乌斯的《杂录》时继承了粗暴校勘的古老传统，他对待欧里庇得斯的作品也是如此。同样，维克菲尔德［Wakefield］[332]对悲剧作家的处理方法激怒了珀尔森，就像珀尔森处理卢克莱修的方法激怒了拉赫曼一样。

塞缪尔·马斯格莱夫［Samuel Musgrave］[333]所编辑的作品的水平处于更高一个层次，但迈出决定性的第一步的是理查德·珀尔森[334]，崇拜他的一群人对他抱有崇高的敬意。真正重要的是珀尔森的工作对人们的影响，他仅仅是一位名义上的大学教师。珀尔森从传统中撷取的只是现成的东西，他对欧里庇得斯著作的编辑并没有走得很远。但是珀尔森通过观察最后建立了悲剧对话的韵律规则，同样也得出了悲剧语言的韵律规则。珀尔森做完了的一份工作是誊写了福提戊斯辞典［Lexicon of Photius］；他一生中的其他著作是得到大家承认的对不多的希腊作家所做的杰出校正。他的信徒之一彼得·艾姆斯莱［Peter Elmsley］[335]一直保持着对悲剧作家的炽热钟爱，并最终前往意大利寻求真正的手稿传统；但他充满希望的生涯由于早逝而中断了。同样，彼得·多布利［Peter Dobree］[336]也于1825年去世了，这对学术界是一个更大的打击，他的大部分作品都必须从他各种各样的文章中整理出来出版。多布利在才能和兴趣范围方面都超过艾姆斯莱，这些兴趣包含诗歌和阿提卡散文。至于阿里斯托芬，拉文纳❶手稿——由于因沃尼兹［Invernizi］的功劳在1794年第一次为人所知[337]，它使批评家的信心大增，他们发现这份手稿确定了自己的很多猜测。除了这些伟大的人物，这个时代还有一些人，但我们只须略提一下就可以了，尽管他们的著作仍旧有价值。本特里和珀尔森对语法学家的研究由后人进一步发展，对此做出贡献的不仅有多布利转录的《剑桥藏本辞典》[*Lexicon Cantabrigiense*][338]，而且有克拉姆[339]倾注了大量心力的抄本［克拉姆的《轶事》（*Anecdota*）抄本有整整八卷之多］，以及盖斯佛德[340]的著作，他的对开本《苏达辞书》和《大辞源》[*Etymologicum magnum*]都是有用的，尽管

---

❶ 拉文纳（Ravenna），意大利东北部邻近亚得里亚海的城市，位于佛罗伦萨东北。在罗马时代是一个重要海军基地，5—6世纪是东哥特人王国的首都，从6世纪末到750年是拜占庭帝国在意大利的中心城市，750年被伦巴底人征服。拉文纳最后成为教皇领地，1860年并入意大利王国。

存在着严重的不足。自此以后，英国在这方面的研究就逐渐衰落了。盖斯佛德所编辑的希罗多德著作和他的《韵律作家》[*Scriptores metrici*]实际上是对其他人著作的摘要，但是非常有用，编排也非常明智。对本哈迪[Bernhardy][341]《苏达辞书》的赞扬是相当不公平的，因为本哈迪的判断力肯定逊色于盖斯佛德，本哈迪是依靠盖斯佛德的校勘进行研究的。

本特里的影响立即在荷兰显现出来，因为那时提比略·海姆斯特戊斯[Tiberius Hemsterhuys][342]已把他的注意力转移到希腊语研究上了。海姆斯特戊斯的朋友和学生把他看作那类非常杰出的学者，伦肯则使海姆斯特戊斯成为他那著名的《随笔》[*Elogium*]的主题。可以说海姆斯特戊斯的著作几乎是名实相符的，但是我们也必须考虑到他对其他人的著作所做的贡献——也要考虑到他那富有魅力的个性。海姆斯特戊斯的宏伟目标是建立为语法学家所理解的正确的希腊语规范。从语法学家那里，古典学家汲取了自特里芬时代以来的词汇、词法和句法。这里所暗含的意思是模仿者可以像阿提卡的原创者一样成为可靠的榜样——这种观点提出以后的影响力维持了很长一段时间。值得注意的是，海姆斯特戊斯编辑了波吕克斯、琉善的著作——这就是说，他编辑了最具综合性的辞典，他是最聪慧的模仿者。辞典现在已成为研究的热点。布兰卡德[Blancard][343]出版了他所编辑的托马斯大师的著作，皮尔逊[Pierson][344]出版了他所编辑的莫里斯[Moeris]的著作，瓦尔克奈［Valckenaer］出版了他所编辑的阿莫纽戊斯［Ammonius］的著作，伦肯出版了他所编辑的蒂迈欧的著作。伦肯在巴黎也抄写辞典，后来贝克尔[345]编辑这些辞典，人们经常按照抄本的原样引用这些辞典。阿尔伯提［Alberti］[346]最先着手编辑海斯奇戊斯的著作，这是关于诗歌措辞方面最好的材料，但是阿尔伯提的版本从海姆斯特戊斯那里受益良多。由于本特里曾以一种友好的方式告诫海姆斯特戊斯，说后者无法处理波吕克斯著作中引自某些诗人的话，因此之故，海姆斯特戊斯绕开了这些诗人。事实是，阿尔伯提仍然出版了他所编辑的阿里斯托芬著作《财神》［Plutus］，但是该文本并不存在陷阱，整个剧本是纯粹的、易懂的希腊语的楷模。补充的批注在当时是值得称赞的，不过现在已经完全过时了。海姆斯特戊斯和瓦尔克奈在语源学、语音学方面浪费了很多精力，人们已经忘记了这方面的争吵。事实上，海姆斯特戊斯完全属于过去，与此相反的是，威斯特伐利亚人彼得·维塞林［Peter Wesseling］[347]所编辑的狄奥多洛斯、希罗多德的著作［这其中最好的内容毫无疑问要归功于瓦尔克奈］仍旧具有有益的参考价值，尽管作为一名老师，维塞林被海姆斯特戊斯盖过了风头。

回顾过去可以发现，荷兰学派最重要的学者似乎是路德威克·卡斯帕尔·瓦尔克奈［Lodewyk Kaspar Valckenaer］。[348]瓦尔克奈作为悲剧作家的编辑者编辑了欧里庇得斯的两个剧本，从而开始了他的学术生涯，他在《腓尼基妇女》

[*Phoenissae*]中辨认出许多行伪造的词语[移除文本中的衍文在当时还是罕见的];他也从事遗失剧本的修复工作。瓦尔克奈编辑了提奥克里图斯的一些诗歌,这为复兴被人忽略的希腊化时代诗歌中的这一主题铺平了道路,他还引起了人们对索福龙❶残篇的关注,这不仅促进了方言的研究,而且促进了文学史的研究。瓦尔克奈关于阿里斯托布鲁斯❷的论文在其身后由女婿鲁扎克[Luzac]刊行,该文对假托著名诗人之名的犹太伪造文献的揭露影响长远。在这里,以及在他广泛的批判活动中,本特里作为榜样的影响是显而易见的,人们也可以在瓦尔克奈将批判工作扩展到新约中看到这一点。

在这里提到阿尔萨斯人菲利普·布隆克[Philippe Brunck][349]是比较合适的,因为他关于悲剧诗人和亚历山大里亚人的著作可媲美瓦尔克奈的著作。当布隆克住在吉森❸时,他被这些诗人的诗歌之美所打动,七年战争❹期间,

---

❶ 索福龙(Sophron),古希腊拟剧诗人,鼎盛于公元前430年左右。
❷ 阿里斯托布鲁斯(Aristobulus,鼎盛于公元前2世纪,希腊语的含义是"最好的顾问"),埃及犹太人祭司家族成员,托勒密三世的老师。他给埃及犹太人两封书信中的第二封信形成了《马加比书》第二卷的前言,这封信的写作时间极有可能是公元前1世纪早期。
❸ 吉森(Giessen),德国中西部城市,位于法兰克福北部,1248年经特许成为采矿中心。
❹ 七年战争(1756—1763),是欧洲两大军事集团即英国—普鲁士同盟与法国—奥地利—俄国同盟之间,为争夺殖民地和霸权而进行的一场大规模战争。战场遍及欧洲大陆、地中海、北美、古巴、印度和菲律宾等地。这次战争对于18世纪后半期国际战略格局的形成和军事形势的发展均产生了深远影响。

他在这里供职于军需部门。我们可以从布隆克所编辑的那些诗人的高雅著作中看出,编辑这些著作的目的在于使人获得一种快乐,而不仅仅是向人们提供语言上、批评上的指导。但是布隆克也充分利用了巴黎图书馆的资源,而这一点是专业学者所忽略的。所有的悲剧诗人尤其是索福克勒斯都是受惠者,因为特奈巴斯从崔克利纽斯修订本中引进的错误现在都被删除了。图书馆所收藏的仅仅是罗德岛的阿波罗尼戊斯著作的劣质手稿和批注。但是当我们最终得到诗人阿波罗尼戊斯的可靠版本时,布隆克得到了自己应得的荣誉。[350]那部名为《布隆克文集》[Analecta Brunckii]的残篇汇集著作在当时很受欢迎,特别是作为尚未出版的《希腊诗选》[Greek Anthology]的替代品,而且根据诗歌作者编排诗歌具有很大的优势。在这里布隆克对诗歌的挚爱也指引着他,这种挚爱胜过了被权威人士所鄙视的他的众多疏忽和错误。

布隆克和让-菲利普·德奥维勒[Jean-Philippe D'Orville][351]两人形成了鲜明的对比。德奥维勒并不拥有教席职位,但是在广泛的旅行之后他就安逸地住在其乡村田园里,在这里他能够雇用像伦肯、莱斯克[Reiske]这样的聪明年轻人做他的抄写员,并且得享学术大名。他与臭名昭著的康奈里斯·德·帕沃[Cornelis de Pauw][352]之间的长期不和引起的争吵已经消退,在这场争吵中,一方嘲讽另一方为"奥比里戊斯"[Orbilius],后者则用更贴切的"帕沃"[Pavo]进行反击。德·帕沃编辑的那些质量低劣的著作已被遗忘了，相反的是，德奥维勒所编辑的卡里同❶著作多年来一直享有一定的声誉，这是因为该著作除了带有一些琐细的解释性注释及其他一些资料外，还有一份关于罗马帝国时代阿提卡语言的导论，这份导论在从那以来的很长一段时间里被当作经典之论。他所编辑的卡里同的这部著作是第一个印刷版本，但是德奥维勒本人并没有尝试誊写这唯一的一份手稿，而是把大量工作交给莱斯克[353]去做了。

以以弗所的色诺芬为例，直到最近，他才在一本劣质的首版印刷书中出现。[354] 他的例子向我们展示了荷兰的一大帮学者共同从事批评事业，这在1818年由霍夫曼-皮尔卡姆［Hofman-Peerlkamp］[355] 编辑的著作中得到了充分表现。修正的乐趣必定会遮蔽批评者的眼睛，看不到他们辛勤工作的价值所在。真实的情况是，海姆斯特戎斯把他的衣钵直接传给伦肯❷[356] 了——这位波美拉尼亚人将成为一个完完全全的荷兰人，并且知道在扮演非同一般、雍容自适的"校勘之王"［Princeps Criticorum］的角色时，该如何体面地行事。"校勘之王"的头衔是沃尔弗在其著作《荷

---

❶ 卡里同（Chariton），出生于卡里亚（Caria）的2世纪罗马传奇作家。写有《凯勒阿斯与卡利洛厄之爱》(The Loves of Chaereas and Callirrhoe)，是以伯罗奔尼撒战争为背景的传奇小说。

❷ 伦肯的主要著作有：Timaeus's Lexicon of Platonic Words, Thalelaeus and other Greek Commentators on Roman Law, Rutilius Lupus and other Grammarians, Velleius Paterculus, The Works of Muretus 等。

马导论》❶中献给伦肯的颂词。沃尔弗大概很享受这种讽刺[357]，就伦肯而言，他对在他同胞中发生的那场伟大的知识运动并不抱有同情心，而沃尔弗自认为是这场运动的领导者。伦肯的古典学术观念在他编辑姆莱图斯的著作时得到了最充分的表述。对伦肯来说完美的拉丁语风格就像学问一样极其重要。但他必须是一位杰出的教师，这一点直接从在其笔论中摘选出来印刷的几份演讲稿就能看出。他也做出了许多发现，不过并没有把这些发现诉诸实际用途，例如他发现来自朗吉弩斯❷的几个段落嵌入了阿普斯内斯［Apsines］的《修辞学》［*Rhetoric*］[358]之中。他的遗漏后来被贝柯［Bake］[359]弥补了。我们发现到目前为止，伦肯所出版的任何书籍都是正确无误的——比如他所编辑的《献给得墨忒耳的荷马颂歌》［*Homeric Hymn to Demeter*］，克里斯提安·冯·马太伊［Christian von Matthaei］[360]在莫斯科偷窃了该书的手稿，该手稿后来流传到莱顿；还有他所编辑的蒂迈欧辞典；以及他所编辑的卢提琉斯·卢普斯❸的作品，还有他的《希腊修辞批判史》［*Historia critica oratorum Graecorum*］，后者包含许多

---

❶ 指的是沃尔弗于1795年出版的 *Prolegomena to Homer*，该书以现代形式提出了"荷马问题"。沃尔弗将《荷马史诗》特别是《伊利亚特》看作口述传统的产物。

❷ 朗吉弩斯（Longinus），希腊修辞学家，新柏拉图主义学派哲学家。文学批评著作《论崇高》（*On the Sublime*）被认为是他的作品。对后来的新古典主义作家如 Dryden、Pope、Gibbon 产生了极大的影响。该书于1674年由 Boileau 第一次译为现代语言。

❸ 卢提琉斯·卢普斯（Rutilius Lupus，约160—90 B.C.），罗马政治家、律师、历史学家。崇奉斯多葛派哲学。

对希腊化时代的有用观察，但从严格的意义上说并不能叫作历史。从"校勘之王"一生的工作来看，从某种意义上说，这本书有些微不足道。

这一传统被伯尔尼的丹尼尔·维腾巴赫[Daniel Wyttenbach][361]忠实地坚持下来——维腾巴赫按惯例发表了献给伦肯的颂词，他也出版了由他编辑、受到赞扬的普鲁塔克著作《道德论集》[Moralia]——维腾巴赫之后是雅各布·吉尔[Jacob Geel][362]，此人品位优雅但缺少创造性。卡洛斯·加布里埃尔·克贝[Carolus Gabriel Cobet]以最出色的风格完成了这个传统[363]，在克贝之后朝这个方向发展的可能性就消失了。克贝的雄心是从他阅读的著作中提炼出纯粹的阿提卡语的准则，这类准则不仅适合于思想和风格，而且适合于语言。同样，他也希望对帝国时代所模仿的阿提卡语做同样的事情，此外，克贝也一条一条地证明这种模仿的不完美性。克贝自己写的希腊语和伦肯写的古典拉丁语一样完美。他要求所有的作者在语言上要绝对纯净，思想上要极其精确。假如作品中表现出与古典规则不相符的地方，克贝就立即怀疑这些作者的作品遭到了篡改。克贝在法国、意大利的一些图书馆研究了大量著作，虽然他没有系统地研究过古文书学，但他熟悉拜占庭晚期那些被误读、误写的著作。他因此尽可能地追溯到9至11世纪的精美手稿。但即使这些手稿也不能使他满意，因此，它们一定已经严重受损了，从中他得出结论，尽管人们可以让自己局限于更古老的手稿，但即使是它们的文本也被学术庸才、任意的篡改者［*scioli magistelli*, *protervi interpolatores*］所严重破坏了。之所以设定这些先决条件，其目的是为克贝数不清的修正和排斥做合理性论证。[364] 读过克贝著作《书简与国家文件》［*Variae*］、《新杂集》［*Novae lectiones*］的人都会为这些著作中闪耀的睿智光辉所倾倒，这两个书名被克贝用来指称他所提出的大量推测性的修正。那些更加保守的学者用这种没有说服力的借口来刁难克贝，其结果只是使克贝的形象变得更加高大。克贝所发现的有关最古老手稿的最高权威原则，以及那些愚蠢抄写者和读者进行篡改时所使用的方法不仅仅为荷兰的批评家［不限于荷兰］所接受，而且使文本以一种新形式呈现在人们面前。

克贝对那些做过词语净化工作的著作的内容并不感兴趣。这个问题几乎没有困扰过他，更没有什么不好的效果——实际上，人们或许认为作为学者的克贝应该会完全陷入困境的，如果他不是满心关注学术庸才的问题的话。从他的文本批评中获得的积极收获是巨大的，他的大量精彩修正得以保存，但是这些东西的主要价值在于创造一种排斥克贝原则的必然性。这种情况受到了关于语言的历史研究方法的影响，这种方法使人们认识到希腊化时代是有自身语言的时代，因此当有人谴责卡利马库斯没有尽力模仿荷马的语言时，人们会一笑了之。自从克贝时代以来，对这个人的崇拜已取代了对标准化的狂热。要想理解那些伟大且风格迥异的天才人物如修昔底德、伊索克拉底、柏拉图、希珀里德斯❶是很难的，但收获也是很大的，甚至次一类的人物也有权走他们自己的路，只要那是他们自己的路——事实上，如果是这样的话，批评者也有义务尊重作者的弱点，甚至也要尊重作者的各种恶习。只要能得到一份比较可靠的古代手稿，就会轻易地把后来的手稿丢弃的做法已被证明是错误的。当人们随后检查别的手稿时，残存的古代书籍仍然是检测这些手稿的最后仲裁者。因此，由海姆斯特戈斯开创的这场运动在荷兰也结束了，不过它已忠诚地完成了自己的使命。克贝以及跟随克贝的大多数学者都有意地摈弃了德国的古代科学观念。[365]亨利库斯·凡·赫沃登［Henricus van Herwerden］[366]是一个例外，但他没有创造出任何不符合克贝传统的具有持久价值的东西；他的名字将永远在注释方面占有一个令人尊敬的位置，因为他注释了大量诗人、散文作家的著作。在克贝本人的著作中，最早的作品尤其值得我们不断学习，因为即使我们知道这种方法是片面的，但从这样一个才华横溢的人的方法中总是可以学到很多东西，而他的方法是建立在对语言的掌握之上，无论是过去，还是在将来，能够像他这样精通语言的人实属凤毛麟角。

要不是英国、荷兰的希腊研究所赋予的动力，古典学术可能永远不会成为一门严谨的科学，因为一门学科如果没有

---

❶ 希珀里德斯（Hyperides，约390—322 B.C.），伊索克拉底的学生。1847—1892年人们在埃及发现了其演讲辞残篇。

语言学知识作为坚强的基础是不可能持久的。但是真正的古代研究的诞生和我们所曾想象的那种深奥学术完全无关。真正决定性的因素是一种新精神在德国被唤醒了，这种新精神对诗歌、哲学同样产生了深刻的影响。生活在第二次文艺复兴［Second Renaissance］中的人发现了不朽的希腊天才，感到自己与他们是同类的，并从中热切地汲取自由和美丽的活力。这不可避免地导致人们对希腊诗歌、雕塑的关注，而这又逐渐变为科学的学术，最终上升为历史的研究方法。就是在这种方法的帮助下，古人的"语法"最终被抛诸脑后，一条真正理解往昔的道路摆在人们面前，这个"往昔"不仅仅是古代。

同时还要提到一些身处这个风云变幻时代的德国人，即约翰·阿尔伯特·法伯利修斯［Johann Albert Fabricius］、约翰·马赛厄斯·吉斯内尔［Johann Matthias Gesner］、约翰·雅各布·莱斯克［Johann Jakob Reiske］，他们每个人都是耀眼的明星，至少在重要性方面可匹敌那些备受赞誉的外国教授。法伯利修斯[367]来自萨克森❶选帝侯的领地，当地的学校仍旧在一定程度上保持梅兰西顿时代的传统，但是法伯利修斯在汉堡开始了其学术生涯，这使他躲过了三十年战

---

❶ 萨克森（Saxony），历史上德国北部的一个地区，原来是萨克森人的家园，8世纪被查理曼征服，并在他死后成为一个公国。由于分裂和重新划分，这一地区的边界最终向东南方向拓展，1356年萨克森大公成为神圣罗马帝国的诸侯，1806年萨克森大公加冕称帝，但是将他的一半领地给予普鲁士（1815），后来的萨克森王国成为德意志第一帝国（1871—1918）的一部分。

争这场浩劫。汉堡通过贸易与外部世界保持活跃的联系。汉堡的文法学校❶——约翰诺姆［Johanneum］——昌盛一时。事实上，汉堡无疑是德国文化最盛的城市。该城已把格洛诺维戊斯送给了荷兰，把霍尔斯特纽斯送给了罗马，把拉姆伯修斯［Lambecius］〔368〕送给了维也纳。拉姆伯修斯为维也纳辉煌的图书馆编制了目录，但它仍然像以前一样很少被使用。

维也纳有自己的学术生命，从意大利那里汲取灵感。那里的耶稣会士创办的学校培养出一位划时代的学者，此人比温克尔曼还要长寿许多年；不过虽然他一生都在处理完好无损的华丽艺术品，但这座城市却没有受到他的一点影响。这个人就是约瑟夫·伊克尔［Joseph

---

❶ 文法学校（grammar school）注重古典语言学习。从中世纪开始，西欧中产阶级以上的教育以古典语言为中心。经过宗教改革，尤其是从产业革命时期开始，出现了三类学校，以英国为例：国民学校，教授所谓的三R——读、写、算；自由学校，教授数学、英国作文和修辞学；文法学校，教授采用英文文法的古典语言学，为进入大学和法学院做准备。中、上流阶级的学校是"文法学校"。这些学校直至19世纪仍然恪守古典语言（拉丁语、希腊语，甚至希伯来语）一边倒的传统。拉丁语原本是作为国际语言（外交、贸易、航海的用语），作为学术用语和专业语言，乃至作为以宫廷为中心的上流阶级的语言而使用的。随着这些国家（民族）的母语的发展，古典语言逐渐丧失了生命，成为"死语言"。不过，尽管语言本身在演进，文法学校和公学依然坚持清一色的古典语言教学。莎士比亚当年曾就读于斯特拉福德（Stratford）的文法学校。在《亨利六世》第二部中，莎士比亚写道：在兴建一所文法学校时，青少年的生命已经被出卖似的腐蚀了……就读文法学校的人，保证会有一群人整天向你贩卖名词、动词和令人厌恶的语词，没有一位基督徒的耳朵可以忍受这种折磨。

Eckhel]。[369] 伊克尔的著作《古币理论》[*Doctrina nummorum veterum*, 1797—1798] 为钱币学建立了不可动摇的基础[尽管伊克尔仍旧以脱离钱币的历史、艺术背景这种孤立的方法来研究钱币],这就是这一学科迄今为止仍旧是高度专门化的学科的原因之一。法伯利修斯只能被称为博学者；然而，除了百科全书式的知识，他还有更好的东西可以提供。《希腊书目》[*Bibliotheca Graeca*]、《拉丁书目》[*Bibliotheca Latina*]中充满了法伯利修斯那令人不可思议的博学知识；同时法伯利修斯也是一位优秀的顾问，随时留心读者的需要。所有的事情都简单、明了，安排得也非常有序。法伯利修斯熟悉各个时代的学者以及他们的著作，法伯利修斯并不把自己局限于古代、基督徒和异教徒的研究领域，他还关注拜占庭人，收集了大量与拜占庭人有关的材料，尽管这些材料尚未被人们利用起来，其价值却是毋庸置疑的。除此以外，法伯利修斯还把大量以前出版得很少的作品辑录在以上两部著作之中，他所编辑的塞克斯图斯·恩皮里柯[Sextus Empiricus]著作的希腊语索引给学生们带来了很大的便利，这在当时是无可比拟的。具有这种才能的人通过他的人格魅力影响了周围的人。他的女婿莱马努斯[Reimarus][370]，如果不是对卡西乌斯·迪奥的著作做了令人肃然起敬的编订，在这里也就没有必要提他了。然而莱马努斯也是对基督教进行理性批判的一部著作的作者，莱辛出版了该书的"片段"。莱辛[371]是汉堡文化圈的一员，这对莱辛生命的最后时期具有决定性影响。

或许可以把约翰·马赛厄斯·吉斯内尔[372]称为新的德国人导师[Praeceptor Germaniae],因为他在莱比锡建立了托马斯学校[Thomasschule],这是个模范机构,编辑了供学校使用的希腊读本[Greek Reader,该书后来被弗里德里希·雅各布编辑得更好的版本所取代]。相比于以读色诺芬的著作作为学习希腊语的起点,这听起来很有气魄,希腊读本提供了更合理的计划。吉斯内尔也出版了一本拉丁语《宝库》[Thesaurus],并且开办了第一个语文学研讨班。可以肯定的是,这种大学教学方式会激励学生独立思考,唤起他们的合作欲望,当然这种教学方式如今已经很普遍了,但是古典学者在修正和发展研讨班方面总是起着引领作用。在讲课过程中,如果大多数情况下是老师在讲述,这种讲课方式就不能叫研讨班了。[373]海姆斯特戊斯邀请吉斯内尔一起合作编辑琉善的著作,这是当时只有荷兰人才能授予的特殊荣誉。吉斯内尔也独自出版了大量他所编辑的拉丁文作者的作品,这些作品是有用的,但对吉斯内尔而言只是些副产品。吉斯内尔为海涅铺平了道路,因此哥廷根大学与其他古老的德国大学有所不同,也不同于普鲁士的哈雷大学❶,这里有一份他的功劳。哥廷根大学是由弗赖赫尔·冯·明希豪森(Freiher von Münchhausen)创办的。

---

❶ 哈雷(Halle)是德国中部城市,位于萨尔河畔,莱比锡西北偏北。9世纪时第一次被提及,中世纪时是汉萨同盟的一个重要成员。

另外，在厄内斯提［Ernesti］[374]手下的莱比锡，在古代研究方面并没有提高它的声望，此人同时也是一位旧派的神学家。他出版的西塞罗著作以及其他一两位作家的著作受到人们的高度赞扬；毫无疑问，由于这些著作的注释简明、高超，它们具有了自己的实用价值。厄内斯提的学问非常渊博，并愿意把这些知识传授给别人，他的《技艺辞典》［*Lexica Technologica*］❶对于学习修辞学的学生来说仍旧有其价值。但是厄内斯提呆板的思想不具有原创性，更不用说具备睿智的思想了。厄内斯提以盛气凌人的方法压制了莱斯克[375]，其实莱斯克远远超过厄内斯提，在厄内斯提陪衬下的莱斯克将永远被人们铭记。莱斯克是头戴假发、身穿礼服的尊贵人士，然而人们怀疑莱斯克是一位自由主义思想家，因为他缺少礼拜服，这使他不能去教堂。或许莱斯克也并不急切地需要礼拜服或布道，只要他能把时间花在希腊语或阿拉伯语上面，就心满意足了。学者们应该读他的自传和书信——当然不仅仅是学者应该读他的著作，因为我们不要忘记莱斯克的地位等同于温克尔曼和莱辛。然而莱顿和莱比锡的人们是怎样小瞧他的！他在那里挨饥受饿、忍辱负重，但他从未失去韧性！为了学问，他做出了无穷的牺牲，而不考虑这个世界对他的才华表现出的冷漠。只有苍天知道为什么美惠三女神在其早年没有惠顾他。更加值得赞扬的是，在没有美惠三女神施恩的情况

---

❶ 全称是 *Lexicon technologiae Latinorum rhetoricae*，出版于1797年。

下，莱斯克还是成为了一个可爱的人。从没有一位学者能像莱斯克那样，他做出的许多猜测已为流传下来的更好的文献所证实，他对许多作者所做的全面研究是远远超过其同辈的。他想尽一切办法获得他能得到的手稿，但是真正帮助他取得辉煌成就的是他对各种文体的娴熟掌握。他不关心诗歌，但即使是对提奥克里图斯的粗略阅读也产生了一些杰出的修订成果。他的兴趣远远超出了文本校勘的范畴，这一点可在他编辑的"出身高贵者"康斯坦丁的《论崇拜》[De caerimoniis]的解释性注释中得到说明。该书是第一个印刷版本，还有莱斯克的译文，如果不考虑其中的一些笨拙之处，还是值得一读的。他的妻子也值得称赞，不是作为学者，而是作为丈夫坚定、忠贞的伴侣受到赞扬。在莱斯克生活的时代，只有一个人对莱斯克的价值做出了应有的评价，这个人是莱辛。他还能需求什么呢！

一个令人鼓舞的现象是我们这个专业中这么多最优秀的人都是从社会底层摸爬滚打上来的，困难只是激励这些人不断地奋斗。温克尔曼[376]在获得罗马承认之前，也必须品尝所有贫穷和屈辱的苦涩，尽管温克尔曼以德语进行写作，但他成功地为自己在全欧洲赢得了声望。顺便一提，温克尔曼和莱辛一起，是头两个在风格方面可以在我们的古典著作中排上号的德国人。幸运的是歌德和伽斯提❶成为温克尔曼的

---

❶ 这里指的是歌德的《温克尔曼和他的世纪》(Winckelmann und sein Jahrhundert, 1805)，伽斯提（Carl Justi, 1832—1912）的《温克尔曼及其同辈》(Winckelmann und seine Zeitgenossen, 2nd ed., 3 vols., Leipzig, 1898)。

传记作家,因此我们从他生活的习惯来理解他,尽管温克尔曼带有性格上的全部缺陷[这些缺陷诚然是严重的],这一切磨难却可以使温克尔曼完成他的使命。对古希腊的渴望,对它所代表的自由和美丽的渴望是支持温克尔曼的动力,这驱使他来到意大利。他从诗人那里汲取了足够的知识,使他掌握了解读古迹的关键希腊神话知识。不仅如此,他还通过罗马摹本发现了希腊雕刻,从而形成了至高无上的与希腊雕刻有关的美丽、优雅概念,而这些概念与洛可可❶的艺术相去甚远——当然,温克尔曼只能把握这些概念,因为在实践中,他看不到多少真正的希腊艺术品。就像歌德谈论他的意大利旅行一样,拉斐尔·蒙斯[Raphael Mengs]〔377〕的倾慕者也没有看到早期文艺复兴的辉煌成就。因此对于温克尔曼而言,还不是欣赏古风时代❷艺术的时候,甚至对于菲狄亚斯❸他也只有一个模糊的概念。但温克尔曼是第一位心怀敬

---

❶ 洛可可风格(Rococo),一种紧随巴洛克风格之后起源于18世纪法国的艺术风格,用大量精心雕琢的涡卷形字体、树叶及动物形体点缀装饰的表现艺术,尤其在建筑和装饰方面更是如此。因过度装饰而造成表现形式轻松或过分讲究形式而受到人们的责难。
❷ 古风时代又称大殖民时代(公元前8—前6世纪)。
❸ 菲狄亚斯(Phidias,约490—430 B.C.),雅典著名雕塑家、建筑设计师,政治家伯利克利的挚友和艺术顾问,是当时最负盛名的艺术家。希波战争中,雅典受到严重毁坏,菲狄亚斯为雅典的重建做出了卓越的贡献。他擅长神像雕塑,主要作品有雅典卫城巨大的塑像《普罗迈乔司的雅典娜》、《利姆尼阿的雅典娜》、《奥林匹亚的宙斯》和《帕提农的雅典娜》等,但都已失传,我们所见到的只是复制品。著名的帕特农神庙的装饰性雕塑,也是在他的领导、设计和监督之下完成的,其中,最著名的作品是《命运三女神》。

畏观看帕埃斯图姆❶艺术品的人。多利安神庙的宏伟和庄严会让其他人觉得奇怪和野蛮。把考古学作为艺术研究的一个分支是温克尔曼的创造，即使我们已经抛弃了温克尔曼的美学理论，就像他特别引以为豪的大多数解释一样。敬重他的世人接受了这种理论，但是温克尔曼的伟大就在于他有勇气写一部艺术史，而且将其与一般的文化史联系起来。海涅等学者能够立即从中发现的错误根本无关紧要。不管是在诗歌领域还是在散文领域，都没有学者曾梦想过出版这类风格的历史著作，温克尔曼树立了一个榜样，并使后来的各个时代都高山仰止。这是活力的源泉，它使我们学科的几乎每一个分支发芽并成长。

古迹的编辑者只在古迹能够说明这个或那个特定问题的范围内研究它们。只有在意大利，古迹在各个地方直接展现出自己的影响，这类古迹是如此之多以致考古学兴趣从没有熄灭过，尽管这类兴趣很少超越地方性调查的层次，也仅仅与罗马的事物有联系。伽斯提（Justi）给我们留下了对这些与温克尔曼有过接触的古物专家的精彩描述，这些古物专家有着或真或假的学识。他们是一流的鉴赏家，教会的领袖和类似的人，我们在这里不关心他们，因为他们只是满足

---

❶ 帕埃斯图姆（Paestum），位于意大利南部，曾是希腊的一个殖民地，那里的神庙比帕特农神庙更为古老，始建于大约公元前500年。现在，那里的河流早已淤塞，帕埃斯图姆隔着一片干涸的盐碱平原，与大海遥遥相望。但它昔日的风采是蔚为壮观的。尽管在9世纪时，这里曾遭撒拉逊（Saracen）海盗的洗劫，在11世纪时又经历了十字军骑士的抢掠，成为一片废墟，但是，帕埃斯图姆仍然是希腊建筑的一大奇观。

于享受。但是意大利可以自豪地宣称自己在这一时期也拥有大量杰出的学者，由于这一时期政治、道德的颓废，他们特别值得我们尊敬——事实上，这些学者比法国百科全书派学者表现得更令人尊敬。这些人大多是牧师，一些是修士。比如佛斯里尼［Forcellini］[378]，他在帕多瓦❶的神学院中默默无闻地贡献了其大部分精力，用于编撰《拉丁语辞典》［*Thesaurus Latinus*］，该书所使用的方法降低了他在该书中所起的作用。虽然他并不是在该书完成之前去世，但在1771年该书出版之前，他已不在人世。摩德纳的档案保管员姆拉托里［Muratori］[379]完全独立地创作了与本国有关的某部历史著作，大致类似于我们的《日耳曼史料集成》［*Monumenta Germaniae*］。❷我们在这里只能关注他收集的大量铭文，他的编辑工作受到其同时代人西皮奥·马菲［Scipione Maffei］[380]的批判。由于马菲家乡维罗纳城的地方图书馆，马菲在拉

---

❶ 帕多瓦（Padua），意大利东北部城市，在威尼斯的西部，中世纪时是一个重要的文化中心，以乔托、曼特纳（Mantegna）以及多纳泰洛（Donatello）的艺术品、建筑品而闻名，伽利略自1592年到1610年在该市的大学执教。

❷ 这是一部全面的、精心排排的中世纪史料集成。由Heinrich Friedrich Karl Freiherr von Stein（1757—1831）在1819年创办的日耳曼史料协会出版，第一卷出版于1826年。后来Stein的传记作家G. H. Pertz（1795—1876）成为该书的总编辑（1826—1874），一直工作到Georg Waitz（1813—1886）继承他的位置为止。时间涵盖范围自罗马帝国晚期直到1500年，共分Antiquitates、Diplomata、Epistolae、Leges、Scriptores五大类。许多杰出学者都曾参与这一事业，其中包括一些外国的学者。直到20世纪人们还对这套丛书进行修订与补充。编辑该丛书的座右铭是"对祖国的神圣之爱赋予了精神"（*Sanctus amor patriae dat animum*）。《集成》是历史上最伟大的原始材料集之一，有助于人们对中世纪德国的研究。

古典学的历史　　*181*

丁古文书学方面是能胜过马比容的。与同胞们相比,马菲由于广泛的旅行而使其摆脱了狭隘的视野。马菲不但是一位优秀的地方古文物研究者,也是一个具有世界眼光的人,同时也是一位诗人。任何访问过那座以"马菲"命名的令人心醉的博物馆的人都会对其中蕴含的希腊精神牢记不忘。实际上,这座博物馆中的一些铭文石刻连同一些雕塑都是从威尼斯统治下的希腊带来的。帕西奥狄[Paciaudi][381]出版的《伯罗奔尼撒文献》[*Monumenta Peloponnesiaca*]说明了这类事物的另一种收集情况,帕西奥狄是底亚狄安修会❶中的一员。到此时为止,位于托斯卡纳❷的伊特鲁里亚人的丰富文物已被挖掘出来,尽管这些文物或许缺乏艺术方面的吸引力,但它们的奇特之处和难以理解的铭文之谜弥补了这一缺陷。早在17世纪初期就有一位名叫"丹波斯特"[Dempster][382]的苏格兰人写过一本关于伊特鲁里亚的书。不过直到100多年后,该书才得以出版。而从那以来托斯卡纳人把对托斯卡纳古物的兴趣当作一项爱国职责,这其中以热忱、勤奋著称的便是安东尼奥·高利[Antonio Gori][383]。不过人们当时的兴趣还没有扩展到伊特鲁里亚花瓶,即使是温克尔曼在经过那不勒斯的这些地

---

❶ 底亚狄安修会(Theatine Order)1524年建立于意大利,旨在提高僧侣德行和反对路德宗的罗马天主教修会。

❷ 托斯卡纳(Tuscany),意大利西北部的一个地区,位于亚平宁山脉北部、利古里亚海和第勒尼安海之间,在古代是伊特鲁里亚人的居住地,公元前4世纪中期被罗马人占领。托斯卡纳是美第奇统治下的一个庞大的公爵封地(1569—1860),后来它与撒丁王国合并。

方时，也没有过多地关注这一问题。像马佐奇［Mazzocchi，赫拉克里亚铜板（bronze tablet of Heraclea）铭文的出版者］[384]、马托勒里［Martorelli，出版了一大卷关于古代墨水架的书，事实上并没有这种东西］[385]、伊格纳拉［Ignarra，一位当地的古文物研究者］[386]，这些人的家乡都是那不勒斯，自然他们的视野也就局限在当地的事物上，他们在那里——也仅仅在那里——是伟大的人物。这些人是怎样处理在赫库兰尼姆❶出土的文物的？这一挖掘由卡洛斯三世❷极力促成，为此目的人们还于1736年建立了赫库兰尼姆学会［Academia Ercolana］。[387] 最重要的是，除非经过许可，外国人是不允许参加这一项目的——这是人们的共识。不过，幸运的是一些外国技术人员还是受雇参与实际的挖掘。多卷本的《赫库兰尼姆的遗物》［*Antiquities of Herculaneum*］于1760年开始出版，但是该书在传播令人愉快的消息方面远不如温克尔曼的简明书信，尽管这些书信所表达的只是温克尔曼的匆忙观感。纸草文献几乎可以使每一个人眩晕，由于粗心、无知，纸草文献蒙受了不可弥补的损失，这一情况持续到帕德里·皮亚乔［Padre Piaggio］发明了一种巧妙的方法来展开纸草文献。[388] 第一卷专业的纸草文献直

---

❶ 赫库兰尼姆（Herculaneum），意大利中南部的一座古城，位于那不勒斯湾畔。罗马时代为颇受欢迎的旅游胜地，公元79年被维苏威火山喷发完全摧毁。18世纪早期以来，该城的重要遗迹被挖掘出来。

❷ 卡洛斯三世（Carlos III，1716—1788），Philip V 和 Elizabeth Farnese 的儿子，西班牙国王（1759—1788年在位）、那不勒斯和西西里国王（1735—1759年在位）。

到1793年才出版。该书包括菲洛德莫斯❶的《论音乐》[*On Music*],这是杰出的学术成就,我们应当向它致敬。但遗憾的是,该书在出版了一二卷之后就没有进行下去,而且送到牛津大学的抄本也很少能重见天日。意大利的统一最终造就了像吉戍塞普·菲奥莱里[Giuseppe Fiorelli]❷[389]这样的掌舵巨人。菲奥莱里出版了关于挖掘的著名报告,这份报告有力地促进了对庞贝❸的挖掘。菲奥莱里也写了一份庞贝建筑史大纲,后来奥古斯特·毛[August Mau][390]和海因里希·尼森[Heinrich Nissen]对这一问题详加论述。不过仍旧有大量工作需要去做,而且新知识的来源不会立即面临枯竭的危险,这是一件好事。古老的纸草文献手稿现在以新的丛书形式出版,这复活了人们对这一主题的兴趣——或者毋宁说,第一次唤醒了人们对这一问题的兴趣,以这种方式逐渐开始了一项学术事业[391],这预示了好的开端,但路途还很遥远。

---

❶ 菲洛德莫斯(Philodemus,110—37 B.C.),希腊诗人,伊壁鸠鲁派哲学家。
❷ 吉戍塞普·菲奥莱里,出生于那不勒斯的考古学家。他对庞贝的挖掘有助于保存这座古代城市。作为那不勒斯大学考古学教授、考古挖掘的领导人(1860—1875),他建立了逐层研究考古遗址的方法。他建立一座培训学校,所培养的人才除意大利人外,还包括外国人。自1863年起担任那不勒斯 National Museum 的领导,也担任 Italian Antiquities and Fine Arts 的领导人(1875—1896)。
❸ 庞贝(Pompeii),意大利南部古城,位于那不勒斯东南。建立于公元前6世纪或前5世纪早期,直到公元前80年,它一直是古罗马的殖民地,因有许多著名的别墅、庙宇、剧院和浴池而成为一个繁荣的港口和度假胜地。公元79年,庞贝在维苏威火山的一次喷发中被摧毁。1748年,它令人难以置信地被重新发现,而后完好保存的废墟被大量挖掘出来。

那不勒斯的专业学者几乎没有能力利用落入他们手中的珍贵材料，不过终于还是产生了一个具有哲学思辨能力的人，他把全新的、富有刺激性的观念引入历史研究领域，他就是《新科学》的作者詹·巴提斯塔·维柯［Gina Battista Vico］。〔392〕维柯在许多方面都预示着赫尔德〔393〕的观念。当浪漫主义需要将重点从个体转向人民，从有意识的创造转向发展的非个人进步，从文化的最高成就转向其不起眼的开端时，维柯是其先驱，因为他，宗教和传说现在才能被人正确理解。解释莱库古❶、荷马这类人物，确定何为真、何为谬误的工作，也是由维柯开其端。事实是，由维柯和其他人彼此独立进行的这些研究或许可以被看作对维柯在历史哲学研究方面奇特贡献的认可。

温克尔曼凭借其《未出版的古代遗迹》［*Monumenti antichi inediti*］及"古代艺术史"的意大利文译本奠定了其在意大利考古学史上的地位。温克尔曼与恩尼奥·奎利诺·维斯康提［Ennio Quirino Visconti］〔394〕之间有个人联系。维斯康提是罗马考古学家群英中最重要的一位成员，他对梵蒂冈收藏品的描述深深受惠于温克尔曼。最近，越来越多的教皇扩大了这些收藏品的规模。维斯康提的《肖像志》［*Iconography*］激起了强烈的批评，该书延续了很久以前由弗尔维乌斯·戊西诺斯开创的工作。真正延续温克尔曼工作的继承者是约翰·洙格［Johann Zoëga］〔395〕，洙格是一

---

❶ 莱库古（Lycurgus），公元前9世纪的斯巴达立法者，被认为是斯巴达法典的创立者。

位居住在罗马的有意大利血统的丹麦人，在罗马他成为一位彻底的罗马人。他是海涅的学生，作为一位年轻人参加了那个时代的一些奢侈放纵的活动。但是受制于罗马的环境，他被迫放弃一些抱负。洙格在罗马成为根据要求处理每一项工作的至高无上的艺术楷模——或简明或详细，但总是恰到好处，任何事情都不过量，任何事情都不省略，他整个身心关注的都是手上的事物。就纪念碑而言，对事实的精确描述就不仅仅是对其进行解释的第一步，而且是成功的一半。就此而言，洙格的著作是一个典范，实际上，洙格在其著作《浅浮雕》[Bassi Rilievi]中以一系列几乎无关紧要的艺术作品作为自己的评论对象，这类评论对象到那时为止在文学领域仍不为人知。特别遗憾的是，他几乎不会发表源自他工作中的一般观念。不过这种看法或许没有被埃及学家接受，埃及学家在科普特语方面从洙格那里得到的教益要大于阿拉伯语学者从莱斯克那里得到的教益。洙格也必定通过口头表达与这些学者进行了大量的交流。可以肯定的是，维克尔[396]受到了洙格的影响，或许甚至威廉·冯·洪堡[397]在有意无意之间也受洙格的影响。同样，这一情况也适合哥本哈根一群素质很高的人，这群人与德国的新运动有联系，比如瑟沃尔森❶[398]就是一个与该运动关系紧密的人。

---

❶ 瑟沃尔森（Bertel Thorwaldsen, 1768—1844），丹麦新古典主义雕刻家，其一生大部分时间在意大利工作，是那个时代最有影响的雕刻家之一，其地位仅次于卡诺瓦（Antonio Canova, 1757—1822，意大利雕塑家，新古典主义的一个重要代表人物）。作品有 Alexander the Great Entering Babylon（1812）、The Three Graces（1817—1819）。哥本哈根有瑟沃尔森博物馆。

洙格在哥廷根接受教育，吉斯内尔已经在这里确立了古典研究的牢固地位，克里斯提安·格特洛布·海涅［Christian Gottlob Heyne］〔399〕现在则在这里引进了艺术研究和温克尔曼的历史研究方法。哥廷根大学的几乎每一个系都有一群声名卓著的老师，这些老师对于年轻人的影响时常决定了他们的一生，这群来自四面八方一心要接受新福音的年轻人蜂拥至哥廷根。海涅是这个地方的核心人物，他是当地学院的秘书，学院杂志的编辑，藏书丰富的图书馆的奠基者，英国汉诺威王朝❶信得过的朋友。海涅的魅力在于其不但是一位天才的领导者，而且是一位天才的老师。身为贫穷纺织工的儿子，年轻时所经历的艰辛并没有给海涅留下多少影响。他的第一本书对提布卢斯❷的著作进行了编辑，在荷兰得到极高的评价——尽管文本校勘并不是海涅的强项，伦肯拒绝邀请吉斯内尔继承他的职位，而是推荐了海涅。语法和语言是次要的，但除此之外，海涅的教学包含了古典学术的全部内容，他的著作也是如此。海涅没有继续深入下去，但是他凭直觉知晓什么东西是最重要的。任何人想冒险研究托勒密时代❸这样的历史时期里的

---

❶ 汉诺威王朝，1714—1901年统治英国，第一位君主为乔治一世，最后一位是维多利亚女王。
❷ 提布卢斯（Tibullus，约55—19 B.C.），罗马诗人，写有许多简单而优雅的作品，其中有给两位心上人的挽歌。
❸ 指的是托勒密王朝，由希腊人在埃及建立的希腊化王朝之一（323—30B.C.），建立者托勒密一世（367—282 B.C.）是亚历山大大帝手下的一位将军，最后一位国王是托勒密十五世（47—30 B.C.），与其母亲克娄巴特拉共同执政（44—30 B.C.）。

天才人物，绝不能缺乏历史感。海涅的两部伟大著作是关于荷马、维吉尔的[400]；海涅对这些诗人的解释为他的同辈提供了所需要的东西——诗歌导论。海涅对由荷马所引起的各类问题自有其看法，这包括《伊利亚特》的起源问题，海涅在没有冒犯人们的良好观感和品位的前提下，对这类讨论做出了有益的贡献，他总是研究者的良师益友。尽管海涅满足了他所生活的时代，不过在去世之前他就已经落伍了。海涅的不幸在于他被自己那些忘恩负义的学生无情地推到了一边，这一命运长久以来阻碍了人们对海涅的欣赏。作为一个播下种子并结出像洙格、沃斯［Voss］、沃尔弗、洪堡兄弟❶、施莱格尔兄弟❷这类果实的人，相比吉斯内尔，他在更高的意义上无愧于"德国人导师"这一称号。

海涅在编辑荷马的著作时，本可以利用梵蒂冈所收藏的注释版本——因为让-拜普提斯·丹斯·德·维劳森［Jean-Baptiste d'Ansee de Villoison］[401]曾于1788年出

---

❶ 洪堡兄弟，兄威廉·冯·洪堡（1767—1835）是德国哲学家和外交家，参见本书导言第7页脚注；弟弗里德里希·亨利希·亚历山大·冯·洪堡（Friedrich Heinrich Alexander von Humboldt, 1769—1858），德国自然科学家、自然地理学家、著述家、政治家，近代气候学、植物地理学、地球物理学的创始人之一。

❷ 施莱格尔（August Wilhelm von Schlegel, 1767—1845），德国学者，翻译过数部莎士比亚的作品，评论文章影响巨大，并作有诗歌。他还与其胞弟弗里德里希·冯·施莱格尔（Friedrich von Schlegel, 1772—1829）共同编辑一本文学杂志。弗里德里希·冯·施莱格尔是一位哲学家、诗人和批评家，其文章构成了德国浪漫主义的唯智论基础。

版了这些批注，不过维劳森本人并没有认识到他所发掘的这些珍宝的重要性。维劳森先前也曾编过颇有价值的阿波罗尼戊斯的荷马辞典，更不用说他所编辑的帕莱奥卡帕[402]的《攸多西亚》[*Eudocia*]了——这是用木炭换取珍宝[*carbones pro thesauro*][403]的一个例子。在去威尼斯之前，维劳森访问了魏玛❶，并在其著作《威尼斯书信》[*Epistulae Vinarienses*]中对此做了有趣的描述。事实是，一位法国学者就女公爵安娜·阿玛利亚❷文学圈中的一些成员所写的拉丁文警句赋予了该书情感上的价值，比较而言该书摘自魏玛图书馆手稿的贫瘠段落读起来过于学究气。维劳森也在希腊旅游，并收集碑铭，但是革命妨碍了他从这次旅游中获得他所希望的那种程度的好处。作为一名学者，维劳森的地位并不高。让－雅克·巴斯莱米[Jean-Jacques Barthélemy][404]也是如此，他的小说《年轻的阿纳恰西斯之旅》[*Voyage du jeune Anacharsis*]以古希腊人为掩护，实则影射了当时的杰出人物，此举不仅取悦了法国人，而且向众多的读者提供了雅典最辉煌时期的

103

---

❶ 魏玛，德国中部莱比锡西南的城市。有关它的最早记载出现在975年，1547年成为萨克森－魏玛公爵领地的首府，在1775年歌德到达后，它逐渐发展成为德国最重要的文化中心。1919年，德国国民代表大会在此召开，建立了魏玛共和国，该共和国于1933年灭亡。

❷ 安娜·阿玛利亚（Anna Amalia, 1739—1807），欧内斯特（Ernest）公爵夫人，公爵去世后，阿玛利亚成为其子卡尔·奥古斯特（Karl August）的摄政人（1758—1775）。她为人审慎又善于交际，在她的努力下魏玛成为德国的文学中心。她还建立了魏玛博物馆，是维兰德、歌德、赫尔德等作家的赞助人。

生动图景。这是一系列此类历史小说中的第一部,我们也不应低估这些书籍所带来的积极影响,尽管在德国人之中只有格奥尔格·泰勒[Georg Taylor(别名 Hausrath)][405]具备必要的知识和文学技巧。金斯利❶的《希帕蒂亚》[*Hypatia*]、沃尔特·帕特的《伊壁鸠鲁哲学家马略》[*Marius the Epicurean*]、维克托·莱德勃格❷的《最后一位雅典人》[*Den Siste Athenaren*]、显克维奇❸的《你往何处去?》[*Quo Vadis?*]迎合了大家对基督教和奄奄一息的异教斗争的广泛兴趣,那些发现这些书中的每一页都有严重时代错误的博学者只能谴责自己忽略了修正这些错误的职责。多才多艺的布提格[K. A. Böttiger][406]在其著作《萨拜娜》[*Sabina*]中已经采纳了这种带有特殊教育目的的写作形式,而贝克[W. A. Becker][407]则遵循了这一榜样。贝克的

---

❶ 金斯利(Charles Kingsley,1819—1875),英国牧师、作家。其作品包括社会批评小说,如《阿尔顿·洛克》(1850);历史传奇小说,如《向西方》(1855);神话故事,如《水孩儿》(1863)等。历史小说《希帕蒂亚》(1843)则非常流行。

❷ 维克托·莱德勃格(Victor Rydberg,1828—1895),瑞典作家。1874年去意大利旅行,著有《关于保罗和彼得的罗马传说》《罗马皇帝的大理石像》。诗篇《普罗米修斯和阿哈斯维鲁斯》是他的杰作之一,两个主人公代表两种对立的世界观,前者体现了崇高的理想和对邪恶势力的藐视;后者体现了屈从的心理。《最后一个雅典人》(1859)批判逆来顺受的人生观,确信人类有实现自己的理想和推动世界前进的力量。

❸ 显克维奇(Henryk Sienkiewicz,1846—1916),波兰作家,1905年诺贝尔文学奖获得者。虽然他因历史小说《你往哪里去?》(1896)而声名远扬,其主要声望却来自其有关波兰历史的作品,如《火与剑》(1883)。

著作《查里克勒斯》[*Charicles*]和《高卢人》[*Gallus*] ❶ 建立在扎实的学问基础之上。不过这些著作如今已经过时了，但是，没有什么能够取代它们，因为路德维希·弗里德兰德[Ludwig Friedländer][408]的《罗马人的生活和礼仪》[*Roman Life and Manners*]虽然优秀且可读性强，但并不是真正的替代品，如果只是因为现在我们必须要有插图，就像蒙福孔很久以前意识到的那样。

我们在这里也必须考虑那些属于这个过渡时代的许多人物，这些人物虽然处于发展主流之外的边缘地带，但他们毕竟做了一些有益的工作。约翰·施维豪塞[Johann Schweighäuser，他的活动几乎全部属于18世纪][409]住在斯特拉斯堡，与威廉·冯·洪堡保持着联系；将这样一位纯粹的德国人归予法国——一如布隆克的情形——是荒唐可笑的。施维豪塞编辑了许多高产作家的著作，比如阿庇安、波里比阿、爱比克泰德❷、雅典尼戈斯等人的著作，最后又编辑了希罗多德的著作，并提供了非常有用的注释。在编辑这些著作的时候，施维豪塞尽力参考那些手稿。人们不必期待从施维豪塞那里看到文本校勘，但是由于施维豪塞是一位杰出的学者，他也拥有类似卡松本的一些精神，施维豪塞的许多研究方法就直接来源于卡松本。追随

---

❶ *Gallus, or Roman Scenes of the Time of Augustus*，Frederick Metcalfe 英译本于 1895 年在伦敦出版。

❷ 爱比克泰德（Epictetus，约 55—135），古希腊斯多葛派哲学家，认为人生如宴会，人只应在所有提供的东西中有礼貌地拿取一份。

古典学的历史　　**191**

施维豪塞的人没有不钦佩他那种强烈批判意识的。在这里提到但泽的格特利伯·温斯道夫［Gottlieb Wernsdorf］[410]，仅仅是因为他出版了我们在研究黑莫利戊斯❶时仍旧绝对不可缺少的第一个印刷版本，不过温斯道夫并没有亲眼看到该著作的出版，在没有任何帮助的情况下，这本书肯定让他付出了难以形容的努力。温斯道夫的兄弟约翰·克里斯提安［Johann Christian］出版了该书，克里斯提安是赫尔姆斯帖特［Helmstedt］的一位教授，所著《次要拉丁诗人作品集》［*Poetae Latini minores*］的价值在于使人们再一次比较便利地读到这些将被遗忘的诗歌。约翰·格特洛布·施奈德［Johann Gottlob Schneider，这位先生把萨克森（Saxo）❷添加到他的名字上面］[411]是一个我行我素的人。施奈德在其于布雷斯劳❸最终找到职位以前，一直处于饥羸状态，从事卑微的工作［施奈德作为布隆克私人秘书的一段时间是他极度快乐的一段时光］。在布雷斯劳找到职位之后，作为老师的施奈德既不幸福也不成功。施奈德不但对自然科学感兴趣，对古典学术也感兴趣，这就决定了施奈德在解释作家著作方面的取舍，不过施奈德关于色诺芬的注释仍旧是一个权威的文本。即使在今天，假如没有施奈德所编辑的提奥弗拉斯图斯、欧庇安［Oppian］、维特鲁威的著作以及《写农事的作家们》［*Scriptores rei rusticae*］的编校

---

❶ 黑莫利戊斯（Himerius，约315—386），希腊诡辩家、修辞学家。
❷ 因为他出生于萨克森的Collm。
❸ 布雷斯劳（Breslau），波兰西南部城市，现名为弗罗茨瓦夫（Wrocław）。

本，我们的研究就难以进行下去，尽管直到后来，他们的文本才有了坚实的基础。他呕心沥血钻研的希腊词典通过大量的更新迭代间接获得了不朽的地位。该书被和善的弗朗茨·帕索［Franz Passow］[412]扩展了，早年生活在布雷斯劳的帕索对新学术的信徒产生了有益的影响，比如对奥特弗里德·缪勒[413]的影响就是如此，但是帕索本人并没有出版过经得起时间考验的著作。

我们最后来到了19世纪的门槛，在这个世纪，科学完成了对古代世界的征服。学术史必须再次忽略精神和智力大复兴的前辈，古典学术的蓬勃发展是这一复兴的其中一个方面；我们的叙述中毕竟不能包括莱辛[414]、歌德[414a]、赫尔德[415]这些人了。莱辛就其本质来说仍旧是带有人文主义者气质的人，博学的人。他对古代艺术品研究的实际贡献是微不足道的，莱辛对克劳兹❶的攻击和莱辛的喜好仅仅能说明莱辛那个时代的大学学术已经沉沦到何种程度。但是如果没有莱辛的话，诗歌理论就是另外一回事了，特别是给歌剧带来的影响，即使莱辛的视觉艺术和话语艺术理论相当片面，甚至存在大量错误，但长久以来不还是享有标准的权威地位吗？如果没有赫尔德，关于语言起源的研究，关于各个国家和人类整体的有机进化的研究，以及对全世界类似现象的比较研究又如何进行下去？在歌德的希腊研究中，我们看到了

---

❶ 指的是 Christian Adolf Klotz（1738—1771），德国哈雷大学教授。

年轻时代的歌德对美的希腊理想的热忱讴歌。歌德通过温克尔曼的眼光考察了意大利的古代艺术，这就决定了歌德对艺术的一般看法，这些看法与他的科学观念交织在一起。在《普洛皮莱恩》[*Propyläen*]中，我们发现了僵化的古典主义，然而，即使在这里，他仍不时会批判那些希腊狂热者。歌德本人的诗歌体现了那个时代所设想和渴望看到的希腊理想，而成熟的歌德是一个神谕，我们可以从他的意见中看到所有大小事情，包括他同时代的人和他们的作品。

除了这三位人物之外，我们也越来越清晰地认识到还必须添加第四位人物，这就是威廉·冯·洪堡〔416〕——尽管洪堡不具备诗人的气质，即使是在他翻译的古典著作中也没有体现出这种气质。洪堡仅仅在他的信件中轻松简单地表现出了他的智慧，这是一种纯粹的人类智慧，但就洪堡而言，希腊天才是纯粹人性的同义词——希腊天才意味着比人文学科更多的东西。纵观洪堡的一生，他为精神升华而求助于古典，在其弥留之际还念叨着荷马的诗句。我们只要阅读洪堡和维克尔之间的通信就会惊异于他所拥有的深奥知识，洪堡在这些通信中所表现出来的识见超过了维克尔。普鲁士政府政策的灾难性变化剥夺了洪堡管理整个教育体系的机会，尽管不久之后洪堡就建立了自己的大学。但是即使在独居提格尔❶的那段时期，洪堡仍然是一群人的领袖，这些人排除阻

---

❶ 提格尔（Tegel）是洪堡的家族领地，他在去世前的一段时期一直在该地的安宁环境中从事学术研究。

力，成功地把柏林提升到德国知识中心的地位。

施莱格尔兄弟的影响更为直接。非常睿智的弗里德里希·施莱格尔[417]勾勒出下一代人奉为理想模式的希腊诗歌有机发展史。席勒[418]随后提出了"天真"与"感伤"的诗歌理论。这两本书无论多么需要修改，都包含了学者们自己无法阐述的真理。也是在弗里德里希·施莱格尔的鼓励下，施莱尔马赫[419]从事柏拉图著作的翻译。奥古斯特·威廉·施莱格尔[420]对阿提卡戏剧美学趣味的决定性影响持续的时间也很长；他对尼布尔《罗马史》的评论具有更大的价值。不过，这一时期的个人创作并没有取得与某种历史感、对原始信仰和道德的某种同情心理等量齐观的地位。浪漫主义运动追随赫尔德的足迹，将这种历史感和同情心引入学术研究中，作为对批判精神的制衡——当然，为了卸去对权威的盲目崇拜所带来的重负，这样做也有其必要。

最后要讲的一位人物是约翰·弗里德里希·沃斯[Johann Friedrich Voss][421]，一位古典翻译的权威人物，他的名气不可小觑。即使是今天，仍旧有许多人根据沃斯的方法来研究荷马，包括一些本不应该如此的人。毫无疑问，沃斯在荷马语言方面的知识远远高于他的竞争对手，他的荷马语言知识达到那个时代的最高标准，他达到了一种真正和谐的风格。沃斯所编辑的维吉尔的《田园诗》[*Georgics*]表现出了他自己作为土生土长的乡村人所具有的专业知识和感情。在此之外，他后来翻译的作品和他在其著作中做的同类尝试对理解相关诗人并没有做出多大贡献。沃斯对他的同事克劳泽［Creuzer］的著作《象征》［*Symbolik*］的理性主义攻击，除了令人不快外，还由于它的粗暴方式而使其效果大打折扣。

作为歌德和洪堡的朋友，弗里德里希·奥古斯特·沃尔弗[422]最有资格描述由他的导师海涅奠定根基的古代综合科学。沃尔弗创办了一份以德语进行写作的古典学杂志，并把这份杂志献给歌德。这是真正的划时代的事件，沃尔弗对古代总体而言的过高评价可以在那个时代的精神中找到原因。沃尔弗拒绝成为哥廷根大学的学生，除非允许他作为"语文学的学生"就读，这可能源于沃尔弗对与神学有关的一切事情的厌恶。这就是沃尔弗的典型特征，只要实现自己的意图就行。实际上，沃尔弗给学术在一个特别的研究方向上所带来的推动力比他的计划更为重要。德国人仍旧缺乏那种必需的语言学知识，德国人必须对批判性的学术事业本身有所认知，沃尔弗曾就此查考过本特里的著作。就沃尔弗本人而言，虽然他出版了绝非大量的著作，但在这方面的成就并不大。尽管伊曼纽尔·贝克尔在其处女作，也就是对沃尔弗所编辑的荷马著作的评论中显示出他本人或许是一位比较优秀的批评家，但给予他灵感的却是沃尔弗的学说。当沃尔弗的《荷马导论》❶出版时，人们有理由期望备受期待的第二部分将会提供解决第一部分所提问题的方案。但是第二部分根本没有出版，取而代之的是一本对海涅、赫尔德展开恶毒

---

❶ 出版于1795年。

攻击的拙劣著作。《荷马导论》的主要价值不在于它提出了荷马问题,这一问题早就有人提出了,其价值在于它揭示了批注本的重要性——换句话说,就是文本史的重要性。在柏林,身为教师的沃尔弗并未重复令其在哈雷获得卓越声名的那种成功,并且当我们发现他在追随马克兰,并谴责西塞罗一篇又一篇的演讲辞为伪造时,他似乎在竭力愚弄他的同事。沃尔弗在柏林学术圈本该有引以为豪的地位,但这个学术圈在没有他的情况下继续从事自己的工作,或者说有没有沃尔弗都可以。本特里风格的文本校勘的衣钵落到另外一个人身上,这个人一开始是在沃尔弗的影响下进行工作,但后来自己独立地从事研究。

戈特弗里德·赫尔曼[423]终其一生都是一个典型的莱比锡人,他又有萨克森人那种明白无误的理性特征。赫尔曼对其老师弗里德里希·沃尔夫冈·赖兹[Friedrich Wolfgang Reiz][424]抱有敬意。在赫尔曼的记忆中,赖兹是一个能干、谦虚的人,在普劳图斯、李维研究方面取得了一些成就。赫尔曼最初的时候服膺于康德逻辑,并将其视为绝对正确的理论,他也把这种观点采纳为学者从事研究的支撑点。他强烈反对所有其他的办法,认为忽略处于严格限定观点范围之外的任何事情都是正确的,因为他就是在这种观点的滋润下成长的。他的《论希腊语文学校订方法》[*De emendanda ratione Graecae grammaticae*]是一本彻头彻尾的教条主义著作[425],其影响力是巨大的。顺便提一下,赫尔曼习惯用拉丁语来表达自己,仅仅在使用这种语言时,赫尔曼才有他自身的风格。今天，这本书对我们而言似乎和瓦尔克奈的《希腊语起源》[Origines Graecae]一样古怪。他的韵律理论完全基于抽象的逻辑，这本身就足以使它们站不住脚；幸运的是，他关于神话的观点并没有吸引人们的注意。毫不奇怪的是，他关于诗歌的概念、对诗歌的解释在维克尔看来似乎是狭隘的、肤浅的，维克尔总是努力地从整体上看待事情，对于历史学家奥特弗里德·缪勒来说更是如此。但是令人高兴的是，这位赫尔曼先生无论是在个人生活方面还是在演讲室里都如此迷人，可谓与众不同。当赫尔曼高声朗读希腊合唱词时，合唱词的全部美感就会突然呈现在听众面前。赫尔曼是一位勇敢的骑士[preux chevalier，不管从这个术语的哪种意义上说]，他喜欢争斗，并且总是公平地战斗。对赫尔曼来说，语言和韵律是非常真实的，让他的学生感受到他对于它们的感觉，这种能力是他的特殊魅力。当然对于那些不能以他为榜样的人来说，口头的学问太容易成为一件发出聒噪声响的乐器。作为一位批评家，赫尔曼是体系的颠覆者，个人权利的捍卫者——这就是说，以"相异"[Anomaly]反对珀尔森学派所支持的"类比"[Analogy]。这方面的比照在艾姆斯莱的《美狄亚》❶以及赫尔曼对《美狄亚》的评论中得到了最充分的说明。赫尔曼的批评时常离题太远，但这赋予了他举世无双的对索福克勒斯高度成语化的措辞的洞察力。

---

❶ 《美狄亚》(Medea)，古希腊戏剧家欧里庇得斯的作品。美狄亚是科尔喀斯国的公主，擅长巫术，她帮助伊阿宋取得了金羊毛，赢得了伊阿宋的爱情，又因伊阿宋的不忠而杀了她和伊阿宋的亲生子女以图报复。

赫尔曼对文本校勘的贡献表明了一种混合了冒险与运气的推测性修正。荷马、品达和悲剧作家一直是赫尔曼喜好的研究主题。当海涅把他所编辑的有关品达的音韵部分委托给赫尔曼时，这时的赫尔曼还很年轻，当赫尔曼把带有丰富注释的高质量文本交给海涅时，海涅确实很震惊。总而言之，赫尔曼最好的、最有影响的著作属于其早年时期，其中最出色的要数他编辑的《俄耳甫斯》[Orphica]，他在该书中追溯了自荷马到最近的史诗风格发展——这是用历史方法进行研究的一个早期例子。沃尔弗的《荷马导论》诱使赫尔曼从事"肢解"这类分解游戏，尽管赫尔曼对荷马韵律、赫西俄德韵律的研究并没有取得成功，但他关于《伊利亚特》的某些看法无可争议而且影响深远。[426] 我们必须认识到赫尔曼在能力和目标两方面的局限性。然而，无论他所提倡的无知的艺术[ars nesciendi]的应用[顺便一提，就像格劳秀斯的格言"对这些问题的无知是智慧的一个主要部分"（Nescire quaedam magna pars sapientiae est）所表明的] 有多么正确，他自己肯定做得过度了。他的许多学生更是如此。然而，赫尔曼始终坚持认为，在任何特定的情况下，批评者都必须知道他所批评的作家是否能以一些独特的方式来思考或表达自己，这一说法在原则上仍旧是有效的；困难在于我们从不能肯定无误地知晓是不是这样，更麻烦的是，对于我们绝大多数人而言，这种概念不过是美好的愿望而已，就像我们经常说的斯卡利杰的格言："但愿我是一位更好的语法学家！"[Utinam essem bonus grammaticus!]

111 青年赫尔曼的教学激发了许多学生的兴趣,这就注定会使这些学生成名,这些学生又被其他许多学生所追随,以致我们只能论述这其中的一小部分人。无论怎样选择这些人物都会引起争议,但是除了提供这样一份简明大纲外,我们也别无选择了。在时间上最早的有弗里德里希·西阿希[Friedrich Thiersch][427],他在慕尼黑度过了学术生涯。他改革了这里的学校,并把新福音的影响带到了大学。格利图泰克❶的建立,花瓶的收藏,以及后来巴伐利亚❷和奥托国王❸治下的新希腊之间的联系,所有这些把西阿希领入一个更广阔的世界,这个世界比赫尔曼学派的学术所提供的东西还要多,结果是他成为一个具有极大积极影响力的人,虽然他对学术并没有任何正面的贡献。毫无疑问,赫尔曼的学生当中最与众不同的是克里斯提安·奥古斯特·鲁贝克[Christian August Lobeck]。[428]鲁贝克在柯尼斯堡建立了自己的学校。鲁贝克对语言的意义独具慧眼,他的这种敏锐涉及各个领域,这方面的才能让他较

---

❶ 格利图泰克(Glyptothek),19世纪修建的位于慕尼黑的一座新古典主义风格的建筑。由Leo von Klenze(1784—1864)设计,目的是保存Ludwig Ⅰ(1786—1868)所收集的古代、现代艺术品[其中最著名的是Barberini Faun(约200 B.C.)]。Peter Cornelius(1783—1867)创作了这座建筑的壁画。
❷ 巴伐利亚,德国南部的一个地区,原为公爵领地。于公元前15年被罗马人占领,这个地方成了中世纪德国的五个有权势公爵的领地,但是后来被许多势力和政权占领和统治。
❸ 即奥托一世(Otto Ⅰ,1815—1867),希腊国王(1832—1862年在位)。巴伐利亚的路德维希一世(Ludwig Ⅰ,1786—1868)的儿子,17岁时被欧洲列强选中,成为独立的希腊的第一任国王,后为民众起义所推翻。

早编辑的《埃阿斯》[*Ajax*]❶以及弗利尼库斯❷的作品有了价值。在他后来的著作[特别是语法方面的]中[429]，他整理出希腊人自身语法发展的线索。这些著作包含非常丰富的材料，文风也简洁利落，就此而言，这些著作直到今天还有其使用价值，虽然作者写这些书的方法长久以来已为比较语文学所抛弃了——实际上，这种方法就是在当时也很少站得住脚。人们从不会想到在语法学家背后会隐藏着这样一个十分睿智、充满活力的人，而我们会在鲁贝克的许多学术演讲中看到这样一个人。我们可以不断地从鲁贝克博学的著作《阿格劳法姆斯》[*Aglaophamus*][430]中窥探出他那顽皮的幽默，该书的标题暗含讽刺，因为在这本书里，为色雷斯人所信仰并身为毕达哥拉斯老师的俄耳甫斯❸揭示的是在各种秘仪背后，除了欺骗和迷信之外，别无

---

❶ 埃阿斯有大小之分。大埃阿斯是萨拉米斯的特勒蒙之子，作为高大而骁勇的勇士，曾参加特洛伊战争；小埃阿斯是洛克瑞斯的依勒斯之子，作为矮小而傲慢的勇士，曾参加特洛伊战争。这里指的是索福克勒斯的悲剧《埃阿斯》(440 B.C.)。

❷ 弗利尼库斯（Phrynichus，约510—476 B.C.），公元前5世纪雅典喜剧诗人，作品仅存片段。他的历史剧《米利都的陷落》(*The Taking of Miletus*)使雅典人非常悲伤，弗利尼库斯因此遭到了罚款的处罚。据说他是第一个使用女演员的人，也善于使用舞蹈表演。

❸ 俄耳甫斯（Orpheus），传说中的色雷斯诗人和音乐家，太阳神阿波罗之子，善弹竖琴，其琴声能感动草木、禽兽和顽石。他差一点将他妻子欧瑞狄柯从地狱中成功救出。俄耳甫斯教（Orphism）是起源于公元前6世纪的古希腊神秘宗教，它把色雷斯人对扎格列欧斯（Zagreus，宙斯和佩瑟芬妮的儿子，被提坦杀害后再生，改名为狄俄尼索斯）的崇拜与前希腊时代的各种信仰综合起来，并且很快与厄琉西斯神秘教义和毕达哥拉斯教义相融合。

112 其他。年轻人自有其恣意放纵的时候。鲁贝克批判的几个主要目标是杰出的法兰西院士圣-克鲁瓦[Sainte-Croix,他关于记述亚历山大历史的几位历史学家的著作有一些价值][431]、海德堡的豪弗拉特·克劳泽[Hofrat Creuzer][432]。克劳泽的《象征》被誉为大师之作,利用一种"启示"取代了理性主义者所构想的自然宗教,据说这种"启示"在黑暗时代被人们所接受,并通过各种神秘崇拜散播到世界各地。克劳泽本人及其著作的震撼力强大到足以留下深深痕迹并让人们皈依的地步。整本著作适合后来的浪漫主义者的神秘主义学术口味,甚至也迷惑了那些博学者。克劳泽对新柏拉图主义的复兴,尤其是普罗提诺思想的复兴,应受到充分的赞扬,克劳泽有能力对普罗提诺和阿姆布利库斯、普罗克洛的信徒进行区分,克劳泽的影响通过普罗克洛著作的编辑者维克托·库辛[Victor Cousin][433]传播到法国。在海德堡这个多年来一直是浪漫主义运动中心的地方,格林兄弟❶也从中汲取了养分。克劳泽的观点经受得起沃斯《反象征》[Anti-Symbolik]的狙击,但无法承受《阿格劳法姆斯》的重型火炮。克劳泽的尴尬整整延续了一代人的时间;鲁贝克的著作,其博学与睿智同样给人留下深刻印象,仍旧等待合适的后来者对其进行修正,即使鲁贝克的理性主义标签长久以来不再

---

❶ 格林兄弟(Brothers Grimm),德国语言学家、民俗学家。兄 Jacob Ludwig Karl Grimm(1785—1863),弟 Wilhelm Karl Grimm(1786—1859)。兄弟俩合编的《格林童话》(1812—1815)使他们闻名于世,是浪漫主义运动的主要作品。Jacob 的《德语语法》(1819)或许是那个时代最伟大的语法著作。

能赢得人们的支持。鲁贝克缺乏的是历史感，它必须超越新柏拉图主义者的幻想，回到古老的俄耳甫斯教。俄耳甫斯教是改革宗教信仰和崇拜的一种尝试，在俄耳甫斯教之前的宗教信仰是原始的大母神崇拜，不管是鲁贝克还是克劳泽，对此都没有任何概念。

奥古斯特·费迪南·奈克［August Ferdinand Naeke］[434]在英年早逝后出版的两本书可以为他赢得赞誉，因为他在这两本书中提供了那类恰当的阐释：一本是他所编辑的瓦勒琉斯·加图的著作❶，一本是他对卡利马库斯的《赫克勒》［*Hekale*］的复原。即使在最有利的情况下，拯救一部失传的名著都不是一项简单的工作，奈克的朋友和同事维克尔尝试复原普罗米修斯三部曲❷，这肯定鼓励了奈克。奈克那时正在研究希腊化时代的诗歌，在当时人们几乎完全忽略了这些高雅作品。即使在英国，自瓦尔克奈时代以来，人们只是偶尔注意到提奥克里图斯［提奥克里图斯对英国的雪莱和湖畔派诗人❸的影响是明显的］，而卡利马库斯对英国来说还完全是一个谜。塞法拉斯诗选大约也在这一时期由弗里德里希·雅各布[435]

---

❶ 瓦勒琉斯·加图（Valerius Cato，约90—20 B.C.），诗人、语法教师。著有 *Protest*、*Lydia*、*Diana* 等，但他的著作全部遗失，我们对他的了解全靠 Suetonius 的记载（*Gram.*, 11）。

❷ 普罗米修斯三部曲（Prometheus trilogy），指的是古希腊悲剧诗人埃斯库罗斯的普罗米修斯三部曲。《被缚的普罗米修斯》是三部曲中的一部，另外两部已失传，我们只知道其中一部的名字是《盗火者普罗米修斯》。

❸ 湖畔派诗人（Lake Poets），18世纪末19世纪初英国属消极浪漫主义诗歌流派的诗人。

最终出版。顺便提一下，当这些手稿经由巴黎返归海德堡之后，丢失了几页，可能是被人有意撕去的。雅各布终其一生都住在哥达，在相互争斗的各个学派之间都受到欢迎，他生命的最后几年在一定程度上被人们当作泰斗［他于1847年去世］。这个杰出的人就是布隆克所希望的继承人。雅各布在施奈德-萨克索［Schneider-Saxo］著作的基础上出版了埃利安的《动物史》[*Historia animalium*]，另外，他与维克尔合作出版了菲洛斯特拉图斯的《肖像》，以及阿基里斯·塔提戊斯❶的小说。此外，他还编辑了一本令人钦佩的希腊读本，出版了一系列带注释的古典著作，这两者都是供学校使用。在许多篇幅较小的著作中，他把他那一代人所设想的璀璨的古代景象带到了广大公众的视野中。

在使人们更容易接近希腊化时代诗人的过程中，奥古斯特·迈纳克［August Meineke］[436]所起的作用更为持久。在舒尔普弗塔，当迈纳克还是个孩童的时候，他就在该校出类拔萃的校长（虽然非常古怪）伊根［Ilgen］的指导下研究攸弗里昂❷的残篇了。伊根是赫尔曼的老师，也是洪堡的朋友。格莱维戊斯和厄内斯提，以及较为晚近的西阿希、多德莱因［Döderlein］[437]、狄森［Dissen］、诺克［Nauck］[438]

---

❶ 阿基里斯·塔提戊斯（Achilles Tatius），2世纪生活在亚历山大里亚的希腊作家，他的小说 *Romance of Leucippe and Clitophon* 对欧洲小说产生了很大影响。

❷ 攸弗里昂（Euphorion，约275—187 B.C.），希腊诗人，深受卡利马库斯的影响，安条克三世时代（Antiochus Ⅲ，生卒年为公元前242—前187年，公元前223—前187年在位）任安条克图书馆馆长。

和波尼茨［Bonitz］，这些人全是老一辈的舒尔普弗塔学童[439]，也是在舒尔普弗塔，雅恩第一次对考古学研究产生了兴趣。迈纳克后来把他对攸弗里昂的研究并入其著作《亚历山大里亚文选》［*Analecta Alexandrina*］❶中，该书从湮没的记忆中所拯救的诗人何止一人。迈纳克在其不停劳作的一生中三次编辑了田园诗人的著作，我们在这类文学题材中的几乎每一个地方都会发现他的痕迹。但是他最伟大的著作是效仿本特里的方法出版了其所收集整理的《喜剧残篇》［*Comic Fragments*］❷，该书附有一篇模仿伦肯而作的批评性历史论文，但其内容要丰富得多。完全值得羡慕的是，这个学科的学生可以不使用同类材料中的那些较差版本了。[440]迈纳克在其晚年出版了他所编辑的斯特拉波、斯托比亚斯、雅典尼戊斯的著作，它们是在前辈所取得的成果的基础上匆匆出版的，因此，仅仅校正的部分是属于迈纳克本人的——虽然这些校正有很多。到那时，作为约阿希姆斯塔尔高级中学［Joachimsthal Gymnasium］的校长、柏林科学院的成员，他已混迹于和谐的柏林学术圈多年，同时他仍旧是赫尔曼的亲信与爱徒，这层关系他已保持多年。党派斗争的风暴已缓和，但有一段时间碰撞得很猛烈——假如学问之舟不想搁浅的话，就必然如此。

---

❶ 该书出版于1843年，包含Rhianus、Euphorion、Alexander of Aetolia、Parthenius等人的残篇。

❷ 全称是 *Graecorum comicorum fragmenta*，出版于1839—1857年，第一卷包含一篇论述希腊喜剧发展及其代表人物的论文。

1810年，随着柏林大学的建立，柏林可以召集足够的学者来充实这所大学。沃尔弗把他熠熠生辉的名字贡献给柏林大学，但仅此而已。在那些有权向新机构建立提建议的人中，施莱尔马赫[441]可能是最有远见的了，这个新机构成为学术中心［在洪堡所理解的那种"学术"的意义上］——当然它与发展到今天的大学是相当不同的。可以肯定的是，施莱尔马赫的神学不是针对历史研究，而他的哲学是针对历史研究的。施莱尔马赫所翻译的柏拉图著作把作为哲学家的柏拉图的光环抹掉了，同时施莱尔马赫也清除了自柏拉图去世之后发展起来的关于柏拉图形象的不确定之处。施莱尔马赫关于阿波罗尼亚的狄奥根尼［Diogenes of Apollonia］和赫拉克利特的论文唤醒了人们对前苏格拉底哲学研究的兴趣，也是施莱尔马赫的计划促成贝克尔去编辑亚里士多德的著作。海因多夫［Heindorf］[442]的研究几乎从零开始，他把质朴和良好的判断带到柏拉图语言研究和解释之中。海因多夫在柏林的同事斯帕尔丁［Spalding，他早在1811年就去世了］[443]被认为是拉丁学者，因为他出版了昆体良的著作，不过这些同事中最重要的是菲利普·布特曼［Philipp Buttmann］[444]，他那高贵的品质给人留下的印象比作为学者给人留下的印象还要深刻。在布特曼之前，不存在名副其实的希腊语词形变化规则和构词学说。要不是比较语文学的出现，对我们而言，语法将永远保留着布特曼所留给我们的样式。布特曼富有启发性的观念使得鲁贝克看起来似乎只是一位编辑者而已。布特曼的《辞典》［*Lexilogus*］相对于古代的"词源学"是伟大进步，正如布特曼的语法相对于赫洛迪安的语法是同样伟大的进步。在布特曼的《神话学》[*Mythologus*]一书中，有多处以真正的古典风格表明了他对古代希腊诗歌和神话的理解，完全可以与维克尔和奥特弗里德·缪勒相媲美。克里斯提安·路德维希·艾德勒[Christian Ludwig Ideler][445]是柏林科学院的天文学家，他不仅懂希腊语，还懂阿拉伯语，能够把自己有关古代科学的知识应用到对星星、星座名字的有趣探索中，应用到科学天文学和大众天文学的其他主题上。艾德勒最终出版了标准教科书《年表》[*Chronologie*]，这一著作对这类主题的基本原理叙述得相当清晰，至今无出其右者，虽然自那时以来关于历法、天体循环的知识已增加了很多。当我们读艾德勒的著作时，我们认识到这是一位专家花费了很多精力来揭示希腊人在这个领域的全面成就——当然我们总是要设想专家要像艾德勒一样具备某种古典知识的背景。就艾德勒的情况来看，朋友之间的互助精神毫无疑问也起着作用。

116

随着沃尔弗的学生伊曼纽尔·贝克尔[446]的加入，这个群体获得了一位最值得珍视的成员，其实贝克尔本人并没有对这个群体做什么贡献[他仅仅是位名义上的老师]，并且不久之后，贝克尔就到国外从事比较手稿研究这一艰巨的工作了。这些手稿是法国人掠夺来的，当时全在巴黎。贝克尔基于相似的目的又做了多次旅行，之后他出版了一些著作，它们以权威手稿为基础，事实上，到亚里士多德为止的全部阿提卡散文文献都在其中。贝克尔的叙述言简意赅，从不留给读者空洞的言辞，比如他是怎样得到这些文本的，这项任务是困难还是容易——一句这样的废话都没有。请看他在波吕克斯作品上取得的成就。作者没有告诉我们这些拼凑在一起的文本所依据的各种手稿的来源，我们也不怎么需要知道。没人愿意否认贝克尔的注释过于简略，有时在对文本证人的判断上也出现了错误。但是那种声称贝克尔从没有掌握一种完全的文本校勘方法的指责几乎没有道理，因为贝克尔的众多纸草文献例子引导我们回溯到一种折中性的批评形式，在这种实践中，贝克尔依靠的是他非同寻常的对文体的敏锐感觉。假如他能更多地表达他所知道的，该有多好呀！一个口头流传下来的故事说贝克尔和他的朋友曾经一起阅读德摩斯梯尼的著作，这时拉赫曼对一个受损单词提出了推测性复原。大家都同意，唯独贝克尔例外，他保持着沉默。最后，有人向贝克尔说，"难道这不是一个极好的修正？"对于这个说法，贝克尔仅仅回问，"德摩斯梯尼的著作中有这个吗？"至此，他们的所有猜测就结束了。唯一一个让贝克尔做演讲讨论的作家是荷马。甚至在这种情况下，只有涉及语言的要旨时，贝克尔的感觉才是正确的。最后贝克尔以本特里为榜样，以一种更具声势的方式恢复希腊字母digamma[1]，超过了我们的文本原来的状态所能忍受的程度，

---

[1] 早期希腊语中的字母，最初代表 /W/ 这个音，该字母在希腊古典时期之前就已废弃不用了。

因此为更加粗暴的实验［荷兰、英国的一些学者也沉湎其中］凿开了一扇大门。贝克尔在晚年出版了他仅做过校对的大量文本，在很多情况下贝克尔只把他的修正局限于标点符号这类事情，在这方面他是一位伟大的艺术家：那些不同意贝克尔观点的人只能说明其缺乏对语言的理解。贝克尔在真实性这类问题上很少表达任何观点，但是当他这样做的时候，比如在发表对琉善的看法时，其观点的激进令人不安。

这个群体中还有另外一个鹤立鸡群者，就是巴托尔德·格奥尔格·尼布尔［Barthold Georg Niebuhr］[447]，一位伟大父亲所生下的更加伟大的儿子——在这方面尼布尔甚至类似于斯卡利杰。尼布尔仰慕斯卡利杰的著作，并亲自将其提升，使其具有更大的威力。尽管尼布尔在出生时是一位丹麦公民，他却选择普鲁士作为入籍的国家，并在为这个国家进行公共服务的过程中成名，后来不情愿地从岗位上退出。当洪堡四处寻找天才并将其选入柏林科学院时，尼布尔没能提供令人信服的证据来证明自己作为学者的资格。作为院士，尼布尔发表了一系列演讲［不是对科学院同人演讲］，这些研究形成《罗马史》［History of Rome］的核心，该书很快为尼布尔赢得了声誉。在一般公众心目中，该书的主要价值是推翻了王政时期的官方传说［到今天，这一主要价值仍然没变］。自那以后，人们一直关注可能的先驱者，并最终发现了佩里佐尼戊斯［Perizonius］[447a]和路易·德·博福特［Louis de Beaufort］。[448]对尼布尔的贡献，我们似乎要以反面方式进行评价！是的，尼布尔并没有提出沃尔弗在其著作《荷马导论》中提出的那类问题，但是，尼布尔着手要解决的是：首先，传说是怎样产生的；其次，也是更重要的，必须用什么取代它在历史上的位置。我们现在知道尼布尔并没有把他的怀疑主义贯彻到底，并且他的《罗马史》也几乎没有到达那种顶峰，即对事件的连贯叙述开始成为可能。实际情况是，使尼布尔变得伟大的并不是他是一位批评家，而是他本身所具有的政治家品质——尼布尔意识到是什么使民族生活之轮不停运转，他也熟悉政治体系、行政体系的迫切需要，因此把充斥历史书籍的有关战争、名人要人、重要事件的叙述中通常省略的事情考虑进来。尼布尔的经验告诉他，档案比那些最动人的叙述要可信得多，人们在处理历史的时候必须尽最大努力利用每一个细微的证据。尼布尔从世界历史的角度来看待所有的历史。他后来在波恩所发表的一系列古代史方面的演讲，其在学术方面的价值或许并不逊色于《罗马史》。当攸西比戊斯编年史的亚美尼亚语译本被发现的时候，尼布尔能够在他的专题论文中熟练地把这些新发现当即叙述出来。一个幸运的场合使得斯卡利杰成为尼布尔关注的焦点，斯卡利杰这个榜样激励尼布尔谋取柏林科学院❶的支持来完成整理出版各种语言的古代铭文集成［*Corpus*］这一伟业，尼布尔相信这一计划或许

---

❶ 全称是 Berlin Academy of Science。莱布尼茨是德国柏林科学院的创办人和第一任院长。

在比较短的时间内可以完成。在当时的情况下,尼布尔所考虑的只是已经出版的或可以得到的抄本,只是顺便探索一下希腊。后来尼布尔被任命为普鲁士驻罗马的外交使节,这就阻碍了他本人亲自参加这些材料的收集工作,但是当他在罗马的时候,他也尽一切努力来促成这项事业。这一计划的直接结果是《希腊铭文集成》[*Corpus inscriptionum Graecarum*]开始出版,伯伊克负责这一工作,哪怕它干扰了伯伊克自己的计划。虽然这项计划本身是重要的,但是作为柏林科学院组织实施的第一个大规模工程,其意义更加重要。这位热衷于帝国种族的罗马史家,永远不会像洪堡那样,对教皇城市及这个城市所处的受讽刺的状态感到高兴。尼布尔对艺术不感兴趣,但真正能说明这两位伟人之间巨大差异的是他们性格之间的极大不同。尼布尔本人从事的工作是编订详细的目录,记述古代城市的遗迹,并且他的信件也表明,他对当代意大利事务的兴趣源于他想要发现是否可以从这些事件中推断出与古代世界有关的东西。他在各个图书馆的研究有着相同的目的,一个著名的事例是,他一到达维罗纳就发现了盖乌斯❶的著作。安吉洛·迈[Angelo Mai]〔449〕发现了西塞罗

---

❶ 盖乌斯(Gaius,约110—180),罗马法学家,其主要著作《法学阶梯》(*Institutes*)是罗马法所依据的主要信息来源。作者在这里所指的是尼布尔于1816年在维罗纳发现盖乌斯《法学教典》一书的手稿。这是学术史上最著名的发现之一,因为这篇论文不仅是我们对于古代罗马法律甚至是雅利安法律一些最有启发性的方面唯一的知识来源,并且是400年之后不朽的巨著查士丁尼《法学阶梯》的编纂范本。

的《论共和国》[De republica] 和弗朗托❶的著作就点燃了人们的希望，也就是从重写本中找到一些重要的发现来补充现存拉丁文献之不足。尼布尔在梵蒂冈发现了西塞罗演讲辞残篇，在圣盖伦修道院发现了美洛堡德斯 [Merobaudes] [450] 的残篇。尽管尼布尔总是与狭义上的学术研究保持着密切联系，但是他把珀楚尼戊斯 [Petronius] 和昆图斯·克提戊斯 [Quintus Curtius] 划归到3世纪，表明他本人对文体的感觉存在不足，并且更显武断的是他固执地认为《吕底亚，美丽的姑娘》[Lydia bella puella] [451] 以及其他一些类似的诗歌属于古代的范围。不过人们是能够原谅尼布尔的，因为其在晚年曾赞助依据原稿重印拜占庭历史学家的著作，没有出版商能够负担校勘本的出版费用，不管怎么说，在那时都不可能出版校勘过的版本。但是在尼布尔去世之后，柏林科学院本该继续推动这样一项非学术性的事业，最优秀的人才应该为它出一份力。这遗憾地证明：在人们心中，对拜占庭人做这样的处理已经是够好的了。

当伯伊克[452]受命担任新柏林大学职位的时候，他仍旧处于成年后精力旺盛的早期阶段，他一直待在这个地方，直到1867年去世为止。尽管伯伊克来自巴登❷，但他对北德意

---

❶ 弗朗托（Marcus Cornelius Fronto，约100—170），罗马修辞学家，现存他与Marcus Aurelius、Lucius Verus、Antoninus Pius以及其他一些人的通信（2 vols., 1919—1920, Loeb Classical Library），它们对于我们研究罗马帝国时代的生活有着极大意义。
❷ 巴登（Baden），曾经为德国西南部的一个行政区，在19世纪40年代是德国自由主义运动的中心。

志并不陌生,他曾在沃尔弗的指导下学习,在柏林也待了一段时间,在这里,他的声名为杰出的学者所知晓——对他的任命即由此而来。他曾在海德堡大学担任教授之职,当他离开海德堡时,浪漫主义的观点并未与之相伴,他也不信仰克劳泽的《象征》。但是他受到克劳泽的影响,甚至当人们或多或少已忘记克劳泽的时候,伯伊克还与克劳泽保持着交往。伯伊克身上散发着一种气质,准确来说,这种气质并不是哲学家的气质[453],但或许可以叫作毕达哥拉斯式的气质。他被那种认为天文学是物理学和形而上学之源泉的观念深深吸引,这就说明了为什么他的早期著作是研究柏拉图《蒂迈欧篇》和菲洛劳戍斯❶的著作。音乐理论将他引向对韵律的研究,因此也使他对品达开始进行研究。他通常对重量、量度、数字这类事物感兴趣,结果导致他在度量衡、年代学上革命性的发现,在晚年的时候,他又恢复了年轻时代的研究兴趣。伴随这些研究的愿望是对古代世界的生活有全面的理解,或者毋宁说是对古代雅典有全面的理解,此外,就是对各个方面进行探查的能力[如果在研究范围内能够实现这个目标]。我们可以通过伯伊克处理海军文献时所表现出的杰出才能看出他在这方面的能力,但是包含在《雅典公共经济》第二卷中的阿提卡文献[454]则以一种更容易理解的方式表明了这一点。当这本书刚刚出版的时候,它还

---

❶ 菲洛劳戍斯(Philolaus,约480—400 B.C.),古希腊毕达哥拉斯派哲学家,在人类历史上第一次提出地球是围绕着"中心火"运动的理论。

非常新颖，到那时为止讨论任何国家或任何时期的著作都比不上它，以致只有少数一些学者认识到该书的重要性——实际上，该书似乎一直更为学术圈外的人所欣赏。在该书之后，几乎紧接着出版的是品达的书[455]，该书第一次尝试把这些诗歌当作历史文献来研究。其主要价值也就在这里，伯伊克对批注的编辑令人钦佩，对文本的处理方法或许也是极明智的。事实上，文本校勘方法并不是很吸引伯伊克；必须承认的是，伯伊克所编辑的《安提戈涅》[*Antigone*][456]无论在文本还是在翻译中都没有表现出对诗歌的特殊天赋——实际上，语言对他来说并不是重要的事情。他在处理铭文时表现出了相同的优点与缺陷。他对这类主题的解释可谓恰到好处，特别是当这些记录能表现本质属性时；但是对伯伊克而言，铭文所能传授的关于语言发展史的经验属于次要考虑的内容。最重要的是，伯伊克从不愿意接受对于铭文来说同样有效的原则，这个原则已经在手稿领域坚实地确立起来，即人们必须从原稿出发。在早期阶段坚持这一做法是不可能的；后来，当罗斯[Ross][457]把他那令人羡慕的来自希腊的抄本带给伯伊克的时候，伯伊克认为这些抄本是他所需要的全部，但是伯伊克还是拒绝铭文学家所要求的直接从原稿着手的做法。我们会本能地想到伯伊克盛装时令人尊敬的老绅士形象，这也是那幅有名的肖像画展现给我们的形象。在这里我们有一位令人尊敬的贤者，他管理着大学和学院，并向一代又一代的学生传授着他在《百科全书》[*Enzyklopädie*][458]中所制定的全面的科学方法。但是今天我们不再满足于自身的工作完全建立在"获得已经获得过的知识"这一基础上。因此，几十年来，伯伊克所获得的崇高地位是应得的。但是帮助新科学走向胜利的伯伊克是一个相当与众不同的人，另一幅肖像向我们展示了一位斗士，他决心不惜一切代价，完全主动地实现自己设定的目标。他在柏林的第一个为期20年的职业生涯就为他赢得了胜利，也使他结识了非常重要的学生和同盟者。因为伯伊克就像他在年轻时所尊敬的赫尔曼一样把信徒聚集在自己的周围，不管他是否希望这样——不过，尽管他们两人之间一方必须承认另一方是一股应该认真对待的力量，对他们来说却不可能公正地对待彼此。

对雅典财政管理的关注促使伯伊克研究雅典法律，他把雅典法律程序设定为获奖论文的主题，他促成了两位竞赛者也就是伯伊克的两个学生迈尔［M. H. E. Meier］[459]、舒曼❶合作出版了那部重要的著作。虽然迈尔很顺从地跟随他的朋友兼老师的脚印在继续研究，但舒曼多年来在格赖夫斯瓦尔德❷所进行的研究以卓越的成绩覆盖了整个古典学研究的领域。舒曼的《论雅典政治家》［De comitiis Atheniensium］看起来几乎像西格尼戊斯所写，该书所表达的观念与现代的观念似乎十分遥远，但是在当时这本书是人们期待的一本好书。舒曼在书中对古代制度的描述十分明了，他对文献传统

---

❶ 舒曼（G. F. Schömann, 1793—1879），德国古典学家。
❷ 格赖夫斯瓦尔德（Greifswald），德国东北部城市，靠近波罗的海，位于斯特拉尔松东南，于1250年获特许设立。

提供了一份仔细的、明智的记述。舒曼关于语篇的书仍旧是关于这个主题的古代思想的最好介绍。

伯伊克选择修辞史作为另一场征文比赛的主题，事实证明这次竞赛同样产生了令人欣慰的结果，因为它让利奥哈德·斯彭格[Leonhard Spengel][460]令人肃然起敬的《技艺集成》[Συναγωγὴ τεχνῶν]面世，该书决定了斯彭格成功生涯的方向。在对修辞本质和技巧的理解方面，没有人能与斯彭格相比。斯彭格带有解释性注释的阿那克西美尼❶《修辞学》[Rhetoric]以及亚里士多德《修辞学》版本至今仍是这类主题的最好导言[461]，斯彭格也发表了大量简短但很重要的著作。由于斯彭格熟悉阿提卡演说家的技巧，他能够第一个对演说家的可信度做出正确的估计，但很少有人关注他。斯彭格关于亚里士多德和菲洛德莫斯文本的研究则表明他比这个世界上发表过声音的许多学者都要高明得多。

伯伊克最年长的一名学生是爱德华·盖哈德[Eduard Gerhard][462]，盖哈德在为他的老师比较品达的各种批注时眼睛受损，因此到意大利恢复视力。盖哈德在这里并没有继续他对罗德岛的阿波罗尼戊斯、晚期六步格诗[hexameter]

---

❶ 阿那克西美尼（Anaximenes），这里指的是 Anaximenes of Lampsacus（c.383—320 B.C.），不是米利都学派的哲学家阿那克西美尼。希腊修辞学家、历史学家，曾随亚历山大大帝东征，为亚历山大所宠爱。曾写过希腊史、腓力的历史以及亚历山大的史诗，仅残篇存世。作为修辞学家，他是伊索克拉底及其学派的对手。通常认为亚历山大里亚修辞学派包括亚里士多德的著作在内，现在一般也承认阿那克西美尼的著作也属于这一派别，尽管一些人认为阿那克西美尼的著作较晚。斯彭格编辑的阿那克西美尼著作出版于1847年。

结构的出色研究，而是最终成为德国第一位职业考古学家。在多年经验的基础上，他形成了自己的指导原则："对于著名建筑艺术，只见其一者等于什么都没见到，见其一千者才算见到其一。"[*Monumentorum artis, qui unum vidit, nullum vidit, qui mille vidit, unum vidit.*] 盖哈德根据这条指导原则，把精力全部投入藏品分类，并尽可能多地出版碑文。至于那时出土数量非常多的花瓶，也是在盖哈德这条指导原则的基础上进行后续分类工作的。可以毫不夸张地说，盖哈德在其著作《沃尔琴特报告》[*Rapporto Volcente*][463]中创立了有关令人愉快的花瓶绘画艺术的科学研究，如今这种研究几乎已成为一门单独的学科。这些绘画中最吸引盖哈德的不是其艺术品质，而是能从中获得的真实信息。那些"仅仅是美丽的"事物吸引不了盖哈德。不过，他的解释通常是令人遗憾的，他在神话方面的推测也是错误的。然而盖哈德完全靠个人的力量不仅为柏林博物馆成功获得了许多珍宝，他本人最终也如愿以偿地获得了博物馆的任命，培养了一整代考古学家，而且成功地建立了考古学研究所[Archaeological Institute]，这个机构经过很长一段时间酝酿于1829年帕尔斯节那天以考古学通讯研究所[*Instituto di Corrispondenza Archeologica*]之名诞生了。这是把世界上所有文明国家团结在一起的崇高尝试。以大名鼎鼎的杜克·德·吕恩[Duc de Luynes][464]为首的法国人长期以来为它提供了极有价值的帮助，比利时人让·德·维特[Jean de Witte][465]也是如此。长久以来意大利人对这个机构的存在也心存感激，因为这个机构面对着分裂状态的意大利,视国家的统一为当然。丹麦人凯勒曼[O. Kellermann][466]作为这个机构的常驻学者把他短暂的生命贡献给了铭文学研究,尽管英国人不那么积极,詹姆斯·密林根[James Millingen][467]却是该机构的建立者之一,并且与该机构保持着联系。然而这个机构所有的部门头头都是德国人,在弗雷德里克·威廉四世❶仍是皇太子的时候,他就成了这个机构的赞助人,假如没有威廉四世的帮助,这个机构在经济上就会陷入瘫痪状态。最终,这个机构被普鲁士政府接收,随后又被帝国政府接收。在早期阶段,这个机构运转的动力全部来自不知疲倦的、具有说服力的盖哈德,盖哈德的无私奉献为解决每一个困难找到了方法。对这个机构做出巨大贡献的另一位学者是克里斯提安·约西阿斯·本森[Christian Josias Bunsen][468],作为普鲁士大臣的本森是有资格成为尼布尔的继承者的,他对罗马的描述——这是他与尼布尔有关联的另一个方面——或许是其一生中最伟大的成就。考古挖掘为罗马地形学研究带来了很大的动力,像卡罗·菲埃[Carlo Fea][469]、安东尼奥·尼比[Antonio Nibby]、路吉·卡尼纳[Luigi Canina]这类意大利考古学家懂得如何充分地利用这些发现。在德国,不具备碑文知识的贝克[470]出版了令人尊敬的文献材料大纲,这引发了19世纪40年代一场热烈的争论,因

---

❶ 弗雷德里克·威廉四世(Frederick William Ⅳ,1795—1861),普鲁士国王(1840—1861年在位),镇压了1848年革命,并拒绝了法兰克福议会向他提供的皇冠。

为熟悉古代遗迹的那些人特别是路德维希·戊里西［Ludwig Urlichs］[471]和路德维希·普莱勒［Ludwig Preller］感到有责任反对这种片面的研究。长久以来，大家已忘记了所有这一切，而且双方也得到了应有的公正评价。无论如何，过去十年间进一步的深入挖掘已经使得罗马最早期的历史呈现出新的面貌。

直到几十年后，除了偶尔的交流外，该机构才在罗马出版了一些关于东方的东西。来自帕特农神庙的埃尔金大理石雕［Elgin marbles］、埃伊那大理石雕［Aeginetan marbles］和弗盖里亚中楣［Phigaleian frieze］[472]理所当然地在伦敦和慕尼黑找到了各自的归宿，这一切也彻底地改变了当时流行的有关真正希腊艺术的观念。不过这些艺术品远离了它们的家乡，现在的个体旅行者［主要是英国旅行者］是关于这些艺术品的唯一信息来源。在埃吉纳❶和弗盖里亚［Phigaleia］附近发现的东西是其他国家的公民——如丹麦人布隆兹特［P. O. Bröndsted］[473]和波罗的海人❷斯塔克勃格男爵［Baron Stackelberg］——参与的唯一发现。斯塔克勃格关于希腊墓葬的书对这类艺术品给予了关注，特别清晰地表达了希腊精神，不过他也太过分

---

❶ 埃吉纳（Aegina）是靠近希腊东南部的一座岛屿，位于爱琴海的萨罗尼克湾（Saronic Gulf），临近雅典。公元前5世纪时，埃吉纳是一个繁荣的军事城邦，但在被雅典打败以及人口急剧膨胀之后就衰落了。第一枚希腊硬币在此铸造。

❷ 波罗的海人（Balt），讲波罗的海语言的人，指立陶宛人、拉脱维亚人、爱沙尼亚人。

拘泥于《象征》了。布隆兹特关于科斯岛［Ceos］的专题论文引人入胜，但遗憾的是他没有后继者。还要提到的是英国人盖尔［W. M. Gell］和杜德维尔［E. Dodwell］，更不用说查尔斯·菲鲁斯［Charles Fellows］[474]了。菲鲁斯是第一位勘探吕西亚❶岛的人，那里有大量的古迹。但是这些人物在威廉·马丁·里克［William Martin Leake］[475]这位巨人的光环下都黯然失色了，由于里克拥有敏锐的观察力和审慎的判断力，在这一点上他可与多德维尔相媲美，他就为整个希腊和小亚细亚重要地区的地理学、地形学研究奠定了基础。里克也写过雅典地形学方面的著作，并探索了德谟的问题。这两本书都应该被译为德语，但是一开始，它们只在少数人那里得到了应有的欢迎和使用，作为后续研究的起点。❷ 这时大家所关注的是希腊独立战争，学识渊博的观察者和志愿者蜂拥至希腊，《摩里亚半岛探险》［*Expédition de la Morée*］也在这时出版了，该书的伯罗奔尼撒半岛地图是优秀的，还对这个国家进行了描述。不久之后，两位德国人路德维希·罗斯［Ludwig Ross］和海因里希·戍里西［Heinrich Ulrichs］[476]就在新雅典大学获得了永久职位。戍里西去世时只留下为数不多的地形学著作，但它们是一流的著作。罗斯在其对王室

---

❶ 吕西亚（Lycia）是小亚细亚西南部临近爱琴海的一个古国，早期被波斯和叙利亚统治，于1世纪被罗马帝国兼并。

❷ 这里指的是里克的《摩里亚漫游》（*Travels in the Morea*，1830）和《北部希腊漫游》（*Travels in Northen Greece*，1835）。摩里亚是中世纪和近代初期伯罗奔尼撒半岛的名称。里克把其所收集的古代大理石艺术品捐给了大英博物馆。

旅行和他本人的爱琴海诸岛旅行的记述中向公众展现了一幅生动的希腊画面，他在这些地方看到的铭文要么由他本人亲自出版，要么就是这些铭文的副本被送给了伯伊克；他曾是赫尔曼的学生，他在历史方面缺乏训练一事也逐渐变得清晰起来。所有这些努力所带来的影响扩大了当代学者的视野，希腊土地和希腊人民进入他们的认知范围，结果是这些学者不再仅仅梦想看到罗马了。因此，奥特弗里德·缪勒前往希腊，再也没有回来过。对我们这些学者而言，他的沉睡之地成为朝圣之地。同样，在希腊的旅行也给了维克尔新生。

弗里德里希·格特利伯·维克尔［Friedrich Gottlieb Welcker］[477]学术生涯的转折点发生在他访问罗马期间，在这里他受到了洪堡、洙格的影响。维克尔对古代艺术和古代诗歌的热爱是一样的，这在本质上足以使他变得与众不同。他与自己在波恩的同事尼布尔的关系一直不太密切，他也没有对伯伊克表现出太多的真正的共鸣，但他们对赫尔曼的共同反对使他们团结在一起。当维克尔发表了他的埃斯库罗斯的普罗米修斯三部曲时，冲突已不可避免，该书增补卷是一本关于萨提尔剧［satyric drama］的书。该书包含了大量学者感觉有必要去谴责的东西，其副标题"莱姆诺斯岛上的卡贝罗伊崇拜"［Die Kabirenweihe auf Lemnos］就暴露了令人不安的《象征》弱点。维克尔研究埃斯库罗斯三部曲的总体要旨以及他努力穿透表面现象而深入研究希腊天才［这种天才，我们在传说、诗歌和视觉艺术中都可以清晰地看到］的尝试，一开始完全不在学术界的精确研究范围内,尽管后来人们注意到了这些东西。各种各样的抒情诗人的残篇逐渐被收集在一起。维克尔本人除了收集埃尔克曼❶的残篇外,还收集了其他一些诗人的残篇。维克尔接下来的著作讨论了史诗集成和在人们看来与之相关的希腊悲剧诗人,其著作中丰富的材料和大胆的想象给人们留下了深刻印象;每一堆残篇在他看来都是一个连贯的整体。充满无穷能量的维克尔使他那些在希腊旅行的同伴筋疲力尽,当这位57岁的学者最终踏足神灵们的故乡时,他感到四周都是这些神灵的身影:这些神灵不仅仅是象征或抽象意义上的,还具有活生生的力量。

卡尔·奥特弗里德·缪勒[478]的旅行路线和维克尔相同,但他心目中有着其他的计划,当维克尔路过克洛诺斯山丘时❷,他曾向缪勒的坟墓奉献祭品,并流下热泪。缪勒是伯伊克最为得意的学生,也是被命运宠坏的孩子。缪勒20岁刚出头就继承了海涅的教席,很快他就受到了乔治亚·奥古斯塔大学❸显要人物的青睐。当缪勒访问英国时,他立即发现这个社会有轻视德国人的传统,但这并没有使他不快,他给人们留下的印象可由以下事实得到说明:他的《希腊

---

❶ 埃尔克曼(Alcman, 650—590 B.C.),斯巴达抒情诗人,是最早的多里安合唱诗歌的词作者,为斯巴达节日创作合唱诗歌。现存最长的残篇是1885年发现的 *Parthenion/Maiden-song*。其作品清新多彩,富有想象力。
❷ 缪勒患黄热病在雅典去世,后葬于克洛诺斯(Colonus)山丘。
❸ 乔治亚·奥古斯塔大学,这里指哥廷根的Georgia Augusta University,即著名的哥廷根大学,由乔治二世(George Ⅱ,1683—1760)于1734年开办,于1737年正式招生。不久就成为一座著名的学府,培养出格林兄弟、俾斯麦等一批伟人。

文学史》[History of Greek Literature] 原本是为英国公众而写的。❶ 当汉诺威王朝那位做伪证的国王驱逐七位哥廷根教授时[479]，缪勒在这件事上相当无所畏惧地表达了自己的观点，他完全没有想到，他竟然得到了他旅途中想要的一切便利。出版任务对他来说从来不是一件烦人的事情。他发现从一个主题转变到另一个主题是非常容易的，无论主题之间的差异多么大，除了主要进行历史研究外，他还设法编辑了菲斯图斯的著作，让伯伊克惊讶的是，他还去角逐了柏林科学院举办的关于伊特鲁里亚人的有奖论文竞赛，最后他还写了《希腊文学史》。该书不仅是现存最耐读的著作，而且是这类著作中唯一真正的历史著作，本哈迪[G. Bernhardy][480] 那本笨重的著作不具备上述两个特点，贝尔克[Bergk] 的著作仅仅是有关各个单独问题的论文集。缪勒匆忙编就的《科学神话绪论》[Prolegomena to a Scientific Mythology] 是历史研究的自然衍生物。缪勒的博士学位论文表明，早在那时他就注意到希腊人不是由同质的人群构成的，而是具有不同天赋的种族混合而来；缪勒的最大成就是追溯了这种种族混合对希腊人历史、社会结构、信仰和传说的影响。❷ 通过这样做，他一劳永逸地为他们的早期历史奠定了坚实的基础。实际上，他从来没有达到重点，即雅典人和爱奥

128

---

❶ 缪勒是第一位访问英国的德国古典学家。
❷ 缪勒把古代世界"民族"描述为"种族"的理论被20世纪30年代的德国法西斯利用，法西斯分子把希腊人与雅利安人的血统相联系，但剔除了希腊人与闪族人之间的关系，这并不是缪勒的原意。

尼亚人，因此低估了他们——但是他从希腊寄出的信件表明他修正了对雅典人和爱奥尼亚人的评估，或许他也准备重新考虑他所持有的认为希腊文明是彻底的土著文明的信念。缪勒的早逝给这项事业带来了沉重打击，他是在工作中去世的，甚至他最后的研究也有助于我们理解希腊英雄时代的历史。

缪勒相当精通文本批评，这点是维克尔做不到的。但是，缪勒发现对文本校勘的完全投入是令人反感的，以他的性格，缪勒迟早会与赫尔曼发生冲突——事实上，赫尔曼已经挑起了这场争执。赫尔曼不仅攻击维克尔的《普罗米修斯》，而且没有赞扬狄森[481]所编辑的品达著作。狄森是缪勒的同事，也是伯伊克、拉赫曼、维克尔的朋友，他渴望得到表扬，并从朋友那里得到了比他应得的更多的赞扬。但是赫尔曼对伯伊克《希腊铭文集成》第一卷的攻击引起了别人极度的恶感，激起了热烈的争论。因此，当缪勒发表他所编辑的《欧墨尼得斯》[*Eumenides*]，触碰了赫尔曼最精心保护的禁区时，爆发公开的争议也就不奇怪了。双方都有不合格人士在煽风点火。当我们冷静地反思这一事件时，能够发现这是一场毫无意义的争执。赫尔曼无力对伯伊克的艰辛工作做出评判；赫尔曼也不能理解缪勒深邃的观察，或者仅仅把缪勒的睿智观察当作无聊的事情。[482]另外，在大多数情况下赫尔曼的指责毫无疑问是对的——不仅仅在对某个段落解释的指摘上是正确的。事实上这两位学者之间是互补的。赫尔曼就像一个古老地产的管家，他担心新一代人可能会让它走向毁灭。古代研究这门新科学已经成熟了，这本应如此，但是古代研究脱离语言知识这一安全港湾的危险一直伴随着我们。这就是我们必须把这场争执一直生动地保留在记忆中，并不断地聆听赫尔曼的幽灵发出的警告的唯一原因。这场学派之争的重要意义在于，它标志着一个无可比拟的硕果累累时代的结束。缪勒去了。维克尔一直是一位孤独的人物，但像以往一样保持充沛的精力，不过他用力最勤的是写作一本关于希腊神话的伟大著作。该书于1862年出版，但对那一代人几乎没有什么影响。精力不见衰减的伯伊克继续他的事业，但他让别人完成《希腊铭文集成》这项工作，这些人最多能用那些陈旧的方法来完成这项工作，伯伊克最后出版的关于多个主题的著作已经远远偏离了正轨。赫尔曼的批评变得越来越有火药味了。在自己所编辑的彼翁❶、莫斯库斯❷的著作中，赫尔曼出于个人的独断把诗歌进行分段❸，因此开创了一个不良的先例，其实赫尔曼本人

---

❶ 彼翁（Bion），鼎盛于公元前100年左右，古希腊田园诗人，模仿提奥克里图斯的风格，作品仅有《哀悼阿多尼斯》（*Lament for Adonis*）残篇传世。雪莱的《阿多尼斯》（*Adonis*）就是模仿《哀悼阿多尼斯》而作，著名女诗人勃朗宁（Elizabeth Barrett Browning, 1806—1861）把《哀悼阿多尼斯》翻译成了英文（1833）。

❷ 莫斯库斯（Moschus），鼎盛于公元前150年左右，古希腊田园诗人，属于提奥克里图斯派诗人，生活在亚历山大里亚，其作品仅有残篇留存，如《欧罗巴》（*Europa*）以及《爱，失控者》（*Love, the Runaway*）等。

❸ 分段（Stanzas），诗歌分段的一种方法，由两行或更多行构成一节，通常以有相同音步、节奏和行数为特征。

并不熟悉手稿传统,也没有验证作者身份的问题。在编辑《巴奇德斯》[Bacchides]时,赫尔曼回想起他年轻时曾出版的《三块钱一天》[Trinummus,1810]❶,里奇尔就是根据这部作品将赫尔曼看作堪与本特里并称的评论普劳图斯的第一人。[483]但是到目前为止,除了里奇尔本人,没有其他人在普劳图斯的问题上拥有发言权。以后的时代并不缺乏秉承这两个学派传统的学者,其中一些还是非常重要的人物,我们会在后文适当的地方提到他们。但是关于希腊人,他们除了依赖其先辈的成就,几乎没有做出任何贡献。

另外,拉丁研究在长时间被忽略之后再次引起人们的注意。但这种研究的复活几乎完全局限于语言学术研究方面,就是其他研究领域也特别强调语言。这方面的领袖人物是卡尔·拉赫曼、尼克莱·马德维希[Nicolai Madvig]和后来的里奇尔。

拉赫曼[484]在哥廷根学习,但实际上是和一群朋友在一起自学,他无疑是这群人中的出类拔萃者。从本质上说,拉赫曼受浪漫主义者的影响,尽管乍看起来拉赫曼与他们似乎没有什么共同之处。拉赫曼很快就出版了普罗佩提乌斯的著作❷,在书中,他对所有的换位进行了彻底的清理,同时彻

---

❶ 《巴奇德斯》《三块钱一天》均为罗马喜剧作家普劳图斯的作品。
❷ 该书出版于1816年,这时作者刚刚23岁,所以本书作者说"很快"。

底清除了试图使文本风格变得流畅却损害了文本的笨拙尝试。沃尔芬布特尔附近的图书馆❶提供了唯一值得依赖的手稿；拉赫曼会从其他地方得到各种他认为合适的读本，然后剩下的工作就是校订，再加上武断地对书籍进行新的划分。拉赫曼后来出版的卡图卢斯著作是任何刚刚涉猎卡图卢斯的人都弄不明白的谜。该书试图从文艺复兴时期的各个副本中逐页地重建那将卡图卢斯诗歌保存下来的唯一手稿。豪普特［Haupt］随后提出了正当的理由，虽然这个理由极其圆满，但有欺骗性，因此需要一个武断的命令才能让人接受它。但是修订的原则是正确的。原因之一在于：拉赫曼以自己的方式复原该书是一个成就，即使在当时人们很少理解这一原则，更不用说遵守这一原则了。拉赫曼对于希腊韵律这一主题的两个贡献是在他出版普罗佩提乌斯和卡图卢斯的著作期间做出的。如果不是这些工作产生了不好的结果，对于它们以及蕴含其中的数字游戏，我们可以愉快地略过。他已经是当时早期德国文学领域公认的活着的最伟大的文本校勘大师，在这个领域他有不朽的名声，他的柏林朋友就邀请他处理像盖乌斯文本、《阿格里蒙索斯》［*Agrimensores*］这样特别难以处理的文本。拉赫曼表现得相当好，而曾经称拉赫

---

❶ 沃尔芬布特尔（Wolfenbüttel），德国城市。书中提到的图书馆是所谓的公爵图书馆。1432—1753年该地为Brunswick-Wolfenbüttel诸公爵所拥有，著名的公爵图书馆就坐落于此地，这座图书馆建于17世纪，藏书大约有350000卷，其中包括1500年之前的古书3000卷，手稿8000多卷。莱布尼茨和莱辛都做过该图书馆的馆长。

曼是"最伟大的语言大师"的蒙森断言说:"他的修正非常出色——要是他对这个主题有所了解就好了!"作为一名虔诚的新教徒,拉赫曼追随本特里的足迹,尽力向教会提供一本可以流传的《新约圣经》[485]文本来取代标准文本[textus receptus]❶——这份标准文本是偶然与怪想的产物,其中每一个字都被正统教会认为是神圣的。拉赫曼摈弃了这份令人敬畏的文本,并以最古老的手稿和杰罗姆的作品为基础,编撰了东方教会奉为经典的文本。拉赫曼知道在他这样做的时候,无论如何都不会回溯到《新约圣经》作者的手稿那里。拉赫曼有意从保守观点出发,让一些讹误保留其原来的样子。因此他对校订本❷和修订本❸做了严格的区分[这种术语的区分要归功于拉赫曼],并在前言中陈述了他的这一原则。很明显,文本历史的大部分内容有待人们去书写,但奇怪的是我们发现拉赫曼忽略了无数的古代引文。令人悲伤的是,拉赫曼过早地去世了,在去世前不久他出版了带注释的卢克莱修著作[486],我们大家都可以从这本书中学到批评的方法,这本书也是需要每一位学生去深思的。拉赫曼认为,诗歌起源的传统证明他通过假设同源异形词和分离残篇的存在对连续性中的许多断裂的解释是正确的。毫无疑问,拉赫曼在这方面走得太远了。另外,他认识到《马可福音》比其

---

❶ 《新约圣经》的希腊语文本,这是16—19世纪晚期标准的印刷版本。

❷ Recension,校订本,通过结合几个源本中最合理的因素来对某个文本进行评判性的修订。

❸ Emendation,修订本。

他两部对观福音书❶要古老[由此,对观福音书必定是以《马可福音》为基础的],这一观点是应用比较分析方法的胜利。拉赫曼将《伊利亚特》分解为多首独立的短诗,是仿照他早先对《尼伯龙根之歌》的分解。两者都风行一时,但都没能经得起时间的考验,因为这两者缺乏只有进行历史研究之后才能奠立的基础。假如没有拉赫曼的话,我们将会怎样?无论如何我们都不应忘记拉赫曼所取得的成就。拉赫曼的个性和演讲对他的听众有着极大影响,有时甚至使这些听众失去理智,有时又诱惑这些听众做出奇怪的尝试去模仿他。我们必须摆脱拉赫曼的约束,但只有按照他自己的规定,首先心甘情愿地服从他。

马德维希[487]也是完全自学成才的一个人,他出生于博恩荷姆❷,后来在丹麦政府中担任最高级别的官职。马德维希的《校订李维》[*Emendationes Livianae*]以及他编辑的西塞罗著作《论目的》[*De finibus*]使他的伟大给我们留下了第一印象。马德维希是研究古典时代罗马散文的大师,他强烈谴责德国学术著作陷入肮脏的境地,这一行为值得称赞。马德维希像拉赫曼一样决心追溯真正的手稿传统,不过,在处理李维《罗马史》第3部10卷时,他屈服于这样一种错误

---

❶ 四福音书中除《约翰福音》以外的另外三部福音书(《马太福音》《马可福音》《路加福音》)取材、结构、观点大致相同,可联系起来对照观看,被称为"对观福音书"。

❷ 博恩荷姆(Bornholm),丹麦东部岛屿,位于瑞典附近的波罗的海,在17世纪成为丹麦的一部分之前,曾被丹麦、瑞典和吕贝克商人统治过。

观念的影响：所有的权威都要建立在最古老手稿的基础上。马德维希感兴趣的是语言科学，虽然马德维希的兴趣非常广泛、专深，但在我们看来马德维希首先是一位天才的语法学家，他以一种严格的逻辑方法从古典用法中推断出拉丁句法的规则。广义地说，这种方法适合正规的散文语言，尽管不适合诗歌语言——不过那时，马德维希通常回避诗歌。实际上，马德维希对阿提卡散文的掌握是不能与克贝同日而语的，虽然克贝和其他一些人用了恶毒的语言来批评马德维希的著作《杂录》[Adversaria]中的许多错误，甚至是韵律方面愚蠢可笑的错误，但这些批评是相当不公平的。马德维希对希腊散文作家如柏拉图和普鲁塔克文本的校正被认为是任何一个普通学者著作的重要组成部分。对马德维希而言，这些著作仅仅是副产品。在其他不同种类的著作中他所得出的一些结论自那时起已成为人们的共同财富——比如，关于国库司库阿斯库尼戊斯❶和格拉尼戊斯·里希尼阿诺斯[Granius Licinianus]〔488〕的研究就是如此。马德维希在晚年所出版的关于罗马国家行政、宪法的书，其所使用的方法与材料哪怕在19世纪80年代都已存在很大不足，但我们很高兴地忽略这一点。马德维希是一位伟大人物，混合

---

❶ 罗马历史上有两位比较著名的Asconius。一位是Ouintus Asconius Pedianus（3—88），罗马作家，擅长历史、文学研究，也是西塞罗著作的评论家；另一位是Tiberius Catius Asconius（全名是Tiberius Catius Asconius Silius Italicus，约25—101），拉丁史诗作家，曾在政府中任职。这里指的是前者。

了奥林匹亚式的沉着和清晰的判断，这可以激起彻底的自信。他唯一关心的是对真理的追求，他直奔真相，因此他的影响不局限于当下的听众和他的同胞。马德维希属于多才多艺的人，因此从没有想过要形成一个学派。

在气质、才能和性格方面，弗里德里希·里奇尔[489]是一位完全不同的人物。里奇尔在哈雷学习时受克里斯提安·卡尔·莱斯西[Christian Carl Reisig][490]的指导，但是莱斯西的早逝使人们难以判断在其比较成熟的著作中他是否能成功地达到自己的目标，尽管莱斯西是一位令人佩服的老师。里奇尔的第一爱好是希腊语。他在讨论奥鲁斯[Orus]和俄里翁[Orion][491]时就已明显地表现出他的辩证技巧，这解释了为什么人们长久以来接受他的错误发现。考虑到年代因素[1838]，里奇尔对《荷马史诗》的庇西特拉图校订本❶、对亚历山大里亚图书馆和历任馆长的研究是出色的，这些著作中所包含的一些有关希腊史诗发展的不经意的评论是相当恰当的。[492]这一时期，普劳图斯著作晚近的一部手稿中有某些东西将他的思想引向一个新的方向。普劳图斯是当时里奇尔学术活动中最富有成果的一个部分，他另外一部比较重要的著作是关于瓦罗的文学生涯的。就在希腊研究能给他带来帮助从而更好地钻研普劳图斯时，他完全放弃了希腊研究。里奇尔最先利用了迈[Mai]所发现的安

---

❶ 庇西特拉图（Pisistratus 或 Peisistratus），雅典僭主（560—527 B.C.），以其鼓励体育竞赛和对文学的贡献而闻名。他曾编订过《荷马史诗》的正式文本，被称为"庇西特拉图校订本"（Pisistratean recension）。

莫伯洛细安重写本。❶在一封从米兰写给赫尔曼的信中，里奇尔第一次沉浸在发现和创作的喜悦中，概述了他一生的工作计划。在研究语言和韵律时，里奇尔是小心谨慎的，他把本特里和赫尔曼当作楷模。在这方面，要做的事情还有很多。里奇尔认识到他必须重构古代拉丁语❷，他也必须以一种与斯卡利杰完全不同的方式来重构。里奇尔注意到铭文的重要性，有一段时间曾和蒙森一起共同研究铭文。那时可以获得的古风时代的铭文全部加在一起也不多，而且里奇尔回避了意大利方言。尽管当今发生了如此多的变化，但是读者仍对里奇尔的《普劳图斯的次要著作》[*Parerga Plautina*]和他为《三块钱一天》所写的导言感到着迷。虽然里奇尔的批评者反驳他，但是假如没有里奇尔的话，他们的著作恐怕是难以完成的。难怪人们被如此精彩的观察所感动。九部作品很快相继问世，然后就结束了。里奇尔又活了22年，在这期间由里奇尔开创的对普劳图斯的科学研究继续前进，并取得更大的胜利，这主要是缪勒[493]的功劳，一位优秀的判断者已经证明缪勒所掌握的拉丁语知识几乎是无与伦比的。缪勒在与其同事奥托·雅恩[494]那场可悲的争论之后，离开波恩来到莱比锡，这时的里奇尔已堕落为教书匠，在那里年复一年地重复其陈旧的课程。一

---

❶ 安莫伯洛细安重写本（Ambrosian palimpsest），1815年迈在米兰的Ambrosian Library所发现的普劳图斯著作的一份重写本。

❷ 古拉丁语（Old Latin，又叫Archaic Latin），最早的拉丁文文字，有记录的铭刻最早出现于公元前6世纪，在文学上则广泛应用于公元前3世纪中叶到公元前1世纪中期。

位支持者曾预言波恩古典学派将要结束了，结果证明这个预言错了，因为这个学派直到里奇尔的两个弟子布希勒［Bücheler］、戊森内［Usener］[495]那里才达到顶峰。但是作为教师的里奇尔是无可匹敌的，他有意着手组建一个学派，这几乎不可能不引起回应。他的成功不仅可由他的弟子数量得到证明［《纪念弗里德里希·里奇尔论文集》（*Symbola in honorem Frederici Ritschelii*）[495a]是第一本学派类型的杂文集，或许会有人怀疑该杂文集的正当性］，而且这些信徒都虔诚地追随老师的足迹也证明了里奇尔的成功，只有最优秀的学生才有能力摆脱老师的影响。在里奇尔身上还有一些非比寻常的东西，使人联想到斯卡利杰，这就是里奇尔根据主题的需要来提供方法的能力，他把各个特殊的研究领域分配给其他学者，为学者设定主题进行研究。因此，约翰尼斯·瓦伦［Johannes Vahlen］[496]收集恩尼戊斯的残篇，奥托·里贝克［Otto Ribbeck］[497]研究的是拉丁剧作家，鲁道夫·胥尔［Rudolf Schöll］[498]研究的是十二铜表法，奥古斯特·威尔曼斯［August Wilmanns］[499]出版了瓦罗的语法残篇，奥古斯特·莱佛施奈德［August Reifferscheid］[500]出版了苏维托尼戊斯的著作。特别重要的是，这些研究活动没有一项是属于希腊研究这一领域的。维也纳学院决定编校拉丁教父的作品也可归功于里奇尔的影响。

就里奇尔学派而言，文本批判就是一切，拉赫曼和马德维希也抱有类似的偏见，更不用说克贝了，赫尔德也是如此。结果，学术研究越来越接近于推测性的修正。基于常常脱离研究主题的某些理由，古典作品遭到肢解，将所有著作斥为伪造的习惯为祸更烈了。对"方式与方法"的依赖达到毫无限制的程度，许多人把这种方法视作魔法棒：只要借力于这种方法，每一个藏有珍宝的房间的大门都会被轻易地打开。不幸的是珍宝时常是赝品；最糟糕的是这些谬误给学术发展带来的负面影响难以消除。那个时期在期刊以至文本里提出的千种猜测中，如果有一个是正确的都算是乐观的估计了。移除文本中的衍文在希腊悲剧作家以及西塞罗的著作中泛滥起来。荷兰人皮特鲁·霍夫曼－皮尔卡姆［Petrus Hofman-Peerlkamp］[501]曾把贺拉斯的著作重新改造以适合自己的逻辑观念，他现在则发现一些热情的模仿者。拉赫曼对数字的隐秘功效的迷信，赫尔曼对诗节对应❶的过分强调都被应用到对悲剧对话以及塞涅卡戏剧的研究中，天知道还会有其他一些什么东西。结果人们只好去寻找这种"划分"，它似乎可以一举解决赫西俄德、提奥克里图斯著作中的所有关键问题，甚至解决提尔泰奥斯❷和普罗佩提乌斯哀歌中的所有关键问题。不幸的是，似乎没有什么方法可以消除这种对数字的迷信，它似乎总是以新的形式再次突然出现。下述说法听起来或许令人不快，对于这些自以为是的相信方法的人，唯一可能的结论是，他们既完全缺乏历史感，也缺乏对可能性的认

---

❶ Strophic，诗节，尤指古希腊诗歌中的第一诗节。
❷ 提尔泰奥斯（Tyrtaeus），公元前7世纪的希腊哀歌体诗人。

知。他们最后的想法是要进入他人的内心世界，但是这些人几乎不花时间让自己去熟悉他们研究对象的言辞，就急忙修正著作了。他们唯一的借口是那古老的信念：古典文学的绝对完美仍旧是不可动摇的，因此当在这些著作中发现大量他们无法欣赏的东西时，就得出结论说存在一些错误，这些错误需要纠治——如有必要就用烙铁，也可以用刀。这一切在贺拉斯和索福克勒斯的著作中看得最清楚。

用一般的方式就足以描述这种趋势了，就像欧里庇得斯所说的，人们不要再打扰逝者了。我们只需简单地提一下那个时期的其他一些学者，他们做了具有持久价值的工作，而且数量相当多。我们首先要看的是英国人和法国人在这方面的贡献。这两个国家在输入语言学术研究方面一开始是缓慢的，尽管当今的英国仍旧有语言研究的信仰者。唯一一个真正能与克贝相提并论的英国人是查尔斯·巴达姆[Charles Badham][502]，尽管巴达姆的学术贡献集中在柏拉图研究上，他在英国从没有确立稳固的地位，最后在澳大利亚作为古典学的领袖人物结束了一生。同时，人文主义继续存活于人文学科之中，人文学科是大学教育的主要组成部分——在一个教会管理的外在形式仍然存在的体系中，学者成为主教，未来的内阁部长可能会因为他的希腊诗歌而迈出政治阶梯的第一步。在英国，人们以这种方式促进了学术的健康发展，促使人们献身于古典学术事业。在这里，人们不再因为维吉尔不是荷马那样的人物而怀疑他的价值了。尽管我们可以指出在艾姆斯莱、多布利去世与18世纪70年代之间，英国没有伟大的领袖人物,但不可怀疑的是,这时的英国在古典学的一般理解和解释方面还是有许多地方值得学习——尽管仅仅是古典学——值得学习的地方比在德国普遍认为的要多得多。肯定也有一些稀奇古怪的学术研究,不过即使它们可以给我们一些教益,许多本身毫无价值的东西可能对更广泛的公众有用。旅行者和挖掘者对考古学的发展做出了很大贡献,比如在哈利卡那苏斯和克尼杜斯❶就是如此。克尼杜斯的发现者查尔斯·牛顿勋爵〔503〕曾对他的旅行做过像罗斯一样的令人着迷的记述。但英国人并没有研究艺术史的兴趣。

在法国,在第一帝国和王政复辟时期的教育制度下,对古典的兴趣是不被鼓励的,天才商博良[J. F. Champollion]〔504〕创造了埃及学❷,甚至更年轻的一代德国人都致力于向闪米特

---

❶ 克尼杜斯(Cnidus),古希腊时小亚细亚城市,位于今土耳其亚洲部分的西南,以其富有、宏伟建筑与雕像著称。

❷ 文艺复兴时期的埃及研究主要通过古典作者的叙述进行。古典作品有希罗多德《历史》第二卷、普林尼的《自然史》、普鲁塔克的《伊希斯与奥西里斯》。这时学者的主要兴趣是与基督教有关的秘术(hermetic)、诺斯替教(gnostic)和赫耳墨斯神智学(hermeticism)。这时人们对象形文字感兴趣。早期基督教作家如 Cassiodorus、Rufinus 曾提到象形文字纯粹是一种被埃及祭司用来预测神意的表意文字。人们对象形文字的兴趣是由 Cristoforo de' Buandelmonti 于 1419 年在 Andros 购买的 Hieroglyphica 手稿激起的,这份手稿被认为是 Horapollo 所作。另一位注意到象形文字的早期旅行家是 Cyriac of Ancona(1391—1452),他曾在 1435 年游览埃及,并为 Niccolo Niccoli(1363—1437)复制了象形文字铭文。Ficino(1433—1499)高兴地把 Horapollo 当作埃及神秘主义的主要来源。Horapollo 与新柏拉图主义关系也很密切,曾被当作深奥智慧、寓意画的来源。Horapollo 也影响了 *Hypnerotomachia Polifii*(1499)。Horapollo 著作的第一个印刷版本是 Aldus 在 1505 年出版的,(转下页)

研究❶的开创者西尔维斯特·德·萨西［Sylvestre de Sacy］[505]学习。另外，罗曼语语文学之父弗里德里希·克里斯提安·狄尔兹［Friedrich Christian Diez］[506]和伊曼纽尔·贝克尔[507]出版了普罗旺斯和古老的法兰西史诗的编校本。希腊研究也从德国传入法国。这时，令人尊敬的出版商菲闵·狄多［A. Firmin Didot，他本人曾写过关于阿杜斯·曼纽提斯和马苏鲁斯的著作］[508]开始以古老方法出版带有拉丁译文的一系列希腊古典著作，保留拉丁译文是其特色。狄多主要从德国招聘他的编辑——附带一说的是，克拉伦登出版社❷也经常从德国招募编辑——到目前为止，这套丛书

（接上页）拉丁文译本出版于1517年。关注埃及神秘主义的作家是Plotinus、Iamblichus，Ficino分别于1492、1497年翻译了他们的著作。Valeriano Bolzanio（约1443—1524）和他的侄子Piero（1477—1558）在16世纪中期总结了文艺复兴时期埃及学的研究状况。Piero的 *Hieroglyphica*（Basle，1556）对埃及象形文字和中世纪宝石工匠和动物寓言集的象征主义做了彻底的考察。16世纪晚期与埃及联系的不断增加扩展了人们获得原始材料的范围，罗马重新建立的方尖石塔使这座城市回复到帝国时代的辉煌——比如St. Peter's Square的Caligula方尖石塔（1586），Latern Palace前面的Augustus方尖石塔（1588）——这些都进一步刺激了人们研究象形文字的兴趣（Bembine Table也是如此）。Pietro della Valle（1586—1652）在黎凡特的旅行范围非常广泛（1614—1626），他把埃及木乃伊和科普特手稿带回了意大利。对这一时期学术的全面总结见Athanasius Kircher的三大卷 *Oedipus Aegyptiacus*（Rome，1652—1654）。

❶ 闪米特研究（semitic studies），包括对阿拉伯、希伯来、阿姆哈拉和阿拉姆语言、文化的研究。

❷ 克拉伦登出版社（Clarendon Press），其创始者克拉伦登（Edward Hyde Clarendon，1609—1674）是英国历史学家、政治家。被错判叛国罪并流放（1667），在法国期间写出其重要的历史著作《英国内战和叛乱史》（1702—1704）。克拉伦登出版社就是在克拉伦登著作基金的基础上建立的。

中质量最好的书都是由精力无穷的弗里德里希·杜波内［Friedrich Dübner］[509]和卡尔·缪勒编辑出版的。最后，法兰克福的亨利·维尔[510]在巴黎复兴了受人们欢迎的希腊研究。假如没有缪勒的《历史残篇》［*Fragmenta Historicorum*］以及他未完成的《通俗地志》［*Geographi minores*］的帮助，德国人在历史领域的学术研究几乎是不可想象的。由卡尔·本尼迪克特·哈塞［Carl Benedict Hase］[511]和丁多弗兄弟[512]所出版的斯提芬诺斯《辞典》的新版本在这方面的作用同样是不可缺少的。尽管著名的考古学家库阿特姆·德·昆西［Quatremer de Quincy］和罗尔·罗歇特［Raoul Rochette］[513]的名声是短暂的，但是让－安东尼·勒楚恩［Jean-Antoine Letronne］[514]的一生都活在这两人的阴影里，不过勒楚恩在其着手的每一个课题上都做出了持久的贡献，特别是他收集整理出版的《埃及铭文》［*Inscriptions de l'Egypte*］以最好的方法促进了由他开创的埃及考古学的发展。他所发表的大量论文也证明了他作为一名批评家所具备的审慎与敏锐。只要很少被人注意到的地理学家的手稿［唯一的手稿］一出现，勒楚恩就可以编辑出一个优秀的版本。全能型学者让－弗朗索瓦·波伊桑纳德［Jean-François Boissonade］[515]的研究涵盖了更广泛的领域，他的《轶事》［*Anecdota*］以其对拜占庭研究的贡献而言，其所包含的价值是恒久的。埃米尔·利特尔［Emile Littré］[516]的《希波克拉底》是第一流的著作，这本著作唤醒了人们研究古代医学的兴趣，而这一研究的开展在德国则要晚许多，这本书只是这位伟大学者辉煌学术生涯的一个小小的侧面。世界也不得不等待很长时间才能获得与亨利·马丁［Henri Martin］[517]的《柏拉图〈蒂迈欧篇〉研究》［*Etudes sur le Timée de Platon*］相媲美的作品。另一方面，菲利普·勒·巴斯［Philippe Le Bas］[518]所收集的铭文仅仅是一些原始材料。

西奥多·贝尔克［Theodor Bergk］[519]在推测性的修正方面令人惊异地多产，他孜孜以求地提高其著作的质量，这使他成为赫尔曼晚年的学生中最重要的人物。他的伟大著作《希腊抒情诗人》［*Poetae lyrici Graeci*］充分体现了上述两个特征，他最早收集的阿纳克里翁［Anacreon］残篇被放在该书开头的位置。无论在这里，还是在他的其他著作中，人们几乎没有发现批评性的校正，很多地方是武断的。但是贝尔克的兴趣范围广泛，从早期拉丁文到安西拉铭文❶都有所涉及，在其生命的最后几年，他的兴趣是研究罗马时代日耳曼的地形学，这时他已从哈雷大学的教授席位上退休了，住在波恩。贝尔克研究的其他一些主题——几乎总是获得成功并极具创意——包括最古老的希腊韵律学、神话学和天文学、恩培多克勒❷和克里斯普斯的纸草文献❸、希腊化时代诗人和

---

❶ 安西拉铭文（Monumentum Ancyranum），记录奥古斯都统治时代史事的一系列价值极大的铭文，这份文献被蒙森称为"铭文女王"（Queen of Inscriptions）。

❷ 恩培多克勒（Empedocles），古希腊哲学家，他认为所有物质都是由元素微粒即火、水、土和空气组成，所有的变化都是运动引起的。

❸ 克里斯普斯的纸草（papyrus of Chrysippus），现藏于卢浮宫，公元前3世纪末期的纸草。

几位菲洛斯特拉图斯［Philostrati］。❶反过来也可以这么说，每一个话题都会吸引他的注意力，因此他的《希腊文学史》［*History of Greek Literature*］就不可避免地分裂为一系列自成一体的论文。

赫尔曼·萨普［Hermann Sauppe］〔520〕与贝特［Baiter］合作编辑了阿提卡演说家著作，即使拉赫曼本人也不能做出比它更严格缜密的编校，并且萨普还添加了一卷值得尊敬的批注和残篇。在吕西亚斯研究方面，贝克尔曾被窜改过的手稿欺骗，萨普已在其著名的《信件批评》［*Epistula critica*］中说明帕拉丁手稿唯一重要的来源。另外，他出版的德摩斯梯尼、伊索克拉底的著作是严格遵守要坚持最好的手稿这一原则的范例。萨普的研究兴趣还包括政治和法律，如反映在演说家著作中的政治、法律，这导致他去研究铭文、雅典政制和地形学，同时他对大量作者的著作继续展开文本校勘，这也证明了他的语言学能力。基于此，他的精选集值得被更多的人阅读。他对维勒戊斯［Velleius］的勾勒属于他的早年作品。他对普鲁塔克《伯里克利传》的来源做了分析，他把

---

❶ 指罗马帝国时期几位（三位或四位）名叫"菲洛斯特拉图斯"的希腊智者，即 Philostratus the Athenian（约170—245）、他的侄子（？）Philostratus of Lemnos（约出生于190年）以及 Philostratus of Lemnos 的孙子（？）Philostratus。另一说法是 Verus 的儿子 Philostratus（2世纪人，修辞学家、悲剧诗人）、第二位 Philostratus（约160—245，前者的儿子，以他为名的作品流传到我们手里，我们只能肯定 *Imagines*、*Lives of the Sophists* 是他的著作）、第三位 Philostratus（约190—230，是第二位 Philostratus 的侄子）、第四位 Philostratus（约4世纪时的人，第二位 Philostratus 的孙子，模仿他的爷爷也写了一本 *Imagines*）。

演说家安提芬和智者安提芬❶区分开来。我们在这里所举的几个例子虽然不多，却都是第一流的学术成果。

就其本身而言，赫尔曼·寇西里［Hermann Köchly］[521]的成就几乎不值得特别提及，因为他的批评通常是轻率的，尽管他偶然也会闪现出灵感。他以拉赫曼的方法尝试研究《伊利亚特》是徒劳的。他与军事专家吕斯托［Rüstow］合作出版的希腊作家论述战略的著作存在不足。他缺乏与手稿有关的知识，这或许并不是唯一的原因。然而，在研究晚期希腊史诗方面，寇西里在一定程度上是开创者。比如，在研究曼涅托方面我们仍然要依靠他。奥托·施奈德［Otto Schneider］[522]的《尼卡德里亚》［Nicandrea］是与此不同的一本著作。该书在处理文本与在处理涉及的相关文献问题时是同样明智的。但是施奈德在处理卡利马库斯文本时所依循的是迈纳克的榜样。他在修改文本方面过于自由，这一方法无益于重建那些他花了很大精力收集来的诗歌。第谷·蒙森［Tycho Mommsen］[523]出版了品达的著作，在该书中，几乎每一份涉及文本的材料都得到了利用，哪怕这并没有实际的用处——这是任何一位作家都没有享受过的待遇，尽管我们必须发问的是这件极为劳神费力的工作是否真正值得。

---

❶ 安提芬（Antiphon，约500—400 B.C.），希腊哲学家、著名智者。生平不详，但以"演说家"安提芬（Antiphon the Orator）著称。仅残篇存世，如《论真理》（On Truth）、《论和谐》（On Concord）。另一个安提芬（479—411 B.C.），雅典演说家。企图在雅典建立寡头政治（411 B.C.），失败后受审，遭流放，虽然他为自己做了非常精彩的辩护，但也没能免遭不幸。

莫里兹·豪普特［Moritz Haupt］[524]是赫尔曼的女婿和学生，也是拉赫曼的朋友和继承者，他是拉赫曼在德国学术和古典学术领域坚定而专注的弟子，他断定自己的使命就是传播老师的真理。豪普特最先出版的著作致力于发展拉赫曼关于校订卡图卢斯著作的思想，豪普特以拉赫曼的思想作为自己有关这位诗人的著作的基础。在他所编辑的有关"爱情三部曲"［Triumviri amoris］[525]和贺拉斯的杰出著作中，豪普特仍旧坚定地执行拉赫曼的思想。接下来的是关于维吉尔的著作，但是我们必须注意的是在《维吉尔的附录作品》中❶，他没有以流传下来的可靠手稿作为基础，他利用抄本和自己的天才修订了公认版本。豪普特关于卡普尼戊斯·西库路斯［Calpurnius Siculus］和奈米西阿努斯［Nemesianus］的论文一直被认为是极其成功的研究范例；豪普特的《德鲁苏斯哀乐》［Epicedion Drusi］一度被认为是同样的范例，但是现在我们发现这是渊博的著作产生错误答案之特别富有启发性的范例。在晚年，由于豪普特必须完成一篇简短的论文作为《阅读目录》［Indices lectionum］的序言，他因此不能展开更大的计划，但是在《阅读目录》中，豪普特覆盖了整个古典文学领域，并且特别强调了拉丁文学，尽管有时表现出推测的校订占据主导地位的情况，但是读者总会意识到豪普特对于语言、风格的感情。豪普特所写的任何一篇文章、著

---

❶ 《维吉尔的附录作品》（Appendix Virgiliana），被认为是维吉尔年轻时代的诗歌，但是这些诗歌中的大多数作品遭到人们的怀疑。

作都深深地烙上其强有力个性的印记，给人留下深刻印象的还有他对真理和正确行为的探索。

在豪普特的指导之下，琉善·缪勒［Lucian Müller］[526]撰写了富有价值的《论拉丁诗歌韵律》[*De re metrica poetarum Latinorum*]。该书论证透彻，但缪勒性格上的弱点给他的天赋带来了致命的损伤，为了发现书中偶尔闪现出来的火花，这要求读者花费很大的精力来研读缪勒那令人厌烦的、爱辩论的写作。

伯伊克的继承者是阿道夫·基尔霍夫［Adolf Kirchhoff］[527]，我们也必须把基尔霍夫归入这一时期，因为就写作时间、特征而言，基尔霍夫最好的著作都属于这个时期。作为拉赫曼的学生，基尔霍夫以对欧里庇得斯不同手稿的严格校正而著称，这种严谨性又一次付出了昂贵的代价，以致完全忽略了明显不那么可信的手稿。起先他让自己往推测性校正的方向走，但是后来发生了很大转变，转向了其他方向。在其编辑的普罗提诺著作中，他表明自己是一位优秀的校正者，但是他把《九章集》野蛮地拆分了。基尔霍夫遵循拉赫曼的方法并对之加以改进，在此基础上研究了《奥德赛》；奇怪的是，在后来他出版的赫西俄德《工作与时日》中，他又返回到独立分段的假设上。在伯伊克的影响下，基尔霍夫转向铭文研究，几十年来一直负责《希腊铭文集成》的编辑工作，编辑了"新阿提卡丛书"中的第一卷，并为该卷撰写了重要的解释性附录。更有价值的贡献是基尔霍夫对希腊字母史的研究，这是以后人们进行研究的基础。除此之外，基尔霍夫还进行翁布里亚语[Umbrian]研究、奥斯坎语[Oscan]研究，还研究古代北欧哥特人的字母，并给我们留下这方面的大量作品，每一部作品对促进学术的发展都有所贡献，其中一些还起着开创性的推动作用。基尔霍夫的研究面很广，以致有人怀疑是否有人能在这么短的时间内在如此多的领域取得这样的成就，因此我们必须牢记基尔霍夫的功绩。

雅各布·伯奈斯[528]占据一个独特的位置。赫尔曼·戊森内[Hermann Usener]与伯奈斯关系非常密切，在他给一部小著作汇编[529]所写的导言中他对伯奈斯做了生动的描述，我们在这里只需要提及这一描述。如果我们仔细体会字里行间的意思，它包含了人们要说的所有东西。伯奈斯优雅、细腻的文风使得他写的任何东西读起来都十分有趣；比较遗憾的是，伯奈斯逐渐堕落到拘泥于琐碎小事的研究中。他关于亚里士多德戏剧理论的论文仍旧存有争议，但是作为方法方面的例子，他最伟大的贡献或许是解决了镶嵌于珀菲里著作中的提奥弗拉斯图斯论虔诚的残篇的问题。现在看来这个问题显而易见，但是在当时它关联到材料分析的方法，而利用这种方法人们可以发现失传的著作。几年之后，英格拉姆·巴沃特[这位学者的敏锐与其学识是匹配的][530]采用相似的方法成功地把镶嵌在阿姆布利库斯著作中的亚里士多德著作《劝勉希腊人》[Protrepticus]的残篇分离出来，这导致后来人们在同一本编校著作中有了进一步的发现。[531]

卡尔·勒尔斯[Karl Lehrs][532]继承并发扬了鲁贝克的

传统，其第一本书就预示了他的伟大生涯。他的《论阿里斯塔克对荷马史诗的研究》[*De Aristarchi studiis Homericis*]将一直保持其实用性。勒尔斯受人欢迎的许多论文也值得推荐给大家，因为这位坚定不移的古典学家拥有一种美感，即使他的精力大多贡献给那些枯燥的主题也是如此。结果勒尔斯在《赫洛迪安的三部著作》[*Herodiani scripta tria*]一书中使赫洛迪安本人作为一个人物栩栩如生地复活了；棱兹[Lentz]在一个不稳定的基础上对赫洛迪安著作的重建是一项没有灵气的工作，这项工作受到了勒尔斯的启发，而棱兹则盲目地追随勒尔斯。[533]勒尔斯的《史诗问题》[*Quaestiones epicae*]也有一些好东西，但是他在处理赫西俄德的《工作与时日》时首先表现出毁灭性精神的迹象，这些迹象是对贺拉斯文本、奥维德的《拟情书》[*Heroides*]做出不可思议的胡乱处理的原因。

威廉·丁多弗[Wilhelm Dindorf]和路德维希·丁多弗[Ludwig Dindorf][534]作为自由学者住在莱比锡。尤其是威廉，选择以编辑为业；路德维希在理解语言要旨方面的能力是超过威廉的，但知名度相对较低。威廉的希腊语造诣很深，并能与时俱进，是有能力而且机智的，这一切都在不断再版的悲剧作家的著作中得到表现。这使他赢得的声望比他实际应得的还要多。假如有好的材料在手边，他就会使用这些材料，但是假如没有好的材料，他就不用，因此他所编辑的著作的价值有很大的差异性。没有一个文本是权威的，他在克拉伦登出版社出版的著作[克里门特的著作和荷马著作的批注本]有损德国学术形象。他最终逐渐沦落到剽窃艾伦特[Ellendt][535]著名的索福克勒斯辞典的地步。

当时,许多希腊作家作品的版本因为仓促而粗心的准备和迟钝或挑剔的批评而不能令人满意[珀普(Poppo)[536]编辑的大部头的修昔底德著作、斯塔尔鲍姆(Stallbaum)[537]编辑的柏拉图著作是迟钝的典型代表,鲁道夫·赫歇(Rudolf Hercher)[538]所编辑的全部著作充斥着各种吹毛求疵],然而人们也出版了许多可靠的、仔细的拉丁散文作家的著作,这些著作中也包含许多真正有价值的注释,即使它们主要是为学校准备的。只要提到下面这些最好的编者就足够了:卡尔·哈尔姆[Karl Halm][539][西塞罗、昆体良的著作和《拉丁修辞》(*Rhetores Latini*)]、罗斯[Roth][540][苏维托尼戊斯的著作]、弗里德里希·哈塞[Friedrich Haase][541][塞涅卡和塔西佗的著作]、海因里希·凯尔[Heinrich Keil][542][普林尼的《书信》(*Letters*)、《拉丁语法》(*Grammatici Latini*)]、马丁·赫兹[Martin Hertz][543][奥鲁斯·概琉斯(Aulus Gellius)、普里西安、李维的著作]和奈珀狄[Nipperdey]。[544]奈珀狄所编辑的恺撒著作由于其内容的一致性而为人们所称道,奈珀狄在编辑该著作时并没有借鉴许多不同的手稿,事实上这也是其弱点所在。另外,奈珀狄对塔西佗《编年史》的评注也有其可取之处,这一优点就是不以牺牲历史为代价而过分关注塔西佗的语言,这在当时是不寻常的。蒙森的《索利努斯》[*Solinus*][545]则表明编者必须怎样处理作家的文本才会使这位作家可以方便地为大家所用，但不幸的是很少有人追随蒙森的榜样。诗人方面的研究则进展不顺利。甚至奥维德[546]、曼尼琉斯和卢坎也必须等很久，其手稿的流传情况才被人们弄清楚。注释仍大大落后，尽管鲁道夫·默克尔[Rudolf Merkel][547]的《岁时记》[Fasti]做了贡献，但他还没能公平地把奥维德当作艺术家来对待。在默克尔所编辑的罗德岛的阿波罗尼戍斯的著作中存在同样的弱点，有时甚至更加明显。在其精心雕琢的《绪论》[Prolegomena]中，默克尔论述的只是诗人语言的一个方面。

还有，在马堡❶和哥廷根取得教学成功的卡尔·弗里德里希·赫尔曼[548]以与我们正在讨论的文本批评家完全不同的方式把自己的一生献给学术事业。赫尔曼是一个非常博学的人，在古代研究方面的著作非常多。他积累了大量材料并巧妙地把这些材料组织起来。毫无疑问，它们满足了人们的需要，这在其被重印的次数上得到了验证。不过这类手册很快就被人忘记了。赫尔曼更加重要的贡献是对柏拉图著作的修订，特别是他的著作《柏拉图生平》[Life of Plato]，与施莱尔马赫的方法相比，甚至与阿斯特[Ast]的方法相比，这部著作是理解柏拉图思想发展的第一次尝试。施奈德温[Schneidewin][549]是赫尔曼在哥廷根的同事；赫尔曼与施奈

---

❶ 马堡（Marburg），德国中西部城市，位于法兰克福以北。1527年欧洲第一所新教大学在此设立。

德温几乎在同一时间去世，或许可以说是这两人支持了哥廷根传统，因为他们厌恶那种仅仅追求文本校勘的做法。这并不是说哥廷根学派完全放弃了它——阿仑斯［Ahrens］和阿道夫·艾坡琉斯［Adolf Emperius］[550]就是明证。正如艾坡琉斯编辑的狄奥·克里索斯图姆❶著作所表现的，艾坡琉斯是一位杰出的批评家。但是艾坡琉斯英年早逝，没能创作出更多的评注著作。施奈德温也从事文本校勘，从事编辑希腊抒情诗人著作的工作——贝尔克强行接管了这一编辑工作——他与神学家顿克尔［Duncker］合作编辑了新近发现的希波吕托斯的《诡辩》［*Elenchus*］。然而，施奈德温的主要目标是解释，这是他的一个长处，尽管他的解释并不深刻。他所编辑的索福克勒斯著作虽然是好几代学童最先阅读诗人著作时的范本，但并不被划归到重要著作那个类别。[551]

由于命运的反复无常，接替施奈德温担任编辑的是一位完全相反类型的学者奥古斯特·诺克［August Nauck］[552]，而诺克的兴趣仅在文本批评这一方面，他声称索福克勒斯可能从没有写过任何不是绝对完美的东西。当然"完美"取决于编辑的口味。当诺克出版了他编辑的拜占庭的阿里斯托芬著作残篇的时候，他已是一个阅读面相当广的

---

❶ 狄奥·克里索斯图姆（Dio Chrysostom，约40—115），希腊哲学家、演说家。住在罗马，曾被罗马皇帝图密善放逐。他和普鲁塔克一起经历了1世纪的希腊文学复兴。现存八篇演讲辞被认为是克里索斯图姆所作，内容涉及政治、道德和哲学这类主题。

人了，这一著作仍旧是权威的。随后，当诺克与基尔霍夫一起做约阿希姆斯塔尔高级中学的助理教员时，诺克的兴趣转向了欧里庇得斯，因为下述著作，诺克被视为最好的校正者之一，其《希腊悲剧残篇》[*Fragmenta tragicorum Graecorum*] 在全面性、可靠性和编排的方便性方面均达致完美。[553]当诺克接受圣彼得堡的教席后，作为学者的他在学术发展方面停止了，他所编辑的珀菲里、阿姆布利库斯著作，他所处理的荷马著作——在这里他追随了贝克尔的方法——以及他大量的批评文章都证实了这一点。由于诺克在俄罗斯教学，自那以后俄罗斯产生了一系列令人尊敬的希腊研究学者。❶

人们仍旧以非常传统的方法研究拉丁语法。汉德[F. G. Hand][554]甚至使用16世纪的学者图尔塞里努斯[Tursellinus]的古老书籍来作为他研究小品词的基础[可类比赫尔曼使用耶稣会士维格鲁斯（Vigerus）[555]的著作来研究希腊习惯用语]。当别的意大利语言还没有得到研究时，拉丁语则被孤立地研究太多了。蒙森在其著作《南意大利诸方言》[*Dialects of Southern Italy*] 一书中打破了这种状况，这是一本杰出的著作，尽管作者晚年对该书极为不满。不久之后，奥弗莱特[Aufrecht][556]和基尔霍夫就发现了翁布里亚语。基尔霍夫还推进了蒙森在奥斯坎语上的开创性工作。早在1839年海因里希·卢道尔弗·阿仑斯[Heinrich

---

❶ 诺克在1859年移居圣彼得堡，并成为那里的希腊语教授。

Ludolf Ahrens][557]就开始使用新方法研究希腊方言,那时可以得到的铭文还很少。尽管眼疾妨碍了阿伦斯的研究工作,但是他在田园诗人研究方面还是做出了杰出的贡献,他在语源学方面也有很大贡献,最后又从事塞浦路斯岛希腊方言的研究。他是一位独立性极强的学者,从没有得到应有的承认。卡尔·威廉·克吕格尔[Karl Wilhelm Krüger][558]所掌握的关于阿提卡句法的精确知识超过了他的前辈,他的希腊语法著作取代了布特曼希腊语法书在学校中的地位,标志着显著的进步,虽然在逻辑辨别方面存在一些混乱。克吕格尔编辑的带有语法注释的希罗多德、阿里安、修昔底德著作同样是优秀的,简洁且明了的修昔底德著作把珀普、约翰尼斯·克拉森[Johannes Classen][559]在这方面的成果远远抛开了。修昔底德对于克拉森来说是错误的主题,克拉森是一位和蔼可亲、令人尊敬的教育家,是一位真正意义上的古典学家,他对荷马史诗语言的观察属于这类研究中最好的。当然,至于在词形变化规则方面的研究,一切都是陈旧的,因为这忽略了由弗朗茨·波普[Franz Bopp][560]建立的语言科学。让语言科学赢得"科学"这一声名是乔治·克提戊斯[Georg Curtius][561]的主要贡献。克提戊斯的那些家喻户晓的书已经过时,这主要是因为在克提戊斯去世后,语言科学在这方面取得了大踏步的进展。不可避免的是语法不再是古典学者的专利,因为在单一的语言背景下研究音韵学、词态学是不太可能的了。

在古代哲学方面,这一时期的主流是研究亚里士多德，这是贝克尔版本的胜利。阿道夫·岑德棱勃格［Adolf Trendelenburg］[562]的研究涵盖了亚里士多德的整个体系，但特别强调逻辑学的研究。西奥多·巍茨［Theodor Waitz］[563]详细解释了《工具论》，斯威格勒［Schwegler］[564]和波尼茨[565]研究了《形而上学》，奥贝特［Aubert］和维莫尔［Wimmer］则研究了动物学。《修辞学》《政治学》《诗学》则属于纯学者的研究领域。最有助于解释工作的书是波尼茨的《索引》❶，这本书在有限的条件下表明了怎样把这类事情做得更好。波尼茨对几篇柏拉图对话的令人着迷的研究也证明了他作为柏拉图评注者是比施莱尔马赫高明的。阿斯特[566]的《柏拉图辞典》［Platonic Lexicon］不能令人满意，但不幸的是该书仍旧是研究时所必需的。阿斯特在柏拉图方面的知识很深奥，对柏拉图著作的校订也是可信的，但是阿斯特也开创了研究柏拉图的移除文本中的衍文风气。

荷兰人西蒙·卡斯腾［Simon Karsten］[567]编辑了前苏格拉底哲学家中的哲学家诗人的著作，伯奈斯在赫拉克利特研究方面做出了贡献，特别是［就像我们大家已经注意到的］他利用了在希波吕托斯著作《诡辩》中新发现的一些残篇。同时，克里希［Krische］[568]用他关于毕达哥拉斯学派政治目标的论文指出了正确评估毕达哥拉斯学派的方法。另外，人们仍旧忽略了对希腊化时代哲学的研究。

---

❶ 《索引》（Index），书的全名是《亚里士多德索引》（Index Aristoklicus），出版于1870年。

所有这些成就和爱德华·策勒［Eduard Zeller］[569]的伟大著作《希腊哲学史》[*History of Greek Philosophy*]相比较的话，都会黯然失色。是策勒在这里表明了图宾根神学派❶胜过了语言学家［因为前者通过研究一次思想运动的领军人物，把握了这次运动的过程］。换句话说，除了梳理了由这次运动产生的不同教条体系，这个学派还研究它们的历史背景。这是符合亚里士多德的真正精神的。策勒的书也有同样的宗旨。他的影响不可估量，直到现在还可以感受到——即使在已经远离他的学术领域。但愿上苍让该书免受修订，不要像教科书一样不断更新，而是保持原样传到我们手中！我们应该把这样一部名著保持在作者当时所写就的状态；因为我们感兴趣的是他当时对事情的看法，即使假如策勒今天还活着的话，他会以不同的方式来判定这些事情。[570]

考古学在大学各个系里的位置仍然是尴尬的。考古学在各个重要的系里几乎没有发言权，波恩是唯一拥有一座用于教学的石膏模型博物馆的地方。这是由维克尔首创的。现在的馆长是奥托·雅恩[571]，雅恩也负责古典教学工作，能力非常突出，把这两方面的工作都处理得很好。雅恩曾一度几

---

❶ 建于1477年的图宾根大学，其神学系在19世纪非常著名，出现了所谓"图宾根神学派"（Theological School of Tübingen）。其创建人是F. C. Baur（1792—1860），他对《圣经》展开了批评，是早期倡导对《圣经》进行科学研究、历史背景研究的人。天文学家开普勒（Johannes Kepler）、哲学家黑格尔（其历史思辨思想来源于此）都曾在此学习。

乎完全献身于拉丁碑文研究，后来在得到拉赫曼的一些帮助后，雅恩出版了大量来自手稿的拉丁文本。但这并不是雅恩的真正兴趣所在。在注释方面，雅恩有着不可抑制的动力，他所编辑的珀尔修斯著作表现了这一点，该书的妙处或许可以借用斯卡利杰对卡松本著作的形容来说明：调味汁比鱼更好。雅恩也推出了西塞罗《雄辩家》[Orator]、《布鲁图斯》[Brutus]的编校本，在这些著作中雅恩的理解力要优于前辈，作者的目的是在狭隘的阿提卡主义［Atticism］❶浪潮中捍卫自己的观点。伴随一系列演讲，雅恩发表了大量精心选择、制作优良的文本，后来这些经过修订的文本仍旧受到欢迎。当雅恩评述古迹，特别是石棺和花瓶上的铭文时，在论述各种各样的小物件时，他以洙格的方法进行解释。结果，他的努力促进了古典学术的发展，而不是促进了专业的艺术批评的发展。艺术批评在知识程度上或许高一等，但是我们

---

❶ 到希腊化时代，古典希腊语演变为柯因内语（Koine），即"古希腊共同语"，它主要有两个来源：一是阿提卡方言，使用广泛而持久，影响较大。这是柯因内语的基础，它最早起源于雅典的比雷埃夫斯港口，因那儿居住着来自地中海各地的民族，他们所使用的语言就是柯因内语的前身。二是多立亚方言，为时不长，即告衰落。以阿提卡方言为基础的古希腊共同语，在发展过程中也吸收部分方言，因而带有混合色彩，"Koine"在希腊语中也就是"共同"（common）之意。以后它还继续是罗马帝国时期通用的一种共同语言，其影响一直持续到现代，为现代希腊口语奠定了基础。柯因内语在语法、词汇、发音方面都产生了变化，但应用广泛，如《新约圣经》、波里比阿的《历史》就使用这种语言。据说这种语言也是耶稣的第二语言。但这种语言遭到了希腊人的反对，他们牢守古代希腊语言，只把古典时代的阿提卡希腊语作为他们的书面语言，人们把这场运动称为"阿提卡主义"。

不应忽略艺术家或工匠想创造或想表达的是什么。不幸的是，我们几乎读不到这些作品，人们以前也从没有收集这些作品，但是雅恩关于潘菲里亚别墅［Villa Pamphili］附近鸽舍的研究，对菲克鲁尼首饰盒［Ficoroni］的研究，对欧罗巴遭劫掠［Rape of Europa］的研究，对邪恶之眼［Evil Eye］的研究都值得一读。在雅恩的文学遗存中他有关希腊插图年代记［*Bilderchroniken*］的著作是一本真正的对书籍插图发展历程的研究，后来由他的侄子米奇里斯［Michaelis］[572]完成，雅恩的宏伟计划是收集石棺铭刻，这项计划被德国考古机构推进。我们也不应忽略他在演讲中的一些突破性看法。关于希腊化时代的诗歌、艺术以及它们向古典主义的转变，后世学者中间存在的共识，卡尔·狄尔泰［Carl Dilthey］[573]令人尊敬的关于卡利马库斯《阿孔提俄斯和库狄佩》［*Acontius and Cydippe*］❶的论文所依据的一般观念、海尔比格［Helbig］[574]关于庞贝壁画的书所依据的一般观念、考阿特［Couat］《亚历山大里亚诗歌》［*Poésie Alexandrine*］[575]从德语著作中借用的关于该主题的部分内容，所有这些东西，最终来自雅恩。这幅画面不很充分，但仍然代表了公认的观点。

---

❶ 阿孔提俄斯爱上了库狄佩，但因阿孔提俄斯出身卑贱而遭到少女父母反对。于是他在一个苹果上写道："对着月神我发誓，除了阿孔提俄斯，谁都不要嫁。"然后将苹果投给库狄佩。库狄佩的父母要将她许配他人，可库狄佩却得了病。她父母向巫师求救，并得知她已有许配阿孔提俄斯的誓愿，便答应了他们的婚姻。

把考古学中所包含的艺术性发展到标准地位,这个功劳要归于海因里希·布鲁恩[Heinrich Brunn][576],布鲁恩在维克尔、里奇尔的指导下学习,他的《希腊艺术家的历史》[History of the Greek Artists]提出了一种宏大风格的接近历史批判[Historia Critica]的东西。布鲁恩在罗马担任考古通信协会秘书,他在这里发现自己真正的工作使命是分析雕刻的风格,确定这些雕刻在发展过程中的位置。事实是,考古学面对的是大量无名艺术家的作品和大量有记录但没有已知作品的艺术家。必须尽量发现艺术家与艺术品之间的关系,尽管总是有可能处理它们之间的关系,但有一些并不是很容易处理的。当人们鉴定出珀里克里图斯[Polyclitus]的《持矛者》[Doryphorus]、克里修斯[Critius]的《诛杀僭主者》[Tyrannicides]、克菲斯索多图斯[Cephisodotus]的《和平女神和普路托斯》[Eirene and Plutus]、利西波斯的《揩身的运动员》[Apoxyomenos] ❶、帕迦马国王阿塔路斯一世[Attalus Ⅰ]在雅典建立的祈愿雕像时,我们可以想象人们在当时的喜悦与期待之情——卡尔·弗里德里希斯[Carl Friedrichs][577]在发现这些事物上起到了很大的作用,可惜他英年早逝。布鲁恩晚年待在罗马,后来又到了慕尼黑,他培养了下一代考古学家,这些考古学家以与他们老师完全不

---

❶ 利西波斯(Lysippus),公元前4世纪希腊雕刻家,活跃于亚历山大大帝在位时期。他创作的人物比传统的造型更具真实感。作品《揩身的运动员》表现一个年轻运动员在格斗之后刮擦自己的身体,现存于梵蒂冈,常被当作希腊化时代开始时雕塑风格向写实转变的范例。

同的方式来处理真正的希腊作品。布鲁恩本人在其晚年对古风时代的艺术品还是相当不熟悉,以致他实际上错把真正的阿提卡花瓶当作伊特鲁里亚复制品。这在今天看来似乎是不可思议的事情,这就时时提醒我们:当我们在凝视现代这些丰富的藏品时,考古学的奠基者们不辞辛劳地从他们手中的不足材料中竟然能得出这么多的真理。

谈到由英雄传奇组成的神话,维克尔和奥特弗里德·缪勒做了先驱性的工作,但由于新的象征主义理论的兴起,对神话的宗教方面的关注太少了。人们希望奈格斯巴赫〔Nägelsbach〕[578]在其他方面发挥了作用的著作《荷马神学》〔Homeric Theology〕会被事实证明是寻找或寻求基督教之类事物的最后一次尝试。对印度—日耳曼神的探寻,对印度人的过高估计主要是〔尽管不完全是〕这种新象征主义发展的结果,这种象征主义在每一个事物中都可找到太阳、月亮、风、云,它着迷于神话,完全忘记了祭仪。[579]随之而来的是对语源学的喜爱达到疯狂的程度,这使他们把赫耳墨斯变为萨拉密亚斯〔Sarameyas〕❶,森陶戎斯〔Centaurs〕变为干闼婆〔Gandharva〕。❷路德维希·普莱勒关于希腊罗马神话的各种著作就是在这种自然象征主义〔nature-symbolism〕的基础上产生的。这些著作不仅被使用得相当广泛,而且保持着有效性,甚至在作者去世之后仍值得发行修订本。[580]

---

❶ 印度教主神因陀罗(Indra)之母狗的后代。
❷ 干闼婆,印度神话中的乐师禅。

这位杰出的学者也研究罗马地形学,他与海因里希·里特[Heinrich Ritter]合作出版的资料手册对希腊哲学史做出了贡献。

不管是伯伊克,还是奥特弗里德·缪勒,他们的兴趣都不在政治史那个方向,故而当英国突然兴起政治史的研究时,其水平仍旧处于尼布尔研究时的状况。首先是菲恩斯·克林顿[Fynes Clinton][581]的《希腊年表》[*Fasti Hellenici*]和《罗马年表》[*Fasti Romani*],长久以来这些著作是不可缺少的读物。随后是格罗特[582]的划时代著作《希腊史》[*History of Greece*],该书以现代自由主义的观点来研究雅典民主政治。《希腊史》建立在对文献进行勤勉研究的基础上,其写作效率也非常高,系以写作政治小册子的方式来完成。实际情况就是如此,但这至少是一个理解政治的人研究政治史的著作。这是一个伟大的成就,因为该书澄清了事实,甚至迫使那些最顽固的人面对这些事实,即认识到真正管理国家事务的力量是什么。这就解释了为什么恩斯特·克提戊斯[Ernst Curtius][583]的《希腊史》[*History of Greece*]对促进学术发展没有什么贡献,尽管其风格取得了成功,因为它浸染在古老的古典主义中,正是这种古典主义激发了卡尔巴赫[Kaulbach][584]创作出绘画作品《全盛时期的希腊》[*Die Blüte Griechenlands*],并作为一个伟大的人得到人们的尊敬,他对理想概念的信仰从未在心中消退,直到去世时他还宣扬这种观念。除了在奥林匹亚进行挖掘外,克提戊斯的主要功劳在于他勘探了这个国家,把最赏心悦目的东西带到读者面前，在他关于伯罗奔尼撒半岛的书中更是如此，而且在一些论文中也不例外，如关于修建道路的论文。克提戊斯的《希腊史》散发着希腊乡村的芳香。到处漫游的结果也使海因里希·凯伯特［Heinrich Kiepert］[585]成为古代世界的制图师。许多在其他领域进行研究的人，特别是那些铭文收集者是应当感谢凯伯特的，因为如果没有凯伯特的地图的帮助，我们全部会处于无助的状态。

在德国，第一位成熟的希腊史方面的历史学家是约翰·古斯塔夫·德洛伊森［Johann Gustav Droysen］。[586]德洛伊森身上有着诗人的气质，这使他适合这项工作——他关于阿里斯托芬的著作与他关于亚历山大的著作一样伟大。但是德洛伊森也注意研究细节，甚至在很早的时候就研究纸草文献，证明了德摩斯梯尼的演讲《论王冠》［On the Crown］所引用文献的虚假性。任何研究希腊化时代的人都要追溯德洛伊森曾走过的道路。德洛伊森在构造他心目中的这段时期的历史时，表现出足够的胆量，因为传到我们手中的这段叙述是不连续的——尽管这个时期是希腊权力的鼎盛时期。迄今为止还没有人能够颠覆德洛伊森对伟大征服者亚历山大的评价，而数以百计的文献证实了他的大胆构造，次数之多超出了人类的预期。假如德洛伊森能把他的"历史"［History］❶进一步深入研究的话，蒙

---

❶ 德洛伊森所宣传的观念是：德国的统一只有在普鲁士的领导下才能实现。故在他所有的著作中都体现出一种强烈的实际政治目的。亚历山大成了他的代言人——坚决主张用"铁血"政策从上而下实现（转下页）

森将没有机会发表对希腊化世界逼真但却具有误导性的描述，蒙森是完全从罗马的观点来看待希腊化世界的。

阿诺德·歇弗尔［Arnold Schäfer］[587]关于德摩斯梯尼的书在学术上虽无懈可击，但或许会有人补充说，从本质上看，这是一本学者的著作。歇弗尔受缚于他所信仰的英雄是不能犯错误的这一观念，就像提勒蒙被天主教束缚一样。

（接上页）国家的统一。这位历史学家在24岁时就已经沉醉于亚历山大大帝的光辉事业，是他最先揭示出亚历山大大帝对全世界的影响，也是他开创了希腊化时代的历史研究。他的《亚历山大大帝传》（*Geschichte Alexander der Grossen*）于1833年在汉堡出版。在这本书里，他所强调的不是亚历山大的破坏方面，而是他的创造方面；他极高地估计了亚历山大个人的作用，倾全力为他的政策辩护；东方与西方之间的相互影响被说成是一种更丰富的历史生活的开端。在写了《亚历山大大帝传》之后，德洛伊森进而研究了亚历山大的继承者的命运，于1836年在汉堡出版了《亚历山大的继承人》一书。在这本书中，他首先赋予"Hellenism"一词以新意，认为它是"古希腊政治、教育制度在东方民族中的扩散"，但他忽略了社会经济因素。以后的学术界就采用了这个术语——"希腊化"。他试图证明，只有在军国主义的马其顿王国的领导下才能把希腊各分散的城邦统一起来并把希腊文化传播到东方。他固然未曾直接涉及德国的局势，但如果同当时德国的民族情况做对比，就会使人对其用意所在一目了然。他原想概括这一整个时代，既写它的战争和统治者，又写它的文化和宗教，但他以政治史作为开端后，并未向前跨进一步。此时他写信给朋友说："在我看来，没有任何重要的时期像我冒昧称作'希腊化时代'的时代受到这样的忽视。"1843年他又于汉堡出版了《希腊政治制度形成史》。至此，他完全奠定了希腊化时代历史的研究基础。后来，德洛伊森在进行其他研究的余暇还对这三本著作进行了仔细的修订，因而迄今这些著作还有其地位。这三本书在1877—1878年于哥达出第二版时合并为一部，取名为《希腊化史》（*Geschichte des hellenismus*）。有一点要注意的是，德洛伊森认为希腊化时代的时间范围应该从公元前280年希腊化世界三足鼎立开始，到奥古斯都大帝为止，不过他只写到公元前222年就停止了。这里所指的"历史"就是《希腊化史》。

155 同时，歇弗尔的著作像提勒蒙的书一样还保持着权威的地位——那些试图通过政治辩论来推翻他的批评家们总是需要重新认识这一点。

威廉·德鲁门［Wilhelm Drumann］^{〔588〕}的罗马史涵盖了从共和政体到君主政体转变的这段时期，德鲁门收集并分析了这方面的大量材料。该书没有确定的形式，但作者花费了精力与耐心把这些材料组织在一起。不过，虽然作者以传记的方法来处理这段历史毫无疑问适合于这段历史的特征，也适合流传到我们手中的材料的特征，但这也意味着作者心目中的事件观念完全由他心目中的演员观念主导了，在这里他是一位狂热的党派人士。不过人们时常忘记了德鲁门给蒙森带来的巨大影响，今天几乎没有人会否认蒙森笔下的西塞罗——当然不仅仅是西塞罗——被严重扭曲了，更不用说失真了。^{〔589〕}德鲁门的历史著作就像格罗特的著作一样，在很大程度上具有辩护色彩——或者说像西塞罗的演讲辞，但只有演说家才能完全被他的职业性质所原谅。

最后，我们或许应该提到马克斯·顿克尔［Max Duncker］的《古代世界史》[*History of the Ancient World*]。^{〔590〕}倒不是因为这本书本身是非常重要的，而是因为书中所叙述的东方世界与希腊世界之间的联系是一个可信的观念，今天我们已经知道许多这方面的联系。由于这一原因，该书给人们留下了深刻的印象。但是该书没能产生持久的影响，作者几乎在各个领域都处于一种业余状态，而他又渴望像这些领域的历史学家一样拥有专业知识。撇开别的不谈，一个人想要在这

方面取得成功，他应该能直接阅读东方文献原文。❶

但是这方面的名字太多了。列举这些人的名字对于作者和读者而言都是令人厌烦的，毫无疑问还是有人抱怨一些名字或其他方面的东西被省略了。在一部论述这一学科最近50年发展的著作中只能提供一般概括性的介绍，而不提及个人。这样一种叙述方法是允许的，因为这其中特别重要的是那种把学者划入对立派别的做法已经过时了，学者们现在形成了一个单一世界范围内的共同体；美国也开始建立博物馆，在各个领域培养精力充沛的研究人员。〔590a〕科学的学术研究在稳定地使自身适应这个时代大规模事业的发展。同时，有一个人物，他把自己的至高能力都献给了这个共同体，并使这部共同体机器和谐地运转，这个人物值得单独一提，他就是西奥多·蒙森[Theodor Mommsen]。〔591〕蒙森在大学读的是法律，对历史法学的研究使蒙森认识到编辑一部《拉丁铭文集成》[Corpus inscriptionum Latinarum]的重要性。尽管雅恩出于保护凯勒曼文学遗产的考虑，很早就萌发了自己创作它的雄心。

蒙森的第一部著作是关于罗马部落的富有灵感的专题论文，在这部著作中他以一个法学家的观点批评了尼布尔的《罗马史》，这也为他的《罗马公法》[Roman Public Law]埋

---

❶ 作者的观点不一定正确。马克斯·韦伯虽然不懂汉语，但也写出了《儒教与道教》这样伟大的著作，被人们称为汉学界"最伟大的外行"。

下了伏笔。那时，蒙森到了南方。他当时的任务是要学习碑文，这需要到圣马力诺去拜师。蒙森在这里投拜到巴托罗米奥·波盖兹［Bartolommeo Borghesi］[592]门下学习；一旦在路吉·马利尼［Luigi Marini］[593]指示了正确的方法之后，特别是在他的著作《阿尔瓦尔兄弟行纪》[*Atti dei Fratelli Arvali*]、《古代纸草文献》[*Papiri Diplomatici*]中，波盖兹已表明他可能够得到的全部铭文是极其熟悉的。他关于执政官年表的著作证明了这一点，这是一份附带从政履历的执政官年表，其主要资料来源是碑文。蒙森在那不勒斯王国❶各地漫游的过程中学会了碑文工作中实践的一面。这些游学活动让蒙森备尝艰辛，但同时也使蒙森熟悉这个国家及其居民。此外，还让蒙森瞥见了前罗马时代——美塞匹亚人［Messapians］和奥斯坎人时代的罗马。蒙森在罗马陷入有关地形学的争执之中，而且这是争执最为炽热的时候，蒙森本人亲自发动了与柏林科学院就《拉丁铭文集成》展开的斗争。麻烦的事情是伯伊克从未清楚地认识到一份文献的出版要包含什么内容。在好几年的时间里，蒙森在不同的学术活动之间往来穿梭，十分忙碌，之后，他回来了——当他不顾学院的反对出版了他的《那不勒斯王国铭文》[*Inscriptions of the Kingdom of Naples*]时，当他为莱比锡学院［Leipzig

---

❶　那不勒斯，意大利中南部的一座城市，位于第勒尼安海的一个海湾——那不勒斯湾。公元前600年由希腊人建立，公元前4世纪罗马人征服那不勒斯，后成为独立的公国（8世纪），并成为那不勒斯王国的首都（1282—1860）。

Academy]的碑文研究事业［作为这一主题的导论至今仍有阅读的价值］做出贡献时，引起了人们对他的普遍尊敬——反对的声音才消失了。另外，蒙森的《罗马史》是在他作为苏黎世大学的法学教授，后来又作为布雷斯劳大学的法学教授时写就的。这绝不是自发的冲动的产物，它几乎是为了打发这段强加给他的闲暇时间所采用的权宜之计。❶对于非专业人士来说，这本书仍旧是蒙森的名著，并且读起来像吉本的著作一样——实际上也应当如此，尽管带有适当的保留意见。该书流行的部分原因要归功于其内在的优点，部分原因要归功于对当代政治观念的倡导❷，这一点也适合格罗特的著作——当然部分原因要归功于作者的博学与写作风格，也要归功于作者在爱憎分明的情感中所表现出来的个性。

出于艺术上的考虑，蒙森的《罗马史》止笔于尤利乌斯·恺撒担任独裁官［dictatorship］，他中断了先前的研究，开始研究那些写作真正的罗马史所必需的东西：年代学、钱币学、史料和宪法史。蒙森在《罗马研究》［*Römische Forschungen*］中阐述了这些题目，并对这些题目提出了新的看法，所有这一切都使该书的实质内容要比题目所表现的东西更为有趣。接下来的一本书是《罗马公法》，作为法理学家的蒙森在这本书中写的是属于他自己的那种历史。

---

❶ 这里指的是蒙森参加了1848—1849年的革命而于1850年被莱比锡大学（1848—1850）解雇了。后来任苏黎世大学（1852）、布雷斯劳大学（1854）的法学教授，直到1858年任柏林大学古代史教授为止。

❷ 这里需要提醒读者注意的是，蒙森在德国统一之后是反对俾斯麦政策的。

在此之后，蒙森不断地为其罗马帝国史写作收集材料，他充分地利用了那些正在被编排进规模庞大的《拉丁铭文集成》中的铭文。❶对于非专业人士来说，蒙森的《罗马史》仅仅写到第五卷令他们感到遗憾❷，但是蒙森有更加明智的认识：他及时返回到自己青年时代所钟爱的写作主题上，这促成了蒙森在80岁高龄写就了他的《罗马刑法》[*Roman Criminal Law*]。

语文学家、历史学家、法理学家都受惠于蒙森那些篇幅较短的作品。蒙森的学说在任何领域都是不可取代的，因为一个偶然错误结论的修正几乎不影响其整体的有效性。相比其他任何一个人，我们最要感谢蒙森，因为我们的罗马史概念[从罗穆路斯（Romulus）到恺撒]与蒙森本人所讲述的罗马史概念是完全不同的。

假如没有来自域外的帮助，《拉丁铭文集成》的编辑将是不可能的。法国学者一开始就参与其事，在最后又提供了帮助。在威廉·亨臣[Wilhelm Henzen]〔594〕主掌德国在罗马的考古机构时，意大利学者常常造访这个地方。乔奥凡尼·德·罗西〔595〕，一位真正的友人，负责基督教铭文方面的编辑工作。至于蒙森，意大利人几乎把他当作自己人中的一分子。《拉丁铭文集成》这一事业只有当相关的全部人员都认可一位大师时才会兴旺发达。和过去已经完成的计

---

❶ 《拉丁铭文集成》由柏林科学院于1867—1959年出版。

❷ 蒙森的《罗马史》前三卷出版于1854—1856年，第四卷没有完成，第五卷出版于1885年。

划相比，蒙森提出的计划更多，比如《罗马帝王传记编撰》[*Prosopographia imperii Romani*]。与蒙森的《日耳曼史料集成》[*Monumenta Germaniae*]相关的是，他发起、指导并在很大程度上亲自编辑了系列出版物《古代作家》[*Auctores antiquissimi*]，没有这一点的话，《拉丁语辞典》[*Thesaurus linguae Latinae*]和其他由蒙森促进、发起的事业将从不会实施。假如没有蒙森的干涉，罗马协会[Roman Institute]不会存在，日耳曼边疆[limes]也不会被研究。蒙森也是学院协会[Association des Académies]背后的推动力量，在该协会的一次编辑会议上，使法国人惊异的是，尽管徒劳无功，蒙森还是为编辑《钱币集成》[*Corpus nummorum*]一事大声疾呼。做这件事要求的条件很多，如果按蒙森所提议的形式在柏林开启这项工作，即使在国际范围有人出手帮忙组织这件事情，也几乎是不可行的。因为法国人自行其是，而英国人总是保持他们在钱币学方面的优势。像弗里德里希·伊姆霍夫－布鲁莫[Friedrich Imhoof-Blumer][596]这样一类专家非常突出的素质是独一无二的，但并不是在每个世纪都会产生。在科学世界，合作事业不能替代个人的首创性——没有人比蒙森更清楚这一点——但个人时常仅仅能作为参与者来实施其计划。蒙森需要学术组织的帮助，这种组织的优点在于它可以让这项事业不会中途而废，因此也能使这项非常重要的材料收集工作持续不断地进行下去。这些都很重要，但是长远来说，把这一切付诸实践的还是个人。规模庞大的事业必定需要全部文明国家之间的相互合作。

任何没有看到这一点的人是不知道学术的意义的——那些看到这一点，但却企图制造困难的人犯下了违背圣灵的过失。但是蒙森没有受到嘲笑，我们相信他。

考古通讯协会❶是创建这类国际组织的第一次尝试，当这个组织成为德国人的考古通讯协会之后，他们在雅典也建立了一个这样的组织，法国人重新以相同的模式组织了学校，英国人、美国人、奥地利人和意大利人不久也有样学样。希腊人应该获得最热烈的称赞，因为他们放手让人们自由地从事活动，后来也积极地参与。在很多年的时间里，人们在雅典的合作多于竞争，这种情况从不会被完全忘记。德国人对奥林匹亚❷[597]的挖掘标志着杂乱无章、掠夺式挖掘时代的结束，这一挖掘也引进了可靠的方法，这种方法不久就在许多地方进一步完善。每一个国家都尽最大的能力在一些古典遗址不断地进行挖掘，最终当地人在埃及发现的纸草

---

❶ 考古通讯协会（*Instituto di Correspondenza Archeologica*）于1829年成立于罗马，为在意大利的考古活动提供了一个国际活动中心，它发展得很快。盖哈德（1795—1867）把希腊花瓶绘画发展为一门科学的学科；他就在武尔奇（Vulci）伊特鲁里亚的墓地出土的大量希腊花瓶所做的报告具有划时代的意义。在波恩，维克尔建立了第一座巨大的希腊雕塑石膏模型收藏馆。另一位研究希腊艺术的先锋人物是维克尔的同事雅恩（1813—1869），此人也是一位杰出的拉丁语学者。希腊王国于1830年建立之后，各个欧洲国家像在罗马一样都在雅典建立学校，他们不仅在希腊本土进行大规模的挖掘，而且也在东部地中海世界进行大规模的挖掘。

❷ 奥林匹亚，希腊南部平原，位于伯罗奔尼撒的西北，它是祭拜宙斯的宗教中心，又是古代奥林匹克运动会的遗址。其中由菲迪亚斯创作的奥林匹亚宙斯神像是古代世界七大奇迹之一。

文献促使人们有组织地寻找这些珍贵的物品。[598]各种类型的出土文献有惊人的增长，新发现的碑文、残存的书籍和文献使希腊文献呈现出完全不同的新面貌。碑文传统可以远远追溯到印度—日耳曼语族移民到达这两个半岛很久之前，先前割断欧洲与亚洲、埃及的历史记忆的障碍被清除了。即使我们仍旧把荷马当作欧洲历史的开端，也必须把我们的思想追溯到美尼斯［Menes］[599]时代，甚至更早。人们已经证明克里特曾是高度发达的文明中心，在整个公元前2千纪期间，这个文明中心一直向四周传播其影响。[600]时代离我们越近，我们就越难区分罗马文物与拜占庭文物或日耳曼文物之间的差异，或者辨别出希腊文物与叙利亚文物、阿拉伯文物之间的差异。考古学与古典学、基督教与学术圈之间的阻隔也没有那么多了。碑文传统与文献传统不可避免地交织在一起。对古代事物进行科学研究这一桂冠不再仅仅属于古典时代了，甚至这些主张也是不合时宜的了。可以这样表达，这是一个有机的共同体。即便如此，它仍属于一门包罗万象的历史与文献科学的范围，它既与之接壤，又受到其影响。同时，考古学也只是一般艺术研究的一部分，日耳曼法律使希腊研究有了新的进展，我们到处寻找可以类比的事物。我们甚至能让阿提卡悲剧与现代悲剧相比照而成为十分引人注目的焦点。

学术事业的大规模扩展和新发现的不断增加，对科学的学术研究施加了越来越大的决定性影响。古代遗迹的挖掘，对地下挖掘出来的每一片证据的彻底审查到处可见，要想知道这种发展所带来的成就,最简洁的办法就是看看罗马帝国疆域内的挖掘遗址。这种发展不仅对于赫尔曼、拉赫曼来说是不可思议的,对于伯伊克来说同样如此。但是奥特弗里德·缪勒可能会理解这种状况并持欢迎态度。我们现在把埃及和美索不达米亚[601]当作文明的摇篮。埃及为确定克里特—迈锡尼发现的文物的年代提供了标准。克里特和迈锡尼两地的独立式雕塑和圆柱都源于埃及。另外,最为重要的是我们的字母也源于此地。从巴比伦传来了天文学,占星术也尾随而来,后者就混合着埃及因素。[602]只是到了我们这个时代,这种重要的伪科学和伪宗教才得到研究,并得到恰当的理解,这要归功于几位先锋人物在这方面的重要著作。我们关于赫梯民族[603]以及小亚细亚其他逐渐希腊化的民族的知识已达到了一个程度,因此我们盼望有一天能够发现理解语言的关键方法❶,那时我们就会对古代克里特文明有全新的理解,同时,对于希腊英雄、海上民族时代有全新的理解,即便我们主要是通过艺术品来理解这个时代。现在,只有把英雄时代和荷马时代之间的空白以及这一时期的几何风格[geometrical style]研究清楚了,我们才能理解史诗传奇时代的历史背景。[604]小亚细亚沿岸一带的希腊化时代的遗址和岛屿上的遗址无论如何是不可能一下子挖掘完毕的,已挖掘的东西足够使我们理解这些地方在希腊化时代、罗马时代更加生动的场景[605],尽管不能想象古老爱奥尼亚时代的场景。

---

❶ 如原始印度人的文字、克里特人的文字的释读问题迄今都没有得到解决。

借助这些地区和遭受更大浩劫的希腊本土的铭文，我们有能力通过一点一点的考古挖掘来构建希腊化时代的历史。[606]

建筑不断以全新的形式呈现出来，例如市政厅、图书馆、城堡和灯塔。我们仍旧不知道在埃皮道鲁斯❶修建圆形建筑物［tholos］的目的是什么[607]，关于各式各样的剧场也存在着不同的观点。用建筑师的各种理论来调和经过注释家解释的戏剧文献在目前似乎是没有解决问题的希望的。与以往不一样的是我们可以追踪一个城市的整体规划，无论这种规划是否源自无计划的发展，就像在雅典和罗马一样，或者源自精心的计划，就像在普林恩［Priene］、庞贝一样。[608]既然庞贝这座城市不再是独一无二的，它真正的意义才最终被认可了。源自波斯战争时的雅典卫城废墟产生了珍贵的古风艺术遗迹，通过它们，我们能进行某些精准的断代。[609]一开始，人们仅仅观看花瓶的绘画，因为这些绘画是关于英雄传说和日常生活最丰富的信息源泉。当今的人们把这一点不恰当地忽略了。但完全正确的观点是：我们现在应该把陶器当作研究工匠、艺术家历史最丰富也最可靠的信息来源，我们拥有各个时代有代表性的艺术品。[610]同时，我们可以从绘画中得出关于一些主要艺术门类的推论，现在我们拥有德摩特里阿斯［Demetrias］石棺上的绘画，也拥有众多涉及其他主题的绘画，主要是伊特鲁里亚人的绘画，这些艺术品至少

---

❶ 埃皮道鲁斯（Epidaurus），位于伯罗奔尼撒东北部的希腊古城。位于此地的希腊医神阿斯克勒庇俄斯（Asclepius）神庙，以其宏伟的雕像而闻名。

可以勾勒出古代绘画艺术史的大纲,这似乎不再是不可能的事情了。[611] 来自南俄罗斯的丰富墓葬品可以填补其中的一些空缺,现在我们对于南俄罗斯文明发展的研究可以从爱奥尼亚时代延续到拜占庭时代。[612] 这种研究也可以扩展到北方地区,这并不是没有可能的,因为哥特人很久以来就住在那里了。至今,人们仍错误地把这种希腊—斯基泰[Graeco-Scythian]文明当作一个独立的主题来研究。

南意大利和西西里[613]对于我们增加对希腊历史的了解并无显著作用,但是它提供了大量关于这个地方最早居民的信息。在北意大利的特拉麦拉❶,在萨莫奈[Samnium],在阿普利亚[Apulia],更不用说在伊特鲁里亚了,挖掘出来的东西——意大利人对这些物品的挖掘进行得非常完美——已经说明了很多问题,以至于解决所涉及的人种问题的需要变得迫切起来。对阿普利亚人、奥斯坎人、伊特鲁里亚人的文化做一全面综合研究的时机已经成熟。每一种情况的核心目标都是想穿越希腊化的表面,直接接触到当地文化的根本[尽管事实证明李维对直到皮洛士❷战争时代的事件的传统看法越来越不可靠],特别是因为我们现在拥有两份可以追溯到王政时期[614]的真实可靠的铭

---

❶ 特拉麦拉(Terramare),意大利北部新石器时代晚期或青铜时代早期的湖上木排屋或村落。
❷ 皮洛士(Pyrrhus),伊庇鲁斯国王(公元前306—前302年、公元前297—前272年在位),不顾自身全军覆没的损失,在赫拉克莱亚(公元前280年)和奥斯库克姆(公元前279年)与罗马交战,打败了罗马军队,但损失巨大,得不偿失,后人谓之"皮洛士式胜利"。

文。现在我们要靠铭文来解释意大利史了。

罗马所统治的非洲，甚至在一定程度上还有迦太基所统治的非洲地区的材料都保存得相当完好，因为后者处在沙漠地带。全部城市仍旧存在。镶嵌画标明了乡村别墅的遗址，迦太基周围的农业用地的格局仍然可以在分配地的边界上找到。[615]过去50年间，铭文数量翻了100倍，这可以使我们重建阿普列乌斯［Apuleius］和奥古斯丁的世界——一个多么令人沮丧的世界！西班牙和它的居民伊比利亚人、凯尔特人刚刚开始展现在我们面前，不可争辩的是，这一地区处于马塞利阿❶的影响之下，甚至更早的希腊殖民地也影响了这一地区。[616]从地里伸出的埃尔切［Elche］[617]头像就像潘多拉：接下来还会发现什么呢？西庇阿和波里比阿面向努曼提亚［Numantia］安扎的营地已再次为世人所知[618]，这个发现已证明西班牙人亲身参与了这场大搜索。莱茵河谷的罗马文明已远远超出了内高卢的范围，特里尔❷的辉煌建筑[619]，古罗马边境城墙[620]的堡垒和栅栏，大母神崇拜，乡村社区的各种神祇，纵横交错的网络道路——这一切都在不断地被发现、被研究，所有这些结合在一起就呈现出一幅富有想象力的生动画面。这种调查——已教会了人们通过土

---

❶ 马塞利阿（Massilia），希腊人约于公元前600年在高卢地区建立的殖民地，今名马赛。
❷ 特里尔（Trier），德国西南部城市，位于摩泽尔河畔，靠近卢森堡边界。该市是高卢东部的一个民族——特维希人（Treveri）建立的，在罗马人统治时期是重要的商业中心，后来成为神圣罗马帝国的一部分。该市在1797—1815年一直被法国控制。

壤的颜色来辨认木制建筑物遗址的方法——正在越过罗马到达未被罗马统治的日耳曼，最终确定瓦卢斯［Varus］战败精确地点的时候快要到来了。就像很多独立的国家被合并成为一个帝国，有一种帝国的艺术成长起来，这种艺术在本质上是统一的，尽管带有地方色彩。但是关于帝国晚期发展阶段东方的影响是否盛行，罗马是否仍旧保持着艺术之都地位的问题，人们仍旧在激烈争论着。无论真相如何，新罗马——拜占庭——在本质上是受东方影响的希腊化继承人，并因此一次又一次地向西欧展示其古代文化的优越性，直到拜占庭最终把古代希腊的文学以及伴随而来的知识传统传给西欧保存为止。我们现在把拜占庭研究当作一个孤立的学科分支，只有为了拜占庭本身而开始研究拜占庭时才会对古代研究做出富有成果的贡献。

通过这种成功的遗迹研究，我们将这样多的任务扛在自己肩上！考古学和历史学已经结合得如此彻底，艺术研究在考古学中的地位甚至不如古典研究在文学史中的地位，更不用说个别艺术家的事业了。整理编辑规模庞大的考古挖掘资料集成［corpora］的工作——比如说铭文，人们一直在尝试这方面的工作，但没有完成——是一个不能实现的理想。这使得一个人的成就更加令人尊敬，这个人对整体事物有着真正一致的观点，他对整体有着真正的概观，并试图粗暴地（唯一的方式）让其变得井然有序。我们因此也应该提到这个人，尽管此人富有悲剧色彩的简短生涯属于后来的那段时期，而这段时期又超出了我们的叙述范围——他就是阿道夫·佛特旺格勒［Adolf Furtwängler］。[621]

虽然以铭文文献形式新增加的材料不是很多,但它们的影响还是很大的。在塞尔蓬萨［Salpensa］[622]铜表、马拉卡［Malaca］铜表、乌尔索［Urso］铜表被发现之前,我们关于罗马市政法律的知识究竟有多少?亚里士多德的《雅典政制》[623]的发现大大丰富了我们的宪政知识,但在这之前我们满足于以从语法学家著作中撷取的各种零星段落作为我们研究宪政的参考材料。我们对品达[624]和莱斯博斯［Lesbian］诗人的评价已发生了彻底的变化,除了新发现的这些诗人的作品,我们还发现了埃尔克曼［Alcman］[625]、科琳娜❶、巴奇里德斯❷和提莫修斯❸［Timotheus］[626]的作品。现在既然可以把普劳图斯与米南德[627]进行比较,我们也就能更加清晰地看到普劳图斯的罗马戏剧的特性了!

这种情况同样也适合基督教文献。在这方面,《十二使徒

---

❶ 科琳娜（Corinna,鼎盛于公元前500年左右）,希腊塔纳格拉（Tanagra）女抒情诗人,据说,曾受教于品达,以比奥提亚方言写作,直到近代人们在埃及赫尔莫波利斯（Hermopolis）的纸草文献中发现她的三篇诗歌残篇,对她才有所理解,所存残篇反映了神话主题。

❷ 巴奇里德斯（Bacchylides,鼎盛于公元前470年左右）,与品达同时代的希腊抒情诗人,曾受叙拉古僭主希罗一世（Hiero I,公元前478—前467年在位）资助,诗歌以震撼、简洁、明了著称,1896年人们在埃及奥克希林库斯纸草文献中发现了他的14首颂歌残篇和6首酒神颂歌,F. G. Kenyon于1897年出版了 The Poems of Bacchylides。

❸ 提莫修斯（约450—357 B.C.）,希腊诗人、音乐家,曾改革乐器,在西塔拉琴（cithara,一种类似竖琴的古代乐器）上增加了一根弦。有酒神颂歌残篇（于1902年被发现）存留于世,悲剧作家欧里庇得斯曾为提莫修斯抒情诗 Persae 写过序言。

遗训》[*Didache*]、《彼得的福音和天启》[*Gospel and Apocalypse of Peter*]、《所罗门赞美歌》[*Psalms of Solomon*]、阿里斯提德的《护教辞》[*Apology*]、希波吕托斯的许多著作以及各式各样的其他诺斯替主义的著作都属于新到者;阿伯修斯[Abercius]的墓石也属此列。[628]古典学者在收集尼西亚会议之前时期的著作方面起了很大的作用,并通过结束教会与帝国历史的不可容忍的分离来阐明后尼西亚会议时代教会的历史。[629]不仅如此,除了那些愚蠢的业余爱好者[这些业余者把耶稣转变为雅利安人,或者争辩耶稣其人是否存在,以此自娱自乐],其他一些人则忙于基督教起源这一主题,并把大量的精力、学识投入这种重建之中。根据后来的现象判断,基督教起源于带有希腊色彩、东方色彩的一种神秘主义宗教,这种混合色彩对基督教学说有着决定性的影响。虽然这一情况还远未定论,但事实依然是:对罗马帝国时期宗教进行的研究——密特拉教❶[Mithraism][630]、朱庇特·德里希诺斯[Jupiter Dolichenus][631]崇拜和太阳神崇拜——已经表明了基督教存在源自这些宗教的混合因素,甚至与这些宗教之间存在类似之处。与罗马军队相关的铭文特别重要,因为这些铭文显示了罗马军中东方化的情况,它让人们对所谓的帝国官方宗教有清楚的认识,甚至比纸草文献更加重要

---

❶ 密特拉教,奉祀密特拉神的宗教,3世纪初传至罗马帝国。该教起源于波斯的宗教崇拜,尤其流行于罗马军队中,盛行于罗马帝国后期,与基督教抗衡。

的是，罗马帝国时期的铭文已让我们能够理解科洛尼❶的起源——换句话说，就是他们如何陷入农奴的境遇，长久以来这一问题一直是一个难解之谜。[632]

来自格尔廷纳［Gortyna］[633]的铭文展示了克里特的家庭法，该铭文在本质上将足以吸引法理学家研究希腊法律，这一主题在此之前仅局限于法国人库伽西斯、赫拉杜斯的研究。这只是这类发现当中的第一次。然后是纸草文献，纸草文献的发现不仅催生了专业的纸草文献学家［解读这种草书原稿是一种特殊的技巧］，而且最终推翻了蒙森作为博士学位候选人时仍然可以提出的理论——法律系的学生不需要精通希腊语。今天他们已经认识到希腊语不仅对于阅读十二铜表法是不可缺少的，而且对于阅读法律汇编［Digest］❷也是一样，希腊法律已成为单独的学科。[634]我们关于希腊行政管理方面的知识来源于托勒密时代的埃及文献，当然这些文献有其自身的特性，但即使是在托勒密的财政体系中，至少在原则上，也有很多地方可以被视为符合希腊的一般模式。不仅从奥古斯都时代起，罗马人才遵循了希腊化的先例，西

---

❶ 3世纪，罗马帝国出现了全面危机，在经济领域以奴隶劳动为基础的大庄园经济已无利可图，小规模的经营成为唯一有收益的耕作形式，这种经营就是把土地分成小块交给被释奴隶或科洛尼耕种。科洛尼（colonate，也意译为"隶农"）在法律上本是自由的租地农民，但2世纪末3世纪初以后，其实际地位逐渐发生了变化。一旦欠租不能偿还，土地所有者就限制他们的自由，必须还完债务才能离去。

❷ 一般指的是 Digest of Roman Law 或 Pandects of Justinian，在查士丁尼的命令下由 Tribonian 率领16位助手于530—533年编订。

西里岛成为罗马人的一个省后,他们就已经这样做了。

从语言学的观点来看,拉丁铭文是没有回报可言的,除非可以把这些铭文当作语法和语音衰微的证据来看。然而,这些铭文可以教授我们关于通俗拉丁语的正确观点,罗曼语系就建立在这个基础之上。同时,关于非洲拉丁语❶的神话也已经被推翻,虽然这只是前不久的事情。拉丁语语文学家和罗曼语语文学家开拓了一个领域,这是他们妥协的结果,双方都可以在该领域有所作为。新一代学者已经把现存语言中的习惯用语恢复到恰当的地位,甚至包括那些文本经常被编辑成符合文学语言规则的作者。[635]这促进了文本批评者的敏感性,并且不同时期之间的差异一定要加以强调,如此不同的人将《埃特利娅的朝圣》[*Peregrinatio Aetheriae*,举个例子] ❷[636][我们时代的另一个发现]划归不同世纪的事情不再会发生了。

官方的希腊语文献,诸如法律文本或会议记录的摘录[637],总是属于需要特别研究的那类文献,这一情况同样也适合王室法令[638]和有教养人士之间的私人信件,因此这些保存在石头或纸草上的记录在一定程度上弥补了已丢失的希腊化时代文献的遗憾。人们大多关注的是音韵学和词形变

---

❶ 非洲拉丁语(African Latin),指早期《圣经》拉丁语译本中包含非洲习惯用语的拉丁语。

❷ 《埃特利娅的朝圣》是一个佚名的西欧修女写下的不完整的中东游记,是为她国内的同道写的,大约在4世纪晚期,包含了大量宗教方面的信息。1884年,人们在意大利Arezzo的一份11世纪拉丁文手稿中发现了这部游记,并于1887年出版。

化，但对字词形成和句法却不太重视。但是希腊化时代的散文和阿提卡时代的［包括那些模仿阿提卡的］散文之间的差异已如此明显，人们不能再忽略了，任何对语言有点天赋的人都足够自信能把一份希腊语言文献的日期确定到最接近的100年之内——公元300年之前的任何时间，尽管这在处理后来的、完全模仿的散文上或许是困难的，人们难以对这些模仿而来的散文有精确的把握，因为这时即使是受过教育的人也使用古老的词汇。我们必须承认，尽管我们在语言史研究方面已经取得了长足的进展，而这种进展是像鲁贝克、贝克尔、克贝这类人从不敢想象的，但我们仍有很远的道路要走。[639] 任何考古学家都会对视觉艺术中的风格历史做出同样的评价。

在一个时期的从句［kola］中发现规定的结尾部分［clausulae］、从韵律的定量体系到重音体系的转变给我们上了关于两种语言［希腊语和拉丁语］散文风格的重要一课，而且也给我们提供了一个评判标准。当文本或段落的真实性受到怀疑时，这一评判标准就起着决定性的作用。[640] 很早以前人们就注意到要避免脱落［hiatus］了——这是另一个有用的观察，尽管这种方法运用得不太恰当。另外，那种用严格的规则约束伟大的阿提卡散文大师的尝试注定是要失败的。对语言的微观检查有时也会取得一些成果，从事这方面研究的学者时常沉溺于编辑平均频率百分比的数据统计表格。但是事实也常常证明这种方法具有欺骗性，因为人的智力是不可能被机械化的。我们不必轻视那些小的事情，但同样不能忘记：它们是小的事情。

毫无疑问，理查德·维斯特弗［Richard Westphal］是一个睿智之人。他把韵律学牢固建立在音乐原则基础之上的尝试尽管会引起人们的强烈兴趣，但从长远来看，在满足文本批评家方面是失败的。尽管争论会一直持续下去，但令人高兴的是，关于这个理论的实际运用，人们已达成一致。[641]

最后，我们要总结的是这些新发现给文本校勘带来的影响。[642] 我们现在拥有的自公元前6世纪以来关于史诗语言的证据，可以表明史诗语言在各个时代几乎没有什么变化。我们也拥有自公元前4世纪以来各个时期古代书籍的残本，因此我们也可以知道悲剧作家的作品是以什么样的形式传到亚历山大里亚图书馆的。我们对这里的图书生产技术达到如此完美的程度感到惊讶。我们追寻这些图书一代一代的流传过程，发现拼字法不断呈现出混乱的状态，这最终导致了赫洛迪安的改革，导致了纸草业衰落，也导致了卷册本取代卷书。我们注意到那些供学者使用的手稿中不断增加的异文、缓慢增加的重音符号和其他有助于正确阅读的辅助方法，同时来自不同评论之摘要的评注开始充斥着书页的空白处。对于批评家来说，依然存在的著作的残篇比新发现的东西重要得多，因为这些残篇可以让他们判断出拜占庭传统。我们也可以看出一本书是否幸运地受到"语法学家"的保护或者是在没有受到保护的情况下再版这两者之间的差异。因此，以德摩斯梯尼为例，关于他的演说辞，我们发现所掌握的资料的状态并不让人满意，但是我们却从他的一封伪造的信中获得益处。[643]另外，色诺芬的《经济论》❶[*Economicus*][644]是另一种情况。因为书中存在各种各样的能进行合理猜测的可能性，这一点是显而易见的。没有这方面的能力，却仍旧敢声称最安全可靠的办法是保持传统，这一看法似乎不再可信了，就好像批评家的首要职责并非验证传统的可靠性，然后再根据情况展开行动似的。那些不具备从现存手稿追溯到原作者手稿的工作能力的人［因为原作者的手稿没有断词和标点］，最好不要从事文本校勘。那些想成为批评者的人必定要熟悉文本传讹的情况，这就要注意文本的流传过程，注意这些文本是如何从古代原稿流传到福提戊斯时代以草写小字书写的，这时词语之间开始分开了，标点符号也引进了，随之而来的是最后时期难以辨认的拜占庭草体造成的文本缺陷。一个人如果具备这方面的知识，他将知道流传文本形成过程的内容与意义是什么。那些被认为对文本变更进行大量校正的工作根本没有触及真正的流传文本，仅仅是检查出了错误而已，只是剔除了因古代辗转抄写中的误读而造成的错误

---

❶ 色诺芬是最早使用"经济"这一术语的人，他写过许多经济学著作，如《经济论》《雅典的收入》《论税收》等。他重视农业而轻视手工业，称"农业是其他技艺的母亲和保姆"。他认为，奴隶主的任务在于管好自己的庄园、财产，使财富不断增加。他发现财物有两种用途，一是使用，二是交换。他还看到了商品供求关系发生变化时，价格会上下波动。此外，他还论述了劳动分工的必要性，一个人不可能精通一切技艺，而且专门从事一种技艺会做得更多、更好。这也是他的一大贡献。他对货币也有独到的见解，他认为，白银可随时购买商品，因此人们不会嫌多，如果有人觉得太多，可以把它贮藏起来。这为以后的学者研究货币提供了一个好的思路，但其学说毕竟有很大的局限性。

罢了，并没有触及真正的传统。但是与校订［recensio］、修订［emendatio］相伴而来的文本的历史所包含的意义远不止这些。当我们通过流传下来的现存文本追溯原型的时候，通常只有一份可以追溯到古代晚期❶的手稿。当校正结束的时候，修正并没有紧随而来，除非作者的生活时代与原型时代之间流逝的时间完全是空白的。

即使在那时，我们也必须考虑到手稿、正字法等方面的普遍变化，不过在这个阶段经常出现的情况是原本中包含异文，就像我们亲眼在赫洛达斯［Herodas］〔645〕的古代手稿和西塞罗的《论共和国》中所看到的。在这里，这种情况有时导致人们刚愎自用地摈弃了第一或第二手的版本。实际上，在这类情况下，我们的选择是自由的。但是假如一部著作存在几种古代抄本，这些抄本之间又有差异，该如何是好呢？这时，区别单个文本之间的传讹，区别不同修订本之间的差异变得非常必要，这种情况决不局限于古典著作。但是就同一本书而言，当人们发现的不是小小的不同，而是在程度上严重得多的大量差异时，我们要说的只能是"修订"这个词了。假如有证据表明，确实存在不同的修订本，同样我们之前的一个版本极有可能也是一个已经修订的版本，在这种情

---

❶ 所谓古代晚期（late antiquity），是指284—632年这段时期，共348年，近三个半世纪。也就是从罗马皇帝戴克里先（Diocletian，284—305年在位）到穆罕默德（Mohammed，570？—632）去世为止这段时间。在该时期，地中海世界发生了巨大的变化：基督教取得了胜利，罗马帝国分裂了，新国家出现了，伊斯兰教诞生了。对于中世纪影响很大的观念、制度都是在这一时期形成的。

况下我们可以把这种行为适当地称为窜改，或者说是在某些学者最终确定文本之前，文本经历了很多变化的结果。在这种背景下，我们最好回想一下，即使是在印刷的时代，歌德和克莱斯特❶的著作经历了怎样的旅程。如果不求助于古代语法学家，这种类型的文本校勘是不可能的，古典作品更是如此。在这里，权威的亚历山大里亚版本成了第二个原型，是我们要复原的对象，假如存在不止一个版本，我们再一次面临的问题是要分清哪些是版本的不同，哪些是窜改。在这里再次出现的问题是作者生活的时代和标准文本之间有一段空隙，而在这段空隙期间文本是不受保护的。

我们所拥有的时间上属于这段空隙的荷马、柏拉图和欧里庇得斯的手稿可以教给我们几乎所有我们所必须知道的一切批评方法。唯一一个给我们提出这种问题的拉丁作家是普劳图斯，普劳图斯的情况说明，假如没有希腊文献的文本史来指导我们，我们就找不到研究的方向。[646]另外，只用维吉尔的《埃涅阿斯纪》[647]这一单独的例子就足够表明一本古书能够经历多么奇怪的遭遇，该书出现于书籍生产技术最为发达的时代，并且立即被专业学者接受。卡利马库斯和他的同辈也必定有同样的经历。《新约圣经》[648]，特别是福音书，经过几个世纪以来或多或少的修改之后，它们多少以固定的形式存留下来，尽管是以一种较为激烈的方法，但幸运

---

❶ 海因里希·冯·克莱斯特（Heinrich von Kleist，1777—1811），德国作家，他的中篇小说和戏剧包括《破瓮记》（1811），其中涉及了人物在理智和情感、英雄主义和懦弱之间所受的折磨。

的是其他修订本的痕迹并没有完全消失。额外的证据是由翻译文本和更早的引语所提供的，这些证据使得《新约》文本的历史与荷马文本的历史处于同一水平，尽管它们是不同的事物，却最接近。这种方法改正了曾导致拉赫曼犯错误的方法，特别富有指导意义。

那么这些东西真正的产物是什么呢？首先，拜占庭人在这方面做得非常好，但是他们能够取得的成绩要依靠他们能够得到的古代抄本，这就是埃斯库罗斯和索福克勒斯全部手稿演化的原型［顺带一说的是，相同的手稿包含这两人的著作纯粹是巧合］，不过这个原型不是劳伦提戌斯文本［Laurentianus］。对后来手稿中读起来非常顺的段落的怀疑态度必定是推测的产物，在很多情况下这种推测并没有得到证实。比如亚里士多德《诗学》的阿拉伯文译本实际上已经表明这本书在其早期阶段就不完整了［或许从一开始就是如此］，但是帕里斯诺斯［Parisinus］至高无上的地位已遭到破坏。[649]诚然，我们看到了一种猜测性的解读尽管得到了证实却被拒绝了，这只能说明建立在对批评家的敌意基础上的顽固方法已走了多远，这也能导致人们误入歧途。其次，我们知道在罗马帝国时代，古典著作也以一种他们确信的标准文本形式——通过可信的文本传统流传下来，这一事实并不能排除存在异文的可能性。当然，我们同样能看到一些马虎的抄本。如果这几个世纪的荷马抄本中不包含少见的异文，从这些手稿中人们也就很少能学到什么东西。而直到奥古斯都时期，仍然有亚历山大里亚的学者们所确定的文本尚未渗透进去。[650] 在这里还存在几种有显著分歧的修订本，比如希罗多德[651]、修昔底德以及德摩斯梯尼[652]的一些公共演讲辞就是如此，这意味着没有哪位"语法学家"已创造出标准版本。这也符合我们所了解的存在于学校中的习惯。因此，我们尽量利用自狄德莫斯❶以来的编辑家的著作作为追溯亚历山大里亚伟大学者的方法。至于更早的版本，没有直接的手稿传统可以作为我们研究的基础。

人们时常说最近的发现已把推测性修正的整体观念降低到荒谬的程度，实际上并非如此。恰恰相反，它们已经证明许多推测是正确的，并且时常揭露出曾被忽略的缺陷——换句话说，这些缺陷本应通过推测性修订来消除。实际上，我们从这些文本中得到的主要教益是：通过历史传统，我们更清楚地认识到我们可以和应该在哪里以及如何进行推测。即使没有发现这些古代书籍，也会出现对陷入疯狂的过度批评的反制，尽管反方向的过火行为是不可避免的，它们也免不了受谴责的命运。同时，在德国，人们认识到有义务解释古典著作——不仅是为了学生的利益着想——而且那些数量众多的模范版本的出现也有助于批评家找到感觉。主题和风格得到了适当的关注，编辑者也很少过分地关注单个的词语。不过，学者们现在已学会了尊重个体性，不再坚持与固定的

---

❶ 狄德莫斯（Didymus，约于396年去世），希腊语法学家、神学家，被称为盲人狄德莫斯。

理想保持一致的观念，对暗含在古代权威中的绝对完美的渴望已让位于历史的方法，人们从中产生的那种理解是虽可指责却必须加以包容的。任何倾向于认为文本校勘方面已没有什么可做的人也必须承认，即使是对那些最被广泛阅读的作家的特性和历史意义，假如这些人全面看待这些古代作家的话，人们所做的理解尝试也才刚刚开始。尽管这些作家的著作的外在形式已基本完好地被建立起来，但很少有人去着手研究这些作家的内在形式。对细节的全面理解是重要的，但这只是为了把握整体，而一旦把握了整体，又会为细节提供更多的线索。

同样，对于那种把全部著作都当作伪造的习惯，人们心中会生出一种可以矫正其弊的厌恶之情。今天，关于高尔吉亚［Gorgias］、安提斯提尼斯［Antisthenes］[653]、阿西达玛斯［Alcidamas］[654]和赫洛德斯·阿提库斯演说辞的真实性已很少再进行争论，一旦人们理解了德摩斯梯尼演说中的政治特性，曾经是研究障碍的这些公共演讲辞也就不再是障碍了。西塞罗的全部作品以及他与布鲁图斯[655]的通信都是真实的。同样，萨卢斯特[656]的信件也是真实的。甚至也有人赞成《蚊子》［Culex］和《神鸟》［Ciris］[657]的真实性，这些赞成者的观点是不能轻易置之不理的。但是对《维吉尔的附录作品》中一些其他诗歌的处理方法则表明研究方法走向了另外一个极端。在有人再次要求我们以信任的态度采纳某些证据的时候，情况同样如此，哪怕这些证据支持的是"普鲁塔克"创作了《论河流》［De fluviis］。人们甚至已经表达出这种观点——无论如何都不能摈弃任何传统——这实际上等于在说，当你很穷的时候，用假币支付是合理的。

这种全部接受的趋势和彻底摈弃的态度之间存在一种奇怪的对比，比如许多历史学家以我们不再拥有的确切证据为基础摈弃埃拉托色尼这类人物所接受的确定事实，尤其是年代方面的材料。一个例子是，大家摈弃了奥林匹亚赛会获胜者名录，现在没有人这么做了。[658]另一种情况也符合这一事实，大家拒绝承认历史学家可以从英雄传奇的研究中学到任何有价值的东西。[659]当然，这是一项艰辛的研究，也需要智慧。把写字的石板擦干净没那么麻烦，因为你可以随心所欲地在上面画画——但是这些现代图案很快就会被再次抹去。

对内容和风格的考虑强迫我们在一个历史的序列中给单本著作和单个作者分配位置，这也带来了对不同种类和不同风格文章的丰富研究，例如关于对话[660]、苛评、安慰的言辞［consolatio］的研究等。因此，人们已采取的第一个措施是把全部古代文献进行分类，并以比较的方法进行解释。这种方法最大的优点在于，它避免了把希腊语与拉丁语一分为二所带来的有害弊端，因为这种无所不包的文献自奥古斯都时代以来就是双语的。对"主题"的探索使人们探寻多种多样的材料，并且让人们展开批判性的评估，不仅评估语法学家之类的人所编辑的东西［人们只有把这些分散的残篇拼凑在一起，并一直追溯到原来的作者，它们才能发挥作用］，而且评估后来的历史、哲学文献的整体性。自使用这种方法以来，许多丢失著作的很多内容已经复原了，毫无疑问在这方面还有大量的工作要做。当然这里也不存在什么灵丹妙药，也没有能打开所有大门的万能钥匙，许多人在这方面已走过弯路，就像文本校勘者所曾走过的弯路，因为他们信仰一种唯一的、普遍有效的完美模式，结果用这些方法来欣赏如此重要但个性又是如此不同的作家自然会失败，比如欣赏西塞罗和普鲁塔克。然而，我们在这方面似乎已经度过险境。

由于受到收集在一起的、可信的残篇的激励[661]，哲学家一直忙于研究前苏格拉底和智者学派。但是他们最有价值的地方在于第一次从历史的观点、自然也是从哲学的观点出发研究了希腊化学派，研究了斯多葛学派［直到爱比克泰德］，也研究了花园学派[662]，并使这些学派易于理解。假如在当今，波塞冬尼戊斯❶这一名字经常被滥用，这种情况似乎是可能的，这是因为归结到波塞冬尼戊斯身上的每一种责任几乎是不可能维持的，这不过是一个不可避免的、短暂的阶段。[663]真实的情况是，与波塞冬尼戊斯名字相联系的一般看法和思辨观点属于宗教的范围，这些观点实际上对基督教思想产生了很大影响。极为引人注目的是，这种发展状况以及在东方宗教胜利时达到顶点的整个心灵运动——换句话说就是罗马帝国时代的精神生活，甚至蒙森在他叙述这个

---

❶ 波塞冬尼戊斯（Posidonius，约135—51 B.C.），希腊斯多葛派哲学家、历史学家，他的思想对罗马人产生了很大的影响。

世界的时候也忽略了这一点——成为当今的重大研究主题。在许多大师的领导下，比较宗教学这一新学科的发展甚至加速了。这门学科着手研究的是信仰和崇拜的原始形式［希腊人、罗马人的官方宗教来源于此］，它也探究信仰和迷信的全部表现形式，这些表现形式在道德规范、宗教仪式、民俗民风甚至语言和传说［一句话，用我们取自英国的一个词来说，就是"民俗学"（连同这个词的实质意义）］方面被视为神圣。[664]

就像这类研究必定要从上层社会向一般民众沉坠一样，人们也在努力理解无文化修养的、非理性的、质朴的人性，因此其他一些学者就离开了古典艺术和文学的研究方向，去研究古代人的精密科学和技术，而长久以来人们是忽略这方面的研究的。主要是由于丹麦的学者[665]，也由于一位自学成才的法国天才，古人的数学、天文学得到了特别清晰的表达。也由于人们新发现了阿基米德的著作，对这一学科的发展产生了推动作用。[666]人们没有忽略古人的医学技术，但是有关这个领域的最基本的工作［其表现形式是出版那些经过编校的医学家的著作］才刚刚开始，要做的工作还有很多。提奥弗拉斯图斯的植物学著作也属于这类情况，但是一本把古典学术和技术知识综合在一起的著作给这类研究带来了光明。[667]完全不同的学科和完全不同的技能之间的合作最能填补这类研究中的大量空白，并且这种合作研究已在技术研究领域取得了显著成就，比如对古代弩炮的复原即是如此。[668]

这篇长而粗略的研究回顾了过去 50 年间❶古典学在不断以历史学的方法恢复古代生活各个方面上所取得的成就。从根本上说,古典学如何能在已有的基础上进一步扩展其范围呢?谁又胆敢做这方面的预测呢?但是假如我们回顾在过去几个世纪中所走过的漫长的学术之路,我们将不会对这门学科的生命力感到失望,即使在整个文明世界的合作仍然是一个现实的时代,前景仍没有那么乐观。

古典学术现在是什么样子,它应该是什么样子,从其自身的历史中我们已经看得很清楚了。我们已经检阅了古典学历史上的杰出人物,从中是否可以了解一位学者应当是什么样子呢?本书提到的人物是经过精心挑选的,因为他们推动了学术事业的发展,但是这些人物在智力和特性、兴趣与能力方面又有很大的不同。因此,最适度的解说可能是最好的。一位学者可能会做许多事情,也会用许多方法来做这些事情,但是如果他想取得一些能经得起岁月考验的成就,有一件事是他必须做的,那就是要做"一个优秀的人就是善于学习的人"[*vir bonus*,*dicendi peritus*]。[669]

注 释

[1] 古典学:参阅上文中导言,p. vii。
[2] 作者在这里所说的 grammatikē 的含义是基本的语文教学,而不是专门意义上的语法。参阅 H. I. Marrou, *Histoire de l'Education dans l'Antiquité*, 1948, 224, 340。

---

❶ 作者指的是本书最后一部分内容,参阅原文第 155 页以下。

〔3〕 Cardinal Pietro Bembo（1470—1547）：Sandys ii 112；Weiss，*RDCA* 200；Pfeiffer ii 135. 参阅 A. Perosa and J. Sparrow，*Renaissance Latin Verse*，1979，167f.。

〔4〕 海牙的 Johannes Secundus（1511—1536；Sandys ii 216）曾写过一本关于爱情诗歌的名著，叫 *Basia*。参阅 Perosa and Sparrow，op. cit.，479f.。

〔5〕 维琴察（Vicenza）的 Andrea Palladio（1518—1580）是一位伟大的建筑学家，在威尼斯和维琴察设计过著名的建筑，在威尼托（Veneto）设计过别墅。Leo von Klenze（1784—1864）是一位一直模仿古代建筑的慕尼黑建筑学家，他在慕尼黑设计了 Glyptothek 和 Propylaeon；参阅 H. R. Hitchcock，*Architecture: Nineteenth and Twentieth Centuries*（Pelican History of Art），23f.。

〔6〕 Bertil Thorwaldsen（1770—1844）和 John Flaxman（1755—1826）是两位一直模仿古典作品的雕刻家。（弗拉克斯曼，英国雕塑家和插图画家，设计了威治伍德陶器的饰带和浮雕图案，并为 1793 年版的《伊利亚特》《奥德赛》两本书绘制插图。——译者）

〔7〕 关于姆莱图斯或伦肯，参阅下文注释 234 和 356。

〔8〕 不幸的是，自从第二次世界大战以来，当今世界几乎没有这类作品。

〔9〕 参阅 Marrou，op. cit.（上文注释 2）。

〔10〕 Vittorino da Feltre（1378—1446；Sandys ii 53）是著名的人文主义者，在曼图亚（Mantua）任教；Guarino（1374—1460；Sandys ii 49）在 House of Este 赞助下于费拉拉（Ferrara）任教。关于这两人的英国学生，参阅 R. Weiss，*HE*，index s. v.。Guarino 的 *Regulae Grammaticae*（1418）是第一本现代语法书。

〔11〕 Jacques Amyot（1513—1593；Sandys ii 195）；参阅 D. A. Russell，*Plutarch*，150f.。他于 1559 年出版了普鲁塔克的《希腊罗马名人传》（*Lives*）译本，于 1572 年出版了普鲁塔克的《道德论集》（*Moralia*）译本；为莎士比亚所使用的 Sir Thomas North 的普鲁塔克译本就是

以 A. D. Russell 译本为依据的。

〔12〕 参阅导言，p. v。

〔13〕 关于 Jahn 参阅下文第 134、151 页。他的文章 'Bedeutung und Stelle der Altertumsstudien in Deutschland' 发表在 *Aus der Altertumswissenschaft*，1868，1f.。

〔14〕 专门意义上的语法发端于智者时代（参阅 Pfeiffer，*HCS* i ch. 2），尽管从语法的精确含义上讲"专门语法是希腊化时代学术最新的成就"（Pfeiffer，*HCS* i ch. 2）。但从文学解释这个层面上讲，"语法"则可追溯到更早的时期；参阅上文注释 2。

〔15〕 Eratosthenes（c.285—205 B.C.）：参阅 Pfeiffer，*HCS* i 152f. and P. M. Fraser，*PBA* 56，1970，175f. and *PA* i 456f.。

〔16〕 Aristophanes of Byzantium（c.260—185 B.C.）：Pfeiffer，*HCS* i 172f.；Fraser，*PA* i 459f.

〔17〕 Aristarchus（216—144 B.C.）：Pfeiffer，*HCS* i 210f. Fraser，*PA* i 462f.

〔18〕 Dionysius Thrax（约鼎盛于公元前 130 年）：Pfeiffer，*HCS* i 266f.。

〔19〕 Asclepiades of Myrlea（约鼎盛于公元前 65 年）：Pfeiffer，*HCS* i 272f.。

〔20〕 Philoxenus（生活于公元前 1 世纪前半期）：Pfeiffer，*HCS* i 273f.。

〔21〕 Buttmann：参阅下文注释 444。

〔22〕 Tryphon：Sandys i 142f.

〔23〕 Herodian：Sandys i 314. Herodian 的"普通韵律学"的头 19 卷论述的是一般意义上的重读（accentuation），第 20 卷论述的是音量（quantities）、气息音（breathings），最后研究的是非重读后接词（enclitics），等等。参阅下文第 144 页。

〔24〕 Clement of Alexandria（160—215）：Sandys i 323；参阅 Chadwick，*EC* 94f.（也可参阅他的 *Early Christian Thought and the Classical Tradition*，1966，31f.）Gregory：也被称为 Gregory of Nazianzus（330—390）或 Gregory of Nyssa（参阅 Chadwick，*EC* 148 and W. Jaeger，*Early*

Christianity and Greek Paideia, 1961, Index, svv.)。Cyril of Alexandria (412—444): Chadwick, *EC* 194f. Chawick 称 Cyril of Alexandria 是"一位杰出的、富有思想的神学家";他也是一个狂热鼓动谋杀的人(参阅 Gibbon, *Decline and Fall of the Roman Empire*, ch. 47)。

[25] Choeroboscus: Sandys i 313, 381. Choeroboscus 活跃于 750—825 年(参阅 W. Bühler and C. Theodoridis, *BZ* 69, 1976, 397f.)。

[26] 在敬神中是否使用偶像的争论从 7 世纪开始,一直持续到 9 世纪。关于伊斯兰教的情况,比照正文第 11 页;不过两种说法都是有道理的。

[27] Photius (c.810—891): Sandys i 388; SS^2 54f.; *ABP* 40; Browning, *BS* 8; Wilson, 'The Composition of Photius' Bibliotheca', *GRBS* 9, 1968, 451.

[28] Arethas: Sandys i 395; SS^2 57; 托伊布纳(Teubner)出版社的 Arethas 著作编辑本,出自 L. G. Westerink 之手;Browning, *BS* 11。维拉莫威兹提到 S. B. Kougeas, 'Ο Καισαρείας 'Αρέθας καὶ τὸ ἔργον αὐτοῦ, Athens, 1913。

[29] Bekker,参阅下文注释 446。

[30] Suidas,当今流行的设想是并没有一个叫"Suidas"的人,这部辞典的称呼来自中世纪的一个词语"Suda",该词意思为"要塞"(fortress)。这个标题的全部问题是复杂的,或许该词来源于意大利词语"guida"的传讹;参阅 Cardinal Mercati, *Byzantion* 27, 1957, 173f.。

[31] Constantine Porphyrogenitus (905—959): SS^2 58, *ABP* 53;参阅下文注释 122。

[32] Constantine Cephalas(活跃于 917 年),我们的希腊诗选大多依据他所编辑的诗选。参阅 Gow and Page, *The Greek Anthology: Hellenistic Epigrams* i, 1965, xvii。

[33] Psellus (1018—1096/7?): Sandys i 401; SS^2 60; Wilson, *ABP* 68.

[34] Ficino: 参阅下文注释 110。

〔35〕 *Poimandres* 是密教文献大全中的第一部分；参阅该书第一卷，A. D. Nock 和 A. J. Festugière 编，1945，另参后者所写的 *La Révélation d'Hermés Trismégiste*, 4 vols., 1950—1954。

〔36〕 关于 12 世纪的亚里士多德学术研究，参阅 R. Browning, *PCPS* 188, 1962, 6f.。

〔37〕 John Tzetzes（c.1110—1180）: Sandys i 408; SS^2 62; Browning, *BS* 14.

〔38〕 Eustathius（活跃于约 1160—1195 年），萨洛尼卡大主教；Sandys i 410; SS^2 61; Wilson, *ABP* 98; Browning, *BS* 14f.。Michael Choniates（不正确的叫法是"Acominatus"）(c.1138—c.1222): Sandys i 411; SS^2 63; Wilson, *ABP* 108。P. Maas（*Kl. Schr.* 492f.）让我们看到 Gregory of Corinth 活跃于 10 或 11 世纪；参阅 R. Browning, *Byzantion* 33, 1963, 19。

〔39〕 威尼斯领导下的十字军东征于 1204 年洗劫了君士坦丁堡。

〔40〕 Planudes（c.1255—c.1305）: Sandys i 417; SS^2 65; Wilson, *ABP* 126; A. Turyn, *The Manuscript Tradition of Euripides*, 1957, 53, n. 88. A. Turyn, *The Manuscript Tradition of the Tragedies of Aeschylus*, 1943, 104, n. 89. 关于他论述普鲁塔克的著作，参阅 D. A. Russell, *Plutarch*, 147；关于他翻译奥维德著作的情况，参阅 P. E. Easterling and E. J. Kenney, *Proc. Cambridge Phil. Soc.*, suppl. 1, 1965。

〔41〕 Manuel Moschopoulus（活跃于约 1300 年）: Sandys i 419; Turyn, loc. cit。Thomas Magistros（c. 1280—1350）: Sandys i 419; Turyn, loc. cit. Demetrius Triclinius（c.1280—1340）: Sandys i 420; SS^2 66; Turyn, *The Manuscript Tradition of Aeschylus*, p.103, n. 89；关于他作为一位批评家所做的工作，参阅 G. Zuntz, *An Inquiry into the Transmission of the Plays of Euripides*, 1965, 193。

〔42〕 Theodore Metochites（c.1260—1331）: Sandys i 421; Wilson and Reynolds, SS^2 131.

〔43〕 Manuel Chrysoloras（c.1353—1413）：Sandys i 432；*SS* 131；克利苏劳拉曾应 Salutati 的邀请于 1397 年在佛罗伦萨演讲，他写了第一本被西方使用的语法书。Demetrius Chalcondyles（1424—1511）：Sandys ii 64；凯尔孔代莱于 1447 年来到意大利，在意大利的几个城市教授希腊语，并于 1488 年出版了荷马著作的第一个印刷版本。

〔44〕 1453 年陷落。

〔45〕 Koraës：Sandys iii 361；Dionysios Thereianos（Sandys iii 371）于 1889 年出版了他的 *Adamantios Koraes*。寇莱斯的藏书保存在开俄斯，图书馆外面屹立着他的塑像。

〔46〕 参阅 R. Walzer, *Über die syrische und asiatische Galen-Übersetzungen*, 1925。参阅 SS^2 48f.。

〔47〕 攸西比乌斯的《年代纪》(*Chronica*) 第一卷的亚美尼亚语版本（5 世纪）于 1818 年第一次出版；参阅 Mark Pattison, *Essays* i 169；E. Schwartz, *RE* vi 1376f.＝*Griechische Geschichtsschreiber* 504；Pfeiffer ii 118。Eusebius（265—340）作为一位年代学家是重要的。当斯卡利杰（Scaliger，参阅下文第 49 页）在为我们古代年代学方面的知识奠基时，他那时重构的已丢失的《年代纪》第一卷在很大程度上被新发现证实了。《年代纪》由圣哲罗姆（St. Jerome, 347—419）翻译：Sandys i 219；Chadwick, *EC* 214；J. N. D. Kelly, *Jerome: His Life, Writings and Controversies*, 1975。

〔48〕 斐洛（30 B.C.—45 A.D.）是犹太文化和希腊哲学之间一位重要的中介人物；他的 *De providentia* 仅以亚美尼亚语版本得到完整存留。参阅 E. R. Goodenough, *An Introduction to Philo Judaeus*, 1962。

〔49〕 M. Terentius Varro（116—27 B.C.）：Sandys i 173；SS^2 21.

〔50〕 见他的 *De lingua latina*（ed. R. G. Kent, Leob Classical Library, 1938）。

〔51〕 Q. Remmius Palaemon（c.35—70）：Sandys i 188.

〔52〕 M. Valerius Probus（c. 20—105）：Sandys i 192；SS^2 25, 217.

〔53〕 亚历山大里亚的提昂生活在提比略（Tiberius）时代；参阅 C. Wendel 刊于 *RE* s. v. 的文章。P. Oxy. 2536 是他关于品达第十二篇皮提亚颂歌的评论的残篇。

〔54〕 Quintilian（c.35—95）。

〔55〕 Suetonius（c.75—160）。

〔56〕 Aelius Donatus（4 世纪；Sandys i 218）写了一本语法书和一本有关维吉尔的注释；关于 Terence 著作的诸家集注本也归于他的名下。

〔57〕 Servius（4 世纪下半叶；Sandys i 218）写了一部规模庞大的有关维吉尔的评注集。

〔58〕 Priscian（鼎盛于 6 世纪早期的君士坦丁堡）著有一部规模庞大的拉丁语法书。

〔59〕 Augustine（354—430）：Sandys i 222；Chadwick, *EC* 216；参阅 Peter Brown, *Augustine of Hippo*, 1967（paperback 1969）。

〔60〕 维拉莫威兹心中所想的是 Ausonius 322 *ad nep.*（p. 263 Peiper），45—47: *perlege quodcumque est memorabile. prima, monebo, conditor Iliados et amabilis orsa Menandri evolvenda tibi*。

〔61〕 Max Bonnet, *Le Latin de Grégoire de Tours*, 1891.

〔62〕 Pelagonius（4 世纪）翻译了一本长达 35 章的兽医著作；SS^2 129。

〔63〕 Soranus of Ephesus 的写作年代是图拉真（Trajan）或哈德良（Hadrian）时代；他的一些著作仅以拉丁语译本的形式存留。

〔64〕 "Barbarus Scaligeri" 是对 "Excerpta Barbari" 一书作者的称法，该书是 5 世纪早期一部亚历山大里亚年代纪的 8 世纪拉丁文译本，于 1606 年在巴黎被 J. J. Scarliger 出版（源于一份手稿；参阅下文注释 206）；关于这部著作及其与 Hippolytus 的关系，参阅 F. Jacoby, *RE* vi 1566f.（=*Griechische Historiker*, 1956, 157f.）。

〔65〕 *Aratus Latinus* 是阿拉图斯著作 *Phaenomena* 以蛮族拉丁语（barbarous Latin）翻译的一个 7 世纪拉丁文译本，不要与 Cicero、Germanicus、Avienus 有关同一部著作的译本搞混淆了。

〔66〕 *Hisperica Famina* 是一部 7 世纪的著作，作者是一位爱尔兰修道士（Sandys i 438）；参阅 M. W. Herren 有关该书新的编校本（vol. i, Leiden, 1974）。

〔67〕 Boethius（c. 480—524）：Sandys i 237；SS^2, index s. v. 参阅 H. Chadwick, *Boethius*, 1981。

〔68〕 Cassiodorus（c. 485—580）：Sandys i 224；SS^2 72；A. Momigliano, 'Cassiodorus and the Italian Culture of his Time', *PBA* 41, 1955（= *SC* 191f.= *SH* 181f.）.

〔69〕 现在一般不认为 Vivarium 的书流传到了波比奥；大部分书籍看似流传到罗马，在罗马就流散了；参阅 SS^2 73—74。

〔70〕 卡西诺山修道院由圣本笃于约 529 年建立；圣盖伦修道院建立于约 613 年；富尔达修道院建立于 744 年。

〔71〕 Isidore（c. 570—636）：Sandys i 442；SS^2 74, 226.

〔72〕 Luxeuil 修道院大约建立于 590 年，波比奥修道院约建立于 614 年，Reichenau 修道院建立于 724 年。

〔73〕 Columban（c.560—615）；Gallus（约卒于 645 年）；Boniface（c.675—754）：参阅 SS^2 77f.。

〔74〕 查理曼于 800 年在亚琛接受加冕，参阅 SS^2 80f.。

〔75〕 Alcuin（c.735—804）：Sandys i 455；SS^2 83f.；P. Godman 编辑了他的诗歌（即将出版）。

〔76〕 L. Traube（1861—1907）：Sandys iii 195；'Textgeschichte der Regula Sancti Benedicti', *SB Munich*, III Cl., XXI Bd. 3, 1898, 599f.

〔77〕 Servatus Lupus（c.805—862）：SS^2 92.

〔78〕 Arethas：参阅上文注释 28。

〔79〕 Photius：参阅上文注释 27。

〔80〕 J. Wackernagel, *Vorlesungen über Syntax* i, 1926, 22f.

〔81〕 Einhard（c.770—840；Sandys i 463）模仿苏维托尼戊斯（Suetonius）写了一本查理曼的传记。Paulus Diaconus（c.725—797）：Sandys i 456。

[82] Frederick Ⅱ (1194—1250); Manfred (1232—1266).

[83] John of Salisbury (1110—1180): Sandys i 517; SS^2 99. Robert Grosseteste (c.1168—1253): Sandys i 552; SS^2 106. Grosseteste 是 Lincoln 的主教，牛津大学校长；几年前，在牛津大学图书馆（Bodleian Library）发现了被认为是在古希腊雅典最高法院的法官狄奥尼修斯（Dionysius the Areopagite）命令下以希腊语写的手稿文章，很显然，抄写员并不熟悉那种语言（R. Barbour, *Bodleian Library Record* 6, 1958, 410f.）。Roger Bacon (c.1214—1294): Sandys i 567；培根实际上写了一本希腊语法书劝说人们直接阅读希腊原文，他虽然尽了力，但显然没有成功。

[84] Thomas Aquinas (c.1225/7—1274).

[85] Dante (1265—1321)。有关但丁在古典知识方面的造诣和对古典知识的态度，可参阅 E. R. Curtius, *European Literature and the Latin Middle Ages*，英译本，1953（德语原版，1948）。

[86] 大分裂从 1309 年持续至 1377 年。

[87] Cola di Rienzi (c.1313—1354): 关于他对古代的狂热，可参阅 Weiss, *RDCA* 38f.。

[88] 现代的研究，特别是 Giuseppe Billanovich 的研究已表明人文主义活动的相当一部分是在 13 世纪进行的。在帕多瓦（Padua），Lovato Lovati (1241—1309) 和 Alberto Mussato (1262—1329) 从 Pomposa 的修道院得到了大量手稿，这其中很可能包括著名的 Codex Etruscus of Seneca（Giuseppe Billanovich, 'I primi umanisti e le tradizioni dei classici Latini', 1953, and *CIEC* i 57f.）。参阅 Weiss, *RDCA*, ch.2 ('The forerunners of Petrarch'), and SS^2 110。Francesco Petrarca (1304—1374): 现代研究表明彼特拉克的学术活动是非常重要的，其重要性已超过了 50 年前人们的认识；参阅 Pfeiffer ii ch. 1。尤其可参阅 Giuseppe Billanovich 的杰出论文 'Petrarch and the Textual Tradition of Livy', in *Journal of the Warburg and Courtauld Institutes* 14, 1951, 137f.; cf. E. H. Wilkins, *Life of*

Petrarch, 1961; Weiss, *RDCA*, ch. 2, 'The Age of Petrarch'; SS^2 113; Pfeiffer ii 4。

〔89〕 Coluccio Salutati (1330—1406): Sandys ii 17; SS^2 119; Weiss, *RDCA* 54; 参阅 B. L. Ullman, *The Humanism of Coluccio Salutati*, 1963; Pfeiffer ii 25。Niccolò Niccoli (1363—1437): Sandys ii 43; Weiss, *RDCA*, Index, s. v. Pfeiffer ii 30—31.

〔90〕 Poggio Bracciolini (1380—1459): Sandys ii 25; SS^2 120; Weiss, *RDCA*, Index, s. v.; Pfeiffer, *HCS* ii 31f.

〔91〕 参阅 W. Rüegg, 'Cicero und der Humanismus Petrarcas', in *Das neue Cicerobild* (*Wege der Forschung* XXVII), 65f., cf. Pfeiffer ii p. 5, n. 1。

〔92〕 其中一人 Benvenuto Campesani (1255—1323) 在一首短诗中庆祝了此事 (参阅 *Catullus*, ed. R. A. B. Mynors, 1958, p. 105)。关于 Boccaccio, 参阅 Pfeiffer, *HCS* ii 20f.。

〔93〕 Billanovich (前引书, 见上文注释88) 的研究已经表明不是 Boccaccio 而是 Zanobi da Strada, 后者作为代理主教比前者更方便到达那里。

〔94〕 Enoch of Ascoli; 参阅 Sandys ii 33 and 35; 他于 1455 年发现了这份手稿。

〔95〕 Gerard Landriani 于 1421 年发现了这份抄本; Sandys ii 31。

〔96〕 *Le Scoperte dei Codici Greci nei Secoli XIV-V*, 1905—1914; new edn., 1967.

〔97〕 A. Campana 在德国发现了有 Poggio 亲笔签名的一份手稿的复本。几年前, 他大大简化了对发现于梵蒂冈图书馆的八篇西塞罗演讲稿的文本校勘 (参阅 R. G. M. Nisbet, *M. Tulli Ciceronis in L. Pisonem Oratio*, Oxford, 1960, xxv。参阅 Kenney 18 and Pfeiffer ii 32)。

〔98〕 Chrysoloras: 参阅上文注释 43。

〔99〕 Leonardo Bruni (1369—1444): Sandys ii 45; Pfeiffer, *HCS* ii 27. 布鲁尼最初打算把自己的亚里士多德《政治学》译本呈献给格洛斯

特公爵（Duke of Gloucester）汉弗莱（Humphrey）（Weiss, *HE*, 46f.）。

［100］ Guarino：参阅上文注释 10。

［101］ Filelfo（1398—1481）：Sandys ii 55; Pfeiffer, *HCS* ii 48. Aurispa（d.1459）: Sandys ii 36; Pfeiffer, op. cit. 他于 1432 年把 238 本希腊语书籍带到了意大利。

［102］ 托勒密《地理学》的拉丁文译本于 1462 年在罗马出版。

［103］ Heron of Alexandria 生活在 1 世纪后半期；关于其著作的摘录，参阅 Wilamowitz, *Griechisches Lesebuch*, 1902。

［104］ Nicholas V（1397—1455）: Sandys ii 65.

［105］ Valla（1407—1457）: Sandys ii 66; SS^2 125. Pfeiffer 在 *AKS* 164 中指出，瓦拉在其生命的**最后阶段**出版了修昔底德的著作，因此，瓦拉并没有从修昔底德那里学到什么方法。参阅 S. I. Camporeale, *Lorenzo Valla: Umanesimo e Teologia*, 1972; *CIEC* ii, Index s. v.（尤其是 L. Jardine 论他的辩证法的内容, p. 141f.）; Pfeiffer, *HCS* ii, ch. 3。

［106］ Theodore Gaza（c.1400—1475）: Sandys ii 62. George of Trapezus（1395—1484）: Sandys ii 63.

［107］ George Gemistus Plethon（c.1356—1450）: Sandys ii 50; SS^2 125; Pfeiffer, *HCS* ii 57. 关于佛罗伦萨大公会议（1431—1449），参阅 Geanakoplos, *BELW*, 1966, ch. iii。

［108］ Bessarion（1403—1472）: Sandys ii 61; SS^2 133, 239; Geanakoplos, op. cit., and *Greek Scholars in Venice*, 1962, Index, s. v. 不幸的是，就像 N. G. Wilson 已经表明的，Bessarion 所收集的许多著作似乎多年来没有被使用。Platonic Academy of Florence: Sandys ii 80; Pfeiffer, *HCS* ii 57。

［109］ Pico della Mirandola（1463—1494）: Sandys ii 82; E. Wind, *Pagan Mysteries in the Renaissance*, 1958, Index, s. v.

［110］ Ficino（1433—1499）: Sandys ii 82.

[111] Pomponius Laetus（1425—1498）：Sandys ii 83；Weiss, *RDCA* s. v. Leto, Pomponio; Pfeiffer ii 51. Weiss 表明，维拉莫威兹大大低估了 Pomponius 的重要性（参阅第 76 页）。

[112] Politian（1454—1494）：Sandys ii 83；SS^2 120, 136；Kenney 4f.; Pfeiffer ii, ch. 4. 仅仅在几年之前，Politian 丢失的 *Miscellanea* 第二卷才重见天日由 A. Perosa 出版（参阅 V. Branca and M. Pastore Stocchi, *Angelo Poliziano. Miscellaneorum Centuria Secunda*, 4 vols., 1972）。

[113] Janus Lascaris（1445—1535）：Sandys ii 78；Pfeiffer, *HCS* ii, Index s. v.

[114] Constanine Lascaris（1434—1501）：Sandys ii 76；Pfeiffer, *HCS* ii 53.

[115] Aldus Manutius（1449—1515）：Sandys ii 98；SS^2 138；Pfeiffer, *HCS* ii 56.

[116] Marcus Musurus（1407—1517）：Sandys ii 79；SS^2 139；Geanakoplos *BELW* 127；Pfeiffer, *HCS* ii, Index s. v.

[117] Callierges（活跃于 1499—1523 年）：Sandys ii 80；Geanakoplos, *GSV* chs. 7 and 8; id., *GELW* 126。唯一能超越 Callierges 关于品达著作的是 A. B. Drachmann 的批注本，1903—1927；关于 *Iliad* 的批注本现在正由 H. Erbse 编辑（vol. i 1969, vol. ii 1971, vol. iii 1974, vol. iv 1975）。

[118] Paulus Manutius（1512—1574）：Sandys ii 100.

[119] Nizolius（1498—1576）：Sandys ii 146.

[120] Fulvius Ursinus（1529—1601）：Sandys ii 153；SS^2 150.

[121] Agostino：参阅下文注释 151；参阅 C. Mitchell 在 *Italian Renaissance Studies*, ed. E. F. Jacob, 1960 中的文章。

[122] Constantine Porphyrogenitus：参阅上文注释 31。一份重要的希腊历史学家著作的摘录工作是在他的命令下展开的。

[123] *Carmina novem illustrium feminarum…et lyricorum Alcmani Stesichori Alcaei Ibyci Anacreontis Simonidis Bacchylidis…ex bibliotheca Fulvii*

Vrsini Romani, Antwerp, 1598. 参阅 D. L. Page, *Poetae Melici Graeci*, 1962, v。

〔124〕 参阅 Gisela Richter, *The Portraits of the Greeks* ii, 1968, 172。

〔125〕 Petrus Victorius (1499—1585): Sandys ii 135; SS^2 149; Pfeiffer, *HCS* ii 135.

〔126〕 Robortelli (1516—1567): Sandys ii 140; A. Carlini, *L'Attività Filologica di Francesco Robortello*, Udine, 1967; Pfeiffer, ii 136。有关他关于文本校勘的论文,参阅下文注释158。

〔127〕 Septizonium 是附属于由 Septimius Severus 为皇帝们所建宫殿的前面部分,最终在1585年被毁;插图参阅 Rumpf, Tafel 5a。(罗马有两处名叫"七节楼"的建筑,一处在罗马南部,建于提图斯皇帝时代;一处在罗马东南角,建于塞维鲁斯皇帝时代,由七节柱廊构成,即本文所提到的建筑,有人将两者混为一谈。——译者)

〔128〕 Nicola Pisano: 参阅 Weiss, *RDCA* 14。

〔129〕 Mantegna: 参阅 Weiss, op. cit., s. v.。

〔130〕 Illustrated by R. Lullies, *Mitteilungen des Deutschen Institutes der Archaeologie in Rom* i, 1948, 45f., pl. 16.

〔131〕 Flavius Blondus (1388—1463): Sandys ii 40; Weiss, *RDCA* passim; Pfeiffer, ii 50—51.

〔132〕 Julius Ⅱ 于1503年当上教皇,他把阿波罗的塑像安放在自己位于 Vincoli 的 San Pietro 花园内。后来,Julius Ⅱ 将该塑像和1506年发现的拉奥孔塑像都安放在梵蒂冈绘画馆 (Vatican Belvedere),该绘画馆也是由他创立的。参阅 Weiss, *RDCA* 192。

〔133〕 拉斐尔自1509年起一直活跃于罗马,直到他于1520年去世为止;参阅 Weiss, op. cit., 94, etc. and N. Dacos, *CIEC* ii 325f.。

〔134〕 Andreas Fulvius (c.1470—1527): 参阅 Weiss, op. cit., 86, etc.。

〔135〕 F. Albertini(维拉莫威兹错误地称之为"Albertinelli")活跃于1493—

1510 年：Weiss, op. cit., 84, etc.。他的著作名为 *Opusculum de mirabilibus novae et veteris urbis Romae*，出版于 1510 年。

[136] 8 或 9 世纪，Einsiedeln 的一位修道士访问了帕维亚（Pavia）和罗马，制作了一些拉丁文复本，甚至一些希腊铭文，还制作了罗马平面图；参阅 Mommsen, *Gesammelte Schriften* viii 64f.。

[137] Mommsen, Henzen and de Rossi：参阅下文第 156—158 页。

[138] Fra Giocondo（1443—1515）：Sandys ii 121；Weiss, op. cit., 150, etc.

[139] Gruter：参阅下文注释 272。

[140] Cyriac of Ancona（c. 1391—c. 1455）：Sandys ii 39；Weiss, op. cit., s. v. Ancona；Pfeiffer, *HCS* ii 51. B. Ashmole *PBA* 45, 1959, 25f. 则对其进行了生动的描述。

[141] 参阅 Weiss, *RDCA*，第七章，这章名为 'The Topography and the Destruction of Ancient Rome'。

[142] Pasquino 雕像上的词出现于 1638 年，那时乌尔班八世（Urban VIII）正打算熔化 Pantheon 柱廊上的铜门来制造大炮，从而进行他与 Urbino 的战争。

[143] 关于 Barberini 抄本中 Giuliano de San Gallo 的复制本，参阅 Rumpf 41。

[144] Stephanus Pighius（1520—1604）是 Cardinal Granvella 的秘书。我们所讨论的那份手稿仍没有出版（Rumpf 49）。

[145] Giovanni Pietro Bellori（1615—1696；Sandys ii 179）是 Christina of Sweden 在罗马的一位图书管理员，他与 Pietro Santo 兄弟以及 Francesco Bartoli 合作出版了许多罗马纪念碑铭文。

[146] Antonio Bosio（1575—1629）：Sandys iii 247。（其生卒年代的另一说法是 1576—1629。——译者）

[147] 雕刻家 Flaminius Vacca 于 1594 年出版了他有关在当时发现的罗马古物的记录。

[148] Pirro Ligorio（1530—1586）：Sandys ii 154；Rumpf 50；Speyer

320, n. 2.

〔149〕 F. Lenormant (1837—1883): Sandys iii 165; Speyer 323, 5.

〔150〕 Onuphrius Panvinius (1529—1568): Sandys ii 145; Pfeiffer, *HCS* ii 95.

〔151〕 Antonio Agostino (1517—1586): Sandys ii 160; 参阅上文注释 121。

〔152〕 Nunnesius (=Pedro Juan Nunez, d. 1602): Sandys ii 159; Pfeiffer, *HCS* ii 65.

〔153〕 Sanctius (=Francisco Sanchez, 1523—1601): Sandys ii 159.

〔154〕 20世纪的西班牙复兴了希腊研究；1974年在马德里举办了第六届古典研究国际大会 (The Sixth International Congress of Classical Studies)。

〔155〕 Sigonius (c.1524—1584): Sandys ii 143; Pfeiffer, *HCS* ii 136.

〔156〕 Pighius: 参阅上文注释 144。

〔157〕 关于 *Consolatio* (1583)，参阅 Speyer 319, n. 1。

〔158〕 维拉莫威兹写的是"Robortelli"，但这是对"Antonio Riccoboni"（1541—1599; Sandys ii 144）的误写。参阅上文注释 126 以及 Carlini, op. cit., 36, n. 71; Kenney 29f.。

〔159〕 Curzio Inghirami (1614—1655)，见他的 *Etruscarum antiquitatum fragmenta* (1637)。

〔160〕 Sibylline Oracles（现存14卷）起源于希腊化时代晚期和帝国时代早期，包含大量源于犹太方面的材料。相关书目参阅 Fraser, *PA* ii 989, n. 217。

〔161〕 归于奥古斯都时代政治家 M. Valerius Messalla Corvinus 的 *De progenie Augusti Caesaris* 是15世纪的伪造物；参阅 Teuffel and Schwabe, *Geschichte der römischen Literatur*, i, 5th edn., 477。

〔162〕 Cardinal Mai 认为这一作品是真作（参阅下文注释 449），但是 Madvig（参阅下文注释 487）在1829年（*Opuscula academica*, 2nd edn, 1887, 1f.）证明这是伪作。

〔163〕 K. Simonides 伪造了72页抄本，其中包含被认为是 Uranius of

Alexandria 所写的埃及诸王的历史；参阅 Sandys iii 381 and Speyer 323，n. 4。

﹝164﹞ Giacomo Cortese 伪造了 Cornelius Nepos 的著作 *De viris illustribus* 第 13 卷中的一些片段；参阅 Speyer 323，n. 8。Speyer 把它叫作"一种神秘化"；Sigonius 或许并没有打算进行欺骗。

﹝165﹞ 在 1623 年，帝国军队在 White Mountain 战役中战胜 Elector Palatine 占领了 Heidelberg 后；参阅 Sandys ii 361，and Pfeiffer, *HCS* ii 138。Allatius（1586—1669）.

﹝166﹞ Holstenius（1596—1661）：Sandys ii 364. 参阅 Aubrey Diller, *The Tradition of the Greek Minor Geographers*，1952。

﹝167﹞ 维拉莫威兹肯定知道 J. Bidez（1867—1945）的 *Vie de Porphyre*（1913），p. 45。Cluverius（1580—1623）：Sandys ii 313。

﹝168﹞ H. Kiepert：参阅下文注释 585，也参阅 Wilamowitz, *Erinnerungen*, 2nd edn.，174。

﹝168a﹞ Cellarius（1638—1707）：Sandys ii 369.

﹝169﹞ Aeneas Silvius Piccolomini 在 1458—1464 年成为教皇庇护二世（Pius Ⅱ）：Sandys ii 72；Weiss, *RDCA* s. v.；Pfeiffer, *HCS* ii 59f.。

﹝170﹞ Johannes Reuchlin（1455—1522）：Sandys ii 156；Pfeiffer, *HCS* ii 86f.

﹝171﹞ Ortvinus Gratius of Cologne（1491—1541）：Sandys ii 257. Gratius 反对 Reuchlin 的争论产生了 *Epistolae obscurorum virorum*；第一个系列（1561）主要由爱尔福特的人文主义者 Johann Jäger 主持，第二个系列（1517）主要由 Ulrich von Hutten 主持。爱尔福特人文主义群体的领袖是 Conrad Muth（c.1471—1526）：参阅 Sandys ii 156f.，Bursian 119f.。Johann Pfefferkorn 是一位改变信仰的犹太人，他提议焚烧犹太圣书，而 Reuchlin 则持反对态度；参阅 Bursian 125 and Pfeiffer, *HCS* ii 89。

﹝172﹞ Regiomontanus：Johann Müller of Königsberg（1436—1476）：Sandys ii 252.

〔173〕 Housman 说他"根本不是一位批评家"(*Manilius* i, 2nd edn., 1937, xix)。Regiomontanus Housman 于 1461 年陪伴 Cardinal Bessarion 到罗马(参考 Pfeiffer, *HCS* ii 37, n. 8)。

〔174〕 伊拉斯谟对警句、名言的收集是受普鲁塔克的启发进行的。伊拉斯谟(1466—1536): Sandys ii 127; SS^2 142; Pfeiffer, *HCS* ii ch. 7。关于伊拉斯谟众多的文学作品,或许可以参阅 P. S. Allen 的论述(*Erasmus: Lectures and Wayfaring Sketches*, 1934); 参阅 J. Huizinga (*Erasmus of Rotterdam*, 1952); 参阅 R. Pfeiffer 的论文 'Erasmus und die Einheit der klassischen und der Christlichen Renaissance', *Historisches Jahrbuch* 74, 1955, 175f.=*AKS*, 1960, 208f.; 参阅 H. R. Trevor-Roper, *Historical Essays*, 1962, 35f.。Holbein 创作的三幅伊拉斯谟肖像中,最著名的一幅藏于卢浮宫。翻译过来的多卷本的伊拉斯谟文集正在出版中。

〔175〕 Juan Luis Vives(1492—1540): Sandys ii 214; Pfeiffer, *HCS* ii 96。1523—1525 年,他任教于 Corpus Christi College, Oxford。参阅 C. G. Norena, *Juan Luis Vives*, 1970 and J.-C. Margolin in *CIEC* ii 245f.。

〔176〕 参阅 W. S. Allen, *Vox Graeca*, 2nd edn., 1974, 127f.。

〔177〕 I. Bywater, 'The Erasmian Pronunciation of Greek and its Precursors', OUP, London, 1908(关于 Bywater,参阅下文注释 529—530)。关于 Antonius Nebrissensis(1444—1522),参阅 Sandys ii 157; Pfeiffer, *HCS* ii 65; 以及西班牙 *Emerita* 杂志纪念他的特刊(*Miscellanea Nebrija*, *Emerita*, 13, 1945)。

〔178〕 关于巴塞尔的出版商,参阅 Sandys ii 262 and Pfeiffer, *HCS* ii 83(n. 7)。它们的建立日期如下: Amorbach 1478, Froben 1491, Cratander 1518, Hervagius 1531。参阅 P. S. Allen, *The Correspondence of an Early Printing-House: the Amorbachs of Basle*, 1932。

〔179〕 Vienna lat. 15; 参阅 SS^2 88, 124; Grynaeus 于 1527 年在 Lorsch 发现了手稿。

〔180〕 1515年，Beatus Rhenanus 在 Murbach 发现了唯一的手稿；人们最后一次见到这份手稿是在 1786 年的一家拍卖行（SS^2 124）。

〔181〕 关于5世纪在 Speyer 教堂发现的第41—50卷的手稿，以及两位学者用它来从事编辑工作的情况（编辑成果在 1535 年由 Froben 出版），参阅 SS^2 96, 115。和 Hersfeldensis of Ammianus 一样，该手稿由于被当作复本用于出版，因此而遭到毁坏。Beatus Rhenanus 在 Murbach 发现了一本 Pliny 的著作，现已佚失。关于 Cratander 的巴塞尔版本（1528），参阅 D. R. Shackleton Baily, *Cicero's Letters to Atticus* i, 1965, 85f.。

〔182〕 Beatus Rhenanus（1485—1547）: Sandys ii 263; A. Hentschke and U. Muhlack, *Einführung in die Geschichte der Philologie*, 1972, 14f.; Kenney 52, Pfeiffer, *HCS* ii 82f.; Glareanus（Heinrich Loriti, 1488—1563）: Sandys ii 263, Bursian 154, Pfeiffer, *HCS* ii 85. Sigmund Gelenius（1497—1554）: Sandys ii 263; Bursian 152. 循着 Conrad Celtis（1459—1508）开辟的道路（Sandys ii 259; Bursian 109; Pfeiffer, *HCS* ii 63），Beatus Rhenanus 为这个弗罗本（Froben）出版社的塔西佗著作编辑本添加了一个术语表，里面是与德国有关的专有名词（1519）。Rhenanus 是奥格斯堡（Augsburg）的 Conrad Peutinger（1465—1547）的一位朋友，Peutinger 出版过他那个地区的纪念碑铭文的书籍（1505）；参阅 Pfeiffer 那篇动人的文章，'Conrad Peutinger und die humanistische Welt'（Munich, 1955, reprinted in *AKS*, 1960, 222f., 也参阅 Pfeiffer, *HCS* ii 62—63）。Rhenanus 以 Blondus 的 *Italia illustrata*（1474）为据，规划了一部 *Germania illustrara*（参阅上文注释 131）。

〔183〕 Planudean Anthology: ed. princ. by J. Lascaris, Florence, 1491; improved upon by J. Brodaeus, Basle, 1549, with commentary by Gelenius.

〔184〕 Philip Melanchthon（1497—1560）: Sandys ii 265; Bursian 173. Pfeiffer, *HCS* ii 91.

〔185〕 Buttmann：参阅下文注释444。

〔186〕 Joachim Camerarius（1500—1574）：Sandys ii 266；Bursian 185；Pfeiffer，*HCS* ii 139. 他编辑的 Plautus 的著作出版于 1552 年。

〔187〕 Centuriators of Magdeburg，1559—1574.

〔188〕 参阅上文注释186。

〔189〕 Conrad Gesner（1516—1565）：Sandys ii 269；Bursian 216.

〔190〕 Janus Cornarius（1500—1568）：Bursian 191. 他所编辑的 Hippocrates 的著作于 1538 年在巴塞尔出版。

〔191〕 Theodor Zwinger（1533—1588）编辑了规模庞大的常见摘录收集本，名为 *Theatrum Humanae Vitae*（1st edn.，1565）；参阅 W. J. Ong 在 *CIEC* ii，111f. 中的文章。A. Foesius 于 1595 年在法兰克福出版了他编辑的著作；Zwinger 于 1588 年出版的 *Oeconomia Hippocratis* 被 W. H. S. Jones（Loeb edition of Hippocrates ii，1923，lxviii）称为"医学知识中最好的矿藏"。

〔192〕 R. Chartier 的版本于 1679 年在巴黎第一次出版。

〔193〕 H. Wolf（1516—1580）：Sandys ii 168；Bursian 210；Kenney 87；Pfeiffer，*HCS* ii 139. Leonclavius（=Johann Loewenclau，1533—1593）：Bursian 234；Wolf 也去了意大利旅行，编辑了拜占庭作家的作品。Xylander（=Wilhelm Holzmann，1532—1576）：Sandys ii 170；Bursian 228；Pfeiffer，*HCS* 140. F. Sylburg（1536—1596）：Sandys 270；Bursian 229；Pfeiffer，*HCS* ii 141.

〔194〕 参阅下文注释221。

〔195〕 关于法国的古典研究，参阅 E. Egger，*L'Hellénisme en France*，2 vols.，1869（最近重印了）。一些人主张 14、15 世纪期间的学术领导地位转移到意大利，而在 1498 年 Charles Ⅷ入侵意大利之后又回归法国。

〔196〕 参阅 Pierre de Nolhac，*Ronsard et l'Humanisme*，1921。

〔197〕 Budaeus（1467—1540）：Sandys ii 170；SS^2 154；Pfeiffer，*HCS* ii 101. 他的肖像在伦敦国家美术馆内。

〔198〕 Cujacius（1522—1590）：Sandys ii 193；Pattison, *Essays*, i 15；Pfeiffer, *HCS* ii Index, s. v. Franciscus Hotomanus（1524—1590）：Sandys ii 193. Jacobus Godofredus（1587—1652）：Sandys ii 193. 维拉莫威兹把他与他的父亲 Denys（1549—1621）搞混淆了。他的父亲编辑了 *Corpus Juris Civilis*。

〔199〕 参阅 Weiss, *RDCA* 177。

〔200〕 皇家读者协会成立于 1530 年，后成为 Collège de France。

〔201〕 Janus Lascaris：参阅上文注释 113。

〔202〕 Andreas Darmarius：参阅 Pattison, *Issac Casaubon*, 35。

〔203〕 关于 Darmarius, Jacob Diassorinus, Constantine Palaeokappa 和 16 世纪拜占庭的其他造假者，参阅 Speyer 321。"Historia Physica" 是 Darmarius 伪造的（参阅 Speyer, loc. cit.）。

〔204〕 Robertus Stephanus（=Robert Estienne, 1503—1559）：Sandys ii 173；Pattison, *Essays* i 66f.；Pfeiffer, *HCS* ii 66. Elizabeth Armstrong, *Robert Estienne, Royal Printer*, 1954，该书充满了印刷细节问题。

〔205〕 J. C. Scaliger（1484—1558）：Sandys ii 177；Pattison, *Essays* i 135f.；SS^2 155, 242；Pfeiffer, *HCS* ii 113.

〔206〕 J. J. Scaliger（1540—1609）：Sandys ii 199；J. Bernays（参阅下文注释 528）, *Joseph Justus Scaliger*, 1855；Pattison, 'Joseph Scaliger', *Essays* i 132f.（Bernays 的一篇评论最早见于 *Quanterly Review*, 1860）；id. 'Life of Joseph Scaliger', *Essays* i 196f.（不幸的是只有一份残篇）；SS^2 158；Pfeiffer, *HCS* ii 113—119。

〔207〕 Scioppius（1576—1649）：Sandys ii 362；Kenney 37f.

〔208〕 莱顿议会的这幅油画被复制到 Bernays 的著作中，作为卷首插画；在 Sandys 的著作中则被用在了第 201 页的反面。

〔209〕 Lipsius：参阅下文注释 235。

〔210〕 Cujacius：参阅上文注释 198。Auratus：参阅下文注释 232。Thuanus（=Jacques Auguste de Thou, 1553—1617）：巴黎高等法

古典学的历史　307

院院长；伟大的历史学家；参阅 Pfeiffer, *HCS* ii, Index s. v.。

[211] 关于 "Ana"，参阅 Pattison, *Isaac Casaubon*, 425—426；他引用 Abbé d'Oliver 的话（1743），把这种风格叫作 "我们时代的羞耻"。

[212] D. R. Shackleton Bailey, *Proc. Cambridge Philological Society* 182, 1952—1953, 10, 说道："在六或七周的康复期里，语序有巨大变化的 Propertius 著作编辑本（连同 Catullus、Tibullus 著作的编辑本）面世（1577）。"（参阅 M. Haupt, *Opuscula* iii 34—36; Kenney 54—57）

[213] 关于 Casaubon, 参阅下文注释 226。

[214] 关于 Scaliger 对 Eusebius 的著作 *Chronica* 第一卷的恢复以及有关 Jerome 的情况，见上文注释 47。

[215] Martin Smetius（d. 1578）: Sandys ii 145. Pighius: 参阅上文注释 144。

[216] Gruter: 参阅下文注释 272。

[217] H. Stephanus: 参阅下文注释 221。

[218] Paulus Merula（1558—1607; Sandys ii 240）1595 年在莱顿出版了他的 *Ennius*。关于伪造的著作，参阅 Vahlen's *Ennius*, 2nd edn., 204f.; S. Mariotti, *Lezioni su Ennio*, 1951, 43 以为它们或许不是出自 Merula 本人。

[219] Dousa（1577—1606; Sandys ii 301; Pfeiffer, *HCS* ii 119）于 1597 年出版了他的 *Lucilius*。Putschius（Helias van Putschen, 1585—1616）: Sandys ii 313.

[220] 关于 Scaliger 的 *Manilius*, 参阅 Housman, *Manilius* i, 2nd edn., 1937, xiii: "或许没有任何一个批评家像 Scaliger 对待 Manilius 的著作那样，使一个作家的文本产生了那样巨大且持久的变化。"

[221] H. Stephanus（c.1528/31—1598）: Sandys ii 175; Pattison, *Essays* i 66f.; Pfeiffer, *HCS* ii 109.

〔222〕 Bekker：参阅下文注释446。

〔223〕 Herodian（3世纪）写了八卷本的从Marcus Aurelius到Maximin之死的罗马帝国史。

〔224〕 Synesius（约375年生），Ptolemais主教，柏拉图主义者，著有大量演说辞、信件和颂歌；关于颂歌，参阅Wilamowitz, *Kleine Schriften* ii 163f.。

〔225〕 关于Hase and Dindorf，参阅下文注释511、534。

〔226〕 Casaubon（1559—1614）：Sandys ii 204；生平记述见Mark Pattison, 1875, 2nd edn., 1891；SS^2 159；Pfeiffer, *HCS* ii 120。

〔227〕 Pierre Pithou（1539—1596；Sandys ii 192）在1585年出版了Persius和Juvenal著作的第一个重要版本，他使用了"Codex Pithoeanus"（过去在Lorsch，现在在Montpellier）。François Pithou，巴黎议会议长，死于1691年。

〔228〕 Pierre du Puits于1651年去世，Jacques du Puits于1645年成为巴黎皇家图书馆的历史学家，1656年去世。

〔229〕 Josias Mercier（死于1626年；Sandys ii 210）于1583年出版了他的*Nonius*。

〔230〕 Willem Canter（1542—1575）：Sandys ii 216；SS^2 161. Pfeiffer ii, index s. v. B. Keil, *Aelii Aristidis Opera Omnia* ii, 1898, vi, 称誉其著作是"无论对我们的艺术还是科学而言都值得钦佩的作品"；参阅Ed. Fraenkel, *Aeschylus*, *Agamemnon* i, 1950, 35, and M. Mund-Dopchie in *Album Charles Verlinden*, Ghent, 1975, 233f.。

〔231〕 Turnebus（＝Adrien de Tournebu, 1512—1565）：Sandys ii 185；SS^2 156；Pfeiffer, *HCS* ii 111.

〔232〕 Auratus（＝Jean Dorat, 1508—1588）：Sandys ii 186；Pfeiffer, *HCS* ii 102f. Pfeiffer在他的文章'Dichter und Philologe im französischen Humanismus', *Antike und Abendland* 7, 1958, 73f., 以及他的历史书籍中，正确地抗议这样不恰当地对待一位学者与诗人，这

位学者和诗人对同时代人产生深远影响。G. Hermann 认为他所做的最突出的贡献是校订埃斯库罗斯的著作；参阅 E. Fraenkel, *Aeschylus*, *Agamemnon*, i 35。如 Pfeiffer 所说，Pattison, *Essays* i 206f. 对 Auratus 的讨论是正确的。

〔233〕 Lambinus（1520—1572）：Sandys ii 188；SS^2 151；Pfeiffer, *HCS* ii 112；H. A. J. Munro, *Lucretius* i 14—15；Kenney 63f.

〔234〕 Marcus Muretus（1526—1585）：Sandys ii 148；Pattison, *Essays* ii 124；Pfeiffer, *HCS* ii 112. 尽管在当时的险恶环境下，姆莱图斯离开了法国，但姆莱图斯对圣巴托洛缪（St. Bartholomew）大屠杀的称赞几乎为他赢得了红衣主教的职位。

〔235〕 Justus Lipsius（1547—1606）：Sandys ii 301；SS^2 162；Kenney 53—54；Pfeiffer, *HCS* ii 124. 那种认为 Lipsius 是第一位使用美第奇家族所藏塔西佗手稿的人的观点是错误的；参阅 C. O. Brink, *JRS*, 41, 1951, 32f.。关于他的注释的重要性以及它与后继著作之间的关系，参阅 A. Momigliano, *JRS*, 37, 1947, 91（= *Contributo* 37f.）。Lipsius 注意到一些佛莱芒语、日耳曼语词汇与其对应波斯语之间的亲缘关系。

〔236〕 Petavius（1583—1652；Sandys ii 283；Pfeiffer, *HCS* ii 118, 132）于 1627 年出版了他的 *Doctrina Temporum*。

〔237〕 H. Valesius（1603—1676）：Sandys ii 287.

〔238〕 Grotius：参阅下文注释 279。Salmasius：参阅下文注释 283。

〔239〕 C. F. Peiresc（1580—1637）：Sandys ii 185；Pfeiffer, *HCS* ii 133.

〔240〕 Sirmond（1559—1651）：Sandys ii 283.

〔241〕 Guyet（1575—1655）：Sandys ii 283.

〔242〕 Charles du Fresne du Cange（1626—1688；Sandys ii 289；Pfeiffer, *HCS* ii 133）于 1678 年出版了三卷本的拉丁词汇表，于 1688 年出版了两卷本的希腊词汇表。

〔243〕 Sebastien Lenain de Tillemont（1637—1698）：Pfeiffer ii 133.

〔244〕 "那群伟大的莫尔会修士，是因 St. Benedict 最喜欢的学生 St.

Maurus 而得到这一称呼的,这是一群生活在 17、18 世纪的寂静的学问僧,其中大多默默无闻,这些人以一种令人铭记的方法完成了伊拉斯谟的最后遗产,即编辑了全部希腊、拉丁教父文献": Pfeiffer, *AKS* 180(摘自他的论文 'Humanitas Benedictina')。

[245] Jean Mabillon (1632—1707): Sandys ii 293; SS^2 171; Traube, *Vorlesungen und Abhandlungen* i, 1909, 13f. Pfeiffer, *HCS* ii 131. 通过挑战本笃会声称所依赖的人物的真实性,耶稣会士迫使本笃会从事详尽的古文书研究。Mabillon 的《论古代文献》(*De re diplomatica*)出版于 1681 年。他是成立于 1701 年的 the Académie des Inscriptions 的创始会员。

[246] Daniel Papebroch (1628—1714): 参阅 Traube, op. cit.(n. 245), 18; SS^2 171。

[247] Montfaucon (1655—1741; Sandys ii 385; SS^2 171; Pfeiffer, *HCS* ii 131)于 1708 年出版了他的 *Palaeographia Graeca*;参阅 Traube, op. cit., 31f.。

[248] Séguier (1588—1672): Sandys ii 287.

[249] J. F. F. Vaillant (1665—1708): Sandys ii 391.

[250] 威尼斯将军 Francesco Morosini 正在围攻雅典时,即 1687 年 9 月 26 日这一天,一发炮弹落到了帕特农神庙,而防守的土耳其人正把这座神庙当作军火库。参阅 Rumpf i 54; Plate 3b 展现了 1670 年由一位 Capuchin 绘制的雅典规划图。

[251] Sir George Wheler (1650—1723) 和 Jacques Spon (1647—1685): Sandys ii 299; Rumpf i 54. Pfeiffer (*HCS* ii 132, 2) 指 Wheler 是一位荷兰人,谴责维拉莫威兹把 Wheler 的名字拼错了,这是不正确的;在 *AKS* 60 中,Pfeiffer 把 Wheler 的书与 Spon 的书混淆了。参考 *DNB* lx. 445(关于 Wheler)。

[252] Fourmont (1690—1745): Sandys ii 390.

[253] Bayle (1647—1706): *Dictionnaire historique et critique*, 1695.

[254] Astruc (1684—1766) 是 Louis XV 的医生,而不是 Louis XIV 的

医生；Astruc 于 1753 年出版了他的 'Conjectures sur les mémoires originaux dont il paraît que Moise s'est servi pour composer le livre de Genèse'。因此，"接下来的"叙述是错误的。

〔255〕 Simon（1638—1712；*Histoire Critique du Vieux Testament*, 1678；*Histoire du Texte du Nouveau Testament*, 1689）。Simon 曾是奥拉托利会会士（Oratorian），他发现《圣经》批判是反对他的新教对手的 Bibliolatry 最有效的武器（Bentley 肯定知道 Simon 的著作；Kenney 40f.；Pfeiffer, *HCS* ii 130）。Clericus（＝Jean Leclerc, 1657—1736；Sandys ii 441；Pfeiffer, *HCS* ii 137, etc.）作为一位自由主义神学家比作为一位学者意义更加重要。Spinoza（1632—1677），他的 1670 年版的 *Tractatus Theologico-Politicus* 包含《摩西五经》文本的历史，这似乎是有关该文本最早的历史叙述。参考 S. von Dunin-Borkowski, *Spinoza*, iv, 1936（cited by Pfeiffer, *HCS* ii 128, n. 6）。

〔256〕 W. M. L. de Wette（1780—1849），德国神学家。

〔257〕 Servatus Lupus：参阅上文注释 77。

〔258〕 The Delphin Classics 的总编辑是 Avranches 主教 P. D. Huet（1630—1721；Sandys ii 292；Pattison, *Essays* ii 244f.）。Housman 称 Huet 是一位"罕见的精确、清醒而充满恶毒之心的批评家"（*Manilius*, i, 2nd edn., 1937, xv—xvi）。

〔259〕 T. Faber（1615—1672），Anne Dacier（1654—1720）and André Dacier（1651—1722）：Sandys ii 291—292；Pfeiffer, *HCS* ii 134—135.

〔260〕 Jean Hardouin（1646—1729）：Sandys ii 298；Traube, *Vorlesungen und Abhandlungen* i 31f.

〔261〕 Menagius（＝Gilles Ménage, 1613—1692）：Sandys ii 290. 维拉莫威兹提及《女学究》（*Les Femmes Savantes*）；他还激发了 La Bruyère 的灵感，让他创造出那个学究的角色。

〔262〕 Salmasius：参阅下文注释 283。

〔263〕 Charles Perrault 的 *Parallèle des anciens et des modernes* 出版于 1688—1692 年；参阅 Sandys ii 403 and Pfeiffer, *HCS* ii 134。

〔264〕 Montesquieu (1689—1755) 的 *Considérations sur la Grandeur et la Décadence des Romains* 出版于 1734 年。

〔265〕 G. Bonnot, Abbé de Mably, 在 1794、1796 年分别出版了他的 *Observations sur les Grecs* 和 *Observations sur l'histoire de la Grèce*。

〔266〕 François Hédelin, Abbé d'Aubignac et de Meimac (1604—1676), 受到 J. L. Myres 的《荷马及其评论家》(*Homer and his Critics*, 1958, 47f.) 的过高评价；参阅 Adam Parry 对如下著作的介绍: Milman Parry, *The Making of Homeric Verse*, 1971, p. xii, n. 1。

〔267〕 Wolf: 参阅下文注释 422。

〔268〕 G. Finsler (1852—1916) 于 1908 年在柏林出版他所编辑的荷马著作；维拉莫威兹提到 'Un mensonge de la science allemande: Les "Prolégomènes à Homère" de F. A. Wolf', Paris, 1917, by V. Bérard (1864—1931)。

〔268a〕 Erasmus Schmid (1570—1637) 于 1616 年出版了他所编辑的品达著作。他根据早期罗马帝国修辞学家所描述的颂歌传统分析诗歌。令人感到奇怪的是，根据颂歌传统对品达进行大量解释的新潮流与此是相呼应的；参阅 *JHS* 93, 1973, 116。

〔269〕 Turnebus: 参阅上文注释 231。

〔270〕 D. Höschel (1556—1617; Sandys ii 272) 在编辑 Photius、Phrynichus 著作的第一个印刷版本 (1601) 和 Procopius 的著作时 (1607) 得到 Scaliger 的帮助。有关他以及 Johann Jacob Fugger 的慷慨大度, 参阅 Pfeiffer, *Gymnasium* 71, 1964, 202f. ('Augsburger Humanisten und Philologen') and *HCS* ii 141。

〔271〕 Xylander: 参阅上文注释 193。

〔272〕 Gruter (1560—1627): Sandys ii 359; Pfeiffer, *HCS* ii 138. Gruter 从他的英国母亲那里学习拉丁语, 在 Norwich Grammar School 和

Cambridge 的 Caius College 接受教育。参阅上文注释 216。

[273] Valens Acidalius（1567—1595）：Sandys ii 273.

[274] Martin Crusius（1526—1607）：Sandys ii 270. 他于 1575 年写信给在君士坦丁堡的希腊学者，询问雅典是否还存在。

[275] Reinesius（1587—1667）：Sandys ii 364. *Cena* 的手稿于 1650 年在 Split 附近 Dalmatia 的 Trau 被发现（参阅 Konrad Müller, *Petronius*, 1961, xxviii）。

[276] Barth（1587—1658）：Sandys ii 363.

[277] Barth 在 1624 年发表了被认为是 Vestricius Spurinna 所作的讽刺短诗，后者是 1 世纪后半期的罗马显贵；参阅 Speyer 320。

[278] D. Heinsius（1580—1655）：Sandys ii 313.

[279] Grotius（1583—1645；Sandys ii 315；Pfeiffer, *HCS* ii 126）于 1609 年出版了他的 *Mare liberum*，1625 年出版了他的 *De jure belli et pacis*。维拉莫威兹似乎不明白 Grotius 并没有打算成为 Scaliger 的继承者，他的主要兴趣不在学术事业上。事实上，他是伊拉斯谟的继承者；参阅 H. R. Trevor-Roper 的 *Religion, the Reformation and Social Change*（1967）一书提到他的地方。

[280] 参阅 E. Grumach, *Goethe und die Antike*, 1949, 第 79、207、330、333 页谈到了歌德对这句谚语的引用。

[281] G. J. Vossius（1577—1649）：Sandys ii 307；SS^2 164；Gruppe 47.（关于 Boeckh 的讲演，参阅下文注释 458。）

[282] A. Van Dale（1638—1708）：Gruppe 65.

[283] Salmasius（1588—1653；Sandys ii 185；Pfeiffer, *HCS* ii 122）因他与 Milton 的激烈争执而为英国读者所知。

[284] Jacobs：参阅下文注释 435。

[285] Pattern Poems＝Τεχνοπαίγνια＝*Carmina figurata*；《爱丽丝漫游仙境》中老鼠的传奇故事就是一个例子。

[286] 维拉莫威兹本人出版了对这些诗篇的讨论（*Kleine Schriften*, ii 192f.），Leopardi 翻译了该书（*Tutte le opere*, ed. W. Binni, 1969,

i 428f.)。

〔287〕 约200年；该书是关于宇宙学、地理学和历史等方面的知识的杂集。

〔288〕 3世纪人，写有 Collectanea rerum memorabilium，蒙森于1864年编辑了这部著作。

〔289〕 Heraldus（1589—1649）：Sandys ii 287.

〔290〕 Boeckh：参阅下文注释452。

〔291〕 Petavius：参阅上文注释236。

〔292〕 Isaac Vossius（1618—1689）：Sandys ii 322；SS^2 166. Nicholas Heinsius（1620—1681）：Sandys ii 323；SS^2 165；Kenney 57f.，他的杰出叙述弥补了Pfeiffer那令人遗憾的简短评论。

〔293〕 Marcus Meibom（1630—1710）：Sandys ii 327.

〔294〕 Lars Norrmann（1651—1703）：Sandys iii 344.

〔295〕 J. F. Gronovius（1611—1671）：Sandys ii 319；SS^2 165.

〔296〕 Madvig：参阅下文注释487。

〔297〕 Ruhnken：参阅下文注释356。

〔298〕 Pieter Burman I（1668—1741；Sandys ii 443）和他的侄子Pieter Burman II（1714—1778；Sandys ii 455）编辑了许多拉丁语作家的作品，其中满是从前人那里复制而来的无用的异体词和陈腐的注释，他们因此而声名狼藉。

〔299〕 Friedrich Lindenbrog（1573—1648）：Sandys ii 364. Franz van Oudendorp（1696—1751）：Sandys ii 454. Arnold Drakenborch（1684—1748）：Sandys ii 447. Schrader（1722—1783）：Sandys ii 455.

〔299a〕 Jakob Gronovius（1645—1716）：Sandys ii 329.

〔300〕 Ludolf Küster（1670—1716）：Sandys ii 445；参阅 Monk 的 Life of Bentley（关于个人背景）中的相关信息。

〔301〕 J. G. Graevius（1632—1703）：Sandys ii 327；Graevius 的儿子 Theodore（于1692年去世）发起了对 Callimachus 著作的编辑。

〔302〕 Spanheim（1629—1710）：Sandys ii 327.

〔303〕 Meursius（1579—1639）：Sandys ii 311.

〔304〕 *Faust* i 601.

〔305〕 Morhof（1639—1690）：Sandys ii 365.

〔306〕 他是玛格丽特夫人神学讲座教授，住在剑桥大学女王学院。

〔307〕 Cramer 和 Gaisford 不是主教，而是牧师；参阅下文注释 339—340。

〔308〕 Thomas Linacre（c.1460—1524；Sandys ii 225；Pfeiffer, *HCS* ii 66）于1484年成为万灵学院研究员，除了在帕多瓦和维琴察学习医学外，还在 Politian 的指导下研习希腊语。他翻译了 Simplicius 对亚里士多德著作的评注、阿弗罗狄西亚的亚历山大以及盖伦的几篇论文，表明那个时代的希腊语水平是很高的。他不但是 Henry Ⅷ 的医生（从1509年起），而且也是 Mary 女王的家庭教师，他除了写了一本拉丁语法书，还写了 *De emendata structura Latini sermonis*（1524）。他建立了 the College of Physicians（1518），去世后葬于圣保罗大教堂。

〔309〕 George Chapman（c.1559—1634；Sandys ii 241）在1611年完成了他对荷马著作的编辑。George Buchanan（1506—1582；Sandys ii 243）在世时就以他的拉丁讽刺短诗和《诗篇》的拉丁语翻译而著称。"Buchanan 或许在所有苏格兰加尔文主义者当中独具一格，在本质上他是一位人文主义者，而不是一位传教士"：H. R. Trevor-Roper, *English Historical Review*, suppl. 3, 1966, 9。参阅 I. MacFarlane, *Buchanan*, 1981。

〔310〕 关于莎士比亚利用普鲁塔克材料的情况，参阅 D. A. Russell, *Plutarch*, 1973, ch. 9。关于塞涅卡对莎士比亚的影响，参阅 T. S. Eliot, *Selected Essays*。

〔311〕 Milton（1608—1674；Sandys iii 344）精通希腊语、拉丁语，这使得他可以对欧里庇得斯的 *Bacchae* 188 做出精确的修订（参阅 Dodds' commentary ad loc.）。Milton 关于欧里庇得斯的注释发表在

Museum Criticum, 1826, 283f.。

〔312〕 Gale（c.1635—1702；Sandys ii 354），Dean of York. Cambridge Platonists：Sandys ii 353.

〔313〕 Shaftesbury（1671—1713）：剑桥柏拉图主义者。

〔314〕 Thomas Cataker（1574—1654；Sandys ii 341），Fellow of Sidney Sussex, Cambridge。他关于 Marcus Aurelius（1652）的评论仍然有用；参阅 G. Zuntz, *JTS* 47, 1946, 85（被 Pfeiffer, *HCS* ii 144, n. 2 引用）；Fraenkel 认为他是在 Bentley 之前堪与 Pearson 媲美的英国最伟大的古典学者（见下条注释）。

〔315〕 Thomas Stanley（1625—1678；Sandys ii 351）也写了一部哲学史。Fraenkel（*Ag.* i 40f., 78f.）表明他在他所编辑的埃斯库罗斯著作中提出的最好的新建议应归功于 John Pearson（1613—1686）。Pearson 先是成为 Master of Jesus，而后成为 Master of Trinity at Cambridge，之后又成为 Chester 的主教；他的名著是 *Exposition of the Creed*。用 Fraenkel 的话（*Ag.* i 40）来说："在知识渊博和批判能力方面，除了 Bentley 以外，Pearson 或许是不逊色于任何英国学者的。"

〔315a〕 John Potter（c.1674—1747；Sandys ii 356），Canterbury 大主教。

〔316〕 Dodwell（1641—1711；Sandys ii 357）1688—1691 年任剑桥大学古代史 Camden 教授。

〔317〕 Selden（1584—1654；Sandys ii 342）：Jacob 在他的 1904 年的版本中指出，关于 Selden 的编辑质量问题，不管我们表达出一种什么样的判断，事实是，如果没有他的话，铭文的上半部分不会保存下来。

〔318〕 Barnes（1654—1712；Sandys ii 357），Regius Professor of Greek at Cambridge and Fellow of Emmanuel. 据说他已经说服了他的妻子从资金上资助他所编辑的《伊利亚特》的出版，他告诉他的妻子说这是所罗门王的事业。

〔319〕 Bentley（1662—1742）：Sandys ii 401；SS^2 166；Kenney 71f.；

Pfeiffer, *HCS* ii ch. 11. Gloucester 主教 J. H. Monk 所写的 Bentley 传记（1831; 2nd edn., 1833; reprinted 1969）是最令人愉快的读物。R. C. Jebb 的 *Bentley*（English Men of Letters series, 1882）对 Bentley 的学术生涯做了很好的叙述，不过该书的作者在性格上与 Bentley 可能相去甚远，而且他告诉我们的关于 Bentley 更加广泛的学术生涯的东西比维拉莫威兹在这短短几页中所表达的要少。R. J. White 的 *Dr Bentley*（1965）比较琐碎；有关 Bentley 与他人的争执，喜欢听流言蜚语的人将会发现读这本书比读有关修士的书更加令人满意。Pfeiffer 关于 Bentley 的那一章很精彩，但我认为 Pfeiffer 把 Bentley 作为一位神学家的重要性夸大了。

[320] *Epistula ad Millium* 于 1962 年在多伦多重印，该版本前有 G. P. Goold 的精彩导言。

[321] John Davies（1679—1732；Sandys ii 412），剑桥大学女王学院院长，1709 年编辑西塞罗的《塔斯库鲁姆论辩集》（Tusculans）。

[322] 参阅 D. R. Shackleton Baily, 'Bentley and Horace', in *Proceedings of the Leeds Philosophical Society*, vol. x, 1963, 105f.。

[323] Faernus（=Gabriele Faerno, d. 1561）：Sandys ii 147.

[324] Wood（c.1717—1771；Sandys ii 432）在其 *Essay on the Original Genius of Homer* 中最早提出荷马是一位文盲。参阅 Adam Parry 为 Milman Parry 的 *The Making of Homeric Verse* 所作的前言，1971, xiii；参阅 J. L. Myres, *Homer and his Critics*, 1958, 59。

[325] 关于 Society of Dilettanti（从 1733 年起），参阅 Sandys ii 431。

[326] James Stuart（1713—1788）和 Nicholas Revett（1720—1804）：Sandys ii 432；Rumpf i 57, etc. 他们记录了雅典的铭文；Richard Chandler（1738—1810；Sandys ii 434 and Rumpf i 57）也是如此。

[327] Dawes（1709—1766；Sandys ii 415），Emmanuel 的同事。W. W. Goodwin, *Syntax of the Greek Moods and Tenses*, 2nd edn, 1897, 129，他写道："在带有 ὅπως 的宾语从句的单个部门中，我们或许可以不考虑令人尊敬的 Canon Davesianus，尽管我们承认甚

至在这里也存在偶然的例外。"Housman 在对 Bywater 身后出版的牛津就职演讲中的评论就 Goodwin 书中对 Dawes 的盛赞做了彬彬有礼的反驳（参阅 Housman, *Collected Papers*, 1973, iii 1005）。

[328] Clarke（1675—1729）: Sandys ii 413; 关于歌德使用该书的情况, 参阅 E. Grumach, *Goethe und die Antike* i 117 and 122。John Taylor（1704—1766; Sandys ii 414）, Fellow of St. John's and University Librarian at Cambridge.

[329] Gibbon（1737—1794）.

[330] Tyrwhitt（1730—1786; Sandys ii 419）, Fellow of Merton College, Oxford and Clerk of the House of Commons. 这个名字与"spirit"押韵。

[331] Markland（1693—1776; Sandys ii 413）, 在剑桥大学时是 Peterhouse 的同事。维拉莫威兹对待 Markland 是不公平的。"英国人把 Porson 当作英国学者中的第二名, 也许是对的, 但是欧洲大陆上的许多评价却把 Markland 列为第二名。Markland 是除 Bentley 以外唯一对希腊语、拉丁语拥有同样的极高造诣的人, 并且我相信 Bentley 尊重 Markland, 对他有嫉妒之心, 我承认这是夸张的说法"（Housman, *Collected Papers* iii 1005）"英国学者"指的是（我依据 Housman 的意思）"18 世纪和 19 世纪早期的英国文本批评家"。参阅 C. Collard, *PCPS* 22, 1976, 1f.。

[332] Gilbert Wakefield（1756—1801; Sandys ii 430）, Fellow of Jesus College, Cambridge. 对 Wakefield 的重视程度太不够了, 其实他的一些猜测是相当敏锐的。参阅 Munro, *Lucretius*, i 19, n. 3。

[333] Samuel Musgrave（1732—1780; Sandys ii 418）在 Exeter 行医, Benjamin Heath（1704—1766）则是 Exeter 的市政职员（Sandys ii 417）。

[334] Richard Porson（1759—1808）: Sandys ii 424; Pfeiffer, *HCS* ii 159. Sir Denys Page 在他熠熠生辉的文章 'Richard Porson'（*PBA*

45, 1959, 221f.) 中写道, "在剑桥大学, Kidd、Dobree、Monk 和 Blomfield 等人建立对 Porson 的崇拜"; Sir Denys Page 改变了英国人对 Porson 的过度评价。M. L. Clarke 所写 Porson 传记 (Cambridge, 1937) 是令人愉快的读物。

〔335〕 Elmsley (1773—1825; Sandys iii 394), 先后就读于威斯敏斯特公学和牛津大学基督教堂学院, 后成为该大学圣阿尔班厅 (St. Albańs Hall) 学院的院长, 他的这些品质与 Porson (参阅第 230 页) 完全不同; 他不够机敏, 但更具系统性。他对悲剧作家文本的贡献要远远超过形容词 "有希望的" (promising) 所暗含的东西。

〔336〕 Peter Paul Dobree (1782—1825; Sandys iii 399), a Channel Islander, Fellow of Trinity College, Cambridge.

〔337〕 Filippo Invernizi (d. 1832; Sandys iii 86) 是一位罗马律师, 重新发现了一份可能写于 1000 年左右的手稿; 关于这份手稿的重要性, 参阅 K. J. Dover 所编辑的 *Clouds*, 1968, cviif.

〔338〕 一本修辞学辞典; O. Houtsma 的 1870 年版重印为 *Lexica Graeca Minora*, 1965 年由 K. Latte 负责甄选, H. Erbse 负责编排。

〔339〕 J. A. Cramer (1793—1848; Sandys iii 443) 不是主教, 而是 Norwich 的主任牧师。他出版的著作 *Anecdota Oxoniensia* (1834—1837)、*Anecdota Parisina* (1839—1841) 中有许多有价值的材料。

〔340〕 Thomas Gaisford (1779—1855; Sandys iii 395) 自 1831 年起直到去世为止一直是基督教堂主任牧师。他编辑的 *Etymologicum Magnum* (1848) 至今无出其右者。参阅 Lloyd-Jones, *BG*, ch. 6。

〔341〕 Gottfried Bernhardy (1800—1875; Sandys iii 121) 于 1853 年完成了他编辑的 "Suidas" (参阅上文注释 30)。该书有一本 Ada Adler 编辑的非常优秀的现代版本 (Copenhagen, 1929—1938)。

〔342〕 Hemsterhuys (1685—1766): Sandys ii 447; J. G. Gerretzen, *Schola Hemsterhusana*, Nijmegen, 1940, 77—156. Tryphon: 参阅上文注释 22。

〔343〕 我想维拉莫威兹混淆了 S. Blancard (*Lexicon Medicum*, 1832) 和 J.

S. Bernard（1718—1793；Sandys ii 451），后者编辑的托马斯大师的 Atticistic lexicon 出版于 1757 年。

〔344〕 Johann Pierson（1731—1759；Sandys ii 461）于 1756 年出版了他的 *Moeris*。关于 Valckenaer 和 Ruhnken，参阅下面的论述。Valckenaer 在 1739 年出版的 *Ammonius* 直到 1966 年才被 K. Nickau 的版本超越；Ruhnken 1754 年的 *Timaeus* 版本至今仍在使用。

〔345〕 关于 Bekker，参阅下文注释 446。他于 1814—1821 年出版的 *Anecdota Graeca*（3 vols.）包含一些至今仍在使用的辞典和语法著作的版本。

〔346〕 Johann Alberti 于 1736 年从 Küster 手中接过 Hesychius 著作的编辑工作，1746 年出版了第一卷，第二卷直到 1766 年才由 Ruhnken 出版。即使是在 Moritz Schmidt（1857—1868）、Kurt Latte（vol. i 1953, vol. ii 1966，只到 omicron）的版本出现之后，Alberti 的版本仍有一些价值。

〔347〕 Wesseling（1692—1754）：Sandys ii 453.

〔348〕 Valckenaer（1715—1785）：Sandys ii 456. 他在 *Phoenissae* 中提出的窜改（interpolation）理论在现代已被 Eduard Fraenkel（*Sitzungsberichte der Bayerischen Akademie*，1965）发展了。像 Hemsterhuys 一样，Valckenaer 也是一位弗里斯兰人（Frisian）；关于 Frisian University of Franeker，即现在的 Leeuwarden，参阅 G. Zuntz，*PBA* 42，1956，242f.。

〔349〕 Brunck（1729—1803）：Sandys ii 395.

〔350〕 这样的一个版本最终由维拉莫威兹的一个杰出学生 Hermann Fränkel（Oxford, 1961）出版了；参阅他的 *Einleitung sur kritischen Ausgabe der Argonautika des Apollonius, Abhandlungen der Akademie der Wissenschaften in Göttingen*，55，1964，112—115；现在我们有了一本 F. Vian 编辑的优秀的 Budé 著作。

〔351〕 D'Orville（1696—1751）：Sandys ii 454. 德奥维勒 1730—1742 年曾担任阿姆斯特丹大学教授，但是而后辞职了。

〔352〕 Pauw（d. 1749）: 参阅 Fraenkel，*Agamemnon* i 44。

〔353〕 Reiske：参阅下文注释 375。

〔354〕 Ed. pr. of Xenophon of Ephesus by Antonio Cocchi, London, 1726.

〔355〕 Hofman-Peerlkamp：参阅下文注释 501。

〔356〕 Ruhnken（1723—1798）: Sandys ii 456. Miss E. Hulshof Pol 在她的诚意之作 *Studia Ruhnckeniana*（Leyden, 1953）中告诉我们，Ruhnken 名字的正确拼法是"Ruhncken"。

〔357〕 Wolf 的本意不可能是讽刺的；参阅 W. Süss, *Philologische Wochenschrift*, 1936, 1274。

〔358〕 这些段落并不是来自论文 *On the Sublime*，而是源于被认为出自 Longinus 之手的 *Ars Rhetorica*；它们印在 A. O. Prickard 所编有关前书的牛津版本中（1906），而不是印在 D. A. Russell 所编辑的牛津版本中（1968）。

〔359〕 Bake（1787—1864）: Sandys iii 278.

〔360〕 Matthaei（1744—1811）: Sandys iii 385. 参阅 N. J. Richardson, *The Homeric Hymn to Demeter*, 1974, 65f.。

〔361〕 Wyttenbach（1746—1820）: Sandys ii 461. 我们仍在使用他编辑的普鲁塔克的辞典。

〔362〕 Geel（1789—1862）: Sandys iii 280.

〔363〕 Cobet（1813—1889）: Sandys iii 282; Kenney 117f. *Variae Lectiones*, 1854（2nd edn., 1873）; *Novae Lectiones*, 1858; *Miscellanea Critica*, 1876; *Collectanea Critica*, 1878.

〔364〕 大量纸草的发现对这些假设来说是更致命的打击，因为克贝的大多数著作就是基于这些假设。纸草证明克贝对拜占庭时期学术庸才所玷污的文本的偏信是没有根据的，因为主要的讹误长久以来就存在了。

〔365〕 W. G. Rutherford 在 *Classical Review*（3, 1889, 472）的一份讣告中称 Cobet 为"这个世纪最伟大的古典学家"。这种观点表明作者是完全不了解古典学在德国发展的情况的。

〔366〕 Herwerden（1831—1910）自1864年起任乌得勒支大学教授。

〔367〕 Fabricius（1668—1736）：Sandys iii 2.

〔368〕 Peter Lambecius（1628—1680）：Sandys ii 365.

〔369〕 Eckhel（1737—1798）：Sandys iii 44.

〔370〕 H. S. Reimarus（1694—1768）于1750—1752年在汉堡出版了这一版本；他的'Apologia oder Schutzschrift für die vernünftigen Verehrer Gottes'残篇由Lessing出版（从1774年开始），题名为'Fragmente des Wolfenbüttelschen Ungenannten'。

〔371〕 Lessing（1729—1781）：Sandys iii 241；参阅下文注释414。

〔372〕 J. M. Gesner（1691—1761）：Sandys iii 5, Pfeiffer ii 168, 175. Jacobs：参阅下文注释435。

〔373〕 "似乎是由Heyne和Wolf发明的德国研讨班传统，在Ritschl那里得到了极大的发展，Usener和Bücheler又使之得到进一步的深入发展，或许在Fraenkel那一辈的柏林大学和哥廷根大学教授那里，这种方法达到了完美的境界……" H. Lloyd-Jones, *Gnomon* 43, 1971, 637＝*BG*. p. 216（出自Eduard Fraenkel的去世讣告，Fraenkel在柏林受业于维拉莫威兹，在哥廷根受业于Friedrich Leo）。我们也应该记着维拉莫威兹所写的关于Gesner的那些文字；参阅Ernesti, *Opuscula Oratoria*, 1767, 478f.。

〔374〕 J. A. Ernesti（1707—1781）：Sandys iii 11. 事实上，J. C. G. Ernesti（1756—1802；参阅Sandys iii 13 and Pfeiffer, *HCS* ii 171—172）很少赞美技巧方面的辞典。

〔375〕 J. J. Reiske（1716—1774）：Sandys iii 14；Pfeiffer, *HCS* ii 172. 关于他在Demosthenes研究上的贡献，参阅Ulrich Schindel, *Demosthenes im 18. Jahrhundert*（Zetemeta, heft 31），1963, 14f.。

〔376〕 J. J. Winckelmann（1717—1768）：Sandys iii 21；Rumpf i 58；Pfeiffer, *HCS*, ch. 13. 歌德《温克尔曼和他的世纪》（*Winckelmann und sein Jahrhundert*, 1805），见博伊特勒（Beutler）编辑的歌德著作集纪念版第13卷；Carl Justi（1832—1912）所作的

Winckelmann 的伟大传记出版于 1866 年（3rd edn., 1923）。可以在 'Winckelmann 1768/1968'（Inter Nationes, Bad Godesberg, 1968）那卷书中找到 Ludwig Curtius 有用的短小论文英译本；也可参阅 W. Schadewaldt, *Hellas und Hesperien*², i, 1970, 37—116；最近出版的 W. Leppmann 所作传记 *Winckelmann*（1971）令人失望，但是 Pfeiffer 那篇出色的论述弥补了这一点。

〔377〕 Raphael Mengs（1728—1779）是一位具有天赋的学术插图画家，Winckelmann 在罗马与之相识。

〔378〕 Egidio Forcellini（1688—1768）：Sandys ii 374.

〔379〕 L. A. Muratori（1672—1750）：Sandys ii 381. 维拉莫威兹应该提到 Muratori 的老师 Benedetto Bacchini（1651—1721）；参阅 Momigliano, *TC*, 121f. and 141f.。

〔380〕 Maffei（1675—1755）：Sandys ii 381；*SS*² 172. 除了已被引用的与 'Mobillon's Italian disciples'（1958, in *TC*, 135f.）有关的文章，还参阅 Momigliano 1956 年的文章（重印于 *SG*, 255f.），该文谈论了 'Gli studi classici di Scipione Maffei'。

〔381〕 P. M. Paciaudi（1710—1785）：Sandys ii 382. 关于帕西奥狄的 *Monumenta Peloponnesiaca*，参阅 Momigliano, *Historia* 2, 1954, 452（=*Contributo* 197—198），Momigliano 说，帕西奥狄"一群步伐轻健的疯狂的哲学家"对涉入历史领域感到恐惧，该领域对于像他一样的古文物研究者是神圣的。

〔382〕 Thomas Dempster（1579—1625）：Sandys ii 340. 他的 *Etruria Regalis* 出版于 1723—1726 年。因为"伊特鲁里亚狂热"（'Etruscomania'）的盛行，多年来希腊花瓶一直被当作伊特鲁里亚人的花瓶。参阅 R. M. Cook, *GPP*², 1973, 289f.。

〔383〕 A. F. Gori（1691—1757）：Sandys ii 380；Cook, *GPP*², 289.

〔384〕 A. S. Mazzocchi（1684—1771）：Sandys ii 384；Cook, *GPP*², 290. 含有重要方言铭文的石碑；参阅 E. Schwyzer, *Dialectorum Graecarum exempla epigraphica potiora*, 1923, 19f.。

〔385〕 Giacomo Martorelli（1699—1777）.

〔386〕 Niccolo Ignarra（1728—1808）：Sandys ii 384.

〔387〕 赫库兰尼姆学会创建于1755年，而不是1736年；"Antichitàdi Ercolano"开始出现于1757年，而不是1760年。

〔388〕 参阅 E. G. Turner, *Greek Papyri: an Introduction*, 1968, ch. 2。

〔389〕 Fiorelli（1824—1896）：Sandys iii 246；参阅 Rumpf i 93。

〔390〕 Mau（1840—1909）：Bursian 1097, 1136；Rumpf 93, 104. Nissen（1839—1912）：Bursian 963, etc.；Rumpf 93.

〔391〕 在赫库兰尼姆购买的更多土地和维也纳的 Anton Fackelmann 博士发明的阅读碳化纸草文献的新方法开辟了一条令人激动的新道路。参阅杂志 *Cronache Ercolanesi*，由 Marcello Gigante 指导，首版于1971年。

〔392〕 Giovanni Battista Vico（1668—1744）. 关于维柯对罗马史的解释，参阅 Momigliano 的论文 'Roman "Bestioni" and Roman "Eroi" in Vico's Scienza Nuova', in *History and Theory* 5, 1966, 3f.（=*TC*, i 153f.）。关于维柯在语文学史上的重要性，参阅 M. Gigante, *Bollettino del Centro di Studi Vichiani* 2, 1972, 1f.。I. Berlin 的 *Vico and Herder*（1976）对维柯做了很好的概述。

〔393〕 J. G. Herder（1744—1803）：Sandys iii 31. 参阅上一条注释，并参阅注释425。

〔394〕 Visconti（1751—1818）：Sandys ii 383；Rumpf 62.

〔395〕 Johann Georg Zoega（1755—1809）：Sandys iii 318；Rumpf 62.

〔396〕 Welcker：参阅下文注释477。

〔397〕 Humboldt：参阅下文注释416。

〔398〕 Thorwaldsen：参阅上文注释6。

〔399〕 Christian Gottlob Heyne（1729—1812）：Sandys iii 36；Gruppe 107；F. Klingner, *Studien zur griechischen und römischen Literatur*, 1964, 701. Pattison 在他关于 F. A. Wolf 的文章（*Essays* i 337f.）中对 Heyne 的描述相当不公平；Pfeiffer（ii 171 etc.）关于 Heyne 的叙

述也简短小令人失望。

〔400〕 Heyne 的 *Pindar* 在那个时代是一本有用的书,他的 *Apollodorus*(1783;2nd edn.,1803)包含珍贵的神话资料集。

〔401〕 Villoison(1753—1805):Sandys ii 397. 参阅 Ch. Joret, *D'Anse de Villoison*, 1910。

〔402〕 Palaeokappa:Speyer 321, n. 1.

〔403〕 参阅 Phaedrus 5. 6. 6。

〔404〕 Barthélemy(1716—1795):Sandys ii 392. 他也有助于我们解读腓尼基铭文。

〔405〕 Georg Taylor(Adolf Hausrath 的笔名,1857—1909)。*Hypatia*, by Charles Kingsley, 1853. *Marius the Epicurean*, by Walter Pater, 1885. *Den Siste Athenaren*, by Victor Rydberg, 1859. *Quo Vadis?*, by Henryk Sienkiewicz, 1895. 维拉莫威兹并没有提到有关古代世界题材的最伟大的历史小说——福楼拜的 *Salammbo*(1862)。该小说的历史准确性已得到检验和证明;参阅 L. A. Benedetto, *Le origini di Salammbo*, 1920。

〔406〕 K. A. Böttiger(1760—1835):Sandys iii 74.

〔407〕 Becker(1796—1846):Sandys iii 67.

〔408〕 Friedländer(1824—1909):Bursian 1194.

〔409〕 Schweighäuser(1742—1830):Sandys ii 396.

〔410〕 温斯道夫于 1774 年去世,他的著作 *Himerius* 由其兄弟 J. C. 温斯道夫(1732—1793)于 1790 年出版:Bursian 938, n. 1。

〔411〕 J. G. Schneider(1750—1822):Sandys iii 11.

〔412〕 Passow(1768—1833):Sandys ii 114. *Liddell and Scott* 辞典最初就是在 Passow 辞典的基础上出版的。该辞典的修订工作是在 W. Crönert 指导下进行的,但随着第一次世界大战的爆发,该辞典在出版了第三分册之后就停止了,不过这是到目前为止最好的希腊辞典。

〔413〕 K. O. Müller:参阅下文注释 478。

〔414〕 参阅上文注释371。*The Hamburgische Dramaturgie*（1767—1769）包括一些对古代戏剧的睿智批判；许多读者会发现该书比著名的 *Laokoon* 更有趣。

〔414a〕 Goethe（1749—1832）. Ernst Grumach 的 *Goethe und die Antike* 以非常便利的形式为读者提供了歌德对古代作家评论的汇集。但是古代作家对歌德的影响是个复杂的话题；英语世界这方面的著作，可参阅 Humphry Trevelyan 的 *Goethe and the Greeks*（1941, reprinted 1981, 附有我的导言 [=*BG*, ch. 2]）; 这一类的德语文献非常多，我认为 Pfeiffer 的'Goethe und der griechische Geist'（*AKS* 235f.）较为重要。

〔415〕 参阅上文注释393。也参阅 Bursian 444f.。

〔416〕 Wilhelm von Humboldt（1767—1835）: Sandys iii 68; Bursian 587f. 参阅 Pfeiffer,'Wilhelm von Humboldt der Humanist', *AKS* 256f.; 参阅 *HCS* ii, Index s. v.。洪堡在语言科学方面做出了巨大贡献；关于洪堡翻译埃斯库罗斯的 *Agamemnon*（1816）的情况，可参阅 Fraenkel 的版本，i 50f.。比较有用的洪堡选集是 *Wilhelm von Humboldt: Schriften*（Goldmanns Taschenbücher, Bd. 1492/3, 1964）。参阅 Paul R. Sweet, *Wilhelm von Humboldt* i（1978）and ii（1980）（我在 *BG*, chs. 3 和 4 中做了评论）。

〔417〕 F. Schlegel（1772—1829）: Sandys iii 72.

〔418〕 Friedrich Schiller（1759—1805）: Sandys iii 71.

〔419〕 Schleiermacher: 参阅下文注释441。

〔420〕 A. W. Schlegel（1767—1845）: Sandys iii 71.

〔421〕 Voss（1751—1826）: Sandys iii 61.

〔422〕 Friedrich August Wolf（1759—1824）: Sandys iii 51; 参阅 Pattison 对 J. F. J. Arnoldt 所写传记（1861—1862）的评论，见 *Essays* i 337f.; Pfeiffer, *HCS* ii, ch. 14（或许太过焦虑了，以至于无法捍卫 wolf 免受维拉莫威兹的攻讦）。

〔423〕 Hermann（1772—1848）: Sandys iii 89f.; Bursian 666, etc. H.

Koechly 所写的赫尔曼传记差强人意；Pfeiffer, *HCS* ii 178—179。

〔424〕 Reiz（1733—1790）：Sandys iii 18. Reizianum 韵律（x-uu-x）就是以他的名字命名的。

〔425〕 *Opuscula* iii 143f.

〔426〕 关于在 Hermann 身后出版的埃斯库罗斯著作（1849），参阅 Fraenkel, *Ag.* i 47f.。关于他的拉丁语研究，参阅同一作者有关'The Latin studies of Hermann and Wilamowitz'的论文，*JRS* 38, 1948, 28f.（*KB* ii 563f.）。

〔427〕 Thiersch（1784—1860）：Sandys iii 110; Bursian 733f. 参阅 Pfeiffer, *Historisches Jahrbuch* 80, 1861, 174f.；亦参阅 *Geist und Gestalt*, Munich, 1959, 116f.。

〔428〕 Lobeck（1781—1860）：Sandys iii 65, Pfeiffer 的 *HCS* 令人震惊地忽略了相关内容。

〔429〕 尤其是 *Pathologia Sermonis Graecae*（1843—1862，在它之前的是 *Prolegomena*, 1843）。

〔430〕 *Aglaophamus*, 1829; 在这本书出版的时候，他并不像维拉莫威兹所说的那样年轻。

〔431〕 G. E. J. de Ste. Croix（1746—1806）：Sandys ii 397.

〔432〕 Georg Friedrich Creuzer（1771—1858）：Sandys iii 65; Gruppe 126f. etc. Momigliano 已经注意到克劳泽的 *Die historische Kunst der Griechen*（1803; 2nd edn., 1845）一书的重要性了；参阅 *Journal of the Warburg and Courtauld Institutes* 9, 1946, 152f.（＝*C* 233f.＝*Studies in Historiography*, 75f. 'Friedrich Creuzer and Greek Historiography'）。

〔433〕 Cousin（1792—1867）：Sandys iii 251.

〔434〕 Naeke（1788—1838）：Sandys iii 109. 过去人们常把 *Dirae*、*Lydia* 归在 Catullan 时代的批评家 P. Valerius Cato 的名下。有关奈克谈论《赫克勒》的著作，参阅 Pfeiffer 有关 Callimachus 的叙述（fr. 230）。

[435] Jacobs（1764—1847）：Sandys iii 64. 目前还没有关于雅各布的全面的传记，关于雅各布在慕尼黑这段时间（1807—1810）的情况，参阅 Pfeiffer, *Geist und Gestalt*, Munich, 1959, 115f.。

[436] Meineke（1790—1870）：Sandys iii 117；不见于 Pfeiffer, *HCS* ii。

[437] K. D. Ilgen（1763—1834）：参阅 Bursian, 666, n. 2。Ludwig Döderlein（1791—1863）：Sandys iii 113. Ludolph Dissen（1784—1837）：Sandys iii 113. 他把关于 Nemean and Isthmian Odes 的注释补充到 Boeckh 的 *Pindar* 里面，后来他也出版了自己的编校本（1830; 2nd edn., 1843）。

[438] Nauck：参阅下文注释 552。Bonitz：参阅下文注释 565。Jahn：参阅下文注释 571。

[439] 对于舒尔普弗塔培养出来的杰出校友名录，我们或许可以添加尼采和维拉莫威兹本人（参阅 *Erinnerungen*, 2nd edn., 1929, 62f.，以及 W. M. Calder 对维拉莫威兹早期作品的介绍，'In wieweit befriedigen die Schlüsse der erhaltenen griechischen Trauerspiele？', 1974）。曾经的西多会天堂之门女修道院在萨克森诸公爵的保护下于宗教改革期间成为一所拉丁语学校；德意志没有这类学校可与之媲美。关于这里培养出来的杰出古典学家的名录，可参阅 W. Kranz, *Studien zur antiken Literatur und ihrem Nachwirken*, 1967, 474（＝*Gnomon* 6, 1930, 558）。赫尔曼被任命为母校的校长，赫尔曼的老师伊根（Sandys iii 63）做校长是十分称职的。赫尔曼在该学派成立 300 周年纪念大会上的贺词（*Opuscula* viii 476）是令人难以忘怀的。

[440] 维拉莫威兹暗示的是 T. Kock（1820—1891；Sandys iii 155）编辑的于 1880—1888 年出版的三卷本著作，维拉莫威兹总是拒绝引用该书。J. M. Edmonds（1957—1961）令人遗憾的版本肯定会提醒维拉莫威兹注意到贺拉斯第三卷的第六首颂歌的最后句子。

[441] F. Schleiermacher（1768—1834）：Sandys iii 82.

〔442〕 C. F. Heindorf (1774—1816): Sandys iii 82.

〔443〕 G. L. Spalding (1762—1811): Sandys iii 81.

〔444〕 Buttmann (1764—1829): Sandys iii 84; Pfeiffer, *HCS* ii 185—186.

〔445〕 Ideler (1766—1846): Sandys iii 99; E. J. Bickerman, *Chronology of the Ancient World*, 1966, 96.

〔446〕 Bekker (1785—1871): Sandys iii 85; Pfeiffer, *HCS* ii 181—182.

〔447〕 Niebuhr (1776—1831): Sandys iii 77; Pfeiffer, *HCS* ii 183. 参阅 Momigliano, 'G. C. Lewis, Niebuhr e la critica delle fonti', *Rivista Storica Italiana* 64, 1952, 208f. (=*C* 249f.), 特别要注意有关英国接受 Niebuhr 的部分 (*C* 253f.)。

〔447a〕 Perizonius (Jacob Voorbroek, 1651—1715; Sandys ii 330) 于 1685 年出版了他的 *Animadversiones Historicae*。参阅 Momigliano, 'Perizonius, Niebuhr and Early Roman Traditon', *JRS* 47, 1957, 104f. (=*SC* 69f.); 参阅 W. Den Boer, *Scaliger en Perizonius*, The Hague, 1964。

〔448〕 Louis de Beaufort 于 1738—1750 年出版了他的 *Dissertation sur l'Incertitude des cinq premiers Siècles de l'Histoire Romaine*'。

〔449〕 Angelo Mai (1782—1854): Sandys iii 241; Treves 347f; SS^2 175. Sebastiano Timpanaro (*La filologia di Giacomo Leopardi*, 2nd edn., 1978) 已经指出 Angelo Mai 对那位大诗人的忘恩负义, 这位诗人也被认为是自 Petrus Victorius (参阅上文注释 125) 以来意大利最重要的希腊学问方面的学者; 参阅 G. Pacella and S. Timpanaro, *Gli scritti filologici di Giacomo Leopardi*, 1969; Treves 471f.。Timpanaro 在先前的一本书中对 Niebuhr、Mai、Leopardi 时代的罗马做了迷人的描述。

〔450〕 *Pro Fonteio* 和 *Pro C. Rabirio* (1820)。美洛堡德斯是一位基督教诗人、修辞学家, 5 世纪期间住在西班牙。

〔451〕 'Lydia bella puella': 参阅 A. Riese, *Anthologia Latina*, i 2, xxxix—xli。

〔452〕 Boeckh (1785—1867): Sandys iii 95; Bursian 687; Pfeiffer, *HCS* ii 181. Cf. M. Hoffmann, *August Boeckh: Lebensbeschreibung und Auswahl aus seinern wissenschaftlichem Briefwechsel*, 1901, and Wilamowitz, *Kl, Schr*, vi 49f.

〔453〕 Momigliano (*C* 384) 特别强调 Boeckh 思想中的非哲学本质。

〔454〕 *Staatshaushaltung der Athener*, 1817; new edn. by M. Fraenkel, 1886; 参阅 D. M. Lewis, *Acta of the Fifth Epigraphic Congress*, 1967, 35f.。

〔455〕 Pindar i 1811; ii 1821; 仍然不可或缺。

〔456〕 Antigone, 1843; new edn., 1884.

〔457〕 Ross: 参阅下文注释 476。

〔458〕 *Enzyklopädie und Methodologie der philologischen Wissenschaften*, 1877; 该书是以 1809—1865 年 26 个学期演讲课程材料的注解集为基础的; 关于该书所表现出来的历史观, 参阅 Momigliano, *C* 177f.。

〔459〕 M. H. E. Meier (1796—1855): Sandys iii 168. G. K. Schömann (1793—1879): Sandys iii 165. *Die Lehre von den Redeteilen nach den Alten*, 1864.

〔460〕 L. Spengel (1803—1880): Sandys iii 180. 关于斯彭格的优点与局限, 参阅 R. Kassel, *Textgeschichte der Aristotelichen Rhetorik*, 1971, 106f.。

〔461〕 维拉莫威兹知道 E. M. Cope 的 *Introduction to Aristotle's Rhetoric* (1867) 吗? 知道他的三卷本注释吗 (1877)? 这些书籍至今仍有用。

〔462〕 Gerhard (1795—1867): Sandy iii 217; Rumpf 69; Cook, op. cit., 295f. etc.

〔463〕 Rapporto Volcente in *Annali*, 1831.

〔464〕 Albert, Duc de Luynes (1803—1867): Sandys iii 165.

〔465〕 Jean de Witte (1808—1889): Sandys iii 293.

﹝466﹞ O. Kellermann（1803—1838）：Sandys iii 219.

﹝467﹞ James Millingen（1774—1845）.

﹝468﹞ Christian Carl Josias, Freiherr von Bunsen（1791—1860）.

﹝469﹞ Fea（1753—1836）：Sandys iii 244; Rumpf i 64. Nibby（1792—1839）. Canina（1795—1856）：Sandys iii 244.

﹝470﹞ Becker：参阅上文注释407。

﹝471﹞ Urlichs（1813—1889）：Sandys iii 202. Preller（1809—1861）：Sandys iii 239.

﹝472﹞ 位于Bassae（Phigaleia）的阿波罗神庙上的带状装饰（frieze）如今存放在伦敦；参阅Rumpf 67。关于Elgin marbles给人们留下的印象，参阅B. Ashmole, *Lectures in Memory of Louise Semple Taft*, 1st series 1967, 179f.。

﹝473﹞ P. O. Bröndsted（1780—1842）：Sandys iii 318. O. M. Stackelberg（1787—1834）：Sandys ii 218; cf. iii 443。（O. M. Stackelberg的生卒年代应是1786—1837。——译者）

﹝474﹞ W. M. Gell（1777—1836）. E. Dodwell（1767—1832）. Sir Charles Fellows（1799—1860）：Sandys iii 443.

﹝475﹞ Leake（1777—1860）：Sandys iii 442.

﹝476﹞ Ross（1806—1859）：Sandys iii 227. Ulrichs（1807—1843）：Sandys iii 227, 371.

﹝477﹞ Welcker（1784—1868）：Sandys iii 216; Bursian 1029; Pfeiffer, *HCS* ii 179.

﹝478﹞ Karl Otfried Müller（1797—1840）：Sandys iii 213; Bursian 1007; Gruppe 157. 缪勒的*History of the Literature of Ancient Greece*（1840—1842）最早以英文出版，该书是受the Society for the Diffusion of Useful Knowledge的委托而作；参阅Pfeiffer, *HCS* ii 187, n. 3。

﹝479﹞ 汉诺威国王Ernest Augustus于1837年驱逐了哥廷根大学的七名教授，因为这些教授反对国王撤回1833年同意的宪法；七名教授包括格林兄弟在内。

〔480〕 G. Bernhardy（1800—1862）出版了 *Grundriss der griechischen Literatur*（1836—1845）；关于 T. Bergk 参见下文注释 519。缪勒 的 *Prolegomena zu einer wissenschaftlichen Mythologie*（1820—1824; 2nd edn., 1844）重印于 1970 年。

〔481〕 Dissen：参阅上文注释 437。

〔482〕 赫尔曼对缪勒的《欧墨尼得斯》（1833）的评论形成了赫尔曼的 *Opuscula*（1835）第六卷第二部分的内容。

〔483〕 关于赫尔曼谈论普劳图斯的著作，参阅上文注释 426 中所引用的弗兰克尔的文章。

〔484〕 Lachmann（1793—1851）：Sandys iii 127; Pfeiffer, *HCS* ii 190.

〔485〕 关于拉赫曼谈论《新约》的著作，参阅 Metzger, op. cit., in n. 648。

〔486〕 拉赫曼的著作 *Lucretius* 的重要性并没有因为 Sebastiano Timpanaro 的杰出作品而减少，Timpanaro 已经表明（*La genesi del metodo di Lachmann*, 1981）发明这种与他的名字相联系的方法，主要受惠于伯奈斯、马德维希、豪普特。

〔487〕 Madvig（1804—1886）：Sandys iii 319. 参阅 H. Nettleship, *Lectures and Essays* ii, 1895, 1f.; Kenney 110。

〔488〕 Granius Licinianus 是安东尼时代不太著名的历史学家。

〔489〕 Ritschl（1806—1876）：Sandys iii 139; O. Ribbeck 所作的两卷本传记，1879—1881 年；参阅 Wolfgang Schmid, op. cit.（下文注释 528）。

〔490〕 Christian Carl Reisig（1792—1829）：Sandys 108.

〔491〕 里奇尔把他发现的语法学家奥鲁斯当作 2 世纪 Herodian 的同辈人，是里奇尔发现了奥鲁斯；R. Reitzenstein（*Geschichte der griechischen Etymologika*, 1897, 287f.）则表明奥鲁斯像 Orion 一样属于 5 世纪。

〔492〕 它们也有一些令人遗憾的错误；参阅 Pfeiffer i 6, n. 5, and 100, n. 2。

〔493〕 C. F. W. Müller（出生于 1830 年；Bursian 829）是 Lobeck 和 Lehrs

的学生。

〔494〕 A. Körte 对这场争执有精彩的描述，*Die Antike* ii, 1935, 211f.。

〔495〕 Franz Bücheler（1837—1908）: Sandys iii 481; F. Leo 的纪念演说重印了，一起重印的还有他的朋友们的纪念文章，载 *Wesen und Rang der Philologie*, Stuttgart, 1969。布希勒编辑了 Petronius、Juvenal 的著作，在意大利方言和拉丁铭文方面也做了重要的工作。Hermann Usener（1834—1905）: Sandys iii 184; 参阅 Eduard Schwartz, *Gesammelte Schriften* i, 1938, 301f. and 316f.。戊森内在古代哲学和古代宗教方面做出了重要的贡献；他的著作 *Epicurea*（初版于 1887 年）一直是有关伊壁鸠鲁残篇的权威辑本。

〔495a〕 *Symbola Philologorum Bonnensium in honorem F. R.*, 1864-1867; *Commentationes Mommsenianae* 随后在 1877 年出版。学者们不应忘记维拉莫威兹称 *Festschriften* 的正当性值得怀疑，*Festschriften* 一书使得书目提要编著人的工作复杂化了，该书很快就绝版了，没过多久就难以得到；参阅 Sterling Dow, *Harvard Library Bulletin* 8, 1954, 283f., 重印于 Dorothy Rounds, *Articles on Antiquity in Festschriften: An Index*, 1962, 551f.。

〔496〕 Johannes Vahlen（1830—1911）于 1854 年出版了他的著作 *Ennius*; 该书第二版于 1903 年出版，此版要小心得多，但就 *Ennius* 著作而言并不总是一个好的版本。瓦伦在理解亚里士多德《诗学》上也贡献极大，也写了大量希腊、拉丁文学方面的文章。Housman 反对 Bücheler 和 Vahlen 在文本校勘方面过度保守是正确的，Housman 称他们是"知识渊博并不欠缺敏锐度的人，但没有果决的判断"（*Manilius* i, 2nd edn., 1937, xliii），这些看法不应当妨碍英国人认识这些学者的成就。关于 Vahlen, 参阅 Wilamowitz, *Kl. Schr.* vi 53f.。

〔497〕 Otto Ribbeck（1827—1898）: Sandys iii 188; 他的著作 *Seaenicae Romanorum poesis fragmenta*（最早出版于 1852—1855 年, 3rd edn., 1897—1898, 最近重印于 1962 年）至今没有被取代（关于

A. Klotz, *Tragicorum fragmanta*, 1953, 参阅 O. Skutsch, *Gnomon* 26, 1954, 465f.)。

[498] Rudolf Schöll（1844—1893）: Sandys iii 198；注意不要与他的父亲 Adolf Schöll 或他的兄弟 Friedrich Schöll 混淆了。

[499] August Wilmanns 于 1864 年出版了他编辑的瓦罗的语法残篇；Bursian 938—939。

[500] August Reifferscheid（出生于 1835 年；Bursian 848）于 1860 年出版了他编辑的 Suetonius 的语法残篇。迟至 1881 年，他又做推出第二版的努力，但从没有出版过。

[501] Petrus Hofman-Peerlkamp（1786—1865）: Sandys iii 276. 关于他处理贺拉斯的方式，参阅 E. Fraenkel, *JRS* 36, 1946, 189。

[502] Badham（1813—1884）: Sandys iii 407. "巴达姆是一位 19 世纪中期的英国学者，他的名声跨过了英吉利海峡，获得了来自海外人士 Duebner、Nauck 和 Cobet 的赞扬，但是在国内却未受学术界的青睐，只好在伯明翰教授小孩子，最终搬迁到 Antipodes"：Housman, *Manilius* i, 2nd edn., 1937, xlii。

[503] Newton（1816—1894）: Sandys iii 443. 1855 年，在 H. G. Lidell 已经表示拒绝之后，牛顿受邀担任希腊语 Regius 讲席；当然这是在英国各个大学拥有考古学席位之前很久的事情了。牛顿拒绝了之后，Jowett 成为合适的人选，他选择了保留席位，直到去世，虽然在 1870 年他当选为 Master of Balliol 后，这个位置对他来说就不是很合适了。参阅 Lloyd-Jones, *BG*, ch. 1。

[504] J. F. Champollion（1790—1832）是一位伟大的埃及学家，他通过解读罗塞塔石碑（Rosetta Stone）开启了解读埃及象形文字的时代。

[505] De Sacy（1758—1838）是一位伟大的阿拉伯学问家。

[506] Friedrich Christian Diez（1794—1876）.

[507] Bekker：参阅上文注释 446。

[508] A. F. Didot（1790—1876）: Sandys iii 273.

〔509〕 Dübner（1802—1867）：Sandys iii 272. 至今我们仍旧依靠他于1842年出版的把古代有关阿里斯托芬著作的大部分批注收集在一起的版本。Carl Müller（Sandys iii 272—273；Bursian 898）编辑了 *Geographi Minores*（1855—1861）；注意不要把他与 C. F. W. Müller 搞混淆了（参阅上文注释493）。

〔510〕 Weil（1818—1909）：Sandys iii 258；关于他谈论埃斯库罗斯的著作，参阅 Fraenkel, *Ag.* i 56。

〔511〕 K. B. Hase（1780—1864）：Sandys iii 272.

〔512〕 关于 Dindorf 兄弟，参阅下文注释534。

〔513〕 A. C. Quatremer [*sic*] de Quincy（1755—1849）：Sandys iii 263. Rochette（1783—1854）：Sandys iii 264.

〔514〕 Letronne（1787—1848）：Sandys iii 264. 勒楚恩于1826年出版了他所编辑的 Scylax 的 *Periplus*。

〔515〕 Boissonade（1774—1857；Sandys iii 249）；波伊桑纳德于1844年出版了 Babrius 著作的第一个印刷版本和五卷本的 *Anecdota Graeca*。

〔516〕 Littré（1801—1881）：Sandys iii 252.

〔517〕 T. H. Martin（1813—1884）：Sandys iii 256；他的 *Études sur le Timée de Platon* 出版于1841年。

〔518〕 Philippe Le Bas（1794—1860）：Sandys iii 264.

〔519〕 T. Bergk（1812—1881）：Sandys iii 146.《希腊抒情诗》（*Poetae Lyrici Graeci*）的第一版出版于1843年，第四版出版于1878—1882年；于1914—1915年重新刊行的抒情、哀歌、短长格诗人的著作附有 Rubenbauer 的索引，该书至今都没有被完全取代。Bergk 的四卷本希腊文学史出版于1872年和1887年（index 出版于1894年）。

〔520〕 Sauppe（1809—1893）：Sandys iii 163；参阅维拉莫威兹为他写的讣告（*Kl. Schr.* vi 3f.）。两个 Antiphons 的秘密持续困扰着学者，竟至于今。

〔521〕 Koechly（1815—1876）：Sandys iii 132；我们仍在使用他于1868

年出版的 *Manetho*，尽管 Loeb 古典丛书中由 W. G. Waddell 编辑的版本是非常有用的（1940）。

〔522〕 Otto Schneider（1815—1880）：Sandys iii 157；关于他的 *Callimachea*（1870—1873），参阅 Pfeiffer，*Callimachus* ii，1953，xlvii，etc。

〔523〕 Tycho Mommsen（1819—1900）：Sandys iii 152. 第谷·蒙森的 *Pindar* 出版于 1864 年，他的 *Beiträge zur Lehre der griechischen Präpositionen* 是一部非常渊博的著作，出版于 1886—1895 年。

〔524〕 Haupt（1808—1874）：Sandys iii 134；参阅 H. Nettleship，*Lectures and Essays* i 1885, 1f.；Kenney 110f.。维拉莫威兹在其学术生涯起步阶段的任务就是准备出版 Haupt 的 *Opuschla*（1875—1876），参阅 *Erinnerungen*，2nd edn.，176。

〔525〕 *Triumviri amoris*：参阅上文注释 212。

〔526〕 Lucian Müller（1836—1898）：Sandys iii 189；他的 *De Re Metrica*，2nd edn.，1894 仍然有用。

〔527〕 Kirchhoff（1826—1908）：Sandys iii 478；参阅维拉莫威兹的纪念演说（*Kl. Schr.* vi 40f.）。

〔528〕 Bernays（1824—1881）：Sandys 176；参阅 Momigliano,'Jacob Bernays'，*Proc. of Royal Netherlands Academy*，1969；也参阅 Wolfgang Schmid,'Bonner Gelehrte'，*150 Jahre Rheinische Friedrich-Wilhelms-Universität zu Bonn, 1818—1968*，1968，137f.；Hans Bach，*Jacob Bernays: ein Beitrag zur Emanzipations-geschichte der Juden und zur Geshcichte des deutschen Geistes im 19. Jahrhundert*，1974。

〔529〕 *Gesammelte Abhandlungen*，2 vols.，1885. 参阅维拉莫威兹的 *Erinnerungen*，2nd edn.，87，它对 Hermann Usener 在波恩与 Bernays 之间的关系有非常有趣的叙述。Bernays 与英国的联系有着重大的历史意义。他与 Mark Pattison 成为朋友，后者与他都对 Scaliger 感兴趣（参阅上文注释 206）。通过 Pattison，Bernays 遇到了 Ingram Bywater（1840—1914），Bywater 的第一本书是对 Heraclitus 残篇的搜集，

其中表现出 Bernays 的影响；Bywater 后期重要的有关亚里士多德《诗学》《伦理学》的著作都表现出 Bernays 的影响。

〔530〕 Bywater 在 1893—1908 年担任牛津大学希腊语 Regius 教授；W. W. Jackson 的回忆录中（1917）有大量有关他的有趣材料。

〔531〕 关于人们现在对《劝勉希腊人》（*Protreptikos*）所持的观点，参阅 I. Düring, *Aristotle's Protrepticus*, 1961。

〔532〕 Lehrs（1802—1878）：Sandys iii 107；Lehrs 的兄弟 F. S. Lehrs 是瓦格纳的一位朋友，他尝试教瓦格纳希腊语。

〔533〕 Lehrs 所编辑的 Herodian 著作于 1848 年出版，August Lentz 所编辑的于 20 年后出版。

〔534〕 Wilhelm Dindorf（1802—1883）：Sandys iii 144. 维拉莫威兹在他 1914 年出版的 *Aeschylus* 中称 Dindorf "那个非常能干的校本贩子"（'*dexterrimus ille editionum caupo*'）。这种评价不太客观，比较公允的判断，参阅 Fraenkel, *Ag.* i 53。Ludwig Dindorf（1805—1871）：Sandys iii 144.

〔535〕 F. Ellendt, *Lexicon Sophocleum*, 1834, 2nd edn., H. Genthe 于 1872 年修订，最近在 1958 年重印。

〔536〕 E. F. Poppo（1794—1866）：Sandys iii 159. 其 *Thucydides* 的第三版由 J. M. Stahl 修订，出版于 1882—1888 年。

〔537〕 G. Stallbaum（1793—1861）：Sandys iii 161.

〔538〕 R. Hercher（1821—1878）：Sandys iii 185.

〔539〕 Halm（1809—1882）：Sandys iii 195；参阅 Pfeiffer, *Geist und Gestalt*, 1959, 119f.。

〔540〕 K. L. Roth（1811—1860；Bursian 959—960）于 1858 年出版了他的 *Suetonius*。Sandys iii 517 中的信息令人困惑；参阅 Bursian 1149。

〔541〕 Haase（1808—1867）：Sandys iii 137.

〔542〕 Keil（1822—1894）：Sandys iii 202.

〔543〕 Hertz（1818—1895）：Sandys iii 199.

〔544〕 Nipperdey（1821—1875）：Sandys iii 117.

〔545〕 参阅上文注释 288。

〔546〕 在 E. J. Kenney 1961 年的牛津版以前，奥维德的爱情著作的手稿传统没有建立起来；自那时以来，F. Munari 已经发现了一份重要的、新的手稿（*Il Codice Hamilton 471 di Ovidio*，Rome，1965）。Lucan 著作的第一份真正的附录参考资料（apparatus criticus）是 C. Hosius 出版的版本（1st edn., 1892; 3rd edn., 1913）中。Manilius 著作的第一个，并带有与四部主要手稿相关的丰富信息的版本是 M. Bechert 出版的（1900；关于 Bechert 对其优势的利用，参阅 Housman, *Manilius* i, 2nd edn., 1937, xxii）。

〔547〕 Merkel（1811—1885）：Sandys iii 193.

〔548〕 K. F. Hermann（1804—1855）：Sandys iii 162.

〔549〕 F. W. Schneidewin（1810—1856）：Sandys iii 120.

〔550〕 A. Emperius（1806—1841）：Sandys iii 120；他对埃斯库罗斯著作的文本校勘做出了杰出的贡献。关于 Ahrens，参阅下文注释 557。

〔551〕 维拉莫威兹对待 Schneidewin 有点苛刻了；更有价值的判断，见 Denys Page, *Poetae Melici Graeci*, 1962, vi, 以及 Fraenkel, *Ag.* i 54。

〔552〕 Nauck（1822—1892）：Sandys iii 192.

〔553〕 2nd edn., 1889；即使现在出版了相当多的材料，该书也只是在埃斯库罗斯部分被取代了，在欧里庇得斯部分则根本没有被超越。他对 Schneidewin 的 *Sophocles* 的修订是一项具有高度智慧的工作；他准备得太过充分，以至于很难对其进行修改，但是他的推测，即便是在必须被拒斥的时候，时常也会激发人们的批判思考能力。

〔554〕 F. G. Hand（1786—1851；Sandys iii 117）在 H. Tursellinus（出生于 1545 年；Sandys ii 369）的古老书籍的基础上出版了他的四卷本著作（1829—1845）。

〔555〕 Fr. Vigerus（1591—1647）：Sandys ii 287.

〔556〕 T. Aufrecht (1822—1907): 参阅 Sandys iii 478；关于 Kirchhoff，参阅上文注释 527。

〔557〕 H. L. Ahrens (1809—1881): Sandys iii 120. Pfeiffer, *HCS* ii 187—188；"他是一位伟大的语法学家，也是一位杰出的编辑": Fraenkel, *Ag.* i 55。

〔558〕 Krüger (1798—1874): Sandys iii 119. *Griechische Sprachlehre für Schulen* (5th edn., 1875—1877) 仍极为有用，特别是因为 Sandys 所编的 *Thucydides* (2nd edn., 1858—1860) 不断地提到它。

〔559〕 Classen (1806—1891): Sandys iii 159; *Thukydides*, 3rd to 5th edn., revised by J. Steup, 1900—1922.

〔560〕 Franz Bopp (1791—1867): Sandys iii 205. 一些人认为语言科学的奠基者是 Wilhelm von Humboldt (参阅上文注释 416 和 Pfeiffer, *HCS* ii 185)。

〔561〕 G. Curtius (1820—1885): Sandys iii 207.

〔562〕 Trendelenburg (1802—1872): Sandys iii 174.

〔563〕 Waitz (1821—1864): Sandys iii 174.

〔564〕 Schwegler (1819—1857): Sandys iii 174. 他的罗马史 (1853—1858) 很重要。

〔565〕 Hermann Bonitz (1814—1888): Sandys iii 174. *Index Aristotelicus*, 1870.

〔566〕 G. A. F. Ast (1778—1841): Sandys iii 112. 我们现在可以看到 *Word Index to Plato*, Brandwood, 1976。

〔567〕 Karsten (1802—1864): Sandys iii 289.

〔568〕 A. B. Krische 在 1830 年出版了他的 *De societatis a Pythagora in urbe Crotoniatarum conditae scopo politico*。参阅 Bursian 920。

〔569〕 Zeller (1814—1908): Sandys iii 477.

〔570〕 由 Wilhelm Nestle 修订的版本出版于 1921—1923 年，最后再版的时间是 1963 年。

〔571〕 Jahn (1813—1869; Sandys iii 220) 给维拉莫威兹的影响超过了

在波恩教过维拉莫威兹的任何一位教授；参阅 *Erinnerungen*，2nd edn.，86f. 以 及 Eduward Schwartz，*Gesammelte Schriften* i，1938，317—319。尼采在波恩的特别赞助人是 Ritschl，在 Ritschl 的推荐下，尼采在24岁时就成为巴塞尔大学的全职教授，Jahn 与 Ritschl（参阅上文注释504）之间的争执延续到他们的著名的学生身上；Jahn 对瓦格纳的批评惹恼了尼采，而《悲剧的诞生》中没有什么比对 Jahn 不友善的影射更能激怒维拉莫维兹。Jahn 也抽出时间创作了《莫扎特》（*Mozart*）这一经典传记。参阅 Lloyd-Jones，*BG*，ch. 14； 参 阅 M. S. Silk and J. P. Sterm，*Nietzsche on Tragedy*，1981。

〔572〕 A. Michaelis（1835—1910）.

〔573〕 Carl Dilthey（出生于1839年）是哲学家 Wilhelm Dilthey 的兄弟；关于他的著作 *De Callimachi Cydippa*，1863，参阅 Pfeiffer，*Callimachus* ii，1953，xlvi。

〔574〕 W. Helbig（1839—1915）出版了他的 *Pompeianische Wandmalerei*（1868—1873）。

〔575〕 A. Couat（1899年去世）于1882年出版了 *La Poésie Alexandrine*；由 James Loeb 翻译的该书英译本出版于1931年（参阅 Pfeiffer，*AKS* 151，Pfeiffer 指出 Couat 像重要得多的学者 Erwin Rohde 一样，认为希腊化时代的诗歌包含一种"浪漫"因素）。

〔576〕 Brunn（1822—1894）：Sandys iii 221；Rumpf 80.

〔577〕 Friederichs（1831—1871）：Sandys iii 115；Rumpf 80.

〔578〕 Nägelsbach（1806—1859）：Sandys iii 106.

〔579〕 Max Müller（1820—1900）一度是牛津大学的比较语文学教授，他坚信这些看法。不幸的是，W. H. Roscher（1845—1923）也是这样；Roscher 的价值巨大的 *Lexikon der klassischen Mythologie* 在一定程度上也受这些看法的影响。关于 Müller，参阅 Lloyd-Jones，*BG*，ch. 13。

〔580〕 L. Preller：参阅上文注释471。

〔581〕 Henry Fynes Clinton（1781—1852）: Sandys iii 439. Clinton 从 Gaisford 那里得到大量的帮助，他们两人之间的通信极富学术性，这些书信现在保存在牛津大学基督教堂学院图书馆。

〔582〕 Grote（1784—1871）: Sandys iii 438; Momigliano, 'Grote and the Study of Greek History', Inaugural Lecture at University College, London, 1952（=*C* 213f.=*SH* 56f.）; M. L. Clarke, *George Grote*, 1962.

〔583〕 E. Curtius（1814—1896）: Sandys iii 228.

〔584〕 F. A. von Kaulbach（1850—1920）是慕尼黑一位专为学术书籍画插图的画家。

〔585〕 Kiepert（1818—1899）: Sandys iii 227. 不幸的是，他那无人能超越的地图集（*Atlas Antiquus*, 1859; *Atlas von Hellas*, 1872）长久以来没有再版。参阅上文注释168。

〔586〕 Droysen（1808—1884; Sandys iii 230; Pfeiffer, *HCS* ii 188—189）; 参阅 Momigliano, 'Per il Centenario dell' "Alessandro Magno" di J. G. Droysen', *Leonardo* 4, 1933, 510f.（=*C* 263f.）: 'J. G. Droysen between Greeks and Jews', in *History and Theory* 9, 1970, 139f.（=*QC* 109f.）; 也参阅 'Genesi storica e funzione del concetto di ellenismo', *Giornale Critico della Filosofia Italiana* 16, 1935, 10f.（=*C* 165f.）。Droysen 发明了"希腊化时代"这个概念；在英语世界中，我们必须以"Hellenistic age"这种方式来表达这个概念，因为对于我们来说"Hellenism"的意涵有很多。埃斯库罗斯的著名译本首先出版于 1832 年，阿里斯托芬的著名译本首先出版于 1835 年；它们多次得到重印。

〔587〕 Schäfer（1819—1883）: Sandys iii 169.

〔588〕 Drumann（1786—1861）: Sandys iii 233; *Geschichte Roms in seinem Übergang von der republikanischen zur monarchischen Verfassung*（1831—1844）.

〔589〕 我们在 Sir Ronald Syme 的 *Roman Revolution*（1939）中看到的西塞罗肖像并不是差距很大，尽管 Syme 和 Mommsen 之间的差距很大。

〔590〕 Duncker（1811—1886）：Sandys iii 230.

〔590a〕 即使作者以这种笔法来叙述，这仍旧是一种保守的陈述；不过这仍有助于人们理解近50年来美国学术的巨大发展。

〔591〕 Mommsen（1817—1903）：Sandys iii 197. 关于 Mommsen 的文献是非常多的。L. Wickert（1959）写的 Mommsen 传记提供了大量有趣的信息，但见树不见林，太细节化了。参阅 Alfred Heuss, *Theodor Mommsen und das 19. Jahrhundert*, 1956 以及 Eduard Schwartz, *Gesammelte Schriften* i, 1938, 218f.; Wilamowitz, *Kl. Schr.* vi, 11f.。

〔592〕 Borghesi（1781—1860）：Sandys iii 244; Treves, 829f.

〔593〕 Marini（1742—1815）：Sandys ii 382.

〔594〕 Henzen（1816—1887）：Sandys iii 219.

〔595〕 G. B. de Rossi（1822—1894）：Sandys iii 247.

〔596〕 Friedrich Imhoof-Blumer（1838—1920）.

〔597〕 挖掘奥林匹亚，1875—1880年；参阅 Rumpf 95。

〔598〕 参阅 Turner, op. cit.（注释634）。

〔599〕 Menes 是传说中埃及第一王朝的法老，一般认为是他征服了尼罗河三角洲，统一了上、下埃及。关于 Menes 问题的现代论述，参阅 W. B. Emery, *Archaic Egypt*（Pelican Books, 1961; reprinted, 1972）。

〔600〕 Sir Arthur Evans（1851—1941）于1899—1907年发掘了克里特；承接 Evans 在克诺索斯的工作的是意大利人在菲斯托斯（Phaistos）的工作。

〔601〕 参阅 G. Roux, *Ancient Iraq*（Penguin Books, 1966）。

〔602〕 参阅 F. Cumont, *Astrology and Religion among the Greeks and Romans*, 1912（平装本, 1960）; O. Neugebauer, *The Exact Sciences in Antiquity*（平装本, 1957）。

〔603〕 O. R. Gurney, *The Hitties*（Penguin Books, 2nd edn., 1954）.

〔604〕 G. S. Kirk, *The Songs of Homer*, 1962（平装本缩略版叫作 *Homer* and the Epic, 1965); C. M. Bowra, *Homer*, 1972。

〔605〕 J. M. Cook, *The Greeks in Ionia and the East*, 1962.

〔606〕 M. I. Rostovtzev, *Social and Economic History of the Hellenistic World*.

〔607〕 这仍旧是真实的；参阅 Alison Burford 对各种理论所做的公允的叙述，*The Greek Temple Builders at Epidaurus*, 1969。

〔608〕 R. E. Wycherley, *How the Greeks Built Cities*, 2nd edn., 1962; paperback, 1967.

〔609〕 参阅 H. Payne and G. M. Young, *Archaic Marble Sculpture from the Acropolis*, 2nd edn., 1950; R. J. Hopper, *The Acropolis*, 1971。

〔610〕 参阅 R. M. Cook, *GPP*, 2nd edn., 1972。Beazley 的工作改变了这个主题，关于他的工作的描述，参阅 B. Ashmole, *Proceedings of the British Academy* 56, 1970, 443f.。

〔611〕 C. M. Robertson, *Greek Painting*, 1959.

〔612〕 参阅 John Boardman, *The Greeks Overseas* (Pelican Books, 2nd edn., 1973), ch. 6. 有关黑海地区的希腊考古学的基础性研究是 Sir Ellis Minns 的 *Scythians and Greeks* (1913) 和 M. I. Rostovtzev 的 *Iranians and Greeks in South Russia* (1922)。

〔613〕 参阅 Boardman, op. cit., ch. 5; 也参阅 L. Bernabo Brea, *Sicily Before the Greeks*, 2nd edn., 1968。

〔614〕 参阅 A. Alföldi, *Early Rome and the Latins*, 1967 (rev. R. M. Ogilvie, *Cl. Rev.*, 1966, 94), 以及 A. Momigliano, *JRS* 57, 1967, 211f. (=*Quarto Contributo* 487f.); Momigliano, 'Interim Report on the Origins of Rome', *JRS* 53, 1963, 95f. (=*TC* 545f.)。

〔615〕 G. Charles-Picard, *La Civilisation de l'Afrique romaine*, 1959.

〔616〕 C. H. V. Sutherland, *The Romans in Spain, 217 B.C.–177A.D.*, 1939.

〔617〕 位于马德里的一座 5 世纪的女子半身像；参阅 *Monuments Piot*, iv, 1897, plate xiii, 或 *Enciclopedia dell'Arte Antica* iv, 1961, 73; 人们认为这座半身像表现了希腊的影响。

〔618〕 Adolf Schulten, *Numantia*, 1905—1912.

〔619〕 E. M. Wightman, *Roman Trier and the Trevori*, 1970.

〔620〕 C. M. Wells, *The German Policy of Augustus*, 1972.

〔621〕 Furtwängler（1853—1907）：参阅 Rumpf 119f.，etc。

〔622〕 萨尔彭萨纳法典（Lex Salpensana）：靠近乌特尔拉（Utrera）的现代城市法西尔凯萨（Facialcazar）的法典。马拉西塔纳法典（Lex Malacitana）：一座现代被叫作"马拉加"（Malaga）的西班牙城市的法典，由图密善颁布。乌尔索内西斯法典（Lex Ursonensis）：现在被叫作"奥斯乌纳"（Osuna）的城市的法典，这部法典是马克·安东尼代表尤利乌斯·恺撒在一项法案的基础上颁布的。参阅 E. G. Hardy, *Three Spanish Charters and other Documents*, 1912。

〔623〕 从大英博物馆的纸草文献中整理出来，发表于1890年。维拉莫威兹对这份文献的开发利用做出了主要贡献，见 *Aristoteles und Athen*, 1893。

〔624〕 维拉莫威兹生活的时代从纸草文献中出版了相当一部分 Pindar、Sappho、Alcaeus 的残篇；从那以后又出版了多得多的残篇。

〔625〕 著名的 Mariette 纸草包含 Alcman 的少女之歌的部分内容，该文献出版于1863年（参阅 Denys Page, *Alcman: The Partheneion*, 1951）。自维拉莫威兹去世之后，还发现了别的重要的残篇。

〔626〕 维拉莫威兹本人出版了 Corinna、Timotheus 的重要残篇。我们所拥有的 Bacchylides 的大多数残篇来源于1897年出版的大英博物馆的纸草文献，尽管自那时以来又出版了其他新的残篇。

〔627〕 维拉莫威兹对 Menander 的那份伟大的开罗纸草文献做了重要工作，该文献出版于1907年；自维拉莫威兹去世以后，又发现了大量新的残篇（参阅 OCT by F. H. Sandbach, 1972，以及 A. W. Gomme and F. H. Sandbach, 1973 的评注）。维拉莫威兹去世以后，纸草文献大大增加了我们对早期希腊抒情诗（Archilochus、Stesichorus）、希腊悲剧、希腊化时代诗歌（特别是 Callimachus 的诗歌）以及别的许多希腊作家的认识。

〔628〕《十二使徒遗训》(*Didache*)是早期基督徒伦理和行为的一本简明手册，很可能属于 2 世纪。该手册的唯一手抄本写于 1056 年，发现于 1875 年；参阅 Chadwick *EC* 46。伪福音和伪天启的残篇归于 St. Peter 的名下，两者的写作年代可能为 2 世纪期间，1886—1887 年发现于埃及的 Akhmim；福音的埃塞俄比亚语版本于 1910 年被发现。本来被归在所罗门名下的 18 首圣歌的希腊语版本，实际上写于公元前 1 世纪期间，于 1891 年被发现。属于 2 世纪的基督教作家 Aristides 的 *Apology* 的亚美尼亚语版本的部分内容于 1878 年发表；1891 年，人们发表了叙利亚语版本。Hippolytus（170—236）的 *Refutation of All Heresies* 的唯一手稿发现于 1851 年；该手稿包括 Heraclitus 的一些重要残篇。位于 Phrygia 的 Hierapolis 修道院的 Abercius 为自己所写的墓志铭包括他的一份传记，大约写于 182 年（参阅 Chadwick *EC* 278）；该墓志铭于 1883 年由 W. M. Ramsay 刊行。

〔629〕维拉莫威兹心中定然认为 Eduard Schwartz（1851—1940）是伟大的古典学者、关于早期教会的伟大的权威。参阅 Pfeiffer, *Geist and Gestalt*, 1959, 133。

〔630〕参阅 F. Cumont（1868—1947），*The Mysteries of Mithra*, 2nd edn., 1903（平装本，1956）。

〔631〕位于 Commagene 的 Doliche 的当地巴力神（Baal）被等同于 Jupiter，在一个重要的信仰中成为核心。

〔632〕现代最全面的研究是 A. H. M. Jones 的 *The Later Roman Empire*, *284-602*, 1964；该书简写本的名称是 *The Deline of the Ancient World*, 1966。

〔633〕附带 5 世纪格尔廷纳（位于中部克里特）法典的著名铭刻出版于 1863 年（部分）；其他的部分随后也出版了。参阅 R. F. Willetts, *Gortyna*（*Kadmos*, Suppl. 1），1967。

〔634〕关于纸草文献对于研究希腊法律的重要性，参阅 E. G. Turner, *GP*, Index, s. v.。Law, Greek；参阅 H. I. Bell, *Egypt*, 1948。

〔635〕 维拉莫威兹想到的是以 Einar Löfstedt（1880—1955）为中心的瑞典学派拉丁学者的工作。

〔636〕 *Peregrinatio Aetheriae* 是 4 世纪晚期位于西班牙的一位女修道院院长以通俗拉丁语写就的到圣地朝拜的记录；该文献发现于阿雷佐（Arezzo，意大利中部城市，位于佛罗伦萨东南阿尔诺河岸。——译者），并于 1887 年首次刊行。Löfstedt 对此文献的注释（1911）表明对通俗拉丁语的理解进入了一个新时代，这种理解为研究更早时期的拉丁语带来了光明。文本的编辑者是 W. Heraeus（4 th edn., Heidelberg, 1939）。

〔637〕 现在可以参阅 R. A. Coles, *Reports of Proceedings in Papyri*, Brussels, 1966。

〔638〕 参阅 C. B. Welles, *The Royal Correspondence in the Hellenistic Period*, 1934。

〔639〕 参阅 A. Debrunner, *Geschichte der griechischen Sprache* ii（Sammlung Göschen 114), 1954; A. Meillet, *Aperçu de l'histoire de la langue grecque*, 6th edn., 1943, 241f.。

〔640〕 参阅 P. Mass, *Greek Metre*（Eng. edn., 1962; corrected impression 1966), Index, s.v.。Formal prose; E. Norden, *Die Antike Kunstprosa*, 5th edn., 1958. E. Fraenkel, *KB* i 27f.; *SB Munich*, 1965, Heft 2; *Leseproben aus Reden Ciceros und Catos*, 1968。

〔641〕 R. Westphal（1826—1892）: Sandys iii 157；关于书目，参阅 Sandys。Sandys 认为 Westphal 和 Rossbach 的 *Theory of the Musical Arts of the Greeks*（3rd edn., 1885—1887）是"该主题研究方面划时代的杰作"，但现在大家并不怎么持这种观点。

〔642〕 关于文本校勘的现状，参阅 M. L. West, *Textual Criticism and Editorial Technique*, 1973; cf. SS^2 186。

〔643〕 关于 P. Lit. Lond. 130（包含 Demosthenes 的第三封信），参阅 G. Pasquali, *Storia del Testo*, 2nd edn., 1952, 294。

〔644〕 关于 P. Oxy. 227（=P. Lit. Lond. 151）（包含 Xenophon 的 *Oeconomicus*），

参阅 A. W. Persson, *Zur Textgeschichte Xenophons*, 1915, 48—49。

〔645〕 关于 Herodas 位于大英博物馆的纸草中各种各样的手迹,参阅 I. C. Cunningham, *Herodas: Mimiambi*, 1971, 17;关于西塞罗 *De republica* 中的这种情况,参阅 K. Ziegler 在他于 1960 年推出的托伊布纳编辑本中的前言。

〔646〕 参阅 F. Leo, *Plautinische Forschungen*, 2nd edn., 1912, reprinted 1966, ch. 1。

〔647〕 参阅 R. A. B. Mynor 为他的维吉尔牛津本所写的序言(1969),也可参阅 E. J. Kenney 所写的评论,载 *CR* 21, 1971, 197f。维拉莫威兹对 Callimachus 的陈述源于我们拥有的他最早的手稿,该手稿是位于 Lille 的 3 世纪或 2 世纪早期的新纸草文献。

〔648〕 参阅 B. M. Metzger, *The Text of the New Testament: Its Transmission, Corruption and Restoration*, 1964。

〔649〕 参阅 R. Kassel《诗学》(*Poetics*)牛津本所写的序言(1965)。Parisinus 至高无上的地位不仅被新发现的阿拉伯译本动摇,而且被 14 世纪的 codex Riccardianus 46 的重要性动摇,两者都应归功于 D. S. Margoliouth(1858—1940;参阅 G. Murray, *PBA* 26, 1941);参阅 *Analecta Orientalia ad Poeticam Aristoteleam*, 1887;*The Poetics of Aristotle*, 1911。

〔650〕 参阅 S. West, *The Ptolemaic Papyri of Homer*, 1967。

〔651〕 希罗多德纸草(Herodotus papyri):参阅 A. H. R. E. Paap, *De Herodoti reliquiis in papyris et membranis Aegyptiis servatis*, 1948。关于修昔底德纸草(Thucydides papyri):参阅 J. E. Powell, 'The papyri and the Text of Thucydides', *Actes du Vme. Congrès International de Papyrologie*, Brussels, 1938, 344。Aristarchus 曾写过一本关于希罗多德的注释,也许也写过关于修昔底德的注释;参阅 Pfeiffer, i 244—245。

〔652〕 关于德摩斯梯尼纸草(Demosthenes papyri):参阅 H. Erbse in *Geschichte der Textüberlieferung der antiken und mittelalterlichen*

Literatur, 1961, 264。

〔653〕 人们认为 *Ajax*、*Odysseus* 的真正作者是 Antisthenes，此人之残篇最近的编辑者 F. Decleva Caizzi (*Antisthenis Fragmenta*, 1966, 89f.) 对此做了辩护。

〔654〕 归为 Alcidamas 作品的 *Odysseus*，一般并不被认为是真的；把《论城邦制度》(*Περὶ πολιτείας*) 归为 Herodes Atticus 的作品就更加不可信（参阅 U. Albini, *Erode Attico Περὶ πολιτείας*, 1968）。

〔655〕 Markland（参阅上文注释 331）于 1745 年怀疑致 Brutus 信件的真实性，怀疑演讲辞 *post reditum*（Sandys ii 413）的真实性；F. A. Wolf 回应了他的怀疑（Sandys iii 58）。Madvig 则使这些困惑人的问题彻底得到解决。

〔656〕 Eduard Meyer 也这样认为（*Cäsars Monarchie und der Prinzipat des Pompeius*, 2nd edn., 1919, 563）；但是现在，观点已发生了变化（R. Syme, *Sallust*, 1964, 318f.）。

〔657〕 现在许多人已不认可 *Ciris* 或 *Culex* 是 Virgil 写的。关于 *Culex*，参阅 Eduard Fraenkel, *JRS* 42, 1952, 1f. = *KB* ii 181f.; 关于 *Ciris*，参阅 R. Helm, *Hermes* 72, 1937, 78f. and R. O. A. M. Lyne, *Ciris*, 1978。

〔658〕 奥林匹克获胜者名录呈现了一个复杂的问题，但是看起来又没有好的理由去怀疑它们的真实性；参阅 F. Jacoby, *Atthis*, 1949, 58f.（带有注释）；T. Lenschau, *Philologus* 91, 1936, 391。

〔659〕 烦人的问题又出现了；比如可以参阅 M. I. Finley、J. L. Caskey、G. S. Kirk 和 D. L. Page 之间就特洛伊战争展开的讨论，载 *JHS* 84, 1964, 1f.。在我看来 Finley 所持的现代人倾向于夸大传奇（sagas）作为历史资料的价值的观点总是正确的；但是几乎没有哪一位现代学者愿意完全否认其历史价值。

〔660〕 *Dialogus*: R. Hirzel, *Der Dialog*, 2 vols, 1895 仍然有其价值。在维拉莫威兹 1881 年出版 *Antigonus von Carystos* 之后，对"苛评"的研究变得密集起来；关于它的价值，参阅 Günther Schmidt 的 *Der kleine Pauly*（ii 1577—1578）所做的精彩总结。关于"安

慰的言辞": C. Buresch 先前于 1887 年出版的专论已为 R. Kassel 的 *Untersuchungen zur griechischen und römischen Konsolationsliteratur*（Zetemata, heft 18, 1958）所改进。

〔661〕 H. Diels 的 *Fragmente der Vorsokratiker* 的第一个版本出版于 1903 年；8th edn., revised by W. Kranz, 3 vols., 1956。

〔662〕 H. Usener 的 *Epicurea* 出版于 1887 年，H. von Arnim 的 *Stoicorum Veterum Fragmenta*（4 vols.）出版于 1903—1924 年。现在可以参阅 M. Pohlenz 的 *Die Stoa*（1949—1955）；刊登在 *Reallexikon für Antike und Christentum*（5, 1961f.）上的 Wolfgang Schmid 的文章则对 Epicurus 的论述非常精到，并附有参考书目。也可参阅 A. A. Long 的 *Hellenistic Philosophy*（1973）。

〔663〕 A. D. Nock 对 Posidonius 进行了简明的叙述（*JRS* 49, 1959, 1f.= *Essays on Religion and the Ancient World*, ii 1972, 853f.），他借用了以下文章：K. Reihardt in *RE* xxii 1953, 560f. *The Fragments of Posidonius*, ed. L. Edelstein and D. A. Kidd 的第一卷出版于 1972 年。

〔664〕 维拉莫威兹必定想到了像 F. Cumont、J. Bidez 以及 M. P. Nilsson 这样的学者（参阅上文 xxv）。

〔665〕 维拉莫威兹心目中指的是丹麦人 A. B. Drachmann（1860—1935）、H. G. Zeuthen（1839—1920）、J. L. Heiberg（1854—1928）和法国人 Paul Tannery（1843—1904）以及英国人 Sir Thomas Heath（1861—1940）。Archimedes, Περὶ τῶν μηχανικῶν θεωρημάτων πρὸς, Ερατοσθένην ἔφοδος, 1907。关于 Berlin Corpus 和 the Hamburg lexicon of medicine 的研究工作一直在进行。

〔666〕 能证明 Archimedes 预见积分的方法论论文 1907 年从一份 Jerusalem 重写本中析出发表；参阅 Fraser, *PA* i 1972, 405f.; Heath, *Method of Archimedes*, 1912, reprinted in *Archimedes*, 1955 中的文本。

〔667〕 维拉莫威兹似乎想的是 O. Kirchner 的 *Die botanischen Schriften des Theophrastos von Eresos*, 1874。现在则可参阅 G. Senn 的 *Die*

Pflanzenkunde des Theophrastos von Eresos,1956。

〔668〕 参阅 E. W. Marsden, *Greek and Roman Artillery*, 1969。

〔669〕 加图把雄辩家定义为"一个优秀的人就是精通演讲艺术的人"(*vir bonus, dicendi peritus*)。

书目与省略语

ASNP   *Annali della Scuola Normale Superiore di Pisa*

Browning, *BS*   R. Browning, 'Byzantine Scholarship', *Past and Present* 8, 1964, 3f.

Bursian   C. Bursian, *Geschichte der classischen Philologie in Deutschland von den Anfangen bis zur Gegenwart*, 1883

BZ   *Byzantinische Zeitschrift*

Chadwick, *EC*   H. Chadwick, *The Early Church*, 1967 (Pelican History of the Church, i)

CIEC i   *Classical Influences on European Culture, AD 500–1500*, ed. R. R. Bolgar, 1971

CIEC ii   *Classical Influences on European Culture, AD 1500–1700*, ed. R. R. Bolgar, 1976

Cl. Rev.   *Classical Review*

Cook, *GPP*   R. M. Cook, *Greek Painted Pottery*, 2nd edn., 1972

Fraser, *PA*   P. M. Fraser, *Ptolemaic Alexandria*, 3 vols., 1972

Fraenkel, *Ag.*   Eduard Fraenkel, *Aeschylus, The Agamemnon*, 3 vols., 1950 (new impression, with corrections, 1962)

Fraenkel, *KB*   Eduard Fraenkel, *Kleine Beiträge zur klassischen Philologie*, 2 vols., 1964

Geanakoplos, *GSV*   D. J. Geanakoplos, *Greek Scholars in Venice: Studies in the Dissemination of the Learning of Byzantium to Western Europe*, 1962

Geanakoplos, *BELW*   D. J. Geanakoplos, *Byzantine East and Latin West*, 1966

GRBS   *Greek, Roman and Byzantine Studies*

Gruppe   O. Gruppe, *Geschichte der klassischen Mythologie und Religionsgeschichte,*

1921 (Supplement to Roscher's *Ausführliches Lexicon der Griechischen und römischen Mythologie*)

JHS   *Journal of Hellenic Studies*

JRS   *Journal of Roman Studies*

JTS   *Journal of Theological Studies*

Kenney, *CT*   E. J. Kenney, *The Classical Text: Aspects of Editing in the Age of the Printed Book*, 1974 (Sather Classical Lectures, vol. 44)

Lloyd-Jones, *BG*   H. Lloyd-Jones, *Blood for the Ghosts*, 1981

Momigliano, *C*   A. Momigliano, *Contributo alla storia degli studi classicai*, 1955

Momigliano, *SC*   A. Momigliano, *Secondo contributo alla storia degli studi classici*, 1960

Momigliano, *TC*   A. Momigliano, *Terzo contributo alla storia degli studi classici e del mondo antico*, 2 vols., 1966

Momigliano, *QC*   A. Momigliano, *Quarto contributo alla storia degli studi classici e del mondo antico*, 1969

Momigliano, *Quinto C*   A. Momigliano, *Quinto contributo alla storia degli studi classici e del mondo antico*, 1975

Momigliano, *SH*   A. Momigliano, *Studies in Historiography*, 1966

Pattison, *Essays*   Mark Pattison, *Essays*, 2 vols., ed. H. Nettleship, 1889

Pfeiffer, *AKS*   Rudolf Pfeiffer, *Ausgewählte Kleine Schriften*, ed. W. Bühler, 1960

Pfeiffer, *HCS*   Rudolf Pfeiffer, *History of Classical Scholarship* i, 1968, ii, 1976

PBA   *Proceedings of the British Academy*

PCA   *Proceedings of the Classical Association*

PCPS   *Proceedings of the Cambridge Philological Society*

RE   Pauly-Wissowa, *Realenzyklopädie der Altertumswissenschaft*

RIFC   *Rivista Italiana di Filologia Classica*

RSC   *Rivista Storica Italiana*

Rumpf   Andreas Rumpf, *Archäologie* i (Einleitung: historischer Uberblick) 1953 (Sammlung Göschen, Bd. 538)

Sandys   J. E. Sandys, *A History of Classical Scholarship* (vol. i, From the Sixth Century

B.C. to the End of the Middle Ages, 1903; vol. ii, From the Revival of Learning to the End of the Eighteenth Century in Italy, France, England and the Netherlands, 1908; vol. iii, The Eighteenth Century in Germany and the Nineteenth Century in Europe and the United States of America, 1908): reprinted 1964

SB Munich   *Sitzungsberichte der Bayerischen Akademie*

SS   L. B. Reynolds and N. G. Wilson, *Scribes and Scholars*, 2nd edn., 1974

Speyer   W. Speyer, *Die literarische Fälschung im heidnischen und christlichen Altertum*, 1971

Treves, *SAO*   Piero Treves, *Lo studio dell'antichità classica nell'Ottocento*, 1962

Turner, *GP*   E. G. Turner, *Greek Papyri: An Introduction*, 1968

Weiss, *HE*   R. Weiss, *Humanism in England during the Fifteenth Century*, 1941

Weiss, *RDCA*   R. Weiss, *The Renaissance Discovery of Classical Antiquity*, 1969

Wilson, *ABP*   N. G. Wilson, *Anthology of Byzantine Prose*, 1971

索 引

（按英文字母排序，所列为原书页码，即本书边码）

Acidalius, V., ［阿西达琉斯］, 66

Agostino, A., ［阿格西提诺］, 30, 36

Ahrens, H. L., ［阿仑斯］, 146, 148

Alberti, J., ［阿尔伯提］, 86

Albertini, F., ［阿尔伯提尼］, 33

Allatius, L., ［阿拉修斯］, 38

Amorbachs ［阿莫巴赫］, 43

Anonymus Cortesianus ［《匿名的克特斯阿诺斯》］, 38

Aratus Latinus ［《阿拉图斯拉丁语》］, 14

Arethas of Patrae ［帕特里的阿拉特斯］, 6, 17

Aristarchus ［阿里斯塔库斯］, 5

Aristides ［阿里斯提德］, 5

Aristophanes of Byzantium ［拜占庭的阿里斯托芬］, 4

Arnold, M., ［阿诺德］, xxi

Arnold, T., ［阿诺德］, xxi

Asclepiades of Myrlea ［迈尔里的阿斯克里庇德斯］, 5

Ast, G. A. F., ［阿斯特］, 146, 149

Astruc, J., ［阿斯楚克］, 62

Aubert, H., ［奥贝特］, 149

Aubignac, Abbé d', ［奥贝克奈克神父］, 64

Aufrecht, T., ［奥弗莱特］, 148

Auratus ［奥拉图斯］, 51, 56

Aurispa, J., ［奥里斯帕］, 24

Bacchini, B., ［巴歧尼］, 97 n. 379

Bacon, R., ［培根］, 19, 76

Badham, C., ［巴达姆］, 137

Baiter, J. G., ［贝特］, 140

Bake, J., ［贝柯］, 89

'Barbarus Scaligeri' ［"巴巴洛斯·斯卡利杰里"］14

Barnes, J., ［巴恩斯］, 78

Barth, C. von, ［巴特］, 67

Barthélemy, J.-J., ［巴斯莱米］, 103

Bartoli, P. S., [巴陶里], 34

Bayle, P., [贝尔], 62

Beaufort, L. de, [博福特], 118

Beazley, Sir John [约翰·贝兹里爵士], xxv

Becker, W. A., [贝克], 104, 124

Bekker, I., [贝克尔], 7, 53, 86, 108, 115—117, 138, 140, 147, 149, 168

Bellori, G. P., [布洛瑞], 34

Beloch, K. J., [贝洛赫], xx

Bembo, P., [拜布], 2

Bentley, R., [本特里], ix, xxi, 54, 73, 78—82, 84—87, 108—109, 114, 117, 129, 131, 134

Bergk, T., [贝尔克], 128, 139, 140, 146

Bernard, J. S., [伯纳德], 85 n. 343

Bernays, J., [伯奈斯], 131 n. 486, 143, 149

Bernhardy, G., [本哈迪], 85, 128

Bessarion, J., [贝塞里昂], 26

Bidez, J., [比德兹], xxv

Blancard, S., [布兰卡德], 85

Blondus [布隆杜斯], Flavius [弗拉维戊斯], 32

Boccaccio, G., [薄伽丘], 22

Boeckh, A., [伯伊克], x, xi, xiv, 62, 68, 78, 119—123, 126—129, 142—143, 153, 157, 160

Boethius [波伊修斯], 15

Boissonade, J.-F., [波伊桑纳德], 139

Bonitz, H., [波尼茨], 114, 149

Bonnet, M., [博内], 14

Bopp, F., [波普], 148

Borghesi, B., [波盖兹], xix, 156

Bosio, A., [波西奥], 35

Böttiger, K. A., [布提格], 103

Bröndsted, P. O., [布隆兹特], 125

Brunck, P., [布隆克], 56, 87, 88, 104, 113

Bruni, L., [布鲁尼], 23

Brunn, H., [布鲁恩], 151—152

Buchanan, G., [布坎南], 77

Bücheler, F., [布希勒], 134

Budaeus, G., [布代乌斯], 47—48

Bunsen, C. J., [本森], 124

Burman, P., [布曼], 73

Buttmann, P., [布特曼], 5, 115, 148

Bywater, I., [巴沃特], xxii, 42, 143 n. 529, 144

Camerarius, J., [卡莫拉琉斯], 44—45

Campbell, L., [坎贝尔], xxii

Canina, L., [卡尼那], 124

Canter, W., [坎特], 55

Casaubon, I., [卡松本], viii, 50, 52, 54—55, 66, 69, 77, 104, 150

Cassiodorus [卡西奥多洛斯], 15

Cellarius, C., [萨拉利斯], 39

Celtis, C., [凯尔提斯], 43 n. 183

Cephalas, C., [塞法拉斯], 7, 113

Chalcondyles, D., [凯尔孔代莱], 10

Champollion, J. F., [商博良], 138

Chapman, G., [查普曼], 76

Chartier, R., [查提尔], 46

Choeroboscus, G., ["牧猪人"乔治], 6

Choniates, M., [雅典的"科洛塞人"迈克尔], 8

Chrysoloras, M., [克利苏劳拉], 23, 76

Clarke, S., [克拉克], 83

Classen, J., [克拉森], 148

Clement [克里门特], 5, 7

Cluverius, P., [克鲁沃琉], 39

Cobet, C. G., [克贝], 89—91, 136—137, 168

Comparetti, D., [克姆帕提], xix

Conington, J., [克宁顿], xxi, xxii

Cope, E. M., [寇普], 123 n. 461

Cornarius, J., [考纳琉斯], 45

Cornford, F. M., [康福德], xxiv

Couat, A., [考阿特], 151

Cousin, V., [库辛], 112

Cramer, J. A., [克拉姆], 76, 84

Cratander, A., [克拉坦德], 43

Creuzer, F., [克劳泽], 108, 112, 120

Crusius, M., [克鲁修斯], 66

Cujacius, J., [库伽西斯], 47, 51

Cumont, F., [居蒙], xxv, 160 n. 602, 166 n. 630

Curtius, E., [克提戊斯], 153

Curtius, G., [克提戊斯], 148

Cyriac of Ancona [安康纳的塞里亚克], 33—34

Cyril [西里尔], 5

Dacier, A. and A., [达西尔], 63

Dante [但丁], 20

Darmarius, J., [达玛琉斯], 48

Davies, J., [代维斯], 81

Dawes, R., [道斯], 82

Dempster, T., [丹波斯特], 98

Denniston, J. D., [丹尼斯顿], xxiv

De Wette, W. M. L., [德·维特], 63

Diassorinus, J., [狄阿索利努斯], 48

Didot, A. F., [狄多], 138

Diels, H., [狄尔斯], xvi, 176 n. 661

Diez, F. C., [狄尔兹], 138

Dilthy, C., [狄尔泰], 151

Dindorf, W. and L., [丁多弗], 54, 138, 144

Dionysius Thrax [狄奥尼修斯·斯莱克斯], 5

Dissen, L., [狄森], 114, 128

Dobree, P., [多布利], 84, 137

Döderdein, L., [多德莱因], 114

Dodwell, E., [杜德维尔], 125

Dodwell, H., [杜德维尔], 78

Donatus [多纳图斯], Aelius [埃琉斯], 13

D'Orville, J.-P., [德奥维勒], 88

Dousa, F., [杜萨], 53

Drakenborch, A., [德拉肯保赫], 73

Droysen, J. G., [德洛伊森], 154

Drumann, W., [德鲁门], 155

Dübner, F., [杜波内], 138

Du Cange, D. du F., [杜·坎吉], 59

Duncker, M., [顿克尔], 155

Du Puits, J. and P., [杜·普兹], 55

Eckhel, J., [伊克尔], 92—93

Einhard [艾因哈德], 18

Eitrem, S., [艾垂姆], xxv

Ellendt, F., [艾伦特], 145

Elmsley, P., [艾姆斯莱], 84, 110, 137

Emperius, A., [艾坡琉斯], 146

Enoch of Ascoli [阿斯克利的伊诺克], 22

Erasmus [伊拉斯谟], viii, xxxi, 40—43, 48—49, 76

Eratosthenens [埃拉托色尼], 4

Ernesti, J. A., [厄内斯提], 94, 113

Ernesti, J. G. G., [厄内斯提], 94 n. 374

Eusebius [攸西比戊斯], 11

Eustathius of Thessalonica [萨洛尼卡的攸斯塔修斯], 8

Evans, Sir Arthur [亚瑟·埃文斯爵士], 160 n. 600

Faber, T., [法贝], 63

Fabricius, J. A., [法伯利修斯],

92—93

Faernus［菲努斯］, 81

Fea, C.,［菲埃］, 124

Fellows, Sir Charles,［查尔斯·菲鲁斯爵士］, 125

Ficino, M.,［菲奇诺］, 27

Filefo, F.,［菲莱佛］, 24

Finsler, G.,［芬斯勒］, 65

Fiorelli, G.,［菲奥莱里］, 99

Flacius Illyricus［弗拉修斯·伊利克斯］, 45

Flaubert, G.,［弗劳伯特］, 103 n. 405

Foesius［弗奥修斯］, Anutius［阿诺提斯］, 45

Forcellini, E.,［佛斯里尼］, 97

Fourmont, M.,［佛蒙特］, 62

Fraenkel, E.,［弗兰克尔］, xxv

Fra Giocondo［弗拉·奇奥康杜］, 33

Fränkel, H.,［弗兰克尔］, 87 n. 350

Friedländer, L.,［弗里德兰德］, 104

Friedrichs, C.,［弗里德里希斯］, 152

Frobens［弗洛本］, 43

Fulvius, Andereas［安德里亚·弗尔维戊斯］, 32

Furtwängler, A.,［佛特旺格勒］, 164

Fynes Clinton, H.,［菲恩斯·克林顿］, 153

Gaisford, T.,［盖斯佛德］, 76, 85

Gale, T.,［盖尔］, 77—78

Gassendi, P.,［盖森迪］, 62

Gataker, T.,［盖泰克］, 77

Gaza, T.,［盖扎］, 25

Geel, J.,［吉尔］, 89

Gelenius, S.,［盖伦纽斯］, 43

Gell, W. M.,［盖尔］, 125

George of Trapezus［特拉佩楚斯的乔治］, 25

Gerhard, E.,［盖哈德］, 123—124

Gernet, L.,［盖内特］, xx

Gesner, C.,［吉斯内尔］, 45

Gesner, J. M.,［吉斯内尔］, ix, 92—94, 101—102

Gibbon, E.,［吉本］, 59, 83, 157

Gildersleeve, B. L.,［吉尔德斯利戊］, xxvi

Glareanus, H.,［格拉伦诺斯］, 43—44

Goethe, J. W., von,［歌德］, ix, x, 42, 68, 83, 105—106, 108

Gori, A.,［高利］, 98

Gothofredus, J., [格索弗里杜斯], 47

Graevius, J. G., [格莱维戊斯], 73—74, 80, 113

Gratius, O., [格拉提戊斯], 40

Gregory Nazianzen [纳齐盎的格雷戈里], 5

Gregory of Corinth [柯林斯的格雷戈里], 8

Gregory of Tours [图尔的格雷戈里], 14

Gronovius, J. F., [格洛诺维戊斯], 72

Gronovius, J., [格洛诺维戊斯], 73, 92

Grosseteste, R., [格罗塞泰斯特], 19

Grote, G., [格罗特], xxii, 153, 155, 157

Grotius, H., [格劳秀斯], 58, 67—68, 71, 110

Gruter, J., [格鲁特], 33, 52, 66, 69, 74

Grynaeus, S., [格里纳戊斯], 43

Guarino [瓜里诺], 3

Guyet, F., [古亚特], 59

Hasse, F., [哈塞], 145

Halm, K., [哈尔姆], 145

Hand, F. G., [汉德], 147

Hardouin, J., [哈杜恩], 63

Hase, C. B., [哈塞], 54, 138

Haupt, M., [豪普特], 130, 131 n. 486, 141—142

Headlam, W., [海德拉姆], xxiii, xxiv

Heerwagens [海尔瓦根斯], 43

Heindorf, C. F., [海因多夫], 115

Heinsius, D., [海因修斯], 67, 70

Heinsius, N., [海因修斯], 71—72, 81

Helbig, W., [海尔比格], 151

Hemsterhuys, T., [海姆斯特戊斯], 85—86, 88, 91, 94

Henzen, W., [亨臣], 33, 158

Hercher, R., [赫歇], 145

Herder, J. G., [赫尔德], ix, 100, 105—108

Hermann, G., [赫尔曼], x, xiv, xxi, xxii, 81, 109—111, 113, 115, 122, 126, 128—129, 133—134, 136, 139, 141, 147, 160

Hermann, K. F., [赫尔曼], 146

Herodian [赫洛迪安], 5, 7, 13

Hertz, M., [赫兹], 145

Herwerden, H. van, [赫沃登], 91

Heyne, C. G., [海涅], ix, 94, 96, 100—102, 108, 110, 127

Hisperica Famina [《赫斯珀里卡的花园》], 14

Hofman-Peerlkamp, P., [霍夫曼-皮尔卡姆], 88, 136

Hölscher, U., [霍尔歇], xxxi

Holstenius, L., [霍尔斯特纽斯], 39, 92

Höschel, D., [霍歇尔], 65

Hotomanus, F., [霍图曼纽斯], 47

Housman, A. E., [豪斯曼], xviii, xxi—xxiv

Huet, P. D., [修特], 63 n. 258

Humboldt, W. von, [洪堡], x, 101, 104, 106, 108, 113, 115, 117, 119, 126

Hutten, U. von, [胡滕], 40, 41

Ideler, C. L., [艾德勒], 116

Ignarra, N., [伊格纳拉], 98

Ilgen, K. D., [伊根], 113—114

Imhoof-Blumer, F., [伊姆霍夫-布鲁莫], 158

Inghirami, C., [因格哈拉米], 37

Invernizi, F., [因沃尼兹], 84 n. 337

Jackson, H., [杰克逊], xxii

Jacobs, F., [雅各布], 69, 93, 113

Jacoby, F., [雅各比], xxv

Jaeger, W., [耶格尔], xxvii, xx—xxviii

Jahn, O., [雅恩], 4, 114, 134, 150—151, 156

Jebb [吉伯], Sir Richard [理查德爵士], xxii, xxv

Justi, C., [伽斯提], 95 n. 376, 97

Kaibel, G., [凯伯尔], xv

Karsten, S., [卡斯腾], 149

Kaulbach, F. A. von, [卡尔巴赫], 153

Keil, H., [凯尔], 145

Kellermann, O., [凯勒曼], 124, 156

Kiepert, H., [凯伯特], 154

Kingsley, C., [金斯利], 103

Kirchhoff, A., [基尔霍夫], 142—143, 147—148

Klenze, L. von, [克伦策], 2

Köchly, H., [寇西里], 109 n. 423, 140—141

Koraës, A., [寇莱斯], 10

Krische, A. B., [克里希], 149

索 引 361

Krüger, K. W., [克吕格尔], 148
Kugeas, S., [库格阿斯], 6
Kuithan, J. W., [库桑], xviii
Küster, L., [库斯特], 73

Lachmann, K., [拉赫曼], xiv, 81, 83, 117, 128, 130—132, 136, 140—142, 150, 160, 172
Lambecius, P., [拉姆伯修斯], 92
Lambinus, D., [拉姆比努斯], 55—56
Lascaris, J., [拉斯卡里斯], 28, 48
Leake, W. M., [里克], 125
Le Bas, P., [勒·巴斯], 139
Lehrs, K., [勒尔斯], 144
Leibniz, G. W. von, [莱布尼茨], 75, 80
Lenormant, F., [勒诺曼], 36
Lentz, A., [棱兹], 144
Leo, F., [利奥], xvi
Leonclavius, J., [利奥克拉维戊斯], 46
Leopardi, G., [莱奥帕尔迪], xviii, xix, 119 n. 449
Lessing, G. E., [莱辛], ix, 80—81, 93, 95—96, 105
Letronne, J.-A., [勒楚恩], 139

Lewis, G. C., [刘易斯], xxi, 117 n. 447
Ligorio, P., [利哥里奥], 30, 35—36
Linacre, T., [林纳克], 76
Lindenbrog, F., [林登布鲁格], 73
Lipsius, J., [利普修斯], 50, 57—58, 65
Littré, E., [利特尔], 139
Lobeck, C. A., [鲁贝克], 111—112, 115, 144, 168
Löfstedt, E., [吕弗斯特德], xxv
Lucian [琉善], 6, 7
Lupus [卢普斯], Servatus [塞维图斯], 17, 63
Luynes [吕恩], Albert Duc de [阿尔伯特·杜克·德], 124

Mabillon, J., [马比容], 60, 97
Mably, Abbé de, [马布里], 64
Madvig, N., [马德维希], 72, 130, 131 n. 486, 132—133, 136
Maffei, S., [马菲], 97—98
Mai, A., [迈], 119
Mantegna [蒙特格纳], 31
Manutius, Aldus [阿杜斯·曼纽提斯], 29, 42, 138

Manutius, Paulus［帕鲁斯·曼纽提斯］, 29

Marini, L.,［马利尼］, 156

Markland, J.,［马克兰］, 83, 108

Martin, T. H.,［马丁］, 139

Martorelli, G.,［马托勒里］, 98

Matthaei, C. von,［马太伊］, 89

Mau, A.,［毛］, 99

Maurists, the,［莫尔会修士］, 60

Mazzocchi, A. S.,［马佐奇］, 98

Meibom, M.,［迈伯姆］, 71

Meier, M. H. E.,［迈尔］, 122

Meillet, A.,［梅耶］, xx

Meineke, A.,［迈纳克］, 113—114, 141

Melanchthon, P.,［梅兰西顿］, 41, 44, 92

Menagius, G.,［迈纳吉斯］, 64

Mengs, R.,［蒙斯］, 96

Mercier, J.,［默希尔］, 55

Merkel, R.,［默克尔］, 146

Merula, P.,［默鲁拉］, 52

Meursius, J.,［缪尔修斯］, 74

Meyer, E.,［迈耶］, xvi

Michaelis, A.,［米奇里斯］, 151

Millingen, J.,［密林根］, 124

Milton, J.,［弥尔顿］, 77

Mirandola［米兰多拉］, P. della［P. 德拉］, 26

Mommsen［蒙森］, Theodor［西奥多］, xi, xiii, 33, 83, 131, 134, 145, 148, 154—158, 167, 177

Mommsen［蒙森］, Tycho［第谷］, 141

Montesquieu, C. L. de S.,［孟德斯鸠］, 64

Montfaucon, B. de,［蒙福孔］, 60, 104

More, T.,［莫尔］, 41

Morhof, D.,［默豪夫］, 75

Moschopulus, M.,［默修普鲁斯］, 9

Müller, C.,［缪勒］, 138

Müller, C. F. W.,［缪勒］, 134

Müller, K. O.,［缪勒］, x, xi, 105, 109, 116, 126—129, 152—153, 160

Müller, L.,［缪勒］, 142

Munro, H. A. J.,［默罗］, xxii

Muratori, L. A.,［姆拉托里］, 97

Muretus, M.,［姆莱图斯］, 2, 56—57

Murray, G.,［默雷］, xxiv

Musgrave, S.,［马斯格莱夫］, 83

Musurus, Marcus［马库斯·马苏鲁斯］, 29, 138

Naeke, A. F.,［奈克］, 112—113
Nägelsbach, K. F.,［奈格斯巴赫］, 152
Nauck, A.,［诺克］, 114, 147
Nebrissensis, A.,［内伯里森西斯］, 42
Newton, Sir Charkes［查尔斯·牛顿爵士］, xxii, 137
Nibby, A.,［尼比］, 124
Niccoli, N.,［尼克里］, 21
Nicholas V.［尼古拉五世］, 24
Niebuhr, B. G.,［尼布尔］, x, 117—119, 124, 126, 153, 156
Nietzsche, F.,［尼采］, xi—xiii, xviii, xxiii, xxvii
Nilsson, M. P.,［尼尔森］, xxv
Nipperdey, K. L.,［奈珀狄］, 145
Nissen, H.,［尼森］, 99
Norden, E.,［诺顿］, xvi
Norrmann, L.,［诺曼］, 71
Nunnesius, P. J.,［努奈西斯］, 36

Oudendorp, F. van,［欧登道普］, 73

Paciaudi, P. M.,［帕西奥狄］, 98

Palaeokappa, C.,［帕莱奥卡帕］, 48, 103
Palladio, A.,［帕拉狄奥］, 2
Panvinius, O.,［潘维尼戊斯］, 36
Papebroch, D.,［帕普布鲁赫］, 60
Parry, M.,［帕里］, xxvi
Pasquali, G.,［帕斯夸里］, xix
Passow, F.,［帕索］, 105
Pater, W.,［帕特］, xxi, 103
Pattison, M.,［帕提森］, 49 n. 206, 54 n. 226, 56 nn. 232 & 234, 144 n. 529
Paulus, Diaconus［狄阿库诺斯·保鲁斯］, 18
Pauw, C. de,［帕沃］, 88
Pearson, J.,［皮尔森］, 78 n. 315
Pelagonius［皮莱格尼戊斯］, 14
Perizonius, J.,［佩里佐尼戊斯］, 118
Perrault, C.,［佩多］, 64
Petavius, D.,［佩塔维戊斯］, 58, 70
Petrarch［彼特拉克］, 20—23
Peutinger, C.,［皮廷格］, 43 n. 182
Peyron, A.,［皮容］, xix
Pfeiffer, R.,［普法伊佛］, v—vi, xxviii—xxx

Philo［斐洛］, 11

Philoxenus［菲洛克斯诺斯］, 5

Photius［福提戊斯］, 6—7, 17, 84, 170

Piccolomini, A. S.,［皮克娄米尼］, 40, 76

Pierson, J.,［皮尔逊］, 86

Piaggio, A.,［皮亚乔］, 99

Pighius, S.,［皮格戊斯］, 37, 52

Pisano, N.,［皮萨诺］, 31

Pithou, F. and P.,［皮淘］, 55

Pius Ⅱ［庇护二世］, 40, 76

Planudes, M.,［普兰努德斯］, 9

Pletho, G.,［普莱桑］, 26

Poggio Bracciolini［波焦·布拉奇奥里尼］, 21, 24, 32—33, 76

Politian［珀里提安］, 27—28, 47

Pomponius Laetus［珀普纽斯·莱图斯］, 27

Poppo, E. F.,［珀普］, 145, 148

Porson, R.,［珀尔森］, xxi, 83—84, 110

Potter, J.,［波特］, 78

Preller, L.,［普莱勒］, 124, 153

Priscian［普里西安］, 13

Probus, Valerius［瓦勒琉斯·普鲁布斯］, 12

Psellus, M.,［普塞路斯］, 8

Putschius, H.,［普奇修斯］, 53

Quincy, A. C. Q. de,［昆西］, 139

Quintilian［昆体良］, 12

Ranke, L. von,［兰克］, x

Regiomontanus, J.,［莱奇奥蒙塔诺斯］, 40

Reifferscheid, A.,［莱佛施奈德］, 135

Reimarus, H. S.,［莱马努斯］, 93

Reinesius, T.,［莱奈修斯］, 66

Reinhardt, K.,［赖因哈特］, xxvii, xxviii

Reisig, C. C.,［莱斯西］, 133

Reiske, J. J.,［莱斯克］, 88, 92, 94—95, 101

Reitzenstein, R.,［莱岑斯坦因］, xvi

Reiz, F. W.,［赖兹］, 109

Remmius［莱缪斯］, Palaemon［帕拉蒙］, 12

Revett, N.,［勒沃特］, 82

Reynolds, L. B.,［雷诺兹］, vi

Rhenanus, B.,［瑞纳努斯］, 43

Ribbeck, O.,［里贝克］, 135

Riccoboni, A.,［利克波尼］, 37

Ritschl, F.,［里奇尔］, xii, xiv, 129—130, 133—135, 151

索引 365

Ritter, H., [里特], 153

Robortelli, F., [罗伯特里], 31

Rochette, R., [罗歇特], 139

Rohde, E., [罗德], xvii—xix

Ross, L., [罗斯], 121, 126

Rossi [罗西], G. de [G. 德], 33, 35, 158

Rostovtzev, M., [罗斯托夫采夫], xxv

Roth, K. L., [罗斯], 145

Ruhnken, D., [伦肯], 73, 85—86, 88—90, 102, 114

Rydberg, V., [莱德勃格], 103

Sabbadini, R., [萨巴狄尼], 22

Sacy, S. de, [萨西], 138

Sainte-Croix, G. E. J. de, [圣-克鲁瓦], 112

Salisbury, John of [索尔兹伯里的约翰], 19

Salmasius, C., [萨尔马修斯], 58, 64, 69—71, 75

Salutati, C., [萨鲁塔提], 21

Sanctis, G. de, [善克提斯], xx

Sanctius, F., [善克提戊斯], 36

Sandys, Sir John, [约翰·善迪斯爵士], v, vi, 3

Sauppe, H., [萨普], 140

Saussure, F. de, [索绪尔], xx

Scaliger, J. C., [斯卡利杰], 49

Scaliger, J. J., [斯卡利杰], viii, 28, 33, 49—54, 58, 65—69, 73—75, 110, 117—118, 134—135, 150

Schäfer, A., [歇弗尔], 154

Schiller, F., [席勒], 107

Schlegel, A. W. and F., [施莱格尔], 102, 107

Schleiermaeher, F., [施莱尔马赫], 107, 115, 146, 149

Schmid, E., [施密德], 65

Schneider, J. G., [施奈德], 104—105

Schneider, O., [施奈德], 141

Schneidewin, F. W., [施奈德温], 146—147

Schöll, R., [胥尔], 135

Schömann, G. F., [舒曼], 122

Schoppe, C., [肖普], 50

Schrader, J., [施莱德], 73

Schulze, W., [舒尔策], xvii

Schwartz, E., [史华兹], xvi

Schweighäuser, J., [施维豪塞], 104

Secundus, J., [瑟昆杜斯], 2

Séguier, P., [塞吉尔], 60

Selden, J., [塞尔顿], 78

Servius [塞维戊斯], 13

Shaftesbury, 3rd Earl of,［第三代沙夫茨伯里伯爵］, 77, 79

Shakespeare, W.,［莎士比亚］, 77

Sienkiewicz, H.,［显克维奇］, 103

Sigonius, C.,［西格尼戊斯］, 31, 37—38, 122

Simonides, K.,［西蒙尼德斯］, 38

Sirmond, J.,［瑟蒙德］, 58

Smetius, M.,［斯密提戊斯］, 52

Soranus［苏拉诺斯］, 14

Spalding, G. L.,［斯帕尔丁］, 115

Spanheim, E.,［斯彭海姆］, 73—74, 80

Spengel, L.,［斯彭格］, 122—123

Spon, J.,［斯庞］, 61

Stackelberg, O. M.,［斯塔克勃格］, 125

Stallbaum, G.,［斯塔尔鲍姆］, 145

Stanley, T.,［斯坦利］, 78

Stephanus, H.,［斯提芬诺斯］, 48, 50, 52—54, 59

Stephanus, R.,［斯提芬诺斯］, 48

Stuart, J.,［斯图亚特］, 82

Suetonius［苏维托尼戊斯］, 12, 17

Suidas［《苏达辞书》］, 7

Sylburg, F.,［西尔伯格］, 46

Taylor, G.,［泰勒］, 103

Taylor, J.,［泰勒］, 83

Theodore Metochites［西奥多·麦陶西特］, 9

Theon［提昂］, 12

Thereianos, D.,［瑟莱阿诺斯］, 10

Thiersch, F.,［西阿希］, 111, 114

Thirlwall, C.,［西尔沃］, xxi

Thomas Magister［托马斯大师］, 9

Thorwaldsen, B.,［瑟沃尔森］, 101

Thrax, D.,［斯莱克斯］, 5

Thuanus, J. A.,［修阿努斯］, 51

Tillemont, L. S. L. de,［提勒蒙］, 59, 83, 154—155

Traube, L.,［特洛伯］, 17

Trendelenburg, A.,［岑德棱勃格］, 149

Triclinius［崔克利纽斯］, 9, 56, 87

Tryphon［特里芬］, 5

Turnebus, A.,［特奈巴斯］, 55—56, 65, 87

Tursellinus, H.,［图尔塞里努斯］,

147

Tyrwhitt, T., [泰维特], 83

Tzetzes, J., [采策], 8

Ulrichs, H., [戌里西], 126

Urlichs, L., [戌里西], 124

Ursinus [戌西诺斯], Fulvius [弗尔维乌斯], 30, 100

Usener, H., [戌森内], 134, 143, 176 n. 662

Vacca, F., [瓦卡], 35

Vahlen, J., [瓦伦], 135

Vailant, J. F. F., [维兰特], 61

Valckenaer, L. K., [瓦尔克奈], 86—87, 109, 113

Valesius, H., [瓦莱修斯], 58

Valla, L., [瓦拉], 24—25

Van Dale, A., [凡·代尔], 69

Varro [瓦罗], Marcus Terentius [马库斯·泰仑提戌斯], 12, 52, 74

Verrall, A. W. [维莱尔], xxiv

Vico, G. B., [维柯], 100

Victorius, P., [维克陶利戌], 30

Vigerus, Fr, [维格鲁斯], 147

Villoison, J.-B. d'A. de, [维劳森], 102—103

Visconti, E. Q., [维斯康提], 100

Vitelli, G., [维特里], xix

Vittorino da Feltre [维特里诺·达·菲尔特], 3

Vives, J., [维戌斯], 41

Voss, J. F., [沃斯], 102, 107, 112

Vossius, G. J., [沃西戌斯], 68—69

Vossius, I., [沃西戌斯], 71, 77

Wackernagel, J., [瓦克纳格尔], xvi, 18

Waitz, T., [魏茨], 149

Wakefield, G., [维克菲尔德], 83

Weil, H., [维尔], xx, 138

Welcker, F. G., [维戈尔], x, xi, xiv, 101, 106, 109, 113, 116, 126—129, 150—152

Wernsdorf, G. and J. C., [温斯道夫], 104

Wesseling, P., [维塞林], 86

Westphal, R., [维斯特弗], 169

Wheler [维勒], Sir George [乔治爵士], 61

Wilamowitz-Moellendorff, U. von, [维拉莫威兹-莫仑道夫], vi—ix, xi—xiv, xvii—xviii, xxi, xxiv—xxvi, xxix, xxxi

Wilmanns, A., [威尔曼斯], 135
Wilson, N. G., [威尔逊], vi
Wimmer, F., [维莫尔], 149
Winckelmann, J. J., [温克尔曼], ix, 92, 95—101, 106
Witte, J. de, [维特], 124
Wolf, F. A., [沃尔弗], ix, 65, 81, 88—89, 108, 110, 115—116, 118, 120

Wolf, H., [沃尔弗], 46
Wood, R., [伍德], 82
Wyttenbach, D., [维腾巴赫], 89

Xylander, G., [泽兰德], 46, 66

Zeller, E., [策勒], 149, 150
Zoëga, G., [洙格], 101—102, 126, 151
Zwinger, T., [茨温格], 45

译后记
维拉莫威兹与古典学术研究

一、文艺复兴与古典学术

古典研究是伴随着"文艺复兴"而逐渐兴旺发达的。人们一般所指的文艺复兴自然是意大利文艺复兴——"Renaissance"一词来自法语"*la Renaissance*",而这个法语单词又来自拉丁语"*renasci*",意为再生,该词在这个背景下就是学术复兴 [Revival of learning] 之意——再生古典学术与古典艺术。当然这种复兴总是与前期的黑暗、衰落相联系。因此,人们常把这种此起彼伏的现象称为"黑暗时代"和"文艺复兴"。在意大利文艺复兴之前,西方世界存在好几次所谓的"黑暗时代"与"文艺复兴"。[1] 为叙述方便,我们把早期欧洲划分为希腊、拉丁两大世界,来研究古典研究是怎样在一次次复兴下走向近代世界的。

首先要研究的是东部希腊世界。

从广义上说,古典研究开始于希腊化时代 [公元前323—

---

[1] 一些学者认为西方历史上主要存在三次文艺复兴,即8—9世纪的加洛林文艺复兴、12世纪文艺复兴以及14—16世纪的意大利文艺复兴。见 David Crystal 之 *Crystal Reference Encyclopedia*,"Renaissance"词条,Quotations Ltd., 2001。其实西方历史上远不止这三次文艺复兴,详见后文论述。

前30年］，因为这时的语法学家已开始整理荷马史诗，编辑文献目录，进行古典语言研究，并从对文字、风格的批评发展到了对历史的批评。埃拉托色尼是第一位自称为语文学家的人。[2]亚历山大里亚成为此时地中海世界的学术中心，但好运短暂，最是人间留不住。公元前48年，恺撒追庞贝入埃及，因他干涉埃及事务而遭到亚历山大里亚人的反对，恺撒情急逃避，竟将亚历山大里亚图书馆一部分图书烧毁了。这是希腊文献第一次遭到大规模的毁坏。因此，在某种意义上，人们把这个时代当作希腊古典文化衰落的时代是有一定理由的。虽然位于小亚细亚的帕迦马图书馆在一定程度上取代了亚历山大里亚图书馆，但要想恢复先前的荣光是不可能的了。这之后有一些重要的作家如约瑟夫斯［Josephus，37—100？］虽在一定程度上延续了古典传统，但从整体上说学术还是处于停滞状态。

第二次智者运动［The Second Sophistic Movement］[3]改变了这一状况，可以说这是西方文明史上的第一次"文艺复兴"，是一场以强调修辞和努力再生阿提卡语言为特色的复兴运动。这场复兴运动始于1世纪下半叶，鼎盛于2世纪，以后就衰落了，前后持续了约五个世纪之久。第二次智者运动著名的代表人物有琉善［117—180］、埃里乌斯·阿里斯提德［2世纪］、普鲁塔克［46—120］以及朗古斯［Longus，230—330，他写有各种传奇，如《达佛涅斯和克洛伊》

---

[2] 凯利：《多面的历史》，陈恒、宋立宏译，生活·读书·新知三联书店2003年版，第74页。

[3] 这是相对于公元前5世纪希腊智者运动（The Sophistic Movement）而言。

(*Daphnis and Chloe*)]。

第二次智者运动中的主要人物有使徒时期作家[1世纪,如保罗(5—67?)]、教父时期作家[2—6世纪,如斐洛(30 B.C.—45 A.D.)、克里门特(153—217)、德尔图良(Tertullian, 155—240),新柏拉图主义作家如普罗提诺(205—270)、波菲里(233—304)、阿姆布利库斯(250—325)]、卡西乌斯·狄奥[155—235]、赫洛迪安[190—238]以及稍后的纳齐盎的格雷戈里[330—389]、约翰·克里索斯图姆[John Chrysostom, 347—407]等,他们在一定程度上从不同的侧面延续和发展了古典学术。罗马帝国分裂前的最后一位皇帝提奥多西一世[Theodosius Ⅰ, 346—395]也提倡学术活动,出现了所谓提奥多西文艺复兴[Theodosian Renaissance][4],不过复兴运动的主要成就表现在艺术方面,于学术活动意义不大。伴随着帝国的分裂,古典学术也就朝着两个不同的方向发展了。当处理拜占庭帝国这一主题时,我们要牢记的是大多数希腊遗产仍旧保留在落入伊斯兰教之手的各个行省,因此这些东西也不为希腊语世界所知。自2世纪起,一种方言文学一直在叙利亚存在,以译本的形式保存了希腊著作,并在一些知识领域传承了希腊传统。[5]

---

[4] Bente Kiilerich, *Late Fourth Century Classicism in The Plastic Arts: A Systematic Study of Sculpture, Ivories and Silver Plate*, Coronet Books Inc., 1993. 提奥多西一世也称提奥多西大帝,罗马帝国东部皇帝(379—395年在位),罗马帝国西部皇帝(392—395年在位)。

[5] Wilamowitz-Moellendorff, *History of Classical Scholarship*, translated from the German by Alan Harris, Johns Hopkins University Press, 1982, pp.11-12.

529年查士丁尼关闭了雅典的柏拉图学园。从这时开始,世俗学校关闭了。书写、抄写、文本阅读衰落了,知识水平也随之下降了。北部日耳曼的口头文化取代了罗马世界的书面文化。同时,伊斯兰文化也在急剧地扩张。651年,阿拉伯征服者阿穆尔[Amrou]率军进入埃及,把残留书籍全部毁掉,据说哈里发奥马尔[Omar]下令的理由是:这些书籍的内容如果是《可兰经》里已经有的,它们就没有保留的必要[多余的];如果是与《可兰经》有抵触的,就不宜保留它们[有害的]。就这样,亚历山大里亚的所有澡堂,以书籍作燃料烧了好几个月。[6]古典学术再一次受到沉重的打击。

马其顿王朝时期[867—1056]的拜占庭不仅重视文化教育,而且积极促进学术、艺术的发展。因而人们把这段时期叫作"马其顿文艺复兴"[Macedonian Renaissance],这是拜占庭文化发展的"第二个黄金时代"。实际上,马其顿文艺复兴开始于8世纪晚期,但鼎盛于马其顿诸帝赞助学者们的886—959年。如贤君利奥六世[886—912]奖掖学术、保护学者,皇宫成为学者聚会的中心,他的文化政策为以后的发展奠定了基础。在西方停顿了两个世纪之久的世俗教育再度兴起,在这时人们又开始收集、复制希腊手稿了。此时复制手稿,他们用的是带有重音和分字符的小字体。代表性的著作有《苏达》[*Suda*]、《希腊诗选》[*Greek Anthology, Palatine edition*]、乔治·辛森鲁斯[George Syncellus,约

---

[6] 孙道天:《古希腊历史遗产》,上海辞书出版社2004年版,第320页。

800年]^[7]的《年代纪》[*Chronography*]、福提戊斯[820—891]的《群书摘要》[*Bibliotheca*]等。

到了科穆宁王朝[Comnenian Dynasty, 1081—1185]时期,皇帝们继续赞助文化事业,拜占庭学术活动达到很高的水平。该王朝以及随后的安基卢斯王朝[1185—1204]在文化上的显著特点是狂热地追求和模仿古代希腊的著作。赫西俄德、荷马、柏拉图、修昔底德、波里比阿、伊索克拉底、德摩斯梯尼、阿里斯托芬等古典作家都成为这一时期拜占庭学者学习和效法的榜样。代表性的人物是迈克尔·普塞路斯[1018—1079]、安娜·康敏娜[Anna Komnena, 1083—1153]等。

1204年,第四次十字军东征攻陷了君士坦丁堡,建立了拉丁帝国,在这一过程中毁灭了大量希腊手稿。拉丁帝国一直持续到1261年拜占庭的最后一个王朝帕列里奥王朝[Palaeologan Dynasty, 1259—1453]建立。[8]这一时期出现了帕列里奥文艺复兴[Palaeologan Renaissance],文化中心位于君士坦丁堡的宫廷。这次复兴激发了人们对继承希腊遗产的渴望。代表性的学者有奈斯福洛斯[Nicephorus, 1295—1359]、德米特里乌斯·崔克利纽斯[活跃于14世纪早期]、乔治·吉密斯图斯·普莱桑[1355—1450]。

从12世纪开始,许多拜占庭学者开始移居意大利。东

---

[7] 保存了以希腊语进行写作的埃及历史学家曼涅托(330—270 B.C.)的部分著作。

[8] 建立者是 Michael Ⅷ Palaeologus(1224—1282)。

部希腊世界就再也没有出现"文艺复兴"活动了。1453年奥斯曼土耳其攻陷君士坦丁堡之后,东部希腊世界就彻底与西方世界失去了联系。

我们再来看看西方拉丁世界。

屋大维统治时期被称为罗马文学的"黄金时代"[Golden Age,公元前1世纪],这是古典主义胜利的时代[9]——希腊文化进一步得到发扬。前期[公元前70—前43]代表人物是西塞罗;后期奥古斯都时代[公元前43—公元18]的代表人物有维吉尔、贺拉斯、李维和奥维德等。黄金时代之后是所谓的拉丁文学白银时代[Silver Age,18—130],特征是修辞学盛行,追求华丽的辞藻。主要有讽刺作家尤维纳利斯[Juvenal,55—140],警句作家马提雅尔[Martial,40—103],历史学家塔西佗、苏维托尼戊斯[75—160],哲学家和戏剧家塞涅卡等。这之后是西方历史上一段停滞的时期,整个社会处于一片混乱的状态。

这种情况一直延续到4世纪的拉丁文艺复兴[Fourth-Century Renaissance],这场复兴保存了大量古典文献,人们从纸草文卷和羊皮文书中复制了大量非常易于损毁的手稿。356年,康斯坦修斯二世[Constantius Ⅱ,317—361]在君士坦丁堡建立了一座文献馆[scriptorium]专门复制古典文献。这座图书馆一直受到皇家资金的资助。这种复兴古典文献的爱好一直传到中世纪。如卡西奥多洛斯[约485—585]后来

---

[9] Wilamowitz-Moellendorff, *History of Classical Scholarship*, p.5.

也建了一座类似的图书馆。他在《神圣与世俗作品指南》中为图书馆奠立了一份包括复制古代文本在内的工作计划,也等于通过这座图书馆为后代制订了这份计划。卡西奥多洛斯与东方的一些文化中心也保持联系,因为在意大利南部,希腊语还没有彻底灭绝,在图书馆也可以找到一些希腊语方面的书籍,尽管不是古典方面的著作。后来圣本笃修道院的修士们坚持《神圣与世俗作品指南》的教导,卡西奥多洛斯的精神及其基本原则仍旧得以流传。[10] 值得注意的是,这时的人喜欢罗马白银时代的文学风格远远超过黄金时代的文学风格。这场文艺复兴的中心首先在高卢,后面转移到罗马,代表作家是哲罗姆[约342—420]和奥古斯丁。用拉丁语进行写作的希腊人比如克劳狄安[370—404]和阿米阿诺斯·马塞利努斯[330—390]都是这个世纪最伟大的拉丁语作家。

尽管这时的文学继续以拉丁语进行活动,但是罗曼诸语言发展得很快,成为大众流行的通俗口语。在550—750年几乎没有复制任何手抄本。知识水平急剧滑坡,取而代之的是大众口头文化的流行。

7世纪的诺森伯里亚文艺复兴[Northumbrian Renaissance]改变了这一状况,这是凯尔特传统和罗马基督教传统相碰撞所产生的文化觉醒现象。[11] 669年,坎特伯雷主教塔尔苏斯的西奥多[Theodore of Tarsus, 602—690]在不列颠引发了一

---

[10] Wilamowitz-Moellendorff, *History of Classical Scholarship*, p.15.
[11] C. Warren Hollister, *Medieval Europe: A Short History*, Eighth edition, The McGraw-Hill Companies, Inc., 2001, p.73.

股建立僧侣学校、主教学校的浪潮。这场文艺复兴运动中最杰出的人物是"英国史之父"比德［673—735］，他精通古典文献，掌握希腊语、拉丁语和希伯来语。诺森布里亚文艺复兴为欧洲大陆的加洛林文艺复兴培养了学者。

8—10世纪在查理大帝及其继承者倡导下的加洛林文艺复兴［Carolingian Renaissance］吸引了更多的民众，主要成就是复制了古典文献手稿，弥补了因蛮族入侵而带来的文化浩劫。[12]这些杰出的学者包括副主祭保罗［Paul the Deacon，720—800］、艾因哈德［770—840］、约翰·斯库图斯·厄琉吉纳［John Scottus Eriugena，约800—870］等。加洛林草写小字确定了现代小写字母的基础。

这一时期的维塞克斯［Wessex］[13]国王阿尔弗雷德大帝［Alfred the Great，849—899］在文化上也有所建树。在他统治的最后十年期间，大帝致力于学术复兴，把大量的学者引入宫廷，主要学者有莫西亚人［Mercian］普莱格蒙德［Plegmund，后来成为坎特伯雷主教］，伍斯特［Worcester］主教威尔弗斯［Werferth］、威尔沃斯［Werwulth］、阿瑟斯坦［Athelstan］，佛莱芒人格里姆巴德［Grimbald］和约翰［John］[14]，也包括为大帝撰写传记的威尔士修士阿塞［Asser，？—约909

---

[12] 见 *The Thames & Hudson Dictionary of Art Terms*，"Carolingian Renaissance"词条，Thames and Hudson Ltd.，2003。

[13] 英格兰南部地区，是古代盎格鲁-撒克逊王国所在地。根据传说，该王国由征服大不列颠的撒克逊人创建，国土最广时占据了英吉利海峡与泰晤士河之间的区域。

[14] 见 *The Companion to British History*，"Alfred's Scholars"词条，Routledge，2001。

年]。[15]而国王本人在887—892年也把大量拉丁文献翻译为英语，这些文献包括波伊修斯［480—524？］的《哲学的慰藉》[Consolation of Philosophy]、奥古斯丁的《独语录》[Soliloquies]、教皇大格雷戈里的《教牧关怀》[Pastoral Care]以及奥罗修斯［Orosius，约385—420］的《反异教史》[Historiae Adversus Paganos]。一般也把比德的《英吉利教会史》的译本归于大帝的名下，但由于译文风格的不同，也有人怀疑不是大帝的译作。[16]大帝鼓励人们用英语进行写作。

12世纪文艺复兴[The Twelfth Century Renaissance]实际上开始于11世纪的"文本文化"[textual culture][17]，中心在巴黎，它主要是由大学的建立和人们重新发现亚里士多德的伦理学与哲学著作而触发的一场复兴运动。众多的学者都在从事这项伟大的工作，著名的人物有阿西西的方济各［Francis of Assisi，1182—1226][18]、英诺森三世［1161—1216］、索尔兹伯里的约翰［1115—1180］、彼德·阿伯拉德［1079—1142］等。[19]

---

[15] 著有849—887年的英吉利编年史，其中包括阿尔弗雷德大帝的传记。
[16] 见 *Market House Books Dictionary of British History*，"Alfred, the Great"词条，Market House Books Ltd.，1987。另见 *The Columbia Encyclopedia*，Columbia University Press，2004。
[17] 布赖恩·斯托克认为"文本文化"开始于11世纪。他的意思是即使当大多数人还是文盲的时候，文化就开始关注书面文献了。见 Brian Stock，*The Implications of Literacy: Written Language and Models of Interpretation in the Eleventh and Twelfth Centuries*，Princeton University Press，1983。
[18] 阿西西城是意大利中部佩鲁贾（Perugia）东南偏东的一个城镇。
[19] 关于西方拉丁世界的这几次文艺复兴，可参阅 Walter Oakeshott，*Classical Inspiration in Medieval Art*，Chapman & Hall，1959；Warren Treadgold, ed.，*Renaissances Before the Renaissance: Cultural Revivals of Late Antiquity and the Middle Ages*，Stanford University Press，1984。

这之后是经院哲学时代。经院哲学的出现代表着希腊精神与基督教信仰的一种融合,古典著作开始重新流行起来,人们开始重视推理与逻辑,从而改变了基督教神学的原初形态,无形之中也促进了古典学术的发展。

14世纪意大利文艺复兴的中心是佛罗伦萨。这次文艺复兴研究了大量古代希腊作家,尤其是柏拉图特别受重视。意大利文艺复兴与前述诸文艺复兴的共同点是复古[The Revival of Antiquity],但重要的是它们之间的本质区别,即意大利文艺复兴还提倡"个体之发展",这是意大利文艺复兴的精神所在[20],也是有人把意大利文艺复兴当作近代史开端的一个依据。

由以上所述可知,各个时代的"文艺复兴"是古典学术发展的根基,这也就是1911年版《大英百科全书》把古典学术史分为四个时期的依据:(1)亚历山大里亚时期,大约始于公元前300年,到公元元年;(2)罗马时期,自公元元年到530年;(3)中世纪时期,约530—1350年;(4)近代时期,自1350年到现在。[21]虽然古典学术研究的文献汗牛充栋,但有关这一主题的简明历史是由最伟大的希腊研究专家维拉莫威兹所写的。[22]

---

[20] 余英时:《文史传统与文化重建》,生活·读书·新知三联书店2004年版,第69页。

[21] 见1911年版 *Encyclopedia Britannica* 网络版,http://www.1911encyclopedia.org/, "classics" 词条。

[22] 英国牛津大学古典学教授休·劳埃德-琼斯(Hugh Lloyd-Jones, 1922—2009)语。见他为维拉莫威兹的 *Geschichte der Philologie* 一书英译本所写的导言。Wilamowitz-Moellendorff, *History of Classical Scholarship*, p.v.

二、*Altertumswissenschaft* 的创造者——维拉莫威兹

维拉莫威兹于1848年12月22日出生于普鲁士的马克维兹[Markowitz]附近的一个小村庄里[今波兹南附近],在诺姆堡[Naumburg]著名的舒尔普弗塔中学[23]接受教育,1867—1869年在波恩大学学习,后又在柏林大学学习。1870年普法战争期间任职于军队。1871年10月21日在诺姆堡遇到尼采。1872—1873年游览了意大利和希腊。1875年,维拉莫威兹成为柏林大学的助理教授。这时,维拉莫威兹与著名的古典学家蒙森保持着良好的关系。1878年,维拉莫威兹和蒙森的长女玛丽·蒙森[Marie Mommsen]结婚了,生有两子。1876—1883年,维拉莫威兹成为格赖夫斯瓦尔德大学的教授,这座大学位于维拉莫威兹出生地附近。1883年,他成为哥廷根大学教授,在这所大学一直工作到1897年。1898年,成为柏林大学希腊研究教授。在第一次世界大战期间,维拉莫威兹积极支持德国的政策。1914年,维拉莫威兹进行了五场演说,反对对德国的谴责,是年,维拉莫威兹的儿子死于俄罗斯前线。[24]

---

[23] 这个学校培养了一批杰出的古典学者。见 Wilamowitz-Moellendorff, *History of Classical Scholarship*, pp.113–114。兰克也曾在这里接受教育。

[24] 维拉莫威兹的儿子 Tycho von Wilamowitz-Moellendorff 也是一位古典学家,著有 *Die dramatische Technik der Sophokles* 等。牛津大学古典学教授休·劳埃德-琼斯在其著作 *Blood for the Ghosts: Classical Influences in the Nineteenth and Twentieth Centuries*(Johns Hopkins University Press, 1982)中研究了22位古典学家,其中一位就是 Tycho von Wilamowitz-Moellendorff,而不是他的父亲,可见其地位之重要。如果把尼采作为古典学家来研究就必须研究老维拉莫威兹,这也许就是琼斯不把老维拉莫威兹当作一个单独研究对象的原因。

1915年，维拉莫威兹成为柏林大学的校长。同年，维拉莫威兹发表13场演说支持德国立场，并接受了两次采访。1916年，发表六场演讲，并就他本人被法兰西学院除名一事做了回答。[25] 1931年9月25日，他在柏林去世。此前，维拉莫威兹留下遗嘱不允许对他的去世进行任何报道。然而这并没能阻止柏林科学院在1949年12月29日庆祝维拉莫威兹诞辰100周年。[26] 德国统一之后，格赖夫斯瓦尔德大学建立了古代文化研究所［Institut für Altertumskunde］，设有拉丁、希腊、古典考古、古代史教授席位。1998年12月，这个研究所在维拉莫威兹诞辰150周年之际组织

---

[25] 1929年，作为庆祝维拉莫威兹81岁的礼物，人们编辑出版了他的著述目录。

[26] 近几年研究维拉莫威兹的著作主要有 Anton Bierl, William M. Calder III, and Robert L. Fowler, eds., *The Prussian and the Poet: The Letters of Ulrich von Wilamowitz-Moellendorff to Gilbert Murray (1894–1930)*, Weidmann, 1991; William M. Calder, *The Wilamowitz-Nietzsche Struggle: New Documents and a Reappraisal*, Internationales Jahrbuch für die Nietzsche Forschung, 1983; William M. Calder III, Hellmut Flascher, and Theodor Lindken, eds., *Wilamowitz nach 50 Jahren*, Wissenschatliche Buchgesellschaft, 1985; Ulrich K. Goldsmith, *Wilamowitz and the "Georgekreis": New Documents*, Wissenschaftliche Buchgesellschaft, 1989; Jaap Mansfeld, *The Wilamowitz-Nietzsche Struggle: Another New Documents and Some Further Comments*, Internationales Jahrbuch für die Nietzsche Forschung, 1986; Carsten Zelle, *Der Abgang des Herakles: Beobachtungen zur mythologischen Figurkonstellation in Hinsicht auf Friedrich Nietzsche und Ulrich von Wilamowitz-Moellendorff*, Internationales Jahrbuch für die Nietzsche Forschung, 1994; W. Calder III and B. Huss, eds., *'The Wilamowitz in Me': 100 Letters Between Ulrich von Wilamowitz-Moellendorff and Paul Friedländer (1904–1931) with Translations of Selected Letters by Caroline Buckler*, Charles E. Young Research Library at University of California, 1999 等。

了一次维拉莫威兹在此工作期间［1876—1883］的生平与著作研讨会。

就古典学家而言，维拉莫威兹［Ulrich von Wilamowitz-Moellendorff，1848—1931］无疑是其中最伟大的人物之一。他的研究大大促进了韵律学、铭文学、纸草学、地形学和文本批评的发展[27]，也是他把宗教、艺术、铭文、诗歌、历史的研究与传统的文献分析、文本批评有机地结合起来，使古代研究成为一门新学科。维拉莫威兹使古典研究的各门学科在理论上都是平等的，在价值上是等同的，在实际研究中又以"历史学"把它们串联在一起[28]，从而成为一门真正的、全面研究古代文明的科学。

古典学术界向来不缺乏研究古典文明的著作，特别是研究希腊文明对西方思想、文学、艺术的影响的著作，一般来说这些研究深邃而详细。然而，有关古典学术史的研究则是另外一种情况。这个领域很枯燥，也不太吸引人：它研究的是那些精通古代语言、熟悉古代历史各个细节的学者的成果，研究这些学者是怎样通过艰苦的劳动来重建和解释经过岁月的涤荡而流传下来的那些残缺不全、令人费解的文本，研究那些学者是如何收集规模庞大的历史、考古文献，并把这些材料进行分类的。这可能正是维拉莫

---

[27] 见 *Encyclopedia Britannica*，"Wilamowitz-Moellendorff" 词条，第15版，第12卷，Encyclopedia Britannica, Inc., 1993，第653页。

[28] Kelly Boyd, ed., *Encyclopedia of Historians & Historical Writing*, Fitzroy Dearborn Publishers, 1999, p.1299.

威兹撰写《古典学的历史》[29]的缘由,他把整个古代世界当作一个整体来研究。

把古代世界作为一个整体来研究属于维拉莫威兹的首创之功。他把古典研究定义为 Altertumswissenschaft——古代研究的科学。它是研究希腊—罗马世界方方面面的科学:语言、文学、历史、哲学、法律、考古学、社会生活以及古代世界所呈现的任何方面。因此,古典研究的目的是提升我们对古代世界的整体理解。这是维拉莫威兹的崇高理想,这一观念影响至今。维拉莫威兹是这样定义古典学术的:

> 古典学的性质——虽然"古典学"这一头衔不再暗示那种崇高地位,但人们仍旧这样称呼古典学研究——可以根据古典学的主题来定义:从本质上看,从它存在的每一个方面来看,都是对希腊—罗马文明的研究。该文明是一个统一体,尽管我们并不能精确地描述这种文明的起始与终结;该学科的任务就是利用科学的力量来复活那已逝的世界——再现诗人的吟唱、哲学家和立法者的思想、圣殿的神圣性、信仰者和非

---

[29] 维拉莫威兹的《语文学史》(Geschichte der Philologie)初版于1921年,并于1927、1998年再版。英译本刊行于1982年(Johns Hopkins University Press)。另,据译者所知该书还出版了意大利文本、日文本。关于英译本改名为《古典学的历史》的原因,可参阅劳埃德-琼斯为维拉莫威兹《语文学史》英译本所写的导言,pp. vii-viii。

信仰者的情感、市场与港口的热闹生活、海洋与陆地的面貌，以及劳作与休闲中的人们。在每一个知识门类中（或者按照希腊人的说法，在所有的哲学中），面对我们不理解的东西感到惊奇是研究的出发点，目标是对那些我们已经全面理解的真理和美丽事物的纯洁的、幸福的沉思。由于我们要努力探寻的生活是浑然一体的，所以我们的科学也是浑然一体的。把古典学划分为语言学和文学、考古学、古代史、铭文学、钱币学以及稍后出现的纸草学等各自独立的学科，这只是人类对自身能力局限性的一种折中办法，但无论如何要注意不要让这种分门别类窒息了专家心中的整体意识。[30]

对维拉莫威兹而言，一个研究语言学的学者必须是古典学 [Altertumswissenschaft] 的学者。"Altertumswissenschaft" 一词由 19 世纪德国学者发明，用于指称对一切与古代世界有关的事物的整体研究。[31] 而这种状况是由当时德国的知识传统决定的，"一切哲学和历史学的特点是它们研究一个大的主题，而这主题是不可轻易划分为许多可以分别加以处理的独立部分；因为，它们的兴趣主要依附于这样的事实：它们探究人类心智在过去

---

[30] Wilamowitz-Moellendorff, *History of Classical Scholarship*, p.1.
[31] 参阅劳埃德－琼斯所写的导言，pp. vii–viii。

和现在的作用原理的表现。因此，这些学术不得不总是把行动和目的的统一放在首位，以观点的完全性为目标，把一切特殊研究都归依于一般原理的标准。事实上，一切哲学和历史科学都不得不应用这种百科全书式的观点"[32]。如当时的德国古典学界在蒙森的影响下，以维拉莫威兹为代表，爱德华·迈耶［1855—1930］[33]、赫尔曼·狄尔斯［1848—1922］、爱德华·史华兹［1858—1940］、弗里德里希·利奥［1851—1914］等都打破古典学科之间的界限来进行整体研究。[34] 维拉莫威兹在格赖夫斯瓦尔德大学教授希腊史不仅仅是由于人手的问题［在哥廷根大学也发生了类似的事情］，主要是因为他想把古代世界作为一个整体来看待。这与维拉莫威兹所特有的全面古代科学［*Altertumswissenschaft*］的概念是相一致的。

以这种观念进行研究的维拉莫威兹撰写了大量著作，因此他本人也成为古典学家心目中的英雄，他是"一位天才的、知识渊博的人物，他的著作超过70多本［至今仍在不断地

---

[32] 约翰·西奥多·梅尔茨:《十九世纪欧洲思想史》（第1卷），周昌忠译，商务印书馆1999年版，第173页。

[33] 蒙森之后著名的古典学家。自1902年起在柏林大学教授古代史，自1919/1920年起担任该校的副校长。代表作《古代史》（*Geschichte des Altertums*）以社会学、人类学的方法研究了包括古代东方文化在内的全部人类文明。与当时学界著名人物如 M. Weber、O. Spengler、U. von Wilamowitz 多有交往。

[34] Hugh Lloyd-Jones, *Blood for the Ghosts: Classical Influences in the Nineteenth and Twentieth Centuries*, p.177.

再版］，还有无数的文章和评论，这些对后来的这门学科产生了不可估量的影响，近100年来的德国希腊主义观念，甚至欧洲的希腊主义观念都是受他的影响……"[35]维拉莫威兹主要研究的是希腊悲剧作家、荷马和《伊利亚特》、赫西俄德、品达、柏拉图和亚里士多德等。[36]

维拉莫威兹的第一本书是《欧里庇得斯的阿尔刻提斯》[*Euripide's Alcestis*, 1868][37]，当时他还是一名学生。两年后的毕业论文是《对希腊喜剧的选择性批判研究》[*Observationes criticae in comoediam graecam selectae*]，他因此于1871年7月14日获得了哲学博士学位。1878年他出版《修昔底德传记》[*Die Thukydides-Legende*]，这是维拉莫威兹在传统传记的基础上出版的与修昔底德有关的作品，表现出他敏锐的眼光。1881年，维拉莫威兹出版《卡里斯图斯的安提哥诺斯》[*Antigonos von Karystos*]，该书关注的是帕迦马作为文化中心的作用，维拉莫威兹对马其顿国王、热爱文化事业的安提哥诺斯［Antigonus, 320—239 B.C.］的认同以及他认为哲学学派是宗教团体的观点引起了复杂的反应。1883年他发表关于欧里庇得斯的《厄勒克特拉》[*Electra*]和索

---

[35] William M. Calder Ⅲ, "The Wilamowitz-Nietzsche Struggle: New Documents and a Reappraisal", in *Nietzsche-Studien* 12 (1983), p.216. Cf. Stephen Nimis, "Fussnoten: Das Fundament der Wissenschaft", *Arethusa* 17.2 (1984), pp.105–134.

[36] 见 *Encyclopedia Britannica*, "Wilamowitz-Moellendorff" 词条，第15版，第12卷，Encyclopedia Britannica, Inc., 1993, 第653页。

[37] 阿尔刻提斯（Alcestis），希腊神话中塞萨利国王阿德美托斯（Admetus of Thessaly）之妻。她愿代夫而死，后被赫拉克勒斯营救。

福克勒斯的《厄勒克特拉》[*Electra*]之间的年代关系的文章，作者所关注的是内容的标准，并不关注所暗示的历史材料，这一方法一直为维拉莫威兹所坚持，甚至当他后来修正了自己先前关于欧里庇得斯的假设时也是如此。1893年出版长篇巨著《亚里士多德和雅典》[*Aristoteles und Athen*，两卷]。它研究的是亚里士多德的文本及其流传的历史，并研究一些特殊问题；在卷帙浩繁、波澜壮阔的描述中，他几乎分析了雅典历史上的每一个事物，好像作者曾在那里工作过——这是维拉莫威兹之 *Altertumswissenschaft* 的真实体现。他系统地论述了自传说中的凯克普罗斯到公元前4世纪中期宪法发展的历史，并对许多具体史实如三一区、德谟、战神山议事会等进行了考证。由于作者熟悉古典文献，常把希罗多德、修昔底德、阿提卡史家的著作与新发现的《雅典政制》加以对比，能发前人所未发，因而受到西方学术界的高度重视。[38]

维拉莫威兹翻译的欧里庇得斯的《赫拉克勒斯》出版于1895年，这是他献给蒙森1879年银婚的纪念物，不过这是一份非常奇特的礼物，因为蒙森并不喜欢欧里庇得斯。这表明维拉莫威兹确信翻译能够产生出易为当今普通民众理解的版本。1902年编辑出版《希腊读本》[*Griechisches Lesebuch*]，该选本的一个重要特点是给予了希腊化时代和晚期希腊作家特别的关注，这对后人产生了很大的影响，该书也成为标准的

---

[38] 晏绍祥：《古典历史研究发展史》，华中师范大学出版社1999年版，第73页。

希腊读本。1902年任《希腊铭文集成》[*Inscriptiones Graecae*]编辑主任,对该书的编辑出版做出了很大的贡献。1880—1925年任《语文学研究》[*Philologische Undersuchungen*]丛刊编辑。1910年,维拉莫威兹与尼斯[Benedikt Niese, 1849—1910]合作出版了《希腊人和罗马人的国家与社会》[*Staat und Gesellschaft der Griechen und Romer*],对古典时代的希腊、罗马国家与社会进行了概括。1916年出版了《伊利亚特与荷马》[*Die Ilias und Homer*]。这时,他的名声也越来越大,并获得许多殊荣,如1917年,维拉莫威兹获得雅典大学[39]的名誉博士头衔。

维拉莫威兹是一位爱国主义者,他的著作中也体现出这一点。他在1919年发表的一篇名为《德国知识界的联合反对》['Der Boykott der deutschen Wissenshaft']的文章反对人们对德国的谴责。是年,出版了《柏拉图》[*Platon*],该书很快就成为研究柏拉图的重要参考书籍,这是一部反映维拉莫威兹政治思想的重要著作。该书的第一卷《柏拉图Ⅰ:生平与著作》[*Platon* Ⅰ, *Leben und Werke*]与柏拉图著作的三个时期相对应分为三个部分。《希腊诗艺》[*Griechishe Verskunst*]和《语文学史》[*Geschicthe der Philologie*]出版于1921年。另一部专论《品达》[*Pindaros*]出版于1922年。1924年出版了《卡利马库斯时代的希腊诗歌》[*Griechische Dichtung in der Zeit des Kallimachos*]。维拉莫威兹也对荷马问题继续保持兴趣,并于1927年出版了《奥德修斯回家纪》[*Die Heimkehr*

---

[39] 雅典大学(University of Athens),成立于1837年。这是近代希腊第一座大学,也是近东地区的第一座近代大学。

des Odysseus]。1928年出版《赫西俄德的〈工作与时日〉注解本》。1931年,他出版了最后一本书《希腊人的宗教信仰》[*Der Glauben der Hellenen*,两卷,1931—1932]。该书认为基督教是由希腊主义转变而来的,可惜的是,维拉莫威兹在论证这个问题之前就去世了。[40]

维拉莫威兹不但以身作则来实现他的高尚理想,而且也帮助同辈、提携后进共同向这个目标前进。[41]一般来说,维拉莫威兹总是把他的教学当作自己非常严肃的职责,对学生也表现出和蔼的态度。格赖夫斯瓦尔德大学的大部分学生都来自波美拉尼亚[42],这些学生大多经济背景一般,维拉莫维

---

[40] G. W. Bowersock and T. J. Cornell, eds., *A. D. Momigliano: Studies on Modern Scholarship*, University of California Press, 1994, p.272.

[41] Calder Ⅲ在其著作 *Usener und Wilamowitz: Ein Briefwechsel, 1870-1905*(B. G. Teubner Stuttgart und Leipzig, 1994)的跋中写道:"编辑的材料是持续不断的。传记必须为每一代人重写。"在准则的信仰之下,Calder Ⅲ已经研究了维拉莫威兹与欧洲各地通信的踪迹。由于他的不懈努力,这位伟大的德国学者的形象获得了更加正确的表述。Calder Ⅲ对他所发现的文献不断地进行详细评论;在过去的许多年间他已积累了大量的信件,而这些信件记录维拉莫威兹的英雄生平的每一个阶段,许多文献具有迷人的细节,这些细节与维拉莫威兹的著作、刚毅的个性、喜好和偏见等有关。读者在书中所辑录的几封信里几乎可以遇到所有古代科学方面伟大的名字。这些伟大的人物有:Friedrich Gottlieb Welcker、弗里德里希·利奥、爱德华·迈耶、Wilhelm Dilthey、Georg Misch、Theodor Mommsen、Martin P. Nilsson、Max Pohlenz、爱德华·史华兹、Michail I. Rostovzev、Hermann Sauppe 等。这种现象实际上内容广泛而富有刺激性。不管是谁,只要他对精神、文化、思想史感兴趣,当他阅读本书的时候就会得到丰富的回报。

[42] 波美拉尼亚(Pommern),欧洲中北部一个历史上很著名的地区,濒临波罗的海,位于今天的波兰西北部和德国东北部境内。10世纪时有斯拉夫人的部落居住在此,12世纪时为波兰所征服。这一地区后来分裂并被各个强国统治过,包括神圣罗马帝国、普鲁士、瑞典、丹麦和德国。

兹积极帮助他们。对维拉莫威兹在格赖夫斯瓦尔德大学教学情况的个人回忆是缺乏的，但是维拉莫威兹的课程目录表明其数量惊人，涵盖了不同的领域。维拉莫威兹也固定地教授拉丁语课程，包括历史学家萨卢斯特和塔西佗的著作；他不研究贺拉斯，这是他欣赏的罗马诗人，原因显然是维拉莫威兹出于对他的同事阿道夫·基斯林［Adolf Kiessling，1837—1893］的尊重。

维拉莫威兹也向那些在格赖夫斯瓦尔德大学进行短暂学习的学者提供帮助，例如对爱德华·史华兹［1902年获得哥廷根大学教席］、布鲁诺·凯尔［Bruno Keil，1890年获得斯特拉斯堡大学教席］的帮助，也同样帮助印欧语言学家威尔海姆·舒尔策［他于1895年获得哥廷根大学教席］，帮助路德维希·特洛伯［未来的拉丁古文书大师］，帮助汉斯·冯·阿尼穆［Hans von Arnim，1859—1931，此人于1882年在格赖夫斯瓦尔德大学获得博士学位］。受维拉莫威兹影响的阿尼穆从事斯多葛学派残篇的收集工作，这时阿尼穆已经在哥廷根大学工作。维拉莫威兹帮助年长的同事弗朗茨·苏斯米尔［Franz Susemihl，1826—1901］出版书籍。苏斯米尔后来出版的卷帙浩繁的《亚历山大里亚时代的希腊文学史》［*Geschichte der griechischen Litteratur in der Alexandrinerzeit*，1891—1892］就与维拉莫威兹的旨趣相一致［这点可在维拉莫威兹1882年所编辑的卡利马库斯的著作中得到证明］。后来，维拉莫威兹还创建了一个名叫"维拉莫威兹的希腊"［Graeca Wilamowitziana］的组织：这是一群在维拉莫威兹家中研究希腊著作的人。这个团体的成员是柏林大学比较年轻的教师,从而大大影响了他的同辈与学生。

我们在这里只能提到其中的一小部分。赫尔曼·狄尔斯为希腊哲学研究做了大量贡献,主要编辑了前苏格拉底的残存著作,整理了古希腊哲学家著作编集者留下的残存著作。弗里德里希·利奥不仅在编辑和解释普劳图斯以及其他作家的文本方面做出了巨大贡献,而且编纂了《罗马文学史》的第一、二卷的一些篇章,这些文章不仅具有高度的学术性,而且也具有高度的智慧与可读性。爱德华·迈耶以像掌握希腊、罗马史那样的能力掌握了关于古代东方历史与语言的庞大知识,他或许是往昔最博学的古代历史学家。爱德华·史华兹不仅对语言学和古代历史做出了巨大贡献,而且对基督教会研究做出了巨大贡献。理查德·莱岑斯坦因[1861—1931]不仅是研究希腊罗马文学史、古代学术史方面的佼佼者,而且也是一位研究古代宗教的历史学家,特别是研究宗教混合与东方宗教给其他宗教所带来的影响方面的专家。爱德华·诺顿[1868—1941]对古代人精心创作的正式散文的整个历史进行了阐释,他对维吉尔的全部著作进行了最好的评论,在古代宗教方面也做了重要的研究。巴塞尔的雅各布·瓦克纳格尔[1853—1938]和威尔海姆·舒尔策[1863—1935]利用他们所掌握的比较语言学知识生动地说明了与希腊、拉丁语言和文学相关的问题。[43]费利克斯·雅各比也是其弟子。

具有讽刺意义的是，维拉莫威兹的那些最有才华的学生如保罗·弗里德兰德［Paul Friedländer］、卡尔·赖因哈特、爱德华·弗兰克尔［1888—1970］、沃尔夫冈·夏德沃尔特［Wolfgang Schadewaldt，1900—1974］和沃纳·耶格尔［1888—1961］在各自的学术生涯中都抛弃了他们的老师为自己制定的方法，在不同程度上受到他们老师的对手尼采的影响。[44]

三、古典学术史上的两种范式——维拉莫威兹与尼采

维拉莫威兹、尼采都在舒尔普弗塔中学和波恩大学接受过教育；在少年时代都表现出光明的未来；相同的贵族气质使这两人都不喜欢下层民众、民主、自由，而是迷信理想中的精英；两人都执着于学术研究领域，无私奉献于心目中的理想王国；同样对各自的偶像顶礼膜拜［维拉莫威兹对蒙森的膜拜，尼采对瓦格纳（1813—1883）的膜拜］，随后便是英雄崇拜所带来的负面效应——痛苦的失望与敌

---

［43］见劳埃德所写的导言。Wilamowitz-Moellendorff, *History of Classical Scholarship*, pp. xvi–xvii。

［44］Kelly Boyd, ed., *Encyclopedia of Historians & Historical Writing*, p.1299. 也可参见 William M. Calder Ⅲ 对 Wilamowitz 的研究，如文章"Credo of a New Generation", 刊 *Ulrich von Wilamowitz-Moellendorff, Selected Correspondence 1869-1931*, ed. William M. Calder Ⅲ, Jovene, 1983, pp.130–137。

意。[45]在方方面面有许多相同之处的两位伟人之间发生了一场争执,而这场争执也成为古典研究的重要分水岭。

1872年5月30日,维拉莫威兹出版了一本32页的小册子《未来的语文学!》[Zukunftsphilologie!],反对尼采的《悲剧的诞生》。尼采的朋友、《灵魂》[46]的作者欧文·罗德[1845—1898][47]于10月中旬出版了《所谓的语文学》[Afterphilologie],对维拉莫威兹进行反驳。作为最后的反击,维拉莫威兹于1873年2月21日出版了新的小册子《再论语文学的未来!》[Zukunftsphilologie! II]来反对欧文·罗德的著作。维拉莫威兹在这些著作中建议尼采放弃古典学研究,要成为反对苏格拉底哲学、反对基督教之新宗教的预言者。维拉莫威兹相信,

---

[45] *New Nietzsche Studies* 杂志2000年第1、2期的专号是"Nietzsche, Philology, and Ancient Greece: 1872—2000",刊登的文章有Ulrich von Wilamowitz-Möllendorff, "Future Philology! A Reply to Friedrich Nietzsche's 'The Birth of Tragedy'"; James I. Porter, "After Philology"; Dieter Jähnig, "Liberating the Knowledge of Art from Metaphysics in Nietzsche's Birth of Tragedy"; Luca Renzi, "Winckelmann and Nietzsche on the Apollonian and the Dionysian"; Manfred Riedel, "The Origin of Europe: Nietzsche and the Greeks"; Thomas Brobjer, "Nietzsche's Forgotten Book: The Index to the Rheinisches Museum für Philologie"; Glenn W. Most, "Between Philosophy and Philology"; Babette E. Babich, "Research Bibliography"; Jos. V. Widmann, "Nietzsche's Dangerous Book (1886)"; Daivd B. Allison, "Notes on Krell's The Good European"等。

[46] 普绪克(Psyche),一个爱上爱神厄洛斯并为他所爱的年轻女子,在阿芙洛蒂特的嫉妒心消除之后,他们俩结为夫妇,她后来成了灵魂的化身。

[47] 有人认为尼采与欧文·罗德保持同性恋的关系,1865年尼采在莱比锡大学读书的时候就向欧文·罗德表达了他的爱慕之心,况且他们之间的共同爱好就是希腊诗歌与哲学。见 *Who's Who in Gay and Lesbian History*, "Nietzsche" 词条, Robert Aldrich and Garry Wotherspoon, 2001。

当尼采离开其在巴塞尔大学的席位的时候会遵循他的建议,否则就会后悔。[48]

作为职业语文学家的尼采的失败不仅不可避免,而且在某种程度上他是有意为之。他没有做任何事情来阻止这件事情的发生;恰恰相反,他所做的每一件事情都是为了引发这件事情。比如,他本人已清醒地认识到《悲剧的诞生》将不是他的老师、朋友、同事所期待的一件事情,然而他却继续写道:"可以猜测到,这极有可能不会对他的学术事业有任何促进作用,不过这让尼采对自身有了更好的理解……但意志的力量超越了古典学,因此,尼采写了他的第一本著作《悲剧的诞生》。"[49]屈从于"意志的力量"实际上是一种托词,这种大胆的、高傲的姿态在学界内并不是常见的现象。这本书出版以后,尼采的老师弗里德里希·里奇尔[1806—1876]把这本书称为"智慧的狂欢"。[50]然而,最严厉的批

---

[48] 爱争执也许是维拉莫威兹的本性。蒙森在1878年就已警告维拉莫威兹在其评论中不要轻启事端,特别不要与那些二流学者发生争执。维拉莫威兹在1878—1883年发表的32篇评论时常表明他在辩论方面的低调。如维拉莫威兹与阿道夫·基斯林的关系很糟糕,特别是自基斯林作为《语文学研究》一书的共同编辑没有履行他的职责时就更是如此。不过维拉莫威兹遵循蒙森的意见还是避免了一场公开的争执,甚至在贺拉斯著作的注释上为他提供了很大的帮助。维拉莫威兹对考古学家奥古斯特·普洛奈(August Preuner)作为一名教师的品性的评价不高,也不欣赏他致力于收集石膏模型,等等。

[49] Rudiger Safranski, *Nietzsche, A Philosophical Biography*, W. W. Norton & Company, 2001, p.58. 作者在第三章"《悲剧的诞生》的诞生"里专门谈到了这一问题, pp.59-84。

[50] Rudiger Safranski, *Nietzsche, A Philosophical Biography*, p.83.

评来自当时最著名的古典学家维拉莫威兹。事实上,维拉莫威兹起着当时整个古典学界代言人的作用,维拉莫威兹的批评表达了当时那一辈学者的恐惧与忧虑,这种恐惧与忧虑就是当时的古典学术面临着一种完全崭新的方法,因而对尼采采取一种排斥的态度:"让尼采先生言必行,让他拿着酒神的拐杖从印度漫游到希腊,但他该从本应传授学术的讲坛上走下;让老虎和豹子群居在他周围,但不要让年轻一辈的德国古典学家追随他。"[51]

毫无疑问,《悲剧的诞生》作为学术著作是存在问题的,书中包含一些不能让人忍受的错误;为了说明自身的观点,尼采甚至舍弃了一些事实。[52] 在维拉莫威兹看来,尼采完全无视古典学研究的基本方法即对文献的甄别与考据,而是基于直觉、以激烈的方式和先知式的预言,建构了无法证实的理论。最致命的是尼采似乎用瓦格纳的歌剧来阐释希腊悲剧。[53] 因此,尼采的著作引起别人的反对也属自然。

这场争论在制度上的原因根植于18世纪晚期和19世纪早期德国学术界关于语文学和解释学的争辩,这场争论要解决的问题是通过界定古典学术的目的来划分古典学术与

---

[51] Rudiger Safranski, *Nietzsche, A Philosophical Biography*, p.83.
[52] 关于这方面的讨论,见 Hugh Lloyd-Jones, "Nietzsche", in *Blood for the Ghosts: Classical Influences in Nineteenth and Twentieth Centuries*, p.173。
[53] 黄洋:《尼采与古典学研究》,刊陈恒、耿相新主编:《新史学》(第1辑),大象出版社2003年版,第81、82页。黄洋教授的文章对这一问题做了详细的讨论。

非古典学术的界限，并捍卫古典学术。[54]这场学术争论的一个重要方面是两类古典学家之间的争执：奥古斯特·伯伊克［1785—1867］和戈特弗里德·赫尔曼［1772—1848］之间的争执。伯伊克积极发扬他的老师奥古斯特·沃尔弗［1759—1824］、弗里德里希·施莱尔马赫［1768—1834］早先提出的观点，认为古典学术寻求的是使这个职业适合于文本校勘，这种文本校勘的目的是在系统的解释学的基础上理解古代的各种观念。[55]另一方面，赫尔曼则坚持认为古典语文学的目标是获得语文学的专门知识，重建古代文献。赫尔曼的方法根植于对语言的信仰：语言是认识一个民族及其文化的门径，因此，精确的古典语言知识可以真实地再现古人。[56]伯伊克对赫尔曼的著作《论解释者的责任》进行了评论，他断言，尽管赫尔曼正确地解释了文本，但是赫尔曼并没有掌握文本的意义，因为赫尔曼没有使用系统的解释学来指导他进行研究。[57]

古典学界对伯伊克的劝告充耳不闻，现代解释学的力量继续在古典学的正常机制外发展。赫尔曼关于语言学的观点——可看到的成就是古典学家维拉莫威兹于1872年对尼采的《悲剧的诞生》进行的激烈批判，尼采的著作搅乱了当

---

[54] Daniel Selden, "Classics and Contemporary Criticism", in *Arion* 1.1 (1991), pp.155–178.

[55] Daniel Selden, "Classics and Contemporary Criticism", pp.161–162. Ralph Hexter and Daniel Selden, *Innovations of Antiquity*, Routledge, 1992.

[56] Daniel Selden, "Classics and Contemporary Criticism", p.164.

[57] Daniel Selden, "Classics and Contemporary Criticism", pp.164–165.

代学术界对语言客观性的设想,搅乱了通过语言来重新发现客观真理的可能性,搅乱了对古典学术持理性主义态度的适当方法。

不过,尼采的情况并不独特。卡尔·马克思和西格蒙德·弗洛伊德同样"在古典语言学的基础上也发展出批评探寻的方法,但是由于各种原因,当时的学术界并不接受他们的方法"。[58]就是在当今世界,这种情况仍继续存在——比如德里达［Jacques Derrida, 1930—2004］、福柯［Michel Foucault, 1926—1984］、拉康［Jacques Lacan, 1901—1981］、哈罗德·布鲁姆［Harold Bloom, 1930—2019］、詹明逊［Fredric Jameson, 1934— ］、阿尔都塞［Louis Althusser, 1918—1990］——这类人继续在古典学界外从事研究工作,尽管他们的著作经常关注希腊、拉丁文献,研究希腊精神。但人们已把这种学术等同于文学理论,等同于解释学,让人联想起"新奇""异域""不恰当""破坏性"这类词语。这就是自尼采时代以来的古典学术的双重发展方向:一方面,是为学术界所赞成的古典学;另一方面,是理论上有自我意识的各种批评理论,这些批评理论在不断地把古典文本解释为研究者自身计划的一个组成部分。而传统的古典学家是不把这些解释、计划当作古典学术的。因此,维拉莫威兹模式与尼采模式之间的争执可能是永远也解决不了的,就像简·兹奥克沃斯基［Jan Ziolkowski］所说:"有人抵制理

---

[58] Daniel Selden, "Classics and Contemporary Criticism", p.166.

论,也就有人抵制语文学。"[59]也许这正是学术繁荣发展、前进动力之所在。如1990年就罗马诗歌解释问题召开的一次大会的主题就是"经验主义还是解释学?"[Empiricism or Hermeneutics?][60]。

以上所述是维拉莫威兹与尼采爆发争执的时代大背景,具体到个人,他们之间的争执还有一些具体内容和原因。

不同的学术理念。维拉莫威兹反对前辈古典学者所采取的唯美主义态度,当然也反对尼采的悲剧性属于"审美性"[61]这一观念。维拉莫威兹把古典学当作理性的、科学的研究,这种观点自19世纪80年代到第一次世界大战以后很长一段时间里一直笼罩着古典研究界。维拉莫威兹坚持认为对古典学各个分支的研究都要采取系统的历史方法,他认为这种方法是唯一能把那些优美的文字,甚至是深奥的学术提升到科学水平的方法。比如尼采《悲剧的诞生》没有一个注释,同样也没有任何古典文献的

---

[59] "What is Philology? Introduction", in Jan Ziolkowski, ed., *On Philology*, The Pennsylvania State University Press, 1990, p.7. 关于尼采与古典学的问题, 可参阅新近出版的 James I. Porter 之 *Nietzsche and the Philology of the Future* (Stanford University Press, 2001), Porter 是 University of Michigan 古典研究与比较研究教授, 他完全从语言学而不是哲学的角度来研究尼采。此人另著有 *The Invention of Dionysius* (Stanford University Press, 1999), *Constructions of the Classical Body* (University of Michigan Press, 2002) 等。

[60] 会议的论文集是 Karl Galinsky 编辑的 *The Interpretation of Roman Poetry: Empiricism or Hermeneutics?*, Lang, 1992。

[61] 马丁·海德格尔:《尼采》,孙周兴译,商务印书馆2002年版,第271页。

引文。恰恰相反，尼采行文中到处充斥的是长长的叔本华的引文、大量晦涩难懂的形而上学概念。最糟糕的是，从专业观点来看，关于希腊悲剧真正精神的诞生的文章是以理查德·瓦格纳的歌剧来表现的。而维拉莫威兹32页的小册子里却有52个注释以及许多希腊引文。[62] 不过维拉莫威兹不满意风行一时、势力强大的实证主义。因为维拉莫威兹从没有把他心目中的 *Altertumswissenschaft* 当作自然科学的分支或是自然科学的仆人。维拉莫威兹认为微小的事实是没有生命的东西，而这恰恰是实证主义者所热衷搜集的。维拉莫威兹的内心世界是与德国的黄金时代[63]相联系的，这个时代的一股潮流就是在深奥的哲学之外进行思考，是莱辛开创了这一潮流，赫尔德、歌德对此加以发扬光大。琼斯的话或许反映出两人的旨趣是完全不同的："维拉莫威兹或许会说，'我们能为古典学做点什么？'而尼采则宁愿说，'古典学能为我们做点什么？'"[64]

各异的政治观念。维拉莫威兹的政治观念深受由俾斯麦、德洛伊森［1808—1884］所代表的民族传统影响。维拉

---

[62] Stephen A. Nimis, "Fussnoten: Das Fundament der Wissenschaft", in *Arethusa* 17.2 (1984), pp.105–134.

[63] 德国的黄金时代（German Golden Age），是指德国在文学上的黄金时代，开始于"狂飙突进运动"（Sturm und Drang）。莱辛的著作、歌德的著作则对此加以发扬光大，一直到浪漫主义时代。这一时期关于社会、文学和知识生活的研究发生了很大的变化，影响了后来德国人以至欧洲人的思想与文学。

[64] Hugh Lloyd-Jones, *Blood for the Ghosts: Classical Influences in the Nineteenth and Twentieth Centuries*, p.178.

莫威兹从德洛伊森著作中所继承的不仅是对伯里克利时代民主政治的轻视，对德摩斯梯尼、亚里士多德政治理想的低估，而且也继承了德洛伊森对亚历山大大帝在历史上的作用的过高评价。早在1877年，维拉莫威兹就在普鲁士国王［也是德国皇帝］生日上发表著名演讲［论阿提卡王国的辉煌'Von des attischen Reiches Herrlichkeit'］，断言公元前5世纪雅典帝国的辉煌是对民族统一的赞美，因而对希腊史研究要采取系统的现实主义方法［与恩斯特·克提戊斯（1814—1896）所奉行的研究希腊史的理想主义方法相比[65]］。因此，维拉莫威兹强调全能国家的必要性，反对"国家的敌人"——反对左翼社会主义者、反对尼采这类无政府主义者。这种保守的民族主义烙印大部分来自维拉莫威兹对民主与自由的不信任态度。他的政治思想在《柏拉图》［1919］中得到彻底的体现。

临近第一次世界大战结束，也就是在帝国遭到毁灭之后，维拉莫威兹更加坚决地反对民主、反对共和了。他比以往更加相信只有经过启蒙的精英才能拯救这个国家。在维拉莫威兹的一般观念中也可以追寻到英雄崇拜的痕迹，关于个人的神话概念来自卡莱尔［Carlyle，1795—1881］的影响。事实上，在很大程度上，维拉莫威兹又分享浪漫主义者的个人崇拜和主观主义，这也有助于解释为什么维拉莫威兹

---

[65] 所著《希腊史》（*The History of Greece*，1857—1867），由A. W. W. Ward于1868—1873年翻译为英文。

一方面特别喜欢传记,另一方面也表明在他笔下的人物传记体现出明白无误的自传以外的声音。他的《赫拉克勒斯》[*Herakles*,1889]就属于这类情况,该书已清楚地表明他打算把这当作他最伟大的著作,不过这一点还没有得到大家的承认。他洞察出赫拉克勒斯的生命本质以及他自己的生命本质,并把这当作是平行的、可效仿的现象——他看到古典时代的雅典和19世纪的德国社会之间的联系。赫拉克勒斯的辛苦劳作激发了维拉莫威兹去研究当代学术不能解决的问题,而这是同辈人不敢想象的问题:历史上的欧里庇得斯、荷马问题或者希腊人的宗教问题。在维拉莫威兹的内心世界,赫拉克勒斯所获得的伟大成就是因为他具备与众不同的普鲁士种族勤奋劳作的精神。

维拉莫威兹所带来的影响是持久的、不可怀疑的,他可以通过他的个人魅力、人文主义混合着他心目中的主旨来为内在的历史资料注入生命的活力。他所掌握的材料是巨量的,他的个性是富有吸引力的,他的人文主义是真诚的。所有这一切可以使他超越古典学家的古代视野。就此而言,维拉莫威兹超越了自己的理想。

但是就像卡尔·赖因哈特所说的,尼采终于度过了这场残酷的打击,并且最终成为胜利者——不是作为研究者的胜利,而是作为开拓者的胜利。[66]维拉莫威兹作为学者是伟大的,甚至是他那些最富有反抗精神的信徒也不否认

---

[66] Kelly Boyd, ed., *Encyclopedia of Historians & Historical Writing*, p.1300.

这一点。然而这些信徒确信他们的老师所抱有的古代科学的意义与信念是不可能在学科本身内部得到的。这些信徒所采取的方法就是把 Altertumswissenschaft 的研究扩展到心理学、形而上学和哲学的维度。后辈古典学家赖因哈特、耶格尔、布鲁诺·施奈恩［Bruno Snell，1896—1986］等人所打造的研究新方向向我们表明他们在以这种新方式研究希腊人的哲学思想起源。[67] 维拉莫威兹的弟子爱德华·弗兰克尔就曾亲口对劳埃德-琼斯说，他们这一辈人与维拉莫威兹之间最重要的差别就是受到尼采的影响。[68]

最后要交代的是翻译方面的事情。由于维拉莫威兹这本书是写给欧美学术界专家学者看的，非常简明扼要，有时难免有晦涩之处，所以译文加了大量注释［以脚注的形式，原文注释是尾注］以便于读者理解文本。尽管译者做了很大努力，前后多次修改，但限于水平，译文力有未逮及错误之处在所难免，恳请读者指正。值此机会，要感谢黄洋、晏绍祥、徐晓旭、宋立宏等师友的鼎力帮助。感谢生活·读书·新知三联书店的编辑认真而辛勤的劳动。没有他们的帮助和支持，本书不会如此顺利翻译出版。

---

[67] Alfred Baeumler, "Kulturmorphologie und Philosophie", in *Spengler-Studien, Festgabe fur Manfred Schröter zum 85. Geburtstag*, C. H. Beck, 1965, pp.115–116.

[68] Hugh Lloyd-Jones, *Blood for the Ghosts: Classical Influences in the Nineteenth and Twentieth Centuries*, p.165.

借这次再版机会,译者对《古典学的历史》进行校译,修正了其中一些译法,以期更加符合原意。德国文豪歌德[Johann Wolfgang von Goethe,1749—1832]说:"毫无疑问,当今世界的历史必须时常进行改写。然而,这一必要性不是由于我们发现了大量的新事件,而是因为需要表达无数的新观点……一个与时俱进的历史改写者要站在可以用新方式看待、评估过去的位置。"[69]翻译又何尝不是如此,诸者的指正、朋友的批评、时间的推移、认知的变化、学识的积累等因素,这些都会让你发现先前的译文有可以重新表达的地方、有不准确的地方,有错误的地方。"信达雅"是翻译的"理想国",是可以无限接近的彼岸之地。如果还有再版的机会,还会继续改进。译无止境,敬请方家不吝赐教,以使译文不断完善。

陈 恒
于光启国际学者中心
2022 年 10 月 6 日

---

[69] Karl J. Fink, *Goethe's History of Science*, Cambridge University Press, 1991, p.57.